मीडिया विश्वकोश

मीडिया विश्वकोश

अनीश भसीन

ग्रंथ अकादमी, नई दिल्ली

प्रकाशक : **ग्रंथ अकादमी**

भवन संख्या–19, पहली मंजिल, 2, अंसारी रोड, दरियागंज, नई दिल्ली–110002

 / संस्करण : 2025 / मूल्य : छह सौ रुपए

मुद्रक : प्रिंट मीडिया, नई दिल्ली ISBN 978-93-83110-20-9

MEDIA VISHWAKOSH (Encyclopaedia of Media)

by Shri Anish Bhasin ₹600.00

Published by **GRANTH AKADEMI**

Building No. 19, First Floor, 2, Ansari Road, Daryaganj, New Delhi-110002

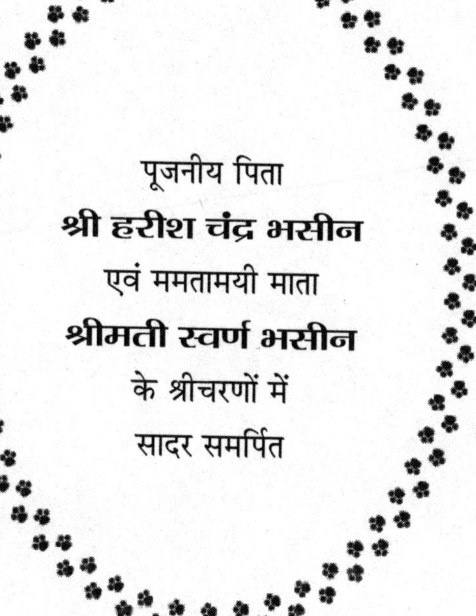

पूजनीय पिता

श्री हरीश चंद्र भसीन

एवं ममतामयी माता

श्रीमती स्वर्ण भसीन

के श्रीचरणों में

सादर समर्पित

प्राक्कथन

पुस्तक 'मीडिया विश्वकोश' (मीडिया एनसाइक्लोपीडिया) आपके समक्ष प्रस्तुत करते हुए मुझे हार्दिक प्रसन्नता का अनुभव हो रहा है। मीडिया के क्षेत्र में बीसवीं शताब्दी के लगभग अंतिम दशक में एक विषय और एक व्यवसाय दोनों ही दृष्टियों से अभूतपूर्व विस्तार हुआ। वर्तमान में यह इलेक्ट्रॉनिक मीडिया, प्रिंट मीडिया, विज्ञापन, जनसंपर्क एवं परंपरागत मीडिया जैसे प्रचलित रूपों तक ही सीमित नहीं रहा है। आज उद्योग के क्षेत्र में दिन-प्रतिदिन होती प्रगति के साथ ही कॉरपोरेट कम्युनिकेशन तथा ऑनलाइन या इंटरनेट जर्नलिज्म के साथ-साथ कुछ नए मीडिया क्षेत्र भी अस्तित्व में आ गए हैं।

प्रस्तुत पुस्तक में मीडिया एवं पत्रकारिता के विविध माध्यमों एवं नए आयाम, जैसे—रेडियो, टेलीविजन (इलेक्ट्रॉनिक मीडिया), इ-कॉमर्स, इ-समाचार, पत्र, प्रिंट मीडिया, मल्टीमीडिया, वेब जर्नलिज्म, इंटरनेट, मुद्रण, जनसंपर्क, विज्ञापन, मीडिया प्रबंधन, मीडिया कानून, न्यू मीडिया, ऑनलाइन संपादन, सैटेलाइट टी.वी., ब्लॉग, चैट, इवेंट मैनेजमेंट, फेसबुक, यू ट्यूब, ट्विटर, ऑर्कुट, स्काइप, 3 जी, वाई फाई, ब्लू टूथ, गूगल, याहू, फायर फॉक्स, आई पैड, आई फोन, आई पॉड, लिक्ड-इन, टेबलेट कंप्यूटर, विकिपीडिया, विकिलीक्स, वर्ड प्रेस, स्टिंग जर्नलिज्म, टी.आर.पी., न्यूको एवं सूचना का अधिकार (आर.टी.आई.), रेडियो जॉकिंग, सीधा प्रसारण (लाइव), रियलिटी शो आदि के (लगभग छह सौ) पारिभाषिक शब्दों का विस्तृत, प्रामाणिक एवं तथ्यात्मक विवेचन किया गया है। मीडिया के पारिभाषिक शब्दों को पहले अंग्रेजी में और फिर उसका पर्याय हिंदी में किया गया है।

मीडिया से संबंधित विषयों पर पिछले एक-दो दशकों में अनेक ग्रंथ अंग्रेजी में तो प्रकाशित हुए हैं, परंतु आज भी हिंदी में मीडिया, जनसंचार एवं पत्रकारिता के विभिन्न माध्यमों पर कोश, विश्वकोश एवं शब्दकोश का अभाव रहा है। अंततः इसी

कमी को दूर करने हेतु प्रस्तुत पुस्तक 'मीडिया कोश' का सृजन किया गया है। इस पुस्तक की विषयवस्तु को उपयोगी बनाने के लिए मीडिया एवं पत्रकारिता से संबंधित लगभग 60 पुस्तकों से संदर्भ लिये गए हैं। इस महत्त्वपूर्ण सहयोग के लिए मैं इन पुस्तकों के लेखकों एवं प्रकाशकों का आभारी हूँ।

आशा है कि यह पुस्तक मीडिया एवं पत्रकारिता के संदर्भ में सामान्य जानकारी की इच्छा रखनेवाले पाठक से लेकर संबंधित क्षेत्र के विद्यार्थियों एवं मीडिया विषयक विभिन्न प्रतियोगी परीक्षाओं के लिए विशेष रूप से उपयोगी सिद्ध होगी। इसके अतिरिक्त मीडियाकर्मी, संपादक, उपसंपादक, संवाददाता/रिपोर्टर एवं लेखक आदि भी इस महत्त्वपूर्ण पुस्तक का लाभ उठाएँगे।

यदि इस पुस्तक में कोई कमी या त्रुटि किसी पाठक को दिखे, तो कृपया मेरा ध्यान दिलाने का कष्ट अवश्य करें। सुझाव सदैव सादर आमंत्रित हैं।

28 अक्तूबर, 2011

—अनीश भसीन

एफ-84, लाजपत नगर-2
नई दिल्ली-110024
मोबाइल-9910754643

अनुक्रमणिका

AAAI — ए.ए.ए. आई.

'ए.ए.ए.आई.' शब्द एडवरटाइजिंग एजेंसीज एसोसिएशन ऑफ इंडिया (Advertising Agencies Association of India) का संक्षिप्त रूप है। इसकी स्थापना सन् 1945 में हुई थी। यह विज्ञापन एजेंसियों (Advertising Agencies) की संस्था है। यह विज्ञापन एजेंसियों एवं उनके ग्राहकों के हित के लिए कार्य करती है। इसका मुख्यालय मुंबई में स्थित है।

ABC — ए.बी.सी.

'ए.बी.सी.' शब्द 'ऑडिट ब्यूरो ऑफ सर्कुलेशन (Audit Bureau of Circulation) का संक्षिप्त रूप है। इसे हिंदी में 'पत्र प्रसार परिगणना संस्था' भी कहते हैं। ए.बी.सी. की स्थापना सन् 1948 में हुई थी। बड़ी संख्या में समाचार पत्र-पत्रिकाएँ, प्रकाशक, विज्ञापक एवं विज्ञापन एजेंसियाँ इसकी सदस्य हैं। ए.बी.सी. का मूल उद्देश्य समाचार-पत्र व पत्रिकाओं की प्रसार संख्या की परिगणना करना है। समाचार-पत्र अपनी प्रसार संख्या के आधार पर जहाँ विज्ञापनदाताओं को लुभा सकते हैं, वहीं विज्ञापनदाता को भी इस बात का स्पष्ट ज्ञान रहता है कि वह जिस समाचार-पत्र को विज्ञापन दे रहा है, उसकी पहुँच और प्रभाव कितने व्यापक हैं। ए.बी.सी. का मुख्यालय मुंबई में स्थित है।

ए.बी.सी. की सदस्यता ग्रहण करने पर प्रत्येक सदस्य को निर्धारित नियमों के अनुरूप आय-व्यय का विवरण तैयार करना होता है। इस प्रकार के संगठन भारत के अतिरिक्त अन्य देशों में भी गठित किए जा चुके हैं।

Accident News दुर्घटना समाचार

बस दुर्घटना, रेल दुर्घटना, विमान दुर्घटना, अग्निकांड, बाढ़, तूफान, भूकंप, बिजली गिरना तथा प्राकृतिक आपदाओं आदि से संबंधित समाचारों को दुर्घटना समाचार (Accident News) कहते हैं। विभिन्न प्रकार की दुर्घटनाओं से संबंधित समाचारों को देने से पूर्व संवाददाता (Reporter) को विशेष सावधानी बरतनी पड़ती है। मृत लोगों की संख्या, उम्र, लिंग, जीवित व्यक्तियों की संख्या तथा नाम को बहुत सावधानी के साथ देना पड़ता है। दुर्घटना के कारण को सुनी-सुनाई के आधार पर नहीं लिख देना चाहिए, बल्कि दुर्घटना स्थल पर जाकर अपनी आँखों से देखकर तथा छानबीन के उपरांत ही कोई कदम उठाना चाहिए।

Advertisement विज्ञापन

'विज्ञापन' शब्द अंग्रेजी के शब्द एडवरटाइजमेंट (Advertisement) का हिंदी अनुवाद है। यह एडवरटाइजमेंट लैटिन के 'एडवर्टर' (Adverter) से बना है, जिसका अर्थ है 'टू टर्न टू' (To turn to) अर्थात् किसी ओर मोड़ना या अपनी ओर आकर्षित करना। विज्ञापन शब्द 'वि' तथा 'ज्ञापन', दो शब्दों से मिलकर बना है, जिसके दो अर्थ हैं—एक विज्ञापन प्रक्रिया (Advertising), दूसरा विज्ञापन सामग्री (Advertisement)।

विज्ञापन की प्रक्रिया (Advertising) का जहाँ अर्थ योजनाबद्ध तरीके से विज्ञापन सामग्रियों के निर्माण व संप्रेषण कार्यों से है, वहीं विज्ञापन सामग्री (Advertisement) सारे मुद्रित, प्रकाशित, प्रसारित व दूसरे रूपों में संप्रेषित वह सामग्री है, जिसके जरिए उपभोक्ताओं तक विज्ञापित वस्तुओं के संदेश पहुँचाए जाते हैं।

विज्ञापन सूचना प्रदान करता है तथा सूचित क्रय-निर्णय (informed buying decision) लेने में मदद करता है। विज्ञापन को साधारणतया 'भुगतान किया गया व्यावसायिक जनसंचार' माना जाता है। विज्ञापन वह व्यावसायिक शक्ति है, जिसके अंतर्गत मुद्रित शब्दों द्वारा बिक्री बढ़ाने में सहायता मिलती है, ख्याति का निर्माण होता है एवं साख बढ़ती है। एनसाइक्लोपीडिया ऑफ ब्रिटैनिका के अनुसार 'विज्ञापन (Advertisement) विज्ञापक द्वारा चाही गई वह भुगतान की गई घोषणा है, जो किसी वस्तु अथवा सेवा के विक्रय प्रोत्साहन करने, किसी विचार को विकसित करने के उद्देश्य से की जाती है।'

उल्लेखनीय है कि विश्व का सबसे पहला विज्ञापन भारत में ही निर्मित हुआ था। यह आज से करीब डेढ़ हजार वर्ष पूर्व भारतीय व्यापारियों के रेशमी वस्तु बुनकर व्यापार संघ द्वारा प्राचीन दशपुर (म.प्र.) स्थित एक सूर्य मंदिर में लगवाया गया था।

Advertising Agency — विज्ञापन एजेंसी

'विज्ञापन एजेंसी' (Advertising Agency) विज्ञापन व्यवसाय से जुड़े विशेषज्ञों का समूह होता है। विज्ञापन एजेंसी के पास विशेष जनात्मक प्रतिभावाले व्यावसायिक रूप से दक्ष विशेषज्ञों का संगठन होता है, जो वस्तु या सेवाएँ बेचनेवालों को उनकी वस्तुओं और सेवाओं के उपभोक्ता ढूँढ़ने के लिए विज्ञापन योजना का विकास, निर्माण, विज्ञापन माध्यमों में विज्ञापन जारी करने का कार्य करते हैं।

अधिकतर विज्ञापनकर्त्ता विज्ञापन योजनाओं के निर्माण और उसको प्रसारित करने के लिए विज्ञापन एजेंसी का ही सहारा लेते हैं। विज्ञापन एजेंसी व्यावसायिक (विज्ञापन) विशेषज्ञों का एक ऐसा संगठन होता है, जो विज्ञापन की योजना, उसकी तैयारी और प्रसारण से संबंधित सृजनात्मक और व्यावसायिक सेवाएँ उपलब्ध करवाता है। विज्ञापन एजेंसियाँ दो प्रकार की होती हैं—एक स्वतंत्र, दूसरी अपनी एजेंसी। इन्हें 'हाउस एजेंसी'(House Agency) भी कहते हैं।

विज्ञापन एजेंसी में मोटे तौर पर कई विभाग होते हैं, जैसे—

- अकाउंट प्रबंधन विभाग,
- शोध विभाग,
- माध्यम विभाग,
- निर्माण विभाग,
- रचनात्मक विभाग,
- प्रशासनिक विभाग।

भारत की प्रमुख विज्ञापन एजेंसियाँ

भारत में वर्तमान में लगभग 8,000 विज्ञापन एजेंसियाँ हैं, जिनमें प्रमुख हैं—हिंदुस्तान थॉम्मसन एसोसिएशन (HTA भारत की सबसे पुरानी विज्ञापन एजेंसी है), लिंटास (Lintas), मुद्रा कम्यूनिकेशन लि. (Mudra Communication Ltd. रिलायंस समूह की), ओ एंड एम (Ogilay & Mather Ltd.—O&M), लियो ब्रंट (इंडिया) प्रा. लि., यूरो आर.एस.सी.जी. एडवरटाइजिंग प्रा. लि. (Euro—RSCG) आदि।

उल्लेखनीय है कि सर्वप्रथम (सन् 1841 में) अमेरिका में वॉल्नी बी. पामर (Volney B. Paemer) ने फिलाडेलफिया में विज्ञापन एजेंसी की स्थापना की थी। भारत में पहली विज्ञापन एजेंसी (सन् 1905 में) मुंबई में दत्ताराम एंड कंपनी के नाम से खोली गई थी।

Advertisement Appeal — विज्ञापनों में अपील

विज्ञापन की अपीलों (Advertisement Appeal) में विज्ञापित वस्तु से होनेवाले लाभ व उपभोक्ताओं की चाहतों व जरूरतों का समन्वय स्थापित किया जाता है। विज्ञापन की अपील फायदे का आश्वासन है, जो विज्ञापित वस्तु से उपभोक्ता को मिलनेवाला है। विज्ञापन के क्षेत्र में एक महत्त्वपूर्ण मान्यता है कि उपभोक्ता वस्तु नहीं खरीदता, बल्कि वह यह आशा खरीदता है कि विज्ञापित वस्तु से उसे लाभ होगा।

विज्ञापन की अपीलें विशेषतया दो प्रकार की होती हैं—एक भावनात्मक अपील, दूसरी तर्कयुक्त अपील। भावनात्मक अपील में शामिल है—सुरक्षा, सामाजिक पहचान, खेलकूद व साहसिक कार्य, दया, भूख, मनोरंजन, उत्सुकता, शारीरिक आकर्षण। इनमें प्राय: सकारात्मक अपील होती है। तर्कयुक्त अपीलों का प्रयोग उपभोक्ताओं की व्यावहारिक जरूरतों की संतुष्टि के लिए होता है, किंतु भावनात्मक अपीलों का प्रयोग उपभोक्ताओं की मनोवैज्ञानिक संतुष्टि के लिए किया जाता है।

कुछ प्रमुख विज्ञापन अपीलें इस प्रकार हैं—

1. **उपयोगिता अपील**—उत्पाद के विज्ञापनों में उपयोगिता अपील प्रमुखता से इस्तेमाल होती है, जैसे—एक धुलाई के पाउडर (Washing Powder) के विज्ञापन में—

   'दूध सी सफेदी निरमा से आए, रंगीन कपड़ा भी खिल-खिल जाए।'
2. **सुरक्षात्मक अपील**—वित्तीय विज्ञापनों व बीमा कंपनियों के विज्ञापनों में प्राय: सुरक्षात्मक अपील प्रमुखता से प्रयुक्त होती है। आयुर्वेदिक औषधियों, दवाइयों व पेस्ट आदि में भी—

   'नया पेपसोडेंट जर्मी चेक, इससे बेहतर सुरक्षा और कहाँ'
3. **स्वास्थ्य अपील**—एक तेल के विज्ञापन में स्वास्थ्य अपील—

   'सिर दर्द टेंशन अनिद्रा जाओ भूल, रहो ठंडा-ठंडा कूल-कूल'
4. **गौरव की अपील**—'बुलंद भारत की बुलंद तस्वीर।'
5. **मातृत्व की अपील**—'अपने लाडले को दीजिए संपूर्ण आहार।'
6. **मौज-मस्ती अपील**—इस प्रकार की अपील का प्रयोग पान मसाला व कोल्ड ड्रिंक आदि के विज्ञापनों में होती है, जैसे—'ऊँचे लोग ऊँची पसंद' (माणिकचंद)
7. **पर्सनैलिटी अपील**—इस प्रकार की अपील का प्रयोग आजकल विज्ञापनों में जमकर हो रहा है। विज्ञापक अपने उत्पाद का विज्ञापन किसी क्षेत्र की प्रसिद्ध हस्ती व स्टार से कराता है। जैसे सिने स्टार अमिताभ बच्चन जनहित

के पोलियो उन्मूलन के विज्ञापन में।

8. **बचत/लाभ की अपील**—एक साबुन के विज्ञापन में इस प्रकार की अपील का प्रयोग—'महँगीवाली धुलाई, बचत में समाई।'

Advertisement Department विज्ञापन विभाग

समाचार-पत्र ही एक ऐसा व्यवसाय है, जिसमें उत्पादन लागत से भी कम कीमत पर उत्पादन विक्रय किया जाता है अर्थात् समाचार-पत्र की वास्तविक कीमत मुद्रित दर से अधिक होती है। विज्ञापनों की मदद से इसे कम कीमत पर बेचा जाता है, इसलिए प्रबंध की दृष्टि से विज्ञापन अत्यंत महत्त्वपूर्ण होता है। यदि समाचार-पत्र में विज्ञापन प्रकाशित न हों, तो समाचार पत्र की कीमत तीन गुना हो जाएगी। इसलिए किसी भी समाचार पत्र के लिए विज्ञापन विभाग (Advt. Dept.) बहुत महत्त्वपूर्ण होता है।

समाचार-पत्रों की आय के दो प्रमुख स्रोत प्रत्यक्ष रूप से होते हैं—

1. समाचार-पत्रों की बिक्री से प्राप्त होनेवाली आय।
2. समाचार-पत्रों को विज्ञापन के माध्यम से प्राप्त होनेवाली आय।

जितना भी विज्ञापन समाचार पत्र कार्यालय में पहुँचता है, उसको श्रेणीबद्ध तरीके से अनुसूचित किया जाता है। विज्ञापन विभाग में प्रतिदिन समाचार पत्र के विभिन्न पृष्ठों पर प्रकाशित होनेवाले विज्ञापनों की एक 'डमी' (Dummy) बनाई जाती है, जिसका मुख्य आधार अनुसूची होती है। डमी के अनुसार ही विज्ञापन कंपोजिंग के लिए भेजे जाते हैं। विज्ञापन के प्रकाशन की जानकारी विज्ञापनदाता को दी जा सके, इस हेतु पत्र की एक प्रति उसी दिन विज्ञापनदाता को भेजी जाती है।

Advertising Campaign विज्ञापन अभियान

लक्षित उपभोक्ता वर्ग के बारे में सभी प्रकार की जानकारी एकत्रित करके उचित रणनीतियों को ठोस अभियोजना के तहत रचनात्मक व माध्यम संबंधित सभी प्रकार के कार्य सुचारु रूप से क्रियान्वित करने की प्रक्रिया ही 'विज्ञापन अभियान, (Advertising Campaign) कहलाती है। विज्ञापन अभियान के विभिन्न चरण होते हैं, जो इस प्रकार हैं—

1. अभिकल्पना
2. माध्यम के अनुरूप कॉपी लेखन
3. विज्ञापन को तैयार करना

4. विज्ञापन की लॉन्चिंग
5. अगले अभियान की तैयारी
6. माध्यम नियोजन
7. मॉडल का चुनाव
8. फीडबैक प्राप्त करना

Advertising Code of Ethics — विज्ञापन की आचार संहिता

विज्ञापन की भी अपनी आचार संहिता (Code of Conduct) एवं कानून होते हैं। आचार संहिता से तात्पर्य उन मानदंडों या नियमों से है, जिनका पालन किया जाना नैतिक दृष्टि से आवश्यक होता है। विज्ञापन हेतु एडवरटाइजिंग एजेंसीज एसोसिएशन ऑफ इंडिया (AAAI) एवं एडवरटाइजिंग कॉन्सिल ऑफ इंडिया (ASCI) आदि ने कुछ आचार संहिता बनाई हैं, जो इस प्रकार हैं—

1. भ्रमित करनेवाले विज्ञापनों के विरुद्ध उपभोक्ता को सुरक्षा प्रदान करना तथा विज्ञापन में दिखाई गई सच्चाई सुनिश्चित करना।
2. ऐसे विज्ञापनों को जिनसे मानहानि अथवा असम्मान की भावना प्रदर्शित होने की संभावना हो, अनुमति न देना।
3. सामाजिक दृष्टि से हानिकारक वस्तुओं के विज्ञापनों के अत्यधिक प्रचार पर रोक लगाना।
4. विज्ञापनों में राष्ट्रीय चिह्नों का प्रयोग न किया जाना।
5. घृणास्पद, अश्लील, उत्तेजक विषय वस्तुओं को विज्ञापनों से दूर रखना।
6. विज्ञापन में उत्पाद के संबंध में दावों व घोषणाओं को बढ़ा-चढ़ाकर प्रस्तुत न किया जाना।
7. विज्ञापन सत्य पर आधारित हो, झूठ का स्थान न हो।
8. विज्ञापन को इस प्रकार तैयार करना, जिससे प्रतियोगी उत्पाद की अवमानना न हो।
9. स्त्री-पुरुष का भेद प्रदर्शित करनेवाले तथा नारी की प्रतिष्ठा को धक्का पहुँचानेवाले विज्ञापन प्रकाशित, प्रसारित न किया जाना।

Advertising Law — विज्ञापन कानून

विज्ञापन के द्वारा उपभोक्ताओं का शोषण न हो और उन्हें धोखाधड़ी का शिकार न होना पड़े, इसके लिए समय-समय पर संसद् द्वारा कई अधिनियम बनाए गए हैं, जो

इस प्रकार हैं—

1. औषधि एवं प्रसाधन सामग्री अधिनियम, 1940
2. चिह्न एवं नाम अनुपयुक्त प्रयोग पर रोक अधिनियम, 1950
3. युवा व्यक्ति (हानिप्रद प्रकाशन) अधिनियम, 1956
4. कॉपीराइट अधिनियम, 1957
5. भारतीय मानक संस्थान अधिनियम, 1958
6. व्यापार एवं व्यापारिक माल चिह्न अधिनियम, 1958
7. औषधि एवं जादुई इलाज (आपत्तिजनक विज्ञापन) अधिनियम, 1954
8. एकाधिकार एवं प्रतिबंधात्मक व्यापार व्यवहार अधिनियम, 1969
9. पेटेंट अधिनियम, 1970
10. स्त्री अशिष्ट रूपण (प्रतिरोध) अधिनियम, 1986
11. उपभोक्ता संरक्षण अधिनियम, 1986

Advertising Media — विज्ञापन माध्यम

'विज्ञापन माध्यम' (Advertising Media) वस्तुतः वे माध्यम होते हैं, जो उत्पाद या सेवा से संबद्ध सूचनाओं की उपभोक्ताओं तक पहुँचाने में सक्षम होते हैं। वे उत्पाद/सेवा तथा उपभोक्ता के बीच मध्यस्थ का काम करते हैं।

विज्ञापन माध्यमों का वर्गीकरण/प्रकार—

1. **मुद्रित माध्यम**—समाचार पत्र, पत्रिकाएँ, हैंडबिल, पोस्टर व ब्रॉशर आदि।
2. **प्रसारण माध्यम**—रेडियो, टी.वी., सिनेमा, लाउडस्पीकर, केबल नेटवर्क आदि।
3. **आउटडोर माध्यम (बाहरी माध्यम)**—होर्डिंग, पैकेजिंग, बैलून, बैनर, पोस्टर, पी ओ पी (दुकानों पर प्रचार सामग्री की सजावट) आदि।
4. **परंपरागत माध्यम**—कठपुतली, नौटंकी, लोक नृत्य, मेले व प्रदर्शनियाँ आदि।
5. **आधुनिक माध्यम**—इंटरनेट, मोबाइल (SMS), टेलीफोन व लेड डिस्प्लो।
6. **डाक माध्यम**—डायरेक्ट मेल।
7. **ट्रांजिट माध्यम**—कार, बस, ट्रेन आदि पर लगाए गए स्टिकर, होर्डिंग, पोस्टर आदि।
8. **उपहार माध्यम**—बैग, डायरी, पैन, कैलेंडर जैसी उपहार सामग्रियों पर विज्ञापन।

Agenda Setting Theory एजेंडा निर्धारण का सिद्धांत

एजेंडा निर्धारण के सिद्धांत (Agenda Setting Theory) का विचार सबसे पहले संयुक्त राज्य अमेरिका के पत्रकार वाल्टर लिपमैन ने दिया। उनके अनुसार लोग वास्तविक घटनाओं को नहीं देखते, बल्कि मीडिया द्वारा निर्मित अवास्तविक वातावरण पर प्रतिक्रिया जाहिर करते हैं, क्योंकि मीडिया हमारे 'मस्तिष्क में तस्वीरों' (The pictures in our heads) का चित्रण करते हैं।

एजेंडा निर्धारण सिद्धांत को पूर्णरूप से डोनाल्ड शो एवं मैक्सवेल ने प्रस्तुत किया। उनके अनुसार मीडिया लोगों को यह बताने में उतने सफल नहीं होते कि 'क्या सोचना है', (What to think) किंतु वे यह बताने में सफल रहते हैं कि 'किस बारे में सोचना है' (What to think about)।

एजेंडा निर्धारण प्रक्रिया पर शोध अध्ययन से पता चलता है कि मीडिया में मुद्दों को जिस क्रम में महत्त्व दिया गया, लगभग वही क्रम जनता द्वारा भी दिया गया। इस सिद्धांत के अनुसार मीडिया द्वारा दी गई प्राथमिकताएँ जनता की प्राथमिकताएँ बन जाती हैं।

Agricultural Journalism कृषि पत्रकारिता

कृषकों को खेती की नई तकनीकों के बारे में जानकारी देने एवं उन्हें बीज, खाद की बुआई, फसल की कटाई व मौसम के बारे में जरूरी जानकारी देने के लिए कृषि संबंधी समाचारों का प्रकाशन लगभग प्रत्येक पत्र-पत्रिका में अनिवार्य सा हो गया है। चूँकि कृषि संबंधी समाचारों के पाठकों की संख्या सीमित है, विभिन्न पत्रों ने इसे अभी तक गंभीरता से नहीं लिया है। कुछ मासिक पत्रिकाएँ जैसे 'कुरुक्षेत्र', 'कृषक समाचार', 'सहकारी' तथा 'सर्वे ऑफ एग्रीकल्चर' (वार्षिक) कृषि समाचारों के लिए प्रमुख हैं।

कृषि पत्रकारिता (Agricultural Journalism) के अंतर्गत कई विषय समाहित हैं, जैसे—कृषि अर्थशास्त्र, पशुपालन, भूमि संरक्षण, दुग्ध उद्योग, उद्यान शास्त्र, कीटशास्त्र, जीव-विज्ञान, मृदा कृषि रसायन आदि। कृषि पत्रकारिता का लक्ष्य ही किसान पाठकों को कृषि के विभिन्न पहलुओं की जानकारी देना है।

AIDCA ए.आई.डी.सी.ए.

ए.आई.डी.सी.ए. (AIDCA) प्रारूप/सिद्धांत विज्ञापन (Advt.) की कार्यप्रणाली से संबंधित एक प्रारूप है। यह शब्द विज्ञापन जगत में अत्यधिक महत्त्वपूर्ण है, क्योंकि

यह किसी विज्ञापन की सफलता का सिद्धांत होता है। यह इस प्रकार है—

1. ध्यानाकर्षण करना (Attention)
2. रुचि पैदा करना (Interest)
3. इच्छा जागृत करना (Desire)
4. विश्वसनीयता (Credibility)
5. विज्ञापित वस्तु खरीदने हेतु प्रेरित करना (Action)

All India Newspapers Editors Conference — अखिल भारतीय समाचार पत्र संपादक सम्मेलन

अखिल भारतीय समाचार पत्र संपादक सम्मेलन, जिसे संक्षेप में ए.आई.एन.ई.सी. (AINEC) भी कहते हैं, की स्थापना सन् 1940 में हुई थी। भारतीय स्वतंत्रता संग्राम में इस संस्था ने महत्त्वपूर्ण भूमिका अदा की। ए.आई.एन.ई.सी. के प्रथम सम्मेलन की अध्यक्षता 'हिंदू' के संपादक श्री कस्तूरी श्रीनिवासन ने की थी।

ए.आई.एन.ई.सी. ने पत्रकारों की कार्य करने की शर्तों एवं स्थितियों पर विचार-विमर्श करने की दिशा में भी पहल की है। संसदीय विशेषाधिकारों, न्यायालय की अवमानना तथा मानहानि कानूनों में इस संस्था ने ऐसे संशोधनों की आवश्यकता प्रतिपादित की, ताकि पत्रकारों को अपने सामाजिक-राजनैतिक दायित्वों की पूर्ति के लिए किए जानेवाले कार्यों में परेशानी न उठानी पड़े।

ए.आई.एन.ई.सी. के प्रमुख उद्देश्य इस प्रकार हैं—

1. पत्रकारों हेतु आचार संहिता (Code of Conduct) का निर्माण करना।
2. पत्रकारिता के उच्च स्तर तथा गौरवपूर्ण परंपराओं की रक्षा करना।
3. विभिन्न समितियों में अपने प्रतिनिधि नियुक्त करना।
4. विश्व के दूसरे देशों में पत्रकारों के संगठनों से संपर्क स्थापित करना।
5. पत्रकारों को अपने कर्त्तव्यों को पूरा करने हेतु जो सहायता व सुविधाएँ अपेक्षित हैं, उनकी पूर्ति के लिए प्रयत्न करना।
6. प्रेस और सरकार तथा प्रेस और जनता के बीच सहयोग व सद्भावना की स्थापना करना।

All India Radio — आकाशवाणी

भारत में सन् 1921 में टाइम्स ऑफ इंडिया तथा डाक तार विभाग के संयुक्त प्रयास से पहले रेडियो कार्यक्रम का प्रसारण किया गया। सन् 1927 में भारत में प्रसारण

का कार्य 'इंडियन ब्रॉडकास्टिंग कंपनी' द्वारा मुंबई तथा कोलकाता में दो केंद्रों की स्थापना से शुरू हुआ। सन् 1930 में आर्थिक कठिनाइयों के चलते यह कंपनी समाप्त कर दी गई तथा इंडियन स्टेट ब्रॉडकास्टिंग सर्विस (Indian State Broadcasting Service) के नाम से एक नई प्रसारण सेवा प्रारंभ की गई। सन् 1936 में इस सर्विस का नाम बदलकर 'ऑल इंडिया रेडियो' (AIR) कर दिया गया।

3 अक्तूबर, 1957 को 'ऑल इंडिया रेडियो' का भी नाम बदलकर 'आकाशवाणी' रखा गया। 1 अप्रैल, 1976 को आकाशवाणी से दूरदर्शन को अलग कर दिया गया। 23 नवंबर, 1997 से दूरदर्शन (Doordarshan) सहित आकाशवाणी को प्रसार भारती बोर्ड (Prasar Bharti)के अंतर्गत लिया गया है। उल्लेखनीय है कि आजादी के समय जहाँ कुल 6 आकाशवाणी केंद्र और 18 ट्रांसमीटर थे, वहीं आज (सन् 2010 तक) इसका नेटवर्क बढ़कर 232 आकाशवाणी केंद्रों और 374 ट्रांसमीटरों का हो गया है।

आकाशवाणी द्वारा अनेक प्रकार के कार्यक्रम प्रसारित किए जाते हैं। इनमें प्रमुख हैं—संगीत, समाचार एवं सामयिक विषय, विविध भारती, रूपक, नाटक, विदेश प्रसारण सेवा एवं विशेष श्रोता वर्गों हेतु कार्यक्रम जैसे युवावाणी, खेलकूद एवं विद्यालय, श्रोता अनुसंधान विज्ञान कार्यक्रम, महिलाओं एवं बालकों हेतु विशेष प्रकार के कार्यक्रम इत्यादि।

All India Small & Medium Newspaper Federation — अखिल भारतीय लघु व मध्यम समाचार पत्र संघ

अखिल भारतीय लघु व मध्यम समाचार पत्र संघ को संक्षेप में ए.आई.एस.एन.ए. (AISNA) अथवा आइसना भी कहते हैं। इसकी स्थापना सन् 1968 के आसपास हुई। यह छोटे व मध्यम समाचार पत्रों का संघ है। इसकी सदस्यता देशभर के सभी भाषाओं के लघु समाचार पत्रों से संबंधित सभी संपादकों, सहायक तथा उप संपादकों, संवाददाताओं, विशेष प्रतिनिधियों, संपादकीय विभाग में काम करनेवाले व्यक्तियों एवं स्वतंत्र पत्रकारों के लिए है।

इस संघ के प्रमुख उद्देश्य इस प्रकार हैं—

1. पूरे देश के सभी भारतीय भाषाओं के उन समस्त समाचार पत्रों को, जो विभिन्न जनपदों/नगरों से निकल रहे हैं, (जिनका प्रसार लगभग 15,000 तक है) को संगठित करना।
2. प्रशासन द्वारा लघु समाचार पत्रों को दी जानेवाली सुविधाओं को सही ढंग से लघु समाचार पत्रों तक पहुँचाने का माध्यम बनना।

3. लघु व मध्यम समाचार पत्रों की दैनिक बाधाओं, चाहे वे प्रशासनिक हों, राजनैतिक हों, सामाजिक हों या फिर आर्थिक हों, को निपटाने के लिए अखिल भारतीय स्तर पर मार्ग खोजना तथा उन्हें संबंधित उच्च स्तर तक पहुँचाना।

Amazon अमेजन

अमेजन (Amazon.com) अमेरिका की बहुराष्ट्रीय इलेक्ट्रॉनिक कॉमर्स कंपनी है। इसका मुख्यालय वाशिंगटन में स्थित है। अमेजन की स्थापना सन् 1994 में जेफ बेजस (Jeff Bezus) द्वारा हुई थी, वही इसके संस्थापक हैं। अमेजन विश्व की सबसे बड़ी ऑनलाइन रिटेलर (Online retailer) है। अमेजन डॉट कॉम की शुरुआत एक ऑनलाइन बुक स्टोर के रूप में हुई, बाद में यह डी.वी.डी. (DVD), एम.पी.-3, (MP3), सी.डी. (CD), वीडियो गेम (Video Games), सॉफ्टवेयर (Software), खिलौने (Toys) एवं फूड (Food) आदि बेचने में भी आ गई। अमेजन द्वारा नवंबर 2007 में किण्डल (Amazon Kindle) रिलीज किया गया, जो एक ई-बुक रीडर (e-book reader) है।

Amplitude Modulation-AM एम्प्लीट्यूड मॉड्यूलेशन

जिस प्रकार रेडियो के लिए ऑडियो सिग्नल आते हैं, उसी प्रकार टेलीविजन के लिए ऑडियो एवं वीडियो दोनों ही फ्रीक्वेंसी को मिक्स कर दिया जाता है। इस मिक्सिंग प्रक्रिया को कैरियर फ्रीक्वेंसी अथवा मोड्यूलेशन (Modulation) के नाम से जाना जाता है। फ्रीक्वेंसी (Frequency) दो प्रकार की होती हैं—प्रथम कैरियर (Carrier Frequency), दूसरी सिग्नल फ्रीक्वेंसी (Signal Frequency)। इन दोनों को मिलाने के दो तरीके होते हैं—

1. ए.एम. अर्थात् एम्प्लीट्यूड मॉड्यूलेशन (AM)
2. एफ.एम. अर्थात् फ्रीक्वेंसी मॉड्यूलेशन (FM)

सिग्नल को जब कैरियर के साथ इस प्रकार मिक्स (Mix) किया जाता है कि कैरियर की अपनी फ्रीक्वेंसी वही रहे, परंतु उसका एम्प्लीट्यूड, सिग्नल एम्प्लीट्यूड के अनुसार बदलना शुरू हो जाए, तो इस वेव (Wave) को एम्प्लीट्यूड मॉड्यूलेटेड वेव (AM Wave) कहते हैं। सामान्यतः आकाशवाणी (रेडियो) पर ए.एम. का ही प्रसारण किया जाता है, क्योंकि ये तरंगें बिना क्षय हुए लंबी दूरी तक जा सकती हैं। ए.एम. (AM) की फ्रीक्वेंसी 550 किलो हर्ट्स तक होती है।

Anchor एंकर

टेलीविजन के समाचारों एवं कार्यक्रमों को प्रस्तुत करनेवाला 'एंकर' (Anchor) कहलाता है। टेलीविजन एंकर न्यूज बुलेटिन की जान होता है। एंकर ही दर्शकों को कार्यक्रम से बाँधते हुए कार्यक्रम का संचालन करता है। जब टेलीविजन पर दूरदर्शन (Doordarshan) का एकाधिकार था, उस समय समाचार बुलेटिन (News Bulletin) में एंकर नाम की कोई चीज नहीं हुआ करती थी। उस समय समाचार वाचक (News Reader) होते थे, जो कि लिखे समाचारों को स्क्रीन पर पढ़ते थे। तेज समाचार चैनलों के इस आधुनिक युग में समाचार वाचकों का स्थान एंकरों ने ले लिया है। एक एंकर (Anchor) को रिपोर्टिंग (Reporting) की भी समझ होनी चाहिए। वैसे अधिकतर समाचार/न्यूज चैनलों के एंकर, एंकर होने के साथ-साथ रिपोर्टर भी होते हैं।

Android Phone एंड्रॉइड फोन

एंड्रॉइड (Android) लिनक्स (Linux) पर आधारित मोबाइल फोन (Mobile Phone) 'सॉफ्टवेयर स्टैक' है। इसका विकास मूल रूप से गूगल (Google) ने किया था, बाद में ओपेन हैंडसैट एलायंस (Open Handset Alliance) ने किया था। इसमें विकासकर्ताओं को जावा प्रोग्रामिंग भाषा में प्रबंधित कोड लिखने की स्वतंत्रता मिली हुई है। एंड्रॉइड की लगभग एक लाख सी डी (CD) डेस्कटॉप के लिए भी जारी की गई हैं।

वर्तमान में एंड्रॉइड, मोबाइल फोन एवं टेबलेट हेतु एक लोकप्रिय प्रचालन तंत्र (Operating System) के रूप में उभर रहा है। एंड्राइड फोन सर्वप्रथम 23 सितंबर, 2008 को रिलीज किया गया। एंड्राइड इंक (Android Inc.) का मुख्यालय पालो एल्टो, (Palo Alto) कैलीफोर्निया (सं. रा. अमेरिका) में स्थित है।

उल्लेखनीय है कि लिनक्स (Linux) यूनिक्स जैसा एक ऑपरेटिंग सिस्टम है। यह ओपेन सोर्स सॉफ्टवेयर अथवा मुक्त स्रोत सॉफ्टवेयर का सबसे कामयाब एवं सबसे लोकप्रिय सॉफ्टवेयर है। यह जी पी एल्ड है और यूनिक्स (Unix) से बनाया गया है।

Animation एनीमेशन

एनीमेशन (Animation) का प्रयोग आजकल बहुत ज्यादा होने लगा है। कंप्यूटरों के जरिए स्थिर ग्राफिक्स (Graphics) को गति प्रदान करना ही 'एनीमेशन' कहलाता है। इसमें ग्राफिक्स के एक-एक फ्रेम को इस तरह बनाया जाता है और फिर

सिलसिलेवार ढंग से जोड़ा जाता है कि वे गतिशील नजर आने लगते हैं।

Announcer उद्घोषक

उद्घोषक (Announcer) उद्घोषणा करनेवाले व्यक्ति को कहते हैं। इसका प्रमुख लक्ष्य लाखों श्रोताओं व दर्शकों को कार्यक्रम संबंधी या अन्य प्रकार की सूचनाएँ देना होता है। उद्घोषणा के विविध रूप हैं—सूचनापरक उद्घोषणाएँ, भेंटवार्त्ता, घटनाओं की रिपोर्टिंग, समाचार वाचन व कार्यक्रमों का संचालन आदि।

Aristotle Communication Model अरस्तु संचार मॉडल

संचार (Communication) का सबसे पहला मॉडल ग्रीक दार्शनिक अरस्तु (Aristotle) ने लगभग 2300 वर्ष पूर्व दिया था। अरस्तु के संचार मॉडल में पाँच तत्त्वों की चर्चा की गई थी, जो इस प्रकार थी—

वक्ता	→	संदेश	→	श्रोता	→	अवसर	→	प्रभाव
(Speaker)		(Message)		(Audience)		(Occassion)		(Effect)

अरस्तु के इस मॉडल के अनुसार संचार तब होता है, जब एक वक्ता अपना संदेश श्रोताओं को देता है, जिसका उद्देश्य उनको प्रभावित करना होता है।

अरस्तु के संचार मॉडल की प्रमुख कमी यह है कि यह संचार को एक स्थिर प्रक्रिया बताता है। दूसरी कमी यह है कि यह मॉडल संचार के कई पहलुओं को नहीं दर्शाता, जैसे फीडबैक (Feedback) या प्रतिक्रिया। इसका जिक्र कहीं नहीं है। इसका अर्थ हुआ कि श्रोता मात्र संदेश सुनते हैं, अपना मत जाहिर नहीं करते।

Article लेख

समाचार-पत्र व पत्रिकाओं में प्रकाशित किसी निबंध को सामान्यतः लेख या आर्टिकल (Article) कहा जाता है। आर्टिकल से तात्पर्य समाचारोत्तर कोई भी निबंध, टिप्पणी, संपादकीय, फीचर, समीक्षा आदि से है।

लेख व फीचर में अंतर होता है—

1. लेख लंबा होता है, वहीं फीचर लेख की तुलना में छोटा होता है।
2. लेख की उत्पत्ति मस्तिष्क से होती है, वहीं फीचर की हृदय से।
3. लेख का आरंभ तथा समापन जहाँ परंपरागत ढंग से होता है, वहीं फीचर का प्रारंभ व अंत मनोरंजक व प्रभावशाली होता है।
4. लेख जहाँ गंभीर ढंग से लिखा जाता है, वहीं फीचर हलके-फुलके ढंग से लिखा जाता है।

5. लेख का विषय विस्तृत व गहन होता है, जबकि फीचर लिखने हेतु तथ्यों व आँकड़ों का उपयोग नहीं होता।

Assistant Editor — सहायक संपादक

सहायक संपादक (Asst. Editor) संपादकीय विभाग (Editorial Deptt.) का (वरिष्ठ संपादक व संयुक्त संपादक के बाद) वरिष्ठ सहयोगी होता है। इसका सीधा संबंध समाचार (News) के साथ न होकर व्यूज (Views)/विचार से होता है। वह अग्रलेख, संपादकीय टिप्पणियाँ, फीचर, राष्ट्रीय-अंतरराष्ट्रीय घटनाचक्रों की समीक्षा, सरकारी नीतियों एवं घोषणाओं के दूरगामी परिणाम संबंधी टिप्पणियाँ, पत्र की नीति का समर्थन और जनसाधारण का पथ-प्रदर्शन सतर्क ढंग से करता है।

कार्य विभाजन के अनुरूप कुछ सहायक संपादकों का संबोधन बदल जाता है, जैसे—मुख्य संवाददाता, अग्रलेख लेखक, रिराइट मैन, समाचार छायाकार, व्यंग्यकार, कार्टूनिस्ट, वाणिज्य संपादक आदि।

Associated Press (AP) — एसोसिएटेड प्रेस

एसोसिएटेड प्रेस अमेरिका की एक प्रसिद्ध समाचार समिति (News Agency) है। इसे संक्षिप्त में 'ए.पी.' भी कहते हैं। जिस देश में इसकी शाखा होती है, उस देश का नाम इसके साथ जोड़ दिया जाता है। भारत में स्वतंत्रता से पूर्व जो प्रमुख समाचार समिति थी, वह एसोसिएटेड प्रेस ऑफ इंडिया (API) कहलाती थी।

उल्लेखनीय है कि अमेरिका की ए.पी. (AP), यू.पी.आई. (UPI) तथा ब्रिटेन की रायटर (Riter) व फ्रांस की ए.एफ.सी. (AFC) विश्व की सबसे बड़ी चार समाचार एजेंसियाँ हैं। इन एजेंसियों की लगभग विश्व के सभी देशों की समाचार समितियों के साथ समाचारों के आदान-प्रदान व सहयोग की व्यवस्था है।

Audience — श्रोता/ऑडियंस

दर्शक/श्रोता (Audience) का अर्थ होता है—टीवी/ रेडियो के कार्यक्रमों को देखने-सुननेवाला व्यक्ति। चाहे रेडियो हो या टी.वी. या फिल्म, श्रोता वर्ग प्रत्येक संचार माध्यमों तक फैला हुआ होता है। इनकी भिन्न-भिन्न रुचियाँ, भिन्न-भिन्न आर्थिक पृष्ठभूमि, भिन्न-भिन्न कार्य स्थितियाँ इन्हें भिन्न-भिन्न वर्गों में बाँटती हैं। कार्यक्रम निर्माता इन्हीं भिन्न-भिन्न वर्गों से अपना लक्षित श्रोता/दर्शक वर्ग तय करता है, जिसके लिए कार्यक्रम का स्वरूप, प्रसारण समय तय करता है।

उल्लेखनीय है कि 'ऑडियंस' शब्द की उत्पत्ति लैटिन भाषा के आडिए (सेवा) से हुई, जिसका अर्थ प्राप्तकर्त्ता होता है। प्रारंभ में इस शब्द का प्रयोग पाठक वर्ग हेतु किया जाता था। बाद में यह सिनेमा दर्शकों व जनसंचार माध्यम के दर्शक व श्रोता हेतु किया जाने लगा।

□

B

Back Projection — बैक प्रोजेक्शन

1. 'बैक प्रोजेक्शन' (Back Projection) का अर्थ है—उद्घोषक के पीछे किसी खास तसवीर को प्रोजेक्शन की मदद से उपलब्ध कराने की तकनीक अथवा ऐसी पद्धति जिसमें किसी दूर के स्थान के किसी दृश्य का चित्र लेकर उसे स्टूडियो (Studio) के पर्दे के ऊपर प्रस्तुत किया जाता है और उसके सामने फिल्मी कलाकार हाव-भाव प्रदर्शित करते हैं। इससे ऐसा भ्रम प्रतीत होता है कि उक्त कलाकार उसी दूरीवाले स्थान पर चल-फिर रहे हैं या नाच-गा रहे हैं।
2. समाचार-वाचक (News Reader) के पीछे लगी स्क्रीन पर प्रदर्शित किया जानेवाला चित्र।

Bandwidth — बैंडविड्थ

'बैंडविड्थ' (Bandwidth) से तात्पर्य किसी संचार माध्यम की सूचना वहन करने की क्षमता से है। इंटरनेट से सूचना तक पहुँचने में लगनेवाला समय इस बात पर निर्भर करता है कि प्रयोक्ता के पास बैंडविड्थ क्या है। प्राय: किसी सूचना को डाउनलोड (Download) करने में कई मिनट लगते हैं। इसका प्रमुख कारण यह है कि सर्च इंजन (Search Engine) इंटरनेट से वैश्विक स्तर पर समेकित रहते हैं। अत: सीमित संसाधन का उपयोग करनेवाले प्रयोक्ताओं की संख्या जितनी ज्यादा होगी, उतना ही अधिक समय लगेगा। उल्लेखनीय है कि बैंडविड्थ की माप डिजिटल संकेतों हेतु बिट प्रति सेकेंड में होती है और ध्वनि के लिए हट्र्स (Hertz) में होती है।

Banner पताका/बैनर शीर्षक

समाचार-पत्र के प्रथम पृष्ठ पर सबसे ऊपर आठ कॉलम में मोटे टाइप में दिए गए शीर्षक को बैनर शीर्षक (Banner Heading) कहा जाता है। बाकी समाचारों के शीर्षक तथा समाचार बैनर शीर्षक के नीचे रहते हैं। बैनर शीर्षक का प्रयोग अति महत्त्वपूर्ण समाचार को सर्वाधिक प्रमुखता से प्रदर्शित करने हेतु किया जाता है। अत्यंत भयानक अनहोनी, आश्चर्यचकित कर देनेवाली घटना घटित हो जाने आदि पर इसका प्रयोग किया जाता है। स्काई लाइन शीर्षक (Sky Line Heading) तथा बैनर शीर्षक में मूलभूत यह अंतर है कि बैनर शीर्षक नाम पट्टिका (Name Plate) तथा तिथि रेखा (Date Line) के नीचे तथा स्काई लाइन शीर्षक नाम पट्टिका और तिथि रेखा के भी ऊपर दिया जाता है।

Beat बीट

एक संवाददाता/रिपोर्टर को जो विशेष क्षेत्र सूचना प्राप्ति (रिपोर्टिंग) के लिए सौंपा जाता है, उसे बीट कहते हैं या किसी पत्रकार को समाचार प्राप्ति हेतु सौंपी गई विशेष जगह को 'बीट' कहते हैं, जैसे—न्यायालय, पुलिस विभाग आदि।

बीट रिपोर्टर विशेष समाचारों पर महत्त्वपूर्ण टिप्पणी करते हैं। रिपोर्टर को किसी विषय क्षेत्र-विशेष पर सूचनाएँ एकत्रित करने के बाद उसे संगठित करके उस पर टिप्पणी करने का पूरा अवसर दिया जाता है। एक अच्छे रिपोर्टर को इस बात का पता अवश्य होना चाहिए कि बीट पर किस तरह काम करना है। एक रिपोर्टर, जो अपराध जगत पर काम कर रहा है, उसे पुलिस व कानून के प्रावधान, नियम व कार्यवाही आदि की विशेष जानकारी होनी चाहिए।

'Bhasha' News Agency 'भाषा' समाचार सेवा

भारत ही नहीं, अपितु एशिया की सबसे बड़ी समाचार समिति पी.टी.आई. (PTI) ने 18 अप्रैल, 1986 को हिंदी समाचार सेवा 'भाषा' (Bhasha) की शुरुआत की। यह अनुवाद एजेंसी न होकर मूल खबरों की एजेंसी है। यह समाचारों की भाषा-शैली, वर्तनी तथा शुद्ध नामों के उच्चारण पर विशेष ध्यान देती है। भारत के लगभग ग्याहर हजार शहरों तथा कस्बों के सही नामों की प्रामाणिक सूची भाषा की डेस्क पर रखी रहती है तथा समाचार लेखन में इन्हीं का इस्तेमाल किया जाता है ताकि वर्तनी में एकरूपता रहे। भाषा 'प्रेस ट्रस्ट ऑफ इंडिया' (PTI) का ही एक भाग है। भाषा समिति ने विदेशी नामों के उच्चारण के लिए भी कई 'उच्चारण तालिकाएँ' बनाई हैं।

Bibliography ग्रंथसूची

'Bibliography' शब्द की उत्पत्ति ग्रीक भाषा के दो शब्दों 'biblion' अर्थ 'ग्रंथ' और 'graphien' अर्थ 'लिखना' के सम्मिलन से हुई है। मूलत: ग्रंथसूची का अर्थ ग्रंथ-लेखन से था। मुद्रण के अविष्कार से पूर्व ग्रंथ-लेखन से तात्पर्य हाथ से ग्रंथों की प्रतिलिपि तैयार करना था। बाद में इस शब्द के अर्थ में बदलाव हुआ और 'ग्रंथ लेखन' से अर्थ बदलकर 'ग्रंथों के विषय में लेखन' हो गया। शब्द 'ग्रंथसूची' एक व्यापक शब्द है, जिसमें सम्मिलित हैं—ग्रंथ-प्रतिवेदन, मानक, पेंपलेट, समाचार-पत्र, पत्रिकाएँ आदि।

वर्तमान में प्रत्येक विषय की विविध स्वरूपों में उपलब्ध पाठ्य सामग्री की ग्रंथसूचियाँ प्रकाशित हो रही हैं। ये ग्रंथसूचियाँ मुद्रित स्वरूप में तथा सी.डी., (CD), डी.वी.डी. (DVD) आदि रूप में उपलब्ध होने के साथ-साथ ऑनलाइन, डेटाबेस के रूप में भी उपलब्ध हैं। ग्रंथसूची के कई प्रकार हैं—विषय ग्रंथसूची (Subject Bibliography), लेखक ग्रंथसूची (Author Bibliography), राष्ट्रीय ग्रंथसूची (National Bibliography), व्यापारिक ग्रंथ सूची (Trade Bibliography) आदि।

Big Newspapers & Magazines बड़े समाचार पत्र एवं पत्रिकाएँ

वे पत्र-पत्रिकाएँ जिनकी प्रसार संख्या प्रति प्रकाशन दिवस लगभग 75,000 से अधिक हो, बड़े समाचार-पत्र एवं पत्रिकाएँ (Big Newspapers & Magazines) कहलाते हैं। इस श्रेणी के समाचार-पत्रों की पृष्ठ संख्या बारह से सोलह पृष्ठों तक नियमित रूप से होती ही है, परंतु परिशिष्ट के रूप में भी चार पृष्ठ रंगीन देने का चलन प्रारंभ हो गया है।

Binding जिल्दसाजी/बाइंडिंग

समाचार पत्र-पत्रिका एवं पुस्तक के सभी पृष्ठ इकाइयों को एकत्रित करके उन पर कागज अथवा गत्ते का आवरण चढ़ाने को जिल्दसाजी कहते हैं। पुस्तकों की बाइंडिंग कई तरह से होती है—सेक्शन स्टिच, साइट स्टिच, सेंटर स्टिच तथा परफेक्ट बाइंडिंग आदि। सेक्शन स्टिच का प्रयोग प्राय: मोटी पुस्तकों की बाइंडिंग के लिए होता है। साइट स्टिच का प्रयोग पतली किताबों की बाइंडिंग में किया जाता है तथा सेंटर स्टिच का प्रयोग रजिस्टर एवं मैग्जीन में होता है।

Block ब्लॉक

समाचार-पत्र एवं पत्रिका के प्रकाशन में लैटरप्रेस (Letter Press) प्रणाली

अपनाने पर चित्र या डिजाइन के मुद्रण के लिए ब्लॉक (Block) बनाना आवश्यक होता है। लैटरप्रेस में जो ग्राफिक डिजाइन और फोटो चित्र छपते हैं, वे ब्लॉक से छापे जाते हैं। ब्लॉक जस्ते या ताँबे की प्लेट से बनता है। ब्लॉक कई तरह के होते हैं—लाइन ब्लॉक (Line Block) तथा हाफटोन (Halftone) ब्लॉक। लाइन तथा हाफटोन दोनों मिलाकर भी ब्लॉक बनाया जा सकता है।

Block Heading ब्लॉक शीर्षक

'ब्लॉक शीर्षक' (Block Heading) में अलग-अलग टाइप में दो शीर्षक डाले जाते हैं। प्रथम शीर्षक बाईं ओर से प्रारंभ होकर लगभग पूरे कॉलम को भरता है। द्वितीय शीर्षक लगाने के पूर्व एक बड़ा बिंदु, गोल डॉट या स्क्वायर (Square) लगा देते हैं, बिंदु के आगे कुछ जगह छोड़कर दाहिनी तरफ द्वितीय शीर्षक कुछ हलके टाइप में दिया जाता है।

Blog चिट्ठा/ब्लॉग

'ब्लॉग' (Blog) को हिंदी में चिट्ठा कहा जाता है। चिट्ठा/ब्लॉग बहुवचन चिट्ठे/ब्लॉग्स एक प्रकार का व्यक्तिगत जालपृष्ठ (Website) होते हैं, जिन्हें डायरी (Diary) की तरह लिखा जाता है। ब्लॉग एक ऑनलाइन समाचार-पत्र (Online Newspaper) ही है। इसमें लेखक/ब्लॉगर (Blogger) सामग्री को सीधे वेब पर लिख सकता है।

ब्लॉग्स में कुछ लेख, फोटो एवं बाहरी कड़ियाँ होती हैं। इनके विषय सामान्य भी हो सकते हैं एवं विशेष भी। कई ब्लॉग्स किसी खास विषय से संबंधित होते हैं एवं उस विषय से जुड़े समाचार, जानकारी या विचार आदि उपलब्ध कराते हैं। ब्लॉग्स में पाठकों को अपनी टीका-टिप्पणियाँ देने की क्षमता उन्हें इंटरैक्टिव प्रारूप प्रदान करती है।

अधिकतर ब्लॉग्स मुख्य तौर पर पाठ रूप में होते हैं। हालाँकि कुछ कलाओं (Art Blogs), छायाचित्रों (Photography Blogs), वीडियो संगीत एवं ऑडियो पर केंद्रित भी होते हैं। ब्लॉग्स बनाने के कई तरीके होते हैं, जिनमें सबसे सरल तरीका किसी अंतर्जाल (Internet) पर किसी ब्लॉग वेबसाइट जैसे 'ब्लॉगस्पॉट' या लाइवजर्नल या वर्ड प्रेस (Word Press) आदि जैसे स्थलों में से किसी एक पर खाता (Account) खोलकर लिखना शुरू करना। एक अन्य प्रकार की चिट्ठाकारी 'माइक्रो ब्लॉगिंग' (Micro Blogging) कहलाती है। इसमें अति लघु आकार के पोस्ट्स होते हैं।

ब्लॉग सूचना के साधन नहीं होते, अपितु किसी व्यक्ति द्वारा पाई गई अथवा रोचक समझी गई सूचना पर विचार-विमर्श है। ब्लॉग विचार-विमर्श के मंच (Forum) मात्र होते हैं। इन्हें 'समाचारों का दूत' नहीं माना जाना चाहिए।

उल्लेखनीय है कि अंग्रेजी शब्द ब्लॉग 'वेब लॉग' (Web log) शब्द का सूक्ष्म रूप है। बाद में इसका केवल ब्लॉग शब्द ही रह गया। ब्लॉग का हिंदी शब्द 'चिट्ठा' सबसे पहले हिंदी चिट्ठाकार/ब्लॉगर आलोक कुमार द्वारा प्रतिपादित किया गया था, जो अब इंटरनेट पर हिंदी दुनिया में प्रचलित हो गया है।

Bluetooth ब्लूटूथ

'ब्लूटूथ' (Bluetooth) एक व्यक्तिगत क्षेत्र नेटवर्क बनाते हुए चल व अचल उपकरण से डाटा आदान-प्रदान करने का एक खुला बेतार प्रोटोकॉल (Protocol) है । इसकी कल्पना डेटा केबल के लिए एक वॉयरलेस विकल्प के रूप में की गई थी। ब्लूयूटूथ ने संचार प्रोटोकोलो को एक सार्वभौमिक मानक रूप में एकीकृत करने का कार्य किया है।

ब्लूटूथ एक रेडियो प्रौद्योगिकी का उपयोग करता है। ब्लूटूथ सुरक्षित एवं वैश्विक रूप से गैर पंजीकृत औद्योगिक, वैज्ञानिक एवं चिकित्सकीय व छोटी दूरी की रेडियो फ्रीक्वेंसी (Radio Frequency) बैडविड्थ के प्रयोग से मोबाइल फोन, लैपटॉप, टेलीफोन, व्यक्तिगत कंप्यूटर (PC), जी.पी.एस. (GPS) प्राप्तकर्त्ता, प्रिंटर, डिजिटल कैमरा जैसे उपकरणों के माध्यम से संपर्क स्थापित करने एवं सूचनाएँ आदान-प्रदान करने का एक मार्ग प्रदान करता है।

ब्लूटूथ (Bluetooth) अस्थिर उपकरणों एवं उसके अनुप्रयोगों के लिए होता है। ब्लूटूथ किसी भी माहौल में विभिन्न तरीकों से किसी व्यक्तिगत अनुप्रयोगों के लिए केबल बिछाने का प्रतिस्थापन है। वाई फाई (Wi Fi) स्थिर उपकरण एवं उसके अनुप्रयोगों के लिए नियत है।

सरल शब्दों में, ब्लूटूथ बेतार (Wireless) संचार के लिए एक प्रोटोकॉल है। मोबाइल फोन, लैपटॉप, कंप्यूटर, प्रिंटर, डिजिटल कैमरा एवं वीडियोगेम जैसे उपकरण इसके माध्यम से एक-दूसरे से जुड़कर जानकारी विनिमय कर सकते हैं। जुड़ने के लिए उपकरण रेडियो तरंगों का प्रयोग करते हैं। ब्लूटूथ को अपेक्षाकृत कम दूरी तक (सिर्फ कुछ ही मीटर तक) ही इस्तेमाल किया जा सकता है। ब्लूटूथ को मूलत: संगणक (Computer) से अन्य उपकरणों को जोड़नेवाले तारों (केबलों) की संख्या को कम करने के लिए ही विकसित किया गया था।

Block Review पुस्तक समीक्षा

समीक्षा लेखन आज पत्रकारिता का अभिन्न अंग है। किसी पुस्तक, कलाकृति, फिल्म अथवा नाट्य प्रदर्शन को पढ़कर उस पर अपनी टिप्पणी देना, उसके गुण-दोषों को संक्षेप में बताना समीक्षक (Reviewer) का कार्य है। पुस्तक समीक्षा (Book Review) में किसी पुस्तक की समीक्षा की जाती है। पुस्तक समीक्षा लेखक तथा उसकी कृति का आलोचनात्मक मूल्यांकन होता है। पुस्तक समीक्षा का प्रमुख उद्देश्य ग्रंथ प्रकाशन की सूचना से पाठकों को अवगत कराना होता है।

पुस्तक समीक्षा के अनेक प्रकार हैं, जिनमें प्रमुख हैं—

1. तुलनात्मक पुस्तक समीक्षा (Comparative Book Review)
2. सैद्धांतिक पुस्तक समीक्षा (Theoretical Book Review)
3. आत्म समीक्षा (Self Review)
4. विवादी पुस्तक समीक्षा (Arguing Book Review)
5. परिचयात्मक पुस्तक समीक्षा (Introductory Book Review)

Box बॉक्स

कभी-कभार समाचारों के मध्य छोटे-छोटे ऐसे समाचार दिए जाते हैं, जो चारों ओर से रेखाओं से घिरे होते हैं। इसलिए बॉक्स (Box) कहलाते हैं। प्रायः आजकल समाचार पत्र-पत्रिकाओं में पृष्ठों की साज-सज्जा के लिए बॉक्स का प्रयोग किया जाता है। बॉक्स के लिए आवश्यक है कि समाचार छोटे हों, अधिक लंबे समाचार बॉक्स हेतु उपयुक्त नहीं माने जाते। यदि कोई समाचार बड़ा है और बॉक्स में देने योग्य है, तो उसे दो या तीन कॉलम बॉक्स में दिया जा सकता है।

विदेशी छात्रों को मिला संगठन

नई दिल्ली। देश के चुनिंदा विश्वविद्यालयों में शामिल डी.यू. का विदेशों में भी बहुत क्रेज है। यही वजह है कि प्रति वर्ष दो से ढाई हजार विदेशी छात्र यहाँ विभिन्न कोर्सेज में दाखिला लेते हैं। उनको यहाँ उनके मनपसंद कोर्स के साथ ही अच्छा माहौल मिलता है। लेकिन विदेशियों के लिए डी.यू. कैंपस में रहना मुश्किलों भरा साबित होता है। उनके सामने खाने और रहने की सबसे बड़ी समस्या आती है। उसके पीछे एक मुख्य वजह यह भी है कि विदेशी छात्रों का कोई भी संगठन यहाँ कार्यरत नहीं था। लेकिन अब इन छात्रों का एक संगठन बन गया है, जो इनके लिए सांस्कृतिक गतिविधियों के साथ आपस में इनको जोड़ने का काम

करेगा। छात्रों की जरूरतों को देखते हुए कुछ विदेशी छात्रों ने मिलकर पिछले वर्ष कैंपस में अनौपचारिक रूप से संगठन बनाया है।

स्रोत : हिंदुस्तान (दिल्ली) 4 अगस्त, 2010

Box Camera बॉक्स कैमरा

बॉक्स कैमरे (Box Camera) साधारण किस्म के होते हैं। सामने की ओर एक सामान्य सा लैंस लगा रहता है, परंतु लैंस को आगे या पीछे कर फोकस नहीं किया जा सकता और कैमरे के सामने की ओर एक निश्चित दूरी के बाद के दृश्य ही फोकस (Focus) में रह पाते हैं। बॉक्स कैमरे में एक निश्चित प्रकाश व्यवस्था में ही फोटो खींचना उचित रहता है। बॉक्स कैमरों की शूट (Shutter) गति भी 1/25 सेकंड ही फिक्स रहती है। इन विवशताओं के चलते इनसे अच्छी गुणवत्तावाले चित्र खींचना संभव नहीं है। बड़े आकार के छायाचित्र भी इन कैमरों द्वारा तैयार निगेटिव (Negative) से नहीं बनाए जा सकते।

Braile Journalism ब्रेल पत्रकारिता

आज दृष्टिहीन व्यक्ति भी पत्र-पत्रिका को पढ़ सकते हैं। लुई ब्रेल ने दृष्टिहीनों के लिए एक विशेष लिपि (ब्रेल लिपि) का आविष्कार किया, जिसमें अक्षर उभरे हुए होते हैं। इन्हें दृष्टिहीन व्यक्ति मात्र स्पर्श करके ही पढ़ सकते हैं। इसलिए इसे 'स्पर्श लिपि' भी कहा जाता है। वर्तमान में लगभग एक करोड़ दृष्टिहीन व्यक्ति ब्रेल लिपि के माध्यम से जनसंचार से जुड़े हुए हैं। भारत में ब्रेल लिपि को विकसित करने का प्राथमिक श्रेय ठाकुर विश्वनारायण सिंह को जाता है, जिनके संपादन में 'आलोक' त्रैमासिक पत्रिका का प्रकाशन भारत सरकार ने सन् 1957 में किया। इसे हिंदी ब्रेल लिपि की प्रथम पत्रिका होने का श्रेय प्राप्त है।

Brand ब्रांड

वर्तमान में उपभोक्ता वस्तुओं के एक ही उत्पाद के विभिन्न ब्रांड बाजार में उपलब्ध हैं। ब्रांड उपभोक्ता को उत्पाद की गुणवत्ता की गारंटी देता है। विज्ञापन जगत में वर्तमान दौर बड़े ब्रांडों का है। आज बिना लोकप्रियता प्राप्त किए कोई वस्तु बिक नहीं सकती। 'जो दिखता है, वही बिकता है।' किसी उत्पादन के प्रति उपभोक्ता का व्यवहार या किए जानेवाले व्यवहार के द्वारा ब्रांड की छवि बनती है।

ब्रांड उत्पाद के प्रतीकों या विचारों द्वारा एक ऐसी अवधारणा या छवि निर्माण

करता है, जो उपभोक्ता के मन-मस्तिष्क पर हमेशा के लिए छा जाती है। ब्रांड एक केंद्रीय बिंदु है, जो उपभोक्ता के साथ जुड़ जाता है। उदारहणार्थ—एशियन पेंट्स (Asian Paints) के साथ—'हर घर कुछ कहता है।'

एक ब्रांड अपने उपभोक्ता को पैसे की पूरी कीमत अदा करने का आश्वासन देता है। ब्रांड अपने गुणों तथा जनता में व्याप्त विश्वास से जाना जाता है। प्रत्येक ब्रांड उत्पादन आश्वासन (अपने भागीदारों और हितधारकों के साथ Brand Promotion) देता है, जिससे ग्राहकों की उस ब्रांड के प्रति वफादारी उत्पन्न होती है।

Breaking News ब्रेकिंग न्यूज

समाचार प्रसारण काल में घटित घटना/समाचार को ब्रेकिंग न्यूज (Breaking News) कहा जाता है, जो विशेष रूप से समाचार प्रसार के दौरान निरंतर सूचना के रूप में प्रसारित किया जाता है।

ब्रेकिंग न्यूज का चलन इधर हाल ही में हुआ है। अधिकांश समाचार चैनल इसके जरिए अपनी पहचान बनाने का प्रयास करते हैं। ब्रेकिंग न्यूज में इस बात का भी विशेष महत्त्व रहता है कि किस समाचार चैनल ने उसे सबसे पहले ब्रेक किया और बाद में उस घटना/समाचार को कैसे 'फॉलो-अप' (Follow-up)किया।

Broadband ब्रॉडबैंड

संचार के क्षेत्र में ब्रॉडबैंड वीडियो नेटवर्क (Broadband Network) ने मनोरंजन के क्षेत्र में क्रांति ला दी है। अब समाचार-पत्र, टेलीविजन, रेडियो, फिल्म, इंटरनेट आदि एक ही दृश्य पटल पर और एक ही की-बोर्डनुमा रिमोट से उपलब्ध होने लगे हैं। ब्रॉडबैंड एक ऐसा नेटवर्क है, जिसके माध्यम से अबाधित गति से आँकड़े भेजे या प्राप्त किए जा सकते हैं और सूचनाओं के साथ चित्र, ध्वनि, वीडियो फिल्म और संगीत का आदान-प्रदान संभव हुआ है। इस प्रणाली से इंटरनेट और अन्य प्रकार की सेवाएँ उपभोक्ताओं तक पहुँचाने हेतु अलग-अलग सेट की प्रौद्योगिकी के उपयोग में टेलीफोन के कॉपर वायर तथा इंटिग्रेटिव सर्विसेज डिजिटल नेटवर्क (ISDN) टेलीफोन लाइन के माध्यम से यह काम होता है।

Broadcast Journalism प्रसारण पत्रकारिता

'प्रसारण पत्रकारिता' (Broadcasl Journalism) इलेक्ट्रॉनिक मीडिया का पर्यायवाची है। इसमें रेडियो, टेलीविजन, फिल्म, ऑडियो-वीडियो (Audio-Video)

आदि माध्यम सम्मिलित हैं। संचार माध्यमों में प्रसारण पत्रकारिता का एक महत्त्वपूर्ण स्थान है। इलेक्ट्रॉनिक मीडिया के माध्यमों से अभीष्ट सामग्री या सूचना को दूरस्थ श्रोताओं तक संप्रेषित करना 'प्रसारण' (Broadcasting) कहलाता है।

Bullet Communication Theory बुलेट संचार सिद्धांत

इस सिद्धांत के आधार पर संदेश एक स्थान से दूसरे स्थान तक पहुँचाने में संप्रेषक का एक महत्त्वपूर्ण योगदान होता है, क्योंकि संप्रेषक ही सूचना का स्वरूप, आकार, प्रक्रिया, आवश्यकता एवं माध्यम का निर्धारण करता है तथा प्रापक (Receiver) की महत्ता गौण है। जनसंचार माध्यम प्रापक की इच्छाओं को अपने अनुसार मोड़ने का प्रयास करता है। जिस प्रकार बुलेट सामनेवाले/प्रापक पर प्रत्यक्ष रूप से प्रभाव डालती है, उसी प्रकार अक्रियाशील प्रापक को जो भी संदेश दिया जाएगा, वह स्वीकार कर लेगा।

बुलेट सिद्धांत के प्रमुख तत्त्व (Elements) इस प्रकार हैं—

1. श्रोता की अपनी कोई स्वतंत्र विचारधारा/मत नहीं होती, सो वह कुछ भी अभिव्यक्त नहीं कर सकता। इसे 'हाइपोडर्मिक नीडल थ्योरी' भी कहा जाता है।
2. स्पष्ट लक्ष्य होने पर सही स्थान पर संचार की संभावना।
3. संचार की भलाई श्रोता से अधिक महत्त्वपूर्ण।
4. जनसंचार की भूमिका बहुत महत्त्वपूर्ण।
5. श्रोता को कुछ और अधिक जानने का विकल्प नहीं।

बुलेट सिद्धांत की प्रमुख कमी है कि वह श्रोता में उसका विवेक/बुद्धि नहीं मानता तथा माध्यमों द्वारा जो संदेश प्रेषित किया जाता है, वह ज्यों-का-त्यों उसके द्वारा स्वीकार कर लिया जाता है।

Bureau ब्यूरो

देश की राजधानी अथवा राज्यों की राजधानी में समाचार समिति तथा समाचार-पत्र का समाचार संग्रह केंद्र, ब्यूरो (Bureau) कहलाता है। ब्यूरो का प्रमुख (Bureau Chief) ही सभी संवाददाताओं में कार्य का विभाजन करता है, उन्हें जिम्मेदारी सौंपता है। खास घटना की सूचना मिलने पर संवाददाताओं (Reporter) को वहाँ पहुँचने का आदेश देता है। ब्यूरो प्रमुख/चीफ, संपादक एवं समाचार संपादक के मार्गदर्शन में कार्य करता है

By Line बाई लाइन

समाचार के ऊपर दिया जानेवाला संवाददाता (Reporter) के नाम अथवा पदनाम संकेत को बाई लाइन कहते हैं। हिंदी में 'बाई-लाइन' (By-Line) के लिए 'नाम-पंक्ति' का प्रयोग होता है।

□

C

Cable केबल

कई तारों को एक ही साथ सुरक्षित कवच में रखकर तैयार किया गया तार केबल कहलाता है। नेटवर्क (Network) में कंप्यूटरों को तारों से भी जोड़ा जाता है, विशेष रूप से स्थानीय नेटवर्क (LAN) में। नेटवर्क में तारों को जोड़ने की संयोजना से नेटवर्क को विशेष स्वरूप प्राप्त होता है। केबल चार प्रकार के होते हैं, जिनमें से ट्विस्टिड पेयर, को-एक्सियल तथा आई.बी.एम. केबल (IBM Cable) विद्युत संकेत भेजते हैं और प्रकाश तंतु (Fibre Optic) केबल प्रकाश के रूप में संकेत भेजता है। प्रकाश तंतु की गति बहुत तेज होती है। ये केबल एक ऐसे फाइबर के बने होते हैं, जिनमें संकेत प्रकाश के रूप में चलते हैं।

Cable Television केबल टेलीविजन

केबल टेलीविजन (Cable Television) एक ऐसी प्रक्रिया है, जिसके माध्यम से टेलीविजन संकेतों को घर में लगे टी.वी. सैट तक छत पर लगे एंटीना की जगह एक केबल तार द्वारा पहुँचाया जाता है। केबल टेलीविजन का सबसे बड़ा लाभ यह है कि मात्र एक एंटीना से कई टी.वी. सैटों को केबल के जरिए संकेत भेजे जा सकते हैं। इसलिए इसे 'समुदाय टी.वी.' (Community T.V.) के नाम से भी जाना जाता है। केबल टेलीविजन में चित्र बहुत ही साफ दिखाई देते हैं। स्टार टी.वी. (Star T.V.), स्काई टी.वी. (Sky T.V.) एवं सी.एन.एन. (CNN) आदि विश्व के प्रमुख केबल टी.वी. हैं। ग्लोबल विलेज (Global Village) की छवि विकसित करने में इन चैनलों की अहम् भूमिका है। उल्लेखनीय है कि सन् 1990 के खाड़ी युद्ध ने केबल टेलीविजन में एक नए युग का सूत्रपात किया था। विश्व में पहली बार सी.एन.एन. (CNN) चैनल ने इस युद्ध का सीधा प्रसारण किया। यह प्रसारण पूरी दुनिया में काफी चर्चित रहा। सन्

1992 में पहला भारतीय निजी चैनल जी.टी.वी. (Zee TV) शुरू किया गया।

सन् 1995 में संसद् द्वारा केबल टेलीविजन नेटवर्क अधिनियम (Cable Television Network Act) पारित किया गया। इसके द्वारा सभी केबल ऑपरेटरों (Cable Operator) का पंजीकरण अनिवार्य बना दिया गया। इस तरह भारत में केबल उद्योग को कानूनी मान्यता मिल गई। सन् 2002 में इस कानून में संशोधन कर प्रावधान किया गया कि उपभोक्ताओं को केवल अपनी पसंद के टी.वी. चैनलों का चयन करने और उनका ही शुल्क देने का अधिकार प्राप्त होगा।

Camera कैमरा

कैमरा (Camera) प्रकाश के माध्यम से वास्तविक चित्र बनाने का मुख्य साधन है। कैमरा यूनानी शब्द KAMERA से लिया गया है, जो Obscura से बना है जिसका पूरा नाम Camora Obscura है। लैटिन भाषा में कैमरा आब्स्क्यूरा का शाब्दिक अर्थ 'अँधेरा कमरा' होता है। अंग्रेजी का कैमरा इसी शब्द से लिया गया है। कैमरे के प्रमुख अंग/भाग हैं—लैंस (Lens), व्यू फाइंडर (View Finder), एक्सपोजर (Exposure), फोकस बटन (Focus), जूम बटन (Zoom), फ्लैश (Flash), फिल्म (Film)।

कैमरा संचालन के कुछ महत्त्वपूर्ण नियम इस प्रकार हैं—

1. कैमरे को सदैव क्षितिज के समानांतर रखें।
2. कैमरे का लैंस स्वच्छ रखें।
3. विषय को सही फोकस करें।
4. छायांकन के समय लैंस के आगे कोई चीज नहीं आनी चाहिए।
5. एक्सपोजर के साथ कैमरा हिलना नहीं चाहिए।
6. लैंस पर सीधा प्रकाश नहीं पड़ना चाहिए।
7. विषयानुकूल पृष्ठभूमि का चयन किया जाना चाहिए। छायाचित्र में एक ही विषय की प्रधानता होनी चाहिए।

वर्तमान में विभिन्न प्रकार के कैमरे उपलब्ध हैं, जिनमें प्रमुख हैं—डिजिटल कैमरा (Digital Camera), फोल्डिंग कैमरा (Folding Camera), बॉक्स कैमरा, (Box Camera), रिफ्लैक्स कैमरा (Reflex Camera), व्यूफाइंडर कैमरा (View-finder Camera), पोलोराइड कैमरा (Polaroid Camera), कॉम्पेक्ट कैमरा (Compact Camera), स्टीरियो कैमरा (Stereo Camera) तथा मिनिएचर कैमरा (Miniature Camera) आदि।

Camera Movements कैमरे की गतियाँ/मूवमेंट

शूटिंग के दौरान किसी विशेष स्थिति का दृश्यांकन (Shooting) करने के लिए कैमरे को एक स्थान से दूसरे स्थान पर तेजी से ले जाना, जिससे कहानी में कई तरह के प्रभाव उत्पन्न किए जा सकें, कैमरा मूवमेंट (Camera Movement) कहलाता है। कैमरे को गति देने अथवा स्थान परिवर्तन करने के कई तरीके हो सकते हैं, जिनमें पैन (Pan), टिल्ट (Tilt), डॉली (Dolly), ट्रक (Truck), पैडेस्टल (Pedestal), आर्क (चाप) ट्रक एवं जूम (Zoom) प्रमुख हैं।

1. पैन (Pan)—पैन में कैमरे को दाएँ या बाएँ या दाएँ से बाएँ घुमाया जाता है।
2. टिल्ट (Tilt)—टिल्ट में कैमरे को स्टैंड पर रखे हुए ही नीचे से ऊपर अथवा ऊपर से नीचे किया जाता है।
3. डॉली (Dolly)—इसमें कैमरे को स्टैंड के साथ-साथ जमीन पर ट्रैक बिछाकर उस पर डॉली आगे-पीछे की जाती है।
4. ट्रक (Truck)—यह कैमरा मूवमेंट भी डॉली के ऊपर कैमरा रखकर ही किया जाता है, परंतु इसमें कैमरे को आगे-पीछे न ले जाकर, दाएँ-बाएँ किया जाता है।
5. पैडेस्टल (Pedestal)—इसमें कैमरा ऊपर से नीचे अथवा नीचे से बहुत ऊपर की ओर अचानक ले जाया जाता है। इस प्रकार की कैमरा गति का प्रयोग प्रायः फिल्मों में किया जाता है।
6. आर्क (चाप) ट्रक—इसमें कैमरा ट्रॉली के ऊपर रखकर उसे दाएँ से बाएँ या बाएँ से दाएँ सीधी दिशा में ले जाया जाता है।
7. जूम (Zoom)—यह एक प्रकार का लैंस होता है, जो कैमरे में लगा होता है। जब इस लैंस को आगे किया जाता है, तो वहीं खड़े होकर कैमरे के सामने के पात्र, वस्तु का क्लोजअप तक लिया जा सकता है।

Campaign कैम्पेन

वास्तव में कैम्पेन (Campaign) शब्द फौजी व्यवस्था में युद्ध से लिया गया है, जो लक्ष्य (युद्ध में विजय) की प्राप्ति हेतु योजनाबद्ध तरीके से की गई व्यूह रचना है। विज्ञापन में भी कैम्पेन निर्धारित लक्ष्यों (वस्तु की बिक्री बढ़ाने) की प्राप्ति के लिए की गई कोशिश होती है। जिस तरह युद्ध के दौरान सेनानायक युद्ध जीतने हेतु व्यूह रचना/रणनीति बनाता है, उसी तरह विज्ञापन व्यूह रचना को भी बिक्री का युद्ध कहा जाता है,

जिसे जीतने के लिए उसी तरह सभी माध्यमों द्वारा विज्ञापन करके लक्ष्य को प्राप्त करने का प्रयास किया जाता है।

दूसरे शब्दों में किसी लक्ष्य को प्राप्त करने हेतु एक संगठित इकाई के रूप में की गई कोशिश ही कैम्पेन है। इसमें विज्ञापनकर्त्ता को अकेले विज्ञापन के बारे में न सोचकर एक संपूर्ण विज्ञापन योजना (Advertisement Planning)के बारे में विचार करना होता है।

Caption — कैप्शन

कैप्शन (Caption) का साधारण अर्थ शीर्षक है, परंतु समाचार पत्र में इसका प्रयोग चित्र शीर्षक एवं चित्र परिचय हेतु किया जाता है। चित्र के परिचय का भी अपना एक विशेष महत्त्व होता है। वैसे तो ठीक ही कहा गया है कि वही चित्र सर्वश्रेष्ठ है, जिसका परिचय लिखने की भी जरूरत न पड़े। परंतु ऐसे चित्र बहुत ही कम होते हैं। वस्तुतः सभी चित्रों पर परिचय देना ही पड़ता है। परिचय वास्तव में चित्र के उद्देश्य को पूर्ण कर देता है।

Cartoon — व्यंग्य चित्र/कार्टून

चित्रों को व्यंग्यपूर्ण ढंग से प्रदर्शित करने की कला कार्टून (Cartoon) है, जिसमें मनोरंजन का पुट होता है। व्यंग्य-चित्रकार एक सजग प्रहरी है, जो जागरूक जनमत की भूमिका निभाता है। व्यंग्य का प्रमुख कार्य है कि व्यक्ति हँसते-हँसते विद्रूप हो जाए, रो न सके। कार्टून-समाचारों, व्यक्तियों, घटनाओं व समस्याओं की रेखाओं द्वारा बनाई गई व्यंग्यात्मक आकृतियाँ होती हैं। इनमें जहाँ एक ओर पाठक का मनोरंजन होता है, वहीं दूसरी ओर बड़ी समस्या अथवा धरना को हलके-फुलके ढंग से लेने में मदद मिलती है। हिंदी में प्रत्येक समाचार पत्र-पत्रिका में हास्य-व्यंग्य एवं कार्टून के लिए स्थान रहता है। वर्तमान में कई कार्टून और व्यंग्य पत्र-पत्रिकाएँ भी पर्याप्त संख्या में निकल रही हैं।

Case Study Method — वैयक्तिक अध्ययन पद्धति

संचार शोध के पक्षों में वैयक्तिक अध्ययन की पद्धति (Case Study Method) को व्यापक एवं महत्त्वपूर्ण माना जाता है। इसमें किसी व्यक्ति विशेष, व्यक्तियों के सगूह अथवा संपूर्ण मानव समुदाय का संपूर्ण परिप्रेक्ष्यों में अध्ययन किया जाता है। सर्वप्रथम समाज वैज्ञानिक फेड्रिक लीपले (Fedric Leplay) ने इस विधि का प्रयोग

किया था। प्रसिद्ध संचार वैज्ञानिक पी.वी. यंग के अनुसार "वैयक्तिक अध्ययन किसी एक सामाजिक इकाई के जीवन की खोज व विश्लेषण की पद्धति है। चाहे वह इकाई एक व्यक्ति, परिवार, संस्था, सांस्कृतिक समूह या संपूर्ण समुदाय की ही क्यों न हो।"

वैयक्तिक अध्ययन पद्धति की प्रमुख विशेषताएँ—

1. गंभीर अध्ययन (Intensive Study)
2. विशेष इकाई अध्ययन (Study of Specific Unit)
3. पूर्व व पश्चात् का अध्ययन (Study of Present & Past)
4. संपूर्ण अध्ययन (Whole Study)
5. गुणवत्ता अध्ययन (Qualitative Study)

Cassette Recorder — कैसेट रिकॉर्डर

कैसेट रिकॉर्डर (Cassette Recorder) प्लास्टिक के केस में पतली रिकॉर्डिंग टेप लिए होते हैं, जिन्हें कैसेट प्लेयर में डालकर चलाया जाता है। अच्छी गुणवत्ता के लिए इन कैसेट में रिकॉर्ड किए गए कार्यक्रम को पहले 1/4 इंच वाले टेप में रिकॉर्ड कर संपादित किया जाता है। समाचार हेतु सिंगल ट्रैक मशीन (Single Track Machine)का प्रयोग किया जाना उपयुक्त है, क्योंकि इसकी रिकॉर्डिंग भरोसेमंद एवं उच्च स्तर की होती है।

Casual Advertisement — कैजुअल एडवरटाइजमेंट

कैजुअल एडवरटाइजमेंट (Casual Advt.) को हिंदी में आकस्मिक विज्ञापन कहा जाता है। समाचार पत्रों में छपनेवाला वह विज्ञापन, जो कभी-कभी (यदा-कदा) ही दिया जाता है, कैजुअल विज्ञापन कहलाता है। जैसे कोई पता परिवर्तन, परीक्षा या सभा-समारोह स्थगित होने की सूचना आदि।

Catch Line — कैच लाइन

कैचलाइन (Catch Line) से अभिप्राय 'समाचार की संकेत पंक्ति' से है। इसमें प्राय: एक या दो ही शब्द होते हैं, जिनको किसी समाचार की पांडुलिपि के प्रथम तथा बाद के पृष्ठों पर सबसे ऊपर दाईं ओर लिखा जाता है। इसके साथ पृष्ठ संख्या भी लिखी जाती है।

यह पंक्ति समाचार की पहचान का कार्य करती है, जिससे कि एक समाचार किसी दूसरे समाचार के साथ न मिल जाए। उदाहरणार्थ—अगर कोई समाचार रेल

दुर्घटना से संबंधित है, तो समाचार की पांडुलिपि के प्रथम पृष्ठ पर रेल दुर्घटना-1, दूसरे पृष्ठ पर रेल दुर्घटना-2, तथा तीसरे पृष्ठ पर रेल दुर्घटना-3 और इसी प्रकार आगे के पृष्ठों पर लिखा जाएगा।

Catalog कैटलॉग

कैटलॉग हिंदी में सूची-पत्र कहलाता है। इसमें फर्म के विभिन्न उत्पादों, उनके मूल्य, गुणवत्ता, रंग-आकार तथा उत्पाद का प्रयोग आदि की जानकारी दी जाती है। कैटलॉग विभिन्न प्रकार के होते हैं, जैसे—उपभोक्ता कैटलॉग, व्यवसाय से व्यवसाय, खुदरा कैटलॉग आदि।

1. उपभोक्ता कैटलॉग विभिन्न विज्ञापनकर्त्ताओं द्वारा सीधे उपभोक्ताओं को अपनी वस्तु की विस्तृत जानकारी हेतु भेजे जाते हैं।
2. व्यवसाय से व्यवसाय के कैटलॉग—इस प्रकार के कैटलॉग का प्रयोग व्यवसायियों द्वारा किया जाता है। इसमें व्यावसायिक जानकारियाँ होती हैं।
3. खुदरा कैटलॉग—इसका प्रयोग खुदरा व्यापारियों द्वारा अपने स्टोर में उपलब्ध उत्पादों एवं किसी विशेष प्रकार की छूट या बिक्री के लिए किया जाता है।

C.E. Osgood Communication Model सी.ई. ऑसगुड संचार मॉडल

सी.ई. ऑसगुड द्वारा विकसित संचार मॉडल परंपरित मॉडलों का अनुसरण नहीं करता। ऑसगुड ने अपने मॉडल में इस बात पर जोर दिया कि संचार प्रक्रिया में प्रत्येक भागीदार संदेश भेजने और प्राप्त करने के दोनों काम करता है तथा इस भाँति संदेश का एनकोड (Encode) और डीकोड (Decode) तथा व्याख्या करता है। ऑसगुड का यह मॉडल अंतरवैयक्तिक संचार पर विशेष रूप से लागू होता है। इस मॉडल को इस प्रकार समझा जा सकता है—

एनकोडर	स	डीकोडर
व्याख्याता		व्याख्याता
डीकोडर	स	एनकोडर

ऑसगुड द्वारा चक्रीय मॉडल के रेखीय चित्रण का काम विल्वर श्राम द्वारा किया गया था। ऑसगुड के मॉडल को तैयार करने में विल्वर श्राम के सहयोग के कारण ही उसे 'ऑसगुड श्राम मॉडल' भी कहा जाता है।

Cellular Phone सेल्युलर फोन

सेल्युलर (Cellular) शब्द अंग्रेजी के सेल (Cell) शब्द से बना है, जिसका अर्थ है कोशिका। सेल्युलर फोन का क्षेत्र बहुत सारी सेल्स में बँटा होता है, जिनमें सभी में प्रेषित व गृहीत टॉवर होते हैं। जब एक सेल्युलर फोन धारक कोई निश्चित नंबर डॉयल करता है, तो नजदीकी सेल टॉवर से किसी रेडियो बारंबारता पर उसका संबंध स्थापित हो जाता है। उसके बाद सेल्युलर टॉवर तब नियमित टेलीफोन लाइनों पर माँगा हुआ नंबर मिला देता है। जब कहीं टॉवर की दूरी बढ़ जाती है या सिग्नल (Signal) वीक होते हैं, तो कुछ अवधि के लिए सेल्युलर फोन की सेवाएँ बाधित भी हो जाती हैं।

सेल्युलर फोन से सामान्य बातचीत के अतिरिक्त टेक्स्ट मैसेज (Text Message), ई-मेल (E-mail), चित्र (Photo), वीडियो क्लिपिंग (Video Clipping), रिकार्डिंग (Recording) एवं कैमरा (Camera) आदि भाँति-भाँति की सुविधाएँ प्राप्त की जा सकती हैं। इसे सेलफोन या मोबाइल फोन (Mobile Phone) के रूप में भी जाना जाता है।

nsorship सेंसरशिप

किसी भी प्रकार की अभिव्यक्ति (चाहे समाचार, लेख, चित्र, साहित्यिक रचना, ार्टून आदि) के मुद्रण, प्रकाशन, प्रदर्शन एवं प्रसारण पर कानूनी प्रतिबंध सेंसरशिप कहलाता है। एक स्वतंत्र प्रजातांत्रिक देश में सेंसरशिप को दुर्भाग्यपूर्ण कहा जा सकता है। सेंसरशिप के अंतरगत किसी भी समाचार पत्र को प्रकाशित करने से पूर्व सरकार द्वारा निश्चित एक अधिकारी से पास करवाना पड़ता है। इससे पत्र-पत्रिकाएँ एक तरह से सरकारी समाचार-पत्र बन जाते हैं। मात्र वही समाचार, फीचर एवं लेख आदि प्रकाशित हो पाते हैं, जिन्हें सरकार पसंद करती है।

Chat इंटरनेट चर्चा/चैट

कंप्यूटर के माध्यम से की जानेवाली बातचीत को 'चैट' (Chat) कहते हैं। इसमें दूर बैठे व्यक्ति एक ही चैट सर्वर पर लॉग ऑन (Log-on) करके कुंजी पटल के जरिए एक-दूसरे से चर्चा कर सकते हैं। इसमें एक उपयोगकर्त्ता द्वारा टाइप किया गया संदेश दूसरे उपयोगकर्त्ता के कंप्यूटर मॉनीटर पर प्रदर्शित होता है तथा उस उपयोगकर्त्ता द्वारा टाइप किया गया संदेश पहले उपयोगकर्त्ता के कंप्यूटर स्क्रीन पर प्रदर्शित होता है। इसमें किसी एक व्यक्ति अथवा पूरे चैनल पर मौजूद कई व्यक्तियों से टाइपिंग के जरिए ऑन लाइन बातचीत हो सकती है। परंतु इसके लिए आवश्यक है कि एक खास वक्त

पर वांछित व्यक्ति चैट हेतु इस लाइन पर उपलब्ध हो। वर्तमान में इंटरनेट पर सैकड़ों लोकप्रिय चैट सर्वर उपलब्ध हैं, जिनमें याहू (Yahoo) और एम.एस.एन. (MSN) विश्व स्तर पर काफी लोकप्रिय हैं। वैसे तो चैटिंग लिखित होती है, परंतु वर्तमान में वॉयस चैटिंग (Voice Chatting) काफी लोकप्रिय है।

Chief Assistant Director मुख्य सहायक निर्देशक

निर्देशक के कामों में सहायता करनेवाला मुख्य सहायक निर्देशक (Chief Asst. Director) होता है। काम की जरूरत के अनुसार किसी भी फिल्म/दूरदर्शन कार्यक्रम के निर्माण में निर्देशक के साथ कई सहायक निर्देशक (Asst. Director) भी काम करते हैं। इनमें से एक वरिष्ठ सहायक निर्देशक होता है, जिसे मुख्य माना जाता है। स्क्रिप्ट (Script) के अनुसार वह निर्देशक को बताता रहता है कि अगला शॉट (Shot) कौन सा तथा कैसा है। रिहर्सल तथा शॉट के दौरान वह शॉट को क्रमवार आयोजित करता है। संपादन (Editing) के दौरान भी वह साथ ही रहता है।

Chief Editor मुख्य/प्रधान संपादक

समाचार-पत्र के संपादकीय विभाग का मुखिया प्रधान संपादक (Chief Editor) होता है। वही समाचार-पत्र में छपी समस्त सामग्री के लिए उत्तरदायी होता है। संपादकीय (Editorial) संपादक ही लिखता है, लेकिन व्यवहार में ऐसा सदा नहीं होता। कभी-कभार वह यह जिम्मेदारी अपने वरिष्ठ सहयोगी को भी सौंप देता है, जब एक समाचार पत्र के कई संस्करण विभिन्न स्थानों से प्रकाशित हो रहे हों, प्रधान संपादक के साथ-साथ विभिन्न संस्करणों के लिए 'स्थानीय संपादक' भी होते हैं। प्रधान संपादक पत्र के मुख्यालय पर ही होता है अर्थात् जहाँ से समाचार पत्र का मूल संस्करण प्रकाशित हो रहा है।

प्रधान संपादक के प्रमुख कार्यों में शामिल हैं—संपादकीय नीति निर्धारित करना व कार्यान्वयन करना, संपादकीय लिखना, विभिन्न विभागों के बीच समन्वय करना एवं अधीनस्थों के बीच कार्य विभाजन आदि।

Chief Sub Editor मुख्य उपसंपादक

समाचार-पत्र के संपादकीय विभाग की समाचार संबंधी पारी का नेतृत्व मुख्य उपसंपादक (Chief Sub Editor) करता है। वह समाचारों का वर्गीकरण करता है, उनका चयन करता है तथा चयनित समाचारों को उपसंपादकों को संपादन हेतु देता है।

वह संपादित समाचारों के शीर्षक (Heading) लगाता है तथा निश्चित करता है कि उन्हें किस पृष्ठ पर प्रकाशन के लिए दिया जाना चाहिए। मुख्य उपसंपादक समाचार संपादक (News Editor) की सलाह से समाचार-पत्र के मुख्य समाचारों का लीड (Lead) निर्धारण करता है। मुख्य उप संपादक का संपादकीय विभाग में एक महत्त्वपूर्ण स्थान होता है।

Child Journalism — बाल पत्रकारिता

बालकों के विकास हेतु बाल पत्रकारिता (Child Journalism) का विशेष महत्त्व है। यह अत्यंत उपयोगी है। बाल पत्रकारिता बच्चों में जिज्ञासा पैदा करती है, जिससे वे दुनिया के हर विषय के बारे में जानना चाहते हैं। उनकी इसी जिज्ञासा पूर्ति हेतु उन्हीं की भाषा में अनेक समाचार पत्र-पत्रिकाएँ निकल रही हैं। बालक उपयोगी रचनाओं का चयन, चुटकुलों, कार्टूनों से सजी-धजी कविताएँ, रिपोर्ताज, रंगीन चित्रों के संपादन और कार्टून-कॉमिक्स आदि के द्वारा बाल पत्रों को आकर्षक बनाया जाता है।

वर्तमान में कई बाल पत्रिकाएँ 'चंदामामा', 'नंदन', 'चुन्नू-मुन्नू', 'बालक', 'शिशु', 'चंपक' आदि के नाम से निकल रही हैं।

Circulation — प्रसार संख्या

समाचार पत्र-पत्रिका की औसत प्रसार संख्या सर्कुलेशन (Circulation) कहलाती है। इसमें बिक्री की प्रतियाँ भी शामिल होती हैं। दूसरे शब्दों में पत्र-पत्रिका की जितनी भी प्रतियाँ पाठकों में प्रसारित होती हैं, वह उनका सर्कुलेशन कहलाता है। ऑडिट ब्यूरो ऑफ सर्कुलेशन (A.B.C.) समाचार पत्र-पत्रिकाओं की प्रसार संख्या की जाँच करनेवाली मुख्य संस्था है।

Citizen Journalism — नागरिक पत्रकारिता

नागरिक पत्रकारिता बृहत्तर मीडिया एवं सार्वजनिक क्षेत्र में महत्त्वपूर्ण सेवा करती है। जैसे यह सूचनाओं व घटनाओं का विश्लेषण एवं उन पर टीका-टिप्पणी करती है। नागरिक पत्रकारिता कई महत्त्वपूर्ण सार्वजनिक सेवाएँ करती है। जहाँ प्रमुख पत्रकारिता राज्य तथा समाज के सार्वजनिक नेताओं पर मात्र निगरानी रखती थी, वहीं नागरिक पत्रकारिता पुराने प्रश्न कि 'निगरानी करनेवालों पर निगरानी' कौन करता है! का उत्तर देती है। नागरिक पत्रकारिता स्वैच्छिक तदर्थ आधार पर उद्योग एवं व्यवसाय से दूर रहनेवाली पत्रकारिता है। जहाँ व्यावसायिक पत्रकार 24 घंटे बँधे रहते हैं, वहीं

नागरिक पत्रकारों के पास विवेचना करने, तर्क-वितर्क करने हेतु पर्याप्त समय रहता है। इस प्रकार की पत्रकारिता में लगातार खबरों का कवरेज (Coverage) चलता रहता है।

Classified Advertisement — वर्गीकृत विज्ञापन

• वर्गीकृत विज्ञापन (Classified Advt.) आकार में छोटे व शब्द प्रधान होते हैं। इस प्रकार के विज्ञापन सूचना प्रधान होते हैं तथा सूचना सरल व प्रत्यक्ष तरीके से दी जाती है। ये सजावटी नहीं होते। इन विज्ञापनों में चित्रित सामग्री, रंगों, टाइप विन्यास आदि सजावर्ती तत्त्वों का प्रयोग नहीं किया जाता। ये विज्ञापन सस्ती दरों पर छापे जाते हैं। इस प्रकार के विज्ञापनों में खोया-पाया, नौकरी, बिक्री से संबंधी एवं विवाह से संबंधी (Matrimonial) आदि वर्गों के अंतर्गत छपनेवाले विज्ञापन शामिल होते हैं।

Close-up Shot — क्लोज अप-शॉट

कैमरे के आवश्यकतानुसार अनेक शॉट्स होते हैं परंतु मुख्य रूप से कैमरे के तीन ही शॉट हैं, जिनमें लॉन्ग शॉट (Long shot), मीडियम शॉट (Medium shot) तथा क्लोज अप शॉट (Close-up shot) शामिल हैं। क्लोज अप शॉट में लॉन्ग शॉट व मीडियम शॉट के मुकाबले पूरे सेट्स और पृष्ठभूमि की बहुत ही थोड़ी सी चीजें दिखाई देती हैं और कैमरा मुख्यतया किसी एक विशेष विषय पर ही केंद्रित रहता है। पात्रों के चेहरों के हाव-भाव को पूरी स्क्रीन पर दिखाकर उन्हें पढ़ाने-समझाने में क्लोज अप शॉट का ही प्रयोग किया जाता है। क्लोज अप शॉट किसी भी वस्तुस्थिति, कलाकार का बिल्कुल नजदीक से लिया गया शॉट होता है, जिनमें उनकी सारी बारीकियाँ स्क्रीन पर बिल्कुल साफ व स्पष्ट नजर आती हैं।

Cognitive Communication Theory — संज्ञानात्मक संचार सिद्धांत

संज्ञानात्मक संचार सिद्धांत (Cognitive Communication Theory) अमेरिका के वैज्ञानिक लिओन फेस्टिगर द्वारा सन् 1957 में दिया गया। इस सिद्धांत के अनुसार लोग उन सूचनाओं के बारे में जानना चाहते हैं, जो संचार के दृष्टिकोण और वर्तमान व्यवहार की पुष्टि करती हैं अथवा जो व्यवहार के अन्य पहलुओं को और ज्यादा स्पष्ट करती हैं। इस सिद्धांत के अनुसार लोग उन सूचनाओं को नजरंदाज करते हैं, जो असंतुलन (Dissonance) को और ज्यादा बढ़ाती हैं। फेस्टिगर के सिद्धांत के अनुसार जब

व्यक्ति के सामने ऐसी स्थिति आती है, जो उसके विचारों के अनुरूप नहीं है, तो वह असुविधा महसूस करेगा। इससे निपटने का तरीका यह हो सकता है कि व्यक्ति अपने विचारों में तब्दीली लाकर उस स्थिति के अनुसार कार्य करे, ताकि असंतुलन को कम किया जा सके।

संज्ञान के संचार सिद्धांत को 'संतुलन का सिद्धांत' भी कहते हैं। इस सिद्धांत के अनुसार असंतुलन की दिशा में संतुलन की ओर अग्रसर होने की प्रक्रिया संज्ञान (Cognitive) है। संज्ञान एक ऐसी प्रक्रिया है, जिसके द्वारा व्यक्ति अपने वातावरण का बोध करता है। यह एक वैयक्तिक प्रक्रिया है, जिसे बहुत सारे कारक प्रभावित करते हैं, जैसे कि उम्र, शिक्षा, संस्कृति, लिंग आदि। यह सिद्धांत असंतुलन को दूर करने के अनेक तरीके तो जरूर बताता है, परंतु यह भविष्यवाणी नहीं की जा सकती कि प्रापक कौन सा तरीका चुनेगा।

Colotype Printing कोलोटाइप प्रिंटिंग

कोलोटाइप मुद्रण की विधि की खोज जोसेफ अलबर्ट द्वारा की गई थी। इसे फोटो बिलेटिन के नाम से भी जाना जाता है। यह मुद्रण विधि फोटो लिथोग्राफी (Photo Lithography)सिद्धांत पर आधातिर होती है। कोलोटाइप की प्रिंटिंग प्लेट एल्युमिनियम की होती है तथा जिलेटिन के घोल से कोटिंग की होती है। यह मुद्रण की प्रत्यक्ष विधि है।

कोलोटाइप मुद्रण विधि प्रकाश की प्रक्रिया पर आधारित है, जिसमें शीशे की प्लेट पर बाइक्रोमेटिड जिलेटिन की पतली तह बनी होती है और निगेटिव को उस पर रखकर तेज प्रकाश दिया जाता है। वर्तमान में यह मुद्रण प्रणाली धीमी मुद्रण प्रक्रिया तथा अधिक लागत आने के कारण लोकप्रिय नहीं है।

Columnist कॉलमनिस्ट

हिंदी में 'कॉलमनिस्ट' (Columnist) शब्द के लिए स्तंभ लेखक का प्रयोग किया जाता है। कॉलमनिस्ट उस लेखक को कहते हैं, जो किसी समाचार पत्र-पत्रिका में कोई विशेष स्तंभ लिखता है। दूसरे शब्दों में किसी विशेष निर्धारित स्थान हेतु कोई विशेष लेख, फीचर आदि लिखता है। स्तंभ लेखक अपने विषय के विशेषज्ञ होते हैं और अपने विषय का विशेष अध्ययन करते रहते हैं। ये अपने विषय की नवीनतम बातों व तथ्यों से परिचित रहते हैं और पाठकों को भी इससे परिचित कराते रहते हैं। ये अपने विषय को सरल व स्पष्ट भाषा में लिखते हैं, जिससे साधारण पाठक उसे आसानी से

समझ सकें। एक सफल स्तंभकार में चिंतन एवं सृजनशील प्रतिभा, लेखन की मौलिकता एवं कल्पनाशीलता का होना आवश्यक है।

Commentary आँखों देखा हाल

रेडियो और टेलीविजन के द्वारा किसी स्थान पर चल रहे समारोहों, मेलों एवं प्रतियोगिता आदि का आँखों देखा हाल (Commentary) या सीधा प्रसारण पत्रकारिता की एक प्रमुख विधा है। यह पत्रकारिता की कोई नई विद्या नहीं है। भारत में आँखों देखा हाल/विवरण प्रस्तुत करने का पौराणिक श्रेय महाभारत कालीन संजय को प्राप्त है, जिन्होंने अंधे धृतराष्ट्र को हस्तिनापुर के राजभवन में बैठे ही कुरुक्षेत्र में हो रहे युद्ध का वर्णन सुनाया था।

सजीव प्रसारण में लगे कमेंटेटर (Commentator) विशिष्ट पत्रकार होते हैं, जिनमें आवाज की गुणवत्ता, भाषा पर अधिकार, रोचकतापूर्ण संवाद शैली एवं उत्तरदायित्व बोध होता है। इसलिए ये अपनी मोहक आवाज में दर्शकों तथा श्रोताओं को बाँधने में सफल होते हैं।

Commerce News वाणिज्य समाचार

वाणिज्य समाचारों (Commerce News) के अंतर्गत नवीनतम राष्ट्रीय एवं अंतरराष्ट्रीय उत्पादों की जानकारी, देश-दुनिया की आर्थिक समस्याएँ, उद्योग-धंधों की गतिविधियाँ, वस्तुओं के भावों/दामों में उतार-चढ़ाव, मुद्रा विनिमय की जानकारी, वस्तुओं के मूल्यों की जानकारी, कराधान कानून, वाणिज्य व उद्योगों से संबंधित टिप्पणियाँ व विज्ञप्तियाँ आदि शामिल होते हैं।

वर्तमान में वाणिज्य से संबंधित कई समाचार पत्र-पत्रिकाएँ प्रकाशित हो रही हैं। वाणिज्य समाचार प्रकाशित करनेवाले पत्र-पत्रिकाओं को प्रायः दो वर्गों में विभाजित किया जाता है—एक तो दैनिक, साप्ताहिक, पाक्षिक तथा मासिक पत्र, जिनमें अन्य समाचारों के साथ वाणिज्यिक समाचारों को भी स्थान दिया जाता है तथा दूसरे वे पत्र हैं, जिनमें उद्योग, व्यापार एवं वाणिज्य से संबंधित गतिविधियों का प्रस्तुतीकरण होता है।

Communication संचार

'संचार' एक तकनीकी शब्द है, जो अंग्रेजी के कम्यूनिकेशन (Communication) का हिंदी रूपांतर है। अंग्रेजी का कम्यूनिकेशन शब्द वास्तव में लेटिन भाषा के 'कम्यूनिस' (Communis) शब्द से निकला है, जिसका अर्थ है To make common, to share, to transit अर्थात् सामान्यीकरण, सामान्य भागीदारीयुक्त, सूचना, संप्रेषण या इसे साझा आधार आदि भी कह सकते हैं। संचार के स्थान पर एक अन्य शब्द संप्रेषण का भी प्रयोग किया जाता है। फिर भी Communication के लिए संचार शब्द ही उपयुक्त है।

'संचार' का सामान्य भाषा में अर्थ है—एक व्यक्ति से दूसरे व्यक्ति तक सूचना या संदेश को संप्रेषित करना या किसी सूचना या तकनीक को दूसरे तक पहुँचाना।

संचार विश्वकोश (Encylopaedia of Communication) के अनुसार, 'विचारों या संदेशों के आदान-प्रदान को संचार कहते हैं, जो चीजों और व्यक्तियों की ढुलाई या परिवहन से अलग है।'

संचार एक ऐसी प्रक्रिया है, जिसके माध्यम से दो या दो से अधिक व्यक्ति संकेत चित्र या भाषा के द्वारा अपनी सूचनाओं, भावनाओं, विचारों का आदान-प्रदान करते हैं। इस संदर्भ में तीन बातें उभरकर आई हैं—

1. संचार एक जटिल प्रक्रिया होती है।
2. सूचना प्रेषण मौखिक, लिखित अथवा संकेतों में ही हो सकता है लेकिन जिस रूप में हो, वह अर्थपूर्ण संदेश होना चाहिए।
3. संदेश अर्थपूर्ण हो और उसका प्रभाव दूसरे लोगों पर होना चाहिए। वह कुछ प्रतिक्रिया दें, यह भी जरूरी है।

Communication Satellite — संचार उपग्रह

उपग्रह दो प्रकार के होते हैं—एक प्राकृतिक उपग्रह (Natural Satellite) और दूसरे मानव निर्मित कृत्रिम उपग्रह (Artificial Satellite)। संचार उपग्रह कृत्रिम ही होते हैं तथा धरती की परिक्रमा करते हैं। ये भी दो प्रकार के होते हैं—सक्रिय और निष्क्रिय। सक्रिय संचार उपग्रह संदेशों का आवर्धन कर सकते हैं, जबकि निष्क्रिय उपग्रहों में संदेश का कोई आवर्धन नहीं होता। ये संदेश को परावर्तित करके धरती की ओर वापिस भेज देते हैं।

संचार के क्षेत्र में महत्त्वपूर्ण परिवर्तन संचार उपग्रह प्रणाली के विकास के कारण आया है। इस प्रणाली ने विभिन्न राष्ट्रों के मध्य की दूरियाँ और सीमाएँ मिटा दी हैं। इससे सूचनाओं के क्षेत्र में भी गुणात्मक परिवर्तन आया है। संचार उपग्रह द्वारा रेडियो, टेलीविजन एवं टेलीफोन संदेश पृथ्वी के एक स्थान से दूसरे स्थान पर बड़ी आसानी से भेजे जा सकते हैं।

Communication Types संचार के प्रकार/स्तर

संचार के कई प्रकार होते हैं, जो इस प्रकार हैं—

1. **अंत: वैयक्तिक संचार (Intrapersonal Communication)**—यह संचार का सबसे प्रथम व आधारभूत स्तर है। संचार के इस स्तर में प्रतिभागी मात्र एक व्यक्ति होता है। वह खुद प्रेषक व प्राप्तकर्त्ता होता है। खुद संचार तब होता है, जब व्यक्ति अपने-आप से बात करता है या सोचता है। संचार के इस स्तर में व्यक्ति अपने 'केंद्रीय स्नायु तंत्र' (Central Nervous System) का प्रयोग करता है। संचारों के सभी प्रारूपों या स्तरों का आधार यही संचार है। इसके अभाव में अन्य किसी भी संचार की कल्पना नहीं की जा सकती।
2. **अंतर वैयक्तिक संचार (Interpersonal Communication)**—अंतर वैयक्तिक संचार दो व्यक्तियों के बीच होता है। यह संचार कभी भी हो सकता है, परंतु यह संचार प्राय: आमने-सामने की स्थिति में होता है। इसमें एक संदेश प्रेषक (Source) होता है तथा दूसरा व्यक्ति 'संदेश प्राप्तकर्त्ता' (Message Receiver) होता है।
3. **समूह संचार (Group Communication)**—समूह में होनेवाली संचार प्रक्रिया को समूह संचार कहते हैं। जब कुछ व्यक्ति एक निश्चित लक्ष्य साधने हेतु पारस्परिक संपर्क बनाते हैं तथा एक-दूसरे के अस्तित्व को पहचानते हैं, तब उसको एक समूह कहते हैं। सदस्यों की संख्या के अनुसार समूह छोटे, मध्यम व बड़े आकार के हो सकते हैं।
4. **जनसंचार (Mass Communication)**—जनसंचार वह प्रक्रिया है, जिसके द्वारा बहुत बड़ी संख्या में प्रस्तुत किए गए संदेशों को जनमाध्यमों के जरिए जनसमूह तक संप्रेषित किया जाता है। जनसंचार में स्रोत एक व्यक्ति नहीं होता। जनसंचार में संदेशों का प्रेषण व्यापक जनसमुदाय के बीच में होता है। जनसंचार में विभिन्न साधनों का माध्यमों (Medium) के रूप में उपयोग किया जाता है। इन्हें जनमाध्यम कहा जाता है—जैसे मुद्रण माध्यमों में समाचार पत्र-पत्रिकाएँ, जबकि इलेक्ट्रॉनिक माध्यमों में टेलीविजन, रेडियो, सिनेमा, इंटरनेट आदि।

Compact Disk—CD कॉम्पेक्ट डिस्क

कॉम्पेक्ट डिस्क (CD) छोटे व गोल-पतले डिस्क होते हैं। पिन पर एक तरफ

डिजिटल रिकॉर्डिंग की होती है। इस रिकॉर्डिंग को कंप्यूटर की मदद से ऑन/ऑफ पल्स में बदला जाता है। जब सी.डी. चलाई जाती है, तब एक लेजर बीम (किरण) इन पल्स को पढ़कर डिजिटल संकेतों को एनालॉग सिग्नल में बदलती है। मात्र 4.72 इंच व्यास वाली एक डिस्क में 600 मेगाबाइट तक (लगभग 3,00,000 पृष्ठ पाठ के समतुल्य) एक वृहद डाटा को संग्रहीत करने हेतु कॉम्पेक्ट डिस्क तकनीक का प्रयोग किया जाता है। मल्टीमीडिया कंप्यूटरों हेतु काम्पेक्ट डिस्क काफी महत्त्वपूर्ण है। इनका प्रयोग विश्वकोश, शब्दकोश, संदर्भ कार्यों, पुस्तकालयों एवं डेस्क टॉप (DTP) कार्य के लिए क्लर्प आर्ट को संग्रहीत करने हेतु किया जाता है।

Composing कंपोजिंग

केस (Case) के खाने में से एक-एक अक्षर को उठाकर ठीक जगह पर स्टिक (Stick) में रखने के कार्य को कंपोजिंग (Composing) कहते हैं। कंपोजिंग का सामान्य अर्थ है—मुद्रायोजन। कंपोजिंग दो प्रकार से किया जाता है—एक हाथ द्वारा कंपोजिंग (Hand Composing), दूसरा मशीन द्वारा कंपोजिंग (Machine Composing)। मशीनों में 'लाइनो टाइप' (Lynotype) तथा मोनोटाइप (Monotype) कंपोजिंग प्रमुख हैं। लाइनो टाइप व मोनोटाइप कंपोजिंग दोनों ही मशीनों द्वारा की जाती हैं। छपाई के अक्षरों को जोड़नेवाला व्यक्ति कंपोजीटर (Compositer) कहलाता है।

Composition कंपोजीशन

कंपोजीशन (Composition) के माध्यम से साधारण सी चीजों या स्थितियों को असाधारण बनाया जा सकता है। निर्देशक (Director) एक दृश्य को इस अनूठे/रोचक ढंग से कंपोज करा सकता है कि दर्शकों के मन में आशा, उत्साह, प्यार, घृणा, भय, करुणा आदि के भाव उद्दीप्त हो सकें। सामान्यत: कंपोजीशन दृश्यों को क्रमबद्ध करने का एक तरीका है, ताकि आकर्षक प्रभाव मिल सके। कंपोजीशन में हमेशा फ्रेमिंग, अनुपात (Proportion) तथा दृश्यों की समानता व माप आदि को महत्व दिया जाता है।

Computer कंप्यूटर

कंप्यूटर (Computer) को हिंदी में संगणक, संगणित तथा सुगणक कहा जाता है। कंप्यूटर एक इलेक्ट्रॉनिक मशीन है, जो आँकड़ों को ग्रहण करती है, उनमें प्रोग्रामों के अनुसार हेर-फेर करती है तथा उन्हें पुन: प्राप्त करके उपयोगकर्त्ताओं को प्रदान

करती है। कंप्यूटर में निम्नलिखित विशेषताएँ पाई जाती हैं—

1. **गति (Speed)**—यह कंप्यूटर की सबसे महत्त्वपूर्ण विशेषता है। कंप्यूटर की सहायता से गणना एवं अन्य कार्यों को बड़ी तीव्रता के साथ किया जा सकता है।
2. **संग्रह क्षमता (Storage Capacity)**—कंप्यूटर की संग्रह क्षमता असीमित होती है, जिससे कितनी भी सूचनाओं या डाटाओं को संग्रहीत किया जा सकता है।
3. **सूचना पुनः प्राप्ति (Information Retrieval)**—सूचना पुनः प्राप्ति से तात्पर्य है—संग्रहीत सूचनाओं में से वांछित सूचना को ढूँढकर उसे प्राप्त करना।
4. **विश्वसनीयता (Reliability)**—कंप्यूटर की विश्वसनीयता बहुत अधिक होती है।
5. **सामर्थ्य (Capabilities)**—कंप्यूटर की सहायता से उन कार्यों को भी बड़ी आसानी से किया जा सकता है, जिन्हें मनुष्य के द्वारा किया जाना असंभव प्रतीत होता है।
6. **स्वचालन (Automation)**—स्वचालन भी कंप्यूटर की एक विशेषता है।

कंप्यूटर के भाग (Parts of Computer)

कंप्यूटर कई भागों से मिलकर बना होता है, जो इस प्रकार हैं—

1. **निवेश उपकरण (Input Device)**—इसका उपयोग कंप्यूटर में डाटा एवं अनुदेशों का प्रवेश कराने के लिए किया जाता है। निवेश उपकरण हैं—
   क) की बोर्ड (Key Board)
   ख) सी.डी. रॉम (CD-Rom)
   ग) फ्लॉपी डिस्क (Floppy Disk)
   घ) चुंबकीय ड्रम (Magnetic Drum)
   ङ) चुंबकीय डिस्क (Magnetic Disk)
   च) ऑप्टिकल मार्क रीडर तथा ऑरिमल करैक्टर रीडर (OCR)
2. **केंद्रीय संसाधन इकाई (CPU)**—यह भाग कंप्यूटर का मस्तिष्क होता है। इस भाग की सहायता से समस्त प्रकार की गणनाएँ की जाती हैं। इसको इस प्रकार विभाजित किया जाता है—

क. नियंत्रक इकाई
ख. गणितीय तार्किक इकाई (Arithmetic Logic Unit)
ग. स्मृति (Memory)

3. **निर्गत उपकरण (Output Device)**—इसकी सहायता से सी.पी.यू. (CPU) के कार्यों को प्रदर्शित किया जाता है। यह इस प्रकार है—
क) कंप्यूटर स्क्रीन (Screen)
ख) मुद्रक/प्रिंटर (Printer)

Computer Composing कंप्यूटर से कंपोजिंग

कंप्यूटर से कंपोजिंग (Computer Composing) प्रारंभ हो जाने से अब टाइपों को केस में भरकर रखने की जरूरत नहीं रही। लाइनो तथा मोनोटाइप मशीनों से कंपोजिंग करने की भी जरूरत समाप्त हो गई। कंप्यूटर से कंपोज किए गए मैटर को छोटा या बड़ा किया जा सकता है। कंपोज करते समय मैटर को स्क्रीन पर साथ-साथ पढ़ा भी जा सकता है तथा अशुद्धियाँ भी साथ-साथ लगाई जा सकती हैं।

फोटो कंपोजिंग (Photo Composing)—फोटो से कुंजी पटल (Keyboard) के द्वारा चुंबकीय तरंगों के माध्यम से फ्लॉपी पर वह मैटर अंकित किया जा सकता है, जो कंपोज करना होता है। मैटर को डार्क रूम में प्रकाश पुट के माध्यम से फ्लॉपी पर से ब्रोमाइड पेपर पर उतार लिया जाता है।

लेजर कंपोजिंग (Laser Composing)—लेजर कंपोजिंग अधिक सुविधाजनक है, क्योंकि इसमें करेक्शन लगाना, पेज मेकअप करना (Page Make-up), प्रूफ प्रिंटर की व्यवस्था तथा कम-से-कम स्थान में ही बहुत कुछ प्रबंध करना संभव है। लेजर कंपोजिंग में आवश्यकतानुसार मुद्रित मैटर को छोटा करना, इटैलिक करना व काला करना (Bold) आदि किया जा सकता है।

Contempt of Court न्यायालय की अवमानना

न्यायालय की अवमानना (Contempt of Court) दो प्रकार से हो सकती है—एक दीवानी अवमानना एवं दूसरी फौजदारी अवमानना। दीवानी अवमानना से तात्पर्य जानबूझकर किसी अदालत के फैसले, निर्देश, आदेश या रिट (Writ) तथा अदालत की ओर से निर्दिष्ट प्रक्रियाओं की अवहेलना से है। फौजदारी अवमानना से तात्पर्य ऐसी सामग्री के प्रकाशन से है, जो न्याय शासन में बाधा पहुँचाता हो या उसकी प्रवृत्ति बाधा पहुँचाने की हो, जिससे न्यायालय की गरिमा और प्रतिष्ठा पर प्रतिकूल

प्रभाव पड़ता हो।

कोई व्यक्ति निम्नलिखित परिस्थितियों में न्यायालय की अवमानना का दोषी हो सकता है—

1. न्यायालय की प्रतिष्ठा एवं गरिमा पर संदेह प्रकट करना।
2. न्यायालय में विचाराधीन मामलों पर ऐसी टिप्पणियाँ प्रकाशित की जाएँ, जिनसे उन मामलों के संदर्भ में आम जनता भ्रमित हो।
3. न्यायाधीश की बिना अनुमति के अदालत की कार्यवाही का प्रकाशन करना।
4. विचाराधीन मामलों से संबंधित जज, जूरी, पत्रकारों तथा साक्षियों को प्रभावित करने का प्रयास करना।
5. गवाहों को किसी प्रकार की धमकी देना।
6. अदालत की कार्यवाही को गलत एवं तथ्यों को तोड़-मोड़कर भ्रामक रूप में प्रकाशित करना।
7. चोरी-छिपे न्यायालय की कार्यवाही की रिपोर्ट का प्रकाशन।

Contempt of Parliament — संसद् की अवमानना

संसद् तथा विधानमंडलों की स्वतंत्रता, गरिमा एवं अधिकार की रक्षा करने हेतु तथा सांसदों तथा विधायकों को बिना किसी अवरोध के अपने कार्यों के निर्वहन के लिए उन्हें संविधान के अनुच्छेद 105 तथा 194 के आधार पर कुछ विशेषाधिकार प्रदान किए गए हैं। कुछ संसदीय विशेषाधिकार इस प्रकार हैं, जिनके उल्लंघन पर संसद् अथवा विधानमंडल की अवमानना हो सकती है या दोषी ठहराया जा सकता है—

1. समाचार पत्र/मीडिया में सदन या उसकी किसी रिपोर्ट की बहस या कार्यवाही के संबंध में गलत या झूठी रिपोर्ट का प्रकाशन करना।
2. अध्यक्ष या विशेषाधिकार समिति के विचाराधीन किसी मामले पर टिप्पणी या प्रकाशन।
3. किसी जाली दस्तावेज को संसद् का दस्तावेज मानकर प्रकाशन करना।
4. किसी सदस्य का सदन में दिया गया भाषण किसी अन्य सदस्य के नाम पर प्रकाशित करना।
5. सदन के आचरण, व्यवहार या कार्यवाही पर प्रभाव डालनेवाले शब्दों का प्रकाशन करना।
6. सदन की गोपनीय कार्यवाही को प्रकट करना।
7. सदन की कार्यवाही को गलत ढंग से तोड़-मरोड़कर प्रस्तुत करना।

8. संसदीय या विधानमंडलीय समिति के समक्ष साक्ष्य देनेवालों को लेख/समाचार के प्रकाशन के माध्यम से ऐसा करने से रोकना या उन्हें प्रभावित करना भी संसद या विधानमंडल की अवमानना होगा।

Continuity निरंतरता

किसी रेडियो, टी.वी. कार्यक्रम तथा फिल्म निर्माण में निरंतरता (Continuity) का विशेष महत्त्व होता है। अन्यथा क्रम टूटने से कहानी की क्रमबद्धता बाधित होती है। अत: आलेख की निरंतरता या क्रम ही कहानी को उसका स्वरूप प्रदान करता है। इसलिए आवश्यक है कि स्थान, देश-काल, वातावरण, पात्रों की वेशभूषा आदि फिल्म या कार्यक्रम की कथा के अनुरूप समान बने रहने चाहिए।

किसी भी प्रकार के निर्माण कार्य के दौरान निम्नलिखित निरंतरता का ध्यान रखा जाता है—

1. दिशा निरंतरता (Direction Continuity)
2. तकनीकी निरंतरता (Technical Continuity)
3. ध्वनि निरंतरता (Audio Continuity)
4. समय एवं कार्य की निरंतरता (Continuity of Time & Action)
5. दृश्य निरंतरता (Pictorial Continuity)
6. संबंध निरंतरता (Relation Continuity)
7. संवाद निरंतरता (Dialogue Continuity)

Convergence कन्वर्जेंस

ऑडियो, वीडियो तथा डेटा को एक ही सूत्र में पिरोकर एक ही माध्यम द्वारा एक ही स्रोत से उपलब्ध करा पाने में सक्षम प्रक्रिया को कन्वर्जेंस (Convergence) कहा जाता है। कन्वर्जेंस ब्रॉडकास्टिंग (Broadcasting), टेली कम्यूनिकेशन (Tele-Communication) तथा कंप्यूटर नेटवर्किंग (Computer Networking) को सम्मिलित कर एक ऐसे डिजिटल नेटवर्क का निर्माण करता है, जिसके द्वारा उपभोक्ता की जरूरतें, जैसे—टी.वी., इंटरनेट, टेलीफोन, वीडियोफोन, फैक्स, फिल्म एवं संगीत मनोरंजन आदि एक ही स्रोत से पूरी की जाती हैं। वर्तमान में जो कन्वर्जेंस तकनीक प्रचलन में है, उसमें इंटरनेट द्वारा फिल्म, संगीत, वीडियो आदि का आनंद होम थियेटर यानी कंप्यूटर पर लिया जा रहा है।

कन्वर्जेंस तीन प्रमुख धाराओं से मिला होता है, जो इस प्रकार हैं—

1. **कंटेंट** (जैसे वीडियो, ऑडियो, डेटा)—सूचना, मनोरंजन।
2. **प्लेटफॉर्म** (जैसे पी.सी., टी.वी., मोबाइल फोन, इंटरनेट उपकरण)—प्लेटफॉर्म/उपकरण जिस पर उपभोक्ता कंटेंट प्राप्त करता है।
3. **डिस्ट्रीब्यूशन**—कंटेंट को उपभोक्ता उपकरणों (Platform) पर पहुँचाने हेतु वितरण (Distribution) माध्यम।

Copy Testing कॉपी परीक्षण

समाचार पत्र-पत्रिका के कार्यालय में आनेवाले मूल समाचारों का परीक्षण करना कि अमुख समाचार किस प्रकार का है तथा उसका कितना महत्त्व है? प्रकाशन के योग्य है अथवा नहीं? यही कॉपी परीक्षण कहलाता है। कुल मिलाकर समाचारों की पांडुलिपि की जाँच के कार्य को कॉपी/पांडुलिपि परीक्षण (Copy testing) कहते हैं।

Copyright प्रतिलिप्याधिकार/कॉपीराइट

हिंदी में कॉपीराइट (Copyright) शब्द के लिए 'प्रतिलिप्याधिकार' का प्रयोग किया जाता है। प्रतिलिप्याधिकार से तात्पर्य—किसी साहित्यिक, संगीतात्मक अथवा कलात्मक कृति अथवा उसके रूप को प्रकाशित तथा बेचने के लिए एकमात्र वैधानिक रूप से सुरक्षित अधिकार प्रदान करना है। वस्तुतः प्रतिलिप्याधिकार एक वैधानिक विधि है, जिसे साहित्यिक, संगीतात्मक तथा कलात्मक कृतियों के रचयिताओं अथवा उत्पादकों की रक्षा के लिए बनाया गया है। यह दूसरों द्वारा बिना अनुमति पुनर्रूपायित तथा प्रसारित करने से रोकता है।

संसद् द्वारा प्रतिलिप्याधिकार अधिनियम 1957 में पारित किया गया जो सन् 1958 से लागू हुआ। इस अधिनियम के अनुसार प्रतिलिप्याधिकार/कॉपीराइट निम्न वर्गों की कृतियों में अस्तित्व में होगा—

1. मौलिक, साहित्यिक, नाट्य, संगीतात्मक एवं कलात्मक कृतियाँ
2. चलचित्र फिल्म
3. रिकॉर्ड

कॉपीराइट अधिनियम (सन् 1957) के प्रमुख प्रावधान—

1. कॉपीराइट केवल मौलिक कृति पर लागू होता है।
2. मौलिक कृति पर रचयिता की मृत्यु होने के साठ (60) वर्ष तक कॉपीराइट/प्रतिलिप्याधिकार बना रहता है।
3. अप्रकाशित कृतियों की पांडुलिपि पर भी कॉपीराइट लागू होता है।

4. अपंजीकृत कृतियों पर भी कॉपीराइट लागू होता है।
5. कृति का पंजीकरण कॉपीराइट कार्यालय में कराया जा सकता है।
6. कोई कृति साहित्यिक है अथवा नहीं, इसका फैसला न्यायालय के विवेक पर निर्भर होता है।
7. कॉपीराइट के उल्लंघन पर सिविल एवं आपराधिक दोनों प्रकार के मामले बनते हैं।

Cordless Telephone — कॉर्डलेस टेलीफोन

कार्डलेस (Cordless) से तात्पर्य तारविहीन टेलीफोन से है। इस प्रकार के टेलीफोन से यह सुविधा होती है कि किसी भी समय एक निश्चित दायरे में रहते हुए, संदेश प्राप्त किया जा सकता है। इसमें बेस (Base) और चोगा (Handset) दो भाग होते हैं। मुख्य भाग (बेस) एक स्थान पर स्थिर रहता है, जबकि चोगे को तार-विहीन होने के चलते कहीं भी लेकर घूमा जा सकता है। प्रारंभ में कॉर्डलेस टेलीफोनों की एक क्षेत्रीय परिसीमा होता थी, किंतु संचार उपग्रह (Communication Satellite) के कारण अब कहीं भी इसके माध्यम से संपर्क किया जा सकता है।

Correspondent — संवाददाता

हिंदी में कॉरसपोंडेंट (Correspondent) शब्द के लिए संवाददाता का प्रयोग किया जाता है, जो कि समाचार दाता/रिपोर्टर (Reporter) से भिन्न है। वस्तुतः संवाददाता उसे कहते हैं, जो संवाद के रूप में समाचार भेजता है अर्थात् जो डाक, तार या टेलीप्रिंटर के माध्यम से समाचार भेजता है। नगर से बाहर के समाचारदाता के लिए ही संवाददाता शब्द का प्रयोग उचित है। किंतु आज पत्रकारिता में दोनों के लिए संवाददाता शब्द का प्रयोग प्रचलित है। संवाददाता कई प्रकार के होते हैं—कार्यालय संवाददाता, मुख्य संवाददाता, विशेष संवाददाता, विदेश संवाददाता आदि।

Cover Story — आवरण कथा

पत्रिका के मुख पृष्ठ पर किसी विशेष सामग्री के संबंध में दिया जानेवाला शीर्षक या चित्रों का वह प्रसंग, जिनकी अंदर के पृष्ठों में विस्तार से जानकारी दी गई हो, आवरण कथा/आमुख कथा कहलाती है। इसे अंग्रेजी में 'कवर स्टोरी' (Cover Story) कहते हैं। 'आवरण कथा' विशेषतः साप्ताहिक, पाक्षिक पत्रों से संबद्ध होती है।

आवरण कथा में समाचार, घटना, समस्या अथवा किसी विषय का कोई बंधन

नहीं होता है। न ही क्रम की कोई अनिवार्यता होती है। कभी भी-किसी भी विषय की सामग्री उपलब्ध हो जाने पर आवरण कथा का प्रकाशन किया जा सकता है। परंतु विषय की सामयिकता का ध्यान अवश्य रखा जाना चाहिए।

Crime Reporting अपराध रिपोर्टिंग

किसी भी समाचार-पत्र में अपराधपरक समाचारों को प्रमुखता के साथ देखा जा सकता है। बलात्कार, लूट, चोरी, घोटाला, हत्या, कारों की चोरी, गैंगवार में पुलिस की गोलियों से अपराधियों को मार गिराना, नेताओं का भ्रष्टाचार, सरकारी कर्मचारियों की रिश्वतखोरी, सरकारी संपत्ति का दुरुपयोग। यह सब अपराध के तहत होते हैं। जब एक रिपोर्टर इन सबकी खबरें अपने समाचार-पत्र के लिए एकत्रित करता है, तो उसे अपराध रिपोर्टिंग (Crime Reporting) की संज्ञा दी जाती है।

अपराध समाचार एकत्रित करने हेतु रिपोर्टर को न्यायालय, पुलिस तथा अस्पताल के अधिकारियों व कर्मचारियों से संपर्क भी स्थापित करना पड़ता है। अपराधों से संबंधित घटनाओं की प्रतिदिन पुलिस विभाग 'प्रेस-विज्ञप्तियाँ' (Press Release) भी जारी करता है, जो संवाददाताओं/रिपोर्टरों को दी जाती हैं या रिपोर्टर स्वयं भी स्टेशन में दर्ज एफ.आई.आर. (F.I.R.) को देखकर समाचार बना लेता है।

एक रिपोर्टर को अपराध से संबंधित रिपोर्टिंग तैयार करते समय सनसनीखेज तत्त्वों से बचना चाहिए। अपराधों की रिपोर्टिंग करनेवाले रिपोर्टर को अपराध कानूनों की पूरी तरह जानकारी, प्रतिलिप्याधिकार अधिनियम, प्रेस संबंधी कानून, गोपनीय अधिनियम, न्यायालय की अवमानना तथा भारतीय प्रेस परिषद् (Press Council) द्वारा तैयार की गई आचार संहिता (Code of Conduct) आदि की पूरी जानकारी होनी चाहिए।

Cross Line Heading एक पंक्ति या क्रॉस लाइन शीर्षक

एक पंक्ति का शीर्षक (Cross Line Heading) सबसे सीधा-सादा व सरल होता है। इसमें मात्र एक पंक्ति होती है, जो एक कॉलम से लेकर एक से अधिक कॉलमों में फैली हो सकती है। इसे पूर्णपाती शीर्षक भी कहा जाता है। इस तरह का शीर्षक जब दोनों ओर से कॉलमों को स्पर्श करता है, तो इसे 'फ्लश' करना कहते हैं। कभी-कभी छोटा होने पर इसे कॉलम के मध्य में ही डाल दिया जाता है। समाचार-पत्र सामान्य महत्त्व के समाचारों हेतु ही इस शीर्षक का प्रयोग करते हैं।

Cultural Journalism सांस्कृतिक पत्रकारिता

सांस्कृतिक पत्रकारिता (Cultural Journalism) का क्षेत्र अति व्यापक है, जिसमें चित्रकला, मूर्तिकला, रंगकर्म, संगीत नृत्य, फिल्म, मनोरंजन, लोकनाट्य, लोकगीत-संगीत के अतिरिक्त लोक चित्रांकन आदि सम्मिलित हैं। सांस्कृतिक पत्रकारिता में कलाकारों, रंगकर्मियों, संस्कृतिकर्मियों, उनके विविध विचारों, कृतित्वों की जानकारी के समय गायकों, वादकों, नर्तकों-नर्तकियों, अभिनेताओं के अलावा आयोजकों की मुख्य प्रवृत्तियों की जानकारी के स्रोत संकलित होते हैं। पत्रकारिता की शुरुआत के साथ ही सांस्कृतिक पत्रकारिता भी गतिशील हो गई थी, क्योंकि समाचार-पत्रों में साहित्यिक आयोजनों के अतिरिक्त संगीत, रंगमंच पर विविध सांस्कृतिक कार्यक्रमों एवं समीक्षाओं आदि की सूचनाओं का प्रकाशन किया जाता रहा है।

Cue क्यू

'क्यू' (Cue) समाचार प्रसारण से जुड़ा हुआ तकनीकी शब्द है, जो विशेष रूप से किसी भी समाचार रिपोर्टर की पहचान करानेवाला Lead शब्द होता है। इसका मुख्य उद्देश्य समाचार प्रसारण के दौरान समाचार वाचक (News Reader) को संकेत द्वारा निर्देश दिया जाना है। दूसरे शब्दों में 'क्यू' से तात्पर्य समाचार वाचक को समाचार शुरू करने का संकेत अथवा मौखिक निर्देश से है।

Cut कट

प्रायः एक शॉट (Shot) से दूसरे शॉट की ओर जाने के लिए पिछला दृश्य 'कट' (Cut) किया जाता है। 'कट' शब्द कहकर निर्देशक कैमरामैन को आदेश देता है कि टेक के अंत में कैमरा रोक लो। गलत शॉट होने पर भी 'कट' कहकर कैमरा रोक लिया जाता है और 'री टेक' लेना पड़ता है। कट एक निश्चित स्थान एवं समय पर ही किया जाता है।

कट लगाते समय निम्न बातों का ध्यान अवश्य रखना चाहिए—

1. यदि मध्य स्क्रीन पर कोई एक्शन (Action) चल रहा हो, तो कभी भी कट करके साइड एक्शन पर नहीं जाना चाहिए।
2. यदि कोई शॉट पिछले शॉट से मेल नहीं खा रहा, तो कट नहीं लगाना चाहिए।
3. एक ही सीन में बार-बार कट नहीं लगाना चाहिए।
4. दूर के कैमरा एंगल शॉट अथवा दृश्यो के क्षेत्र में कट नहीं लगाना चाहिए।

5. एक्शन के क्रम में ही कट करना चाहिए, एक्शन प्रारंभ होने या बाद में नहीं।

Cyber Space Journalism साइबर-स्पेस की पत्रकारिता

साइबर स्पेस (Cyber Space) को सूचना राजमार्ग (Information Highway) भी कहा जाता है। वह यह परिकल्पित आकाश (स्थान) है, जिसमें कंप्यूटर, उसमें भरी सूचनाएँ एवं इन सूचनाओं का परिवहन तंत्र शामिल है। यह अदृश्य जगत है, जिसमें विश्व भर के करोड़ों कंप्यूटर अपने विचारों के आदान-प्रदान, संग्रहीत सूचनाओं एवं आँकड़ों को शीघ्रता से संप्रेषित करने हेतु प्रयासरत रहते हैं।

'साइबर स्पेस पत्रकारिता' (Cyber Space Journalism) पत्रकारिता का नया रूप है, जिसे ई-पत्रकारिता (e-Journalism) भी कहते हैं। यह ऑन लाइन की जाती है। इसके कई पक्ष हैं, जिनमें सूचना प्रौद्योगिकी के प्रमुख साधन—इंटरनेट, डब्ल्यू-डब्ल्यू-डब्ल्यू, (www), ई-मेल (e-mail) तथा इंटरनेट (Internet) का प्रयोग होता है। वर्तमान में कई पत्र-पत्रिकाएँ इंटरनेट पर उपलब्ध हैं, इनकी अपनी वेब साइटें हैं। कंप्यूटर बटन दबाते ही इंटरनेट पर 24 घंटे समाचार उपलब्ध हैं। यह सूचना का सुपर हाइवे है।

□

D

Daily Newspaper **दैनिक समाचार-पत्र**

नियमित रूप से प्रतिदिन प्रकाशित होनेवाला समाचार पत्र 'दैनिक समाचार पत्र' (Daily Newspaper) कहलाता है। भारत के 'प्रेस और पुस्तक पंजीकरण अधिनियम' (PRB Act, 1867) के अनुसार, कोई भी 'समाचार पत्र निश्चित अवधि में प्रकाशित होनेवाला पत्र है, जिसमें सार्वजनिक समाचार अथवा ऐसे समाचारों पर टिप्पणियाँ हो।' दैनिक समाचार पत्रों में हैं—हिंदुस्तान, नवभारत टाइम्स, दैनिक जागरण, दैनिक भास्कर, पंजाब केसरी, नई दुनिया आदि।

Dark Room **डार्क रूम**

फोटो बनाने और फिल्म प्रोसेस करने हेतु एक ऐसे कमरे की आवश्यकता होती है, जिसमें बाहर का प्रकाश नहीं आता हो अर्थात् एक लाइटप्रूफ कमरा (अँधेरा कमरा) ही डार्क रूम (Dark Room) कहलाता है। डार्क रूम का आकार अपनी आवश्यकताओं और सुविधा के अनुसार छोटा-बड़ा रखा जा सकता है। डार्क रूम में ताजा हवा आने-जाने के लिए अच्छी व्यवस्था भी होनी चाहिए। डार्करूम में कई उपकरणों की आवश्यकता होती है, जो इस प्रकार हैं—

1. **एनलार्जर**—निगेटिव (Negative) से फोटो बनाने का कार्य एनलार्जर द्वारा किया जाता है। एनलार्जर के विभिन्न भाग होते हैं, जिनकी सहायता से फोटो छोटे-बड़े आकार में अच्छी तरह से बनाई जा सकती है। एनलार्जर के भी कई उपकरण होते हैं, जैसे—लैंस, लैंप हाउस, निगेटिव, कैरियर हाउस आदि।
2. **मास्किंग बोर्ड**—यह फोटो का आकार मापने एवं पेपर को दबाए रखने का कार्य करता है।

3. **टाइमर**—टाइमर का प्रयोग फिल्म और एक्सपोज करने के समय की गणना करने के लिए किया जाता है।
4. **फिल्म प्रोसेसिंग टैंक**—यह एक लाइट प्रूफ (Light Proof) डिब्बा होता है, जिसमें फिल्म प्रोसेस करते हैं।
5. **सेफलाइट**—सेफलाइट दो प्रकार की होती हैं। फिल्म प्रोसेस करने हेतु हल्के हरे रंग की सेफ लाइट तथा प्रिंट बनाते समय लाल रंग की सेफ लाइट (Safe Light) का इस्तेमाल किया जाता है।

Datelight डेट लाइन

'डेट लाइन' (Date Line) का आशय है—'तिथि रेखा'। इसमें प्रत्येक समाचार के शीर्षक (Heading) के बाद और इंट्रो (Intro) से पहले उस समाचार का स्थान, तिथि एवं महीने का उल्लेख होता है, परंतु वर्ष नहीं लिखा जाता है। स्थान वह होता है, जहाँ पर समाचार लिखा जाता है, भले ही घटना कहीं और घटित हुई हो। तिथि रेखा के साथ सूत्र (Source) का उल्लेख भी किया जाता है।

Deadline डेड लाइन

'डेड लाइन' (Deadline) का अर्थ है—'लक्ष्मण रेखा'। अंतिम समाचार की अंतिम लाइन को 'डेड लाइन' कहा जाता है। समाचार-पत्र में इसके बाद कोई समाचार या लाइन न तो लिखी जाती है और न ही छापी जाती है। समाचार-पत्र के किसी संस्करण का वह समय, जिसके पूर्व उसमें प्रकाशन के लिए कॉपी (Copy) अवश्य प्रेषित कर दी जानी चाहिए। यह समाचार पत्र के पृष्ठों और संस्करणों के अनुसार अलग-अलग निर्धारित रहती है।

Defamation मानहानि

प्रत्येक व्यक्ति से उसकी गरिमा व प्रतिष्ठा का प्रश्न जुड़ा है। मानहानि (Defamation) किसी व्यक्ति की प्रतिष्ठा को ठेस पहुँचाना है। मानहानि दो रूपों में हो सकती है—एक लिखित रूप में तथा दूसरी मौखिक रूप में। यदि किसी व्यक्ति के विरुद्ध लिखित या प्रकाशित रूप में मिथ्या आरोप लगाया जाता है तथा उसका अपमान किया जाता है, तो यह 'अपलेख' (Libel) होता है और जब किसी व्यक्ति के विरुद्ध कोई अपमानजनक कथन या भाषण किया जाता है, जिसे सुनकर लोगों के मन में व्यक्ति-विशेष के प्रति घृणा या अपमान उत्पन्न हो, तो यह 'अपवचन' (Slander)

कहलाता है। मानहानि के अपराध में दंडित व्यक्ति पर दीवानी और फौजदारी मुकद्दमे चलाए जा सकते हैं।

मानहानि के अपवाद—निम्न परिस्थितियों में कोई पत्रकार मानहानि के दोषों से बच सकता है—

1. किसी व्यक्ति के संबंध में ऐसा लांछन लगाना, जो सत्य हो और जन/लोक कल्याण के लिए हो, मानहानि नहीं।
2. किसी न्यायालय की कार्यवाही की सही रिपोर्ट प्रकाशित करना मानहानि नहीं है।
3. किसी लेखक की कृति, सार्वजनिक रूप से प्रस्तुत नाटकों, नृत्यों या संगत के आचरण पर सद्भावनापूर्ण टिप्पणी मानहानि की श्रेणी में नहीं आएगी।
4. अपने हितों की रक्षा हेतु सद्भावपूर्ण लांछन लगाना, मानहानि नहीं माना जाएगा।
5. एक व्यक्ति को दूसरे व्यक्ति के विरुद्ध सद्भावपूर्ण सावधान करना मानहानि नहीं है, परंतु सावधानी उस व्यक्ति के हित के लिए की गई होनी चाहिए।

Depth of Field — क्षेत्रीय-गहनता/डेप्थ ऑफ फील्ड

डेप्थ ऑफ फील्ड (Depth of Field) लिए गए फोटो में वस्तुओं की गहराई या स्पष्टता को दर्शाना है। फोकस किए हुए विषय के आगे और पीछे के उस क्षेत्र को 'डेप्थ ऑफ फील्ड' कहते हैं, जो फोटो में आ रहा है अर्थात् यह वह दूरी है, जिसका चित्र लिया जाता है। यदि लिए हुए चित्र में विषय के पीछे का क्षेत्र अस्पष्ट हो तो यह कहा जा सकता है कि डेप्थ ऑफ फील्ड नहीं है। यदि चित्र आगे से लेकर अंतिम छोर तक पूर्णतः स्पष्ट है, तो कहा जा सकता है कि इसमें डेप्थ है। डेप्थ की आवश्यकता की पहचान रखनेवाला फोटोग्राफर ही अच्छी फोटो दे सकता है।

Desk Top Publishing — डेस्क टॉप पब्लिशिंग

डेस्क टॉप पब्लिशिंग द्वारा प्रूफ रीडिंग, एडीटिंग, पेस्टिंग, पेंटिंग जैसे कार्यों को संग्रहीत करके एक ही मेज के ऊपर लाया जाता है। यह सभी कार्य कंप्यूटर की गुणात्मक शक्ति की सहायता से सिर्फ एक ही व्यक्ति द्वारा बहुत ही सरलता से अत्यंत परिष्कृत रूप में पहले की अपेक्षा अत्यंत कम-से-कम समय में किया जा सकता है, जिसके कारण समय तथा लागत दोनों की बचत होती है।

डी.टी.पी. की प्रमुख विशेषताएँ—

1. डी.टी.पी. के द्वारा अक्षरों तथा चित्रों को कंप्यूटर के की-बोर्ड द्वारा नियंत्रित करके आवश्यकतानुसार सरलता से परिष्कृत किया जा सकता है।
2. इसकी मदद से अक्षरों तथा चित्रों को कंप्यूटर के भीतर भविष्य में उपयोग हेतु सुरक्षित रखा जा सकता है।
3. लेजर प्रिंटर की सहायता से स्क्रीन पर निर्मित तथा प्रस्तुत कार्यों का उत्कृष्ट गुणों के साथ मुद्रण भी किया जा सकता है।
4. डी.टी.पी. के द्वारा बड़ी तेजी से कार्य करनेवाले सॉफ्टवेयर प्रोग्राम की सहायता से पृष्ठ का निर्माण तुरंत किया जा सकता है।

Development Communication — विकास संचार

विकास संचार (Development Communication) के पक्षों में मूल अवधारणा समाज व उनके आयामों के विकास की होती है। विकास संचार के पक्षों में अवधारणा (Concept) और प्रक्रिया (Process) का विशेष महत्त्व होता है। सामाजिक जीवन के किसी भी क्षेत्र में गतिविधि क्यों न हो, उसे विकास के पक्षों से ही जोड़ा जा सकता है। जब व्यक्ति के बौद्धिक विकास की बात होती है, तो समाज के शिक्षा, साहित्य, संचार माध्यम जैसे क्षेत्रों में होनेवाली गतिविधि सामने आती है, जबकि सांस्कृतिक विकास के पक्षों में संगीत, नृत्य एवं रंगमंच आदि के परिप्रेक्ष्य में विकास के पक्ष पेश किए जाते हैं। भौतिक विकास के संदर्भ में कृषि, उद्योग, व्यापार, औद्योगिकी आदि के विकास को जोड़ा जाता है। सामाजिक विकास में सामाजिक परंपराओं में बदलाव, बदलते सामाजिक संबंध आदि प्रभावी होते हैं।

जनसंचार के व्यावहारिक एवं वृहत् परिप्रेक्ष्य ही 'विकास संचार' की अवधारणा प्राप्त करते हैं। विकास संचार ही वह प्रक्रिया है, जो आम आदमी को विकास के पक्षों से जोड़ती है। सरकारी नीतियों, योजनाओं के क्रियान्वयन आदि के क्रम में जानकारी विकास योजनाओं से ही सुलभ होती है।

Development Journalism — विकास पत्रकारिता

जिस पत्रकारिता में सामाजिक, आर्थिक और वैज्ञानिक व प्रौद्योगिक प्रगति से संबंधित विकास के समस्त पक्षों पर प्रकाश डाला जाता है, उसे 'विकास पत्रकारिता' (Development Journalism) कहते हैं। किसी समय आम जनता की यह धारणा बन चुकी थी कि पत्रकारिता का संबंध तो मात्र राजनीति से है, लेकिन विकास पत्रकारिता से यह भ्रम दूर हो गया। विकास पत्रकारिता विकास (Development) पर केंद्रित

होती है, चाहे वह विकास उद्योग, विज्ञान, औषधि अथवा अन्य किसी भी क्षेत्र में हो। भारत में केंद्र एवं प्रांतीय सरकार अपने विकास कार्यक्रमों को जनता तक पहुँचाने हेतु कई पत्रिकाएँ भी निकालती हैं। केंद्र सरकार की 'योजना' (Yojana) ऐसी ही विकास पत्रिका है।

द्वितीय प्रेस आयोग ने विकास पत्रकारिता के अर्थ को स्पष्ट करते हुए अपनी रिपोर्ट में लिखा है—"विकास रपट में सही और गलत काम की पूरी तस्वीर प्रस्तुत करनी चाहिए। उसमें आम आदमी के जीवन को प्रभावित करनेवाले विभिन्न विकास-कार्यक्रमों की विभिन्न परिस्थितियों में विभिन्न स्थानों पर सफलता और विफलता के कारणों की छानबीन होनी चाहिए।"

विकास समाचारों का क्षेत्र बहुत व्यापक है और तदनुसार विकास पत्रकारिता की व्यापकता भी बहुत बढ़ जाती है। आर्थिक, सामाजिक, शैक्षिक, वैज्ञानिक, प्रौद्योगिक, औद्योगिकी एवं तकनीकी आदि क्षेत्रों में होनेवाली गतिविधि विकास समाचार (Development News) बनती है। यदि कृषि के विकास हेतु किसी उन्नत बीज का अथवा किसी नए कृषि यंत्र का अविष्कार होता है, तो वह 'विकास समाचार' बनता है।

Dictionary — शब्दकोश

शब्दकोश के लिए अंग्रेजी भाषा में 'डिक्शनरी' (Dictionary) शब्द का प्रयोग किया जाता है। इस शब्द की उत्पत्ति लैटिन भाषा के शब्द 'डिक्शनेरियम' (Dictionarium) से हुई है, जिसका अर्थ है—'शब्दों का संग्रह'। इस 'Dictionarium' की उत्पत्ति Diction (अभिव्यक्ति का माध्यम) से हुई है। हिंदी भाषा में 'शब्दकोश' पद उपयुक्त होता है, जो दो शब्दों के संयोग से बना है—शब्द + कोश। यहाँ कोश से तात्पर्य 'संग्रह' से है। अर्थात् जहाँ शब्दों का संग्रह है, वह है—शब्दकोश। शब्दकोशों को कई वैकल्पिक नामों से जाना जाता है, जैसे—ग्लॉसरी (Glossary), थीसॉरस (Thessaurus), वॉकैब्यूलरि (Vocabulary) एवं लैक्सिकॉन (Lexicon) आदि।

सूचना स्रोतों के रूप में शब्दकोश का उपयोग हर स्तर के पाठकों के द्वारा किया जाता है। इनमें किसी विषय/भाषा के शब्दों का संकलन रहता है। प्राय: शब्द कोश में एक शब्द के बारे में कई तरह की सूचना रहती है। उच्चारण, वर्तनी, शब्द विन्यास, मूल शब्द, क्रियाओं के विविध रूप, पर्यायवाची शब्द आदि।

शब्दकोश के प्रकार (Types of Dictionary)—

1. विशिष्ट कोश (Special Dictionary)
2. विषयगत कोश (Subject Dictionary)

3. सामान्य भाषा कोश (General Language Dictionary)
4. अनुवाद कोश (Translation Dictionary)

Digital Camera डिजीटल कैमरा

डिजीटल कैमरा (Digital Camera) भी अन्य कैमरों की तरह फोटोग्राफी के मूल नियम के तहत ही कार्य करता है। फोटो पत्रकारिता (Photo Journalism) में इनका उपयोग बहुतायत में हो रहा है। इनमें न फिल्म (Film) लगाने की आवश्यकता है, न ही उसे डेवलप (Develop) करने की। क्लिक किया, कैमरे ने दृश्य या विषय को अपनी मेमोरी में लिया, फिर उसे कंप्यूटर में ले जाकर डाउनलोड कर लिया। मनचाहे दृश्य को ही कैमरे की मैमोरी में रखने और अनचाहे दृश्य को डिलीट (Delete) करने की भी सुविधा होती है। डिजीटल कैमरों में दृश्य को देखने हेतु व्यूफाइंडर (Viewfinder) तो होता ही है, स्क्रीन (Screen) भी होती है, जिस पर दृश्य परिलक्षित होता है।

कुछ डिजीटल कैमरे ऐसे भी होते हैं, जिनमें फिल्म के स्थान पर फ्लॉपी/चिप लगाई जाती है। एक फ्लॉपी के फुल (Full) होने पर अथवा भर जाने पर दूसरी फ्लॉपी (Floppy) लगाई जाती है। फ्लॉपी को कंप्यूटर में डाउनलोड कर प्रिंट-आउट लिया जा सकता है। डिजीटल कैमरे में उच्च रेजोल्युशन (High Resolution) फाइल जमा करने हेतु 30 एम.बी. के स्थान की आवश्यकता होती है।

डिजीटल कैमरे के प्रकार (Types of Digital Camera)

प्रमुख डिजीटल कैमरे इस प्रकार हैं—

1. उच्च रेजोल्युशन डिजीटल कैमरा (High Resolution Digital Camera)
2. मध्यम रेजोल्युशन डिजीटल कैमरा (Medium Resolution Digital Camera)
3. निम्न रेजोल्युशन डिजीटल कैमरा (Low Resolution Camera)

डिजीटल कैमरे की प्रमुख विशेषताएँ

डिजीटल कैमरे की प्रमुख विशेषताएँ एवं महत्त्व इस प्रकार हैं—

1. डिजीटल कैमरों में प्रिंट बनाने से पहले नेगेटिव (Negative) बनाने की जरूरत नहीं पड़ती।
2. डिजीटल कैमरों में प्रिंट बनाने हेतु न रसायनों की आवश्यकता होती है और

न ही डार्करूम (Dark Room) की।

3. डिजीटल कैमरों में कम/लो लाइट (Low Light) में भी शॉट लेने की अद्‌भुत क्षमता होती है।
4. इन कैमरों में सी.डी. (Compact Disk-CD) पर प्रतिबिंब इलेक्ट्रॉनिक संकेतों से बनता है।
5. डिजीटल कैमरों की मैमोरी स्टिक या फ्लॉपी (Floppy) को कंप्यूटर में डालकर किसी फोटो इमेजिंग सॉफ्टवेयर की सहायता से फोटो में तब्दील करके उसका प्रिंट निकाला जा सकता है।
6. ये कैमरे कीमती और रख-रखाव की दृष्टि से बड़े नाजुक होते हैं।

Digital Radio — डिजीटल रेडियो

डिजीटल रेडियो (Digital Radio) एक साधारण रेडियो से अधिक सक्षम होता है। यह श्रवण कार्यक्रमों के अतिरिक्त डिजीटल डाटा सेवाओं को प्रसारित करने में भी समर्थ है। डिजीटल रेडियो एक ट्रांसमीटर का उपयोग कर लगभग 6 स्टीरियो चैनल या डाटा भेज सकता है। डाटा चैनल का बहुआयामी उपयोग हो सकता है, जैसे—

- रेडियो डाटा सेवा (Radio Data Service)
- रेडियो पेजिंग सेवा
- वी.एच.एस. कोटि के वीडियो का प्रसारण
- ध्वनि के साथ टेक्स्ट का प्रसारण, जिसमें कलाकार व संगीतज्ञ का नाम भी दिखाया जाता है।
- हाइपरलिंक (Hyperlink) की सुविधा आदि।

डिजीटल रेडियो प्रणाली उसी मॉड्यूलेशन (Modulation) प्रक्रिया पर निर्भर होती है, जिस पर एनालॉग रेडियो कार्य करता है। एनालॉग ऑडियो सिग्नलों को कैरियर पर मॉड्यूलेट करने के बजाए डिजीटल रेडियो डिजीटल सिग्नल को कैरियर पर मॉड्यूलेट करता है। परंतु अभी तक मूलतः डिजीटल रेडियो ए.एम. (AM), एफ.एम. या दोनों के सम्मिश्रण के कुछ रूप का ही उपयोग करता है।

Digital Video Disk—DVD — डी.वी.डी.

डिजीटल वीडियो डिस्क (DVD) दिखने व आकार में सी डी रोम (CD-ROM) की तरह ही होती है। परंतु यह डाटा संग्रहण क्षमता में सी.डी रोम से कई गुना आगे है। डी.वी.डी. पर लगभग 17 जी.बी. का डाटा संग्रहण किया जा सकता है, जो

कि सी.डी.रोम की संग्रहण क्षमता से कई गुना अधिक है। डी.वी.डी. की एक अन्य विशेषता है कि इसमें दोनों सतहों पर डाटा को संग्रहीत किया जा सकता है। डी.वी.डी. में संग्रहीत डाटा को पढ़ने हेतु किसी प्रकार का मैकेनिकल रीड (Mechanical Read) नहीं होता। यह ऑप्टिकल प्रकार की डिस्क होती है, जिसे पढ़ने के लिए लेजर का प्रयोग किया जाता है।

Direct to Home—DTH डी.टी.एच.

डायरेक्ट टू होम (Direct to Home—DTH) से तात्पर्य है, सीधे घर के अंदर टी.वी. का प्रसारण। डी.टी.एच. एक ऐसी सेवा है, जिसके जरिए टी.वी. कार्यक्रम/चैनलों को एक छोटे से 'सेट टॉप बॉक्स' (Set Top Box) का उपयोग करके उच्च फ्रीक्वेंसी (High Frequency) के के.यू.बैंड के जरिए सीधे दर्शक के घर तक पहुँचाया जा सकता है। डी.टी.एच. सेवा में प्रसारण में उच्च कोटि की गुणवत्ता और उपभोक्ताओं हेतु अनेक विकल्पों के साथ-साथ एक विशेषता यह भी है कि दूर-दराज के और सीमावर्ती इलाकों, जहाँ केबल ऑपरेटरों की सेवाएँ उपलब्ध नहीं हैं, के लिए यह बड़ी उपयुक्त सेवा है।

डी.टी.एच. का उपयोग वर्तमान में दिन-प्रतिदिन बढ़ता ही जा रहा है। इससे प्राप्त टी.वी. फोटो (Video) एवं ध्वनि (Audio) बहुत ही साफ व स्पष्ट होती है। इसमें चैनलों की संख्या भी अधिक होती है। भारत में सबसे पहले प्रसार भारती ने 'डी.डी. डायरेक्ट' नामक टी.टी.एच. सेवा प्रारंभ की। वर्तमान में देश में डी.टी.एच. प्रादाता कई कंपनियाँ विद्यमान हैं, जिनमें प्रसार भारती की 'डी.डी. डायरेक्ट' के अतिरिक्त 'डिश टी.वी.', 'टाटा स्काई', 'सन टी.वी.', 'एयरटेल डिजीटल टी.वी.', 'बिग टी.वी. (रिलायंस)', 'वीडियोकॉन' आदि हैं। देश के कुछ महानगरों में यह सेवा अनिवार्य की जा रही है।

Direct Mail Advertisement डायरेक्ट मेल

जब कोई भी विज्ञापन डाक द्वारा अपने ग्राहकों को मुद्रित रूप में प्रेषित किया जाता है, तो वह प्रत्यक्ष डाक विज्ञापन कहलाता है। ऐसी स्थिति में विज्ञापन अपने पाठकों से उनके दूरस्थ मित्रों, संबंधियों के पते प्राप्त कर अपनी वस्तु के संबंध में डाक से मुद्रित सामग्री भेजकर परिचित कराती है और अपनी विक्रय क्षमता का विकास करती है। रिचर्ड मेंसर के अनुसार, "डाक द्वारा प्रत्यक्ष विज्ञापन एक विज्ञापक के स्थायी रूप से मुद्रित, लिखित या चित्रित रूप में संदेश हैं, जिसका प्रेषण चयनित व्यक्तियों तक

किया जाता है।'' विज्ञापनकर्त्ता द्वारा इस माध्यम का उपयोग कुछ गिने-चुने उपभोक्ताओं को लक्ष्य में रखकर ही किया जाता है।

इस माध्यम में विज्ञापन को सीधे उपभोक्ता के पास भेजा जाता है। निर्माता कुछ गिने-चुने उपभोक्ताओं को ही कैटलॉग, फोल्डर, पैंफलेट एवं कैलेंडर आदि से अपने उत्पादों के बारे में सूचना देता है। इस माध्यम द्वारा उपभोक्ता को संदेश भेजना या देना बहुत महँगा होता है, क्योंकि इसमें संदेश भेजने का खर्च अलग से लगता है।

Director — निर्देशक

निर्देशक (Director) फिल्म अथवा किसी भी दृश्य-श्रव्य माध्यम में कार्यक्रम संपन्न करनेवाला सर्वाधिक महत्त्वपूर्ण व्यक्ति होता है। निर्देशक का कार्य एक संस्था में वहाँ हो रहे कार्यक्रम निर्माण को निर्देशित करना है। निर्देशक फिल्म के क्रिएटिव पक्ष को देखता है। वह कहानी की विषयवस्तु व प्रवाह, कलाकारों के प्रदर्शन हेतु निर्देश, शूटिंग के लिए जगह का चयन एवं व्यवस्था, तकनीकी कार्य जैसे कैमरे की स्थिति तय करना, टाइमिंग व फिल्म के साउंड ट्रैक की विषयवस्तु आदि को व्यवस्थित करवाने का काम आदि करता है। हालाँकि निर्देशक की भूमिका अहम् होती है, फिर भी वह दिग्दर्शक/निर्मांता (Producer) के अधीन काम करता है। कभी-कभी फिल्म का निर्देशक ही दिग्दर्शक/निर्माता होता है।

Directorate of Advertisement & Audio-Visual Publicity—DAVP — विज्ञापन एवं दृश्य प्रचार निदेशालय

विज्ञापन एवं दृश्य प्रचार निदेशालय (DAVP) केंद्र सरकार की प्रमुख विविध-प्रचार माध्यम (Multimedia) विज्ञापन एजेंसी है। सरकारी नीतियों और कार्यक्रमों को विभिन्न माध्यमों से प्रचारित करनेवाली यह एकल खिड़की (Single Window) एजेंसी है। यह निदेशालय जनता को सरकार की नीतियों और कार्यक्रम की जानकारी देता है और उन्हें शिक्षित भी करता है। इसके अतिरिक्त यह जनता को विकास की गतिविधियों में भाग लेने हेतु प्रेरित करता है। डी.ए.वी.पी. (DAVP) विभिन्न संचार माध्यमों, जैसे प्रेस विज्ञापनों, मुद्रित सामग्री, दृश्य-श्रव्य कार्यक्रम, बाह्य प्रचार एवं प्रदर्शनियों के जरिए लोगों तक शासकीय संदेश पहुँचाता है।

निदेशालय के विज्ञापन एवं प्रचार का मुख्य जोर सामाजिक-आर्थिक क्षेत्र पर होता है, जैसे—स्वास्थ्य, परिवार नियोजन, ग्रामीण विकास कार्यक्रम, जनसंख्या नियंत्रण, साक्षरता, रोजगार, महिला एवं बाल विकास, कृषि, आयकर, डाकघर बचत योजना,

पर्यावरण रक्षा और हस्तशिल्प आदि।

विज्ञापन एवं दृश्य प्रचार निदेशालय पर केंद्र सरकार के विभिन्न मंत्रालयों, विभागों में व स्वायत्तशासी कार्यों में भी विज्ञापन जारी करने का भार है। इस हेतु समाचार पत्र व पत्रिकाओं का एक पैनल है। पैनल में सरकारी विज्ञापन नीति एवं दिशा-निर्देशों के अनुरूप प्रकाशनों को स्थान दिया जाता है। डी.ए.वी.पी. का मुख्यालय दिल्ली में है। इसके बंगलुरु व गुवाहाटी में दो क्षेत्रीय कार्यालय भी हैं और देशभर में इसकी कई क्षेत्रीय प्रदर्शनी इकाइयाँ भी हैं।

Directorate of Field Publicity क्षेत्रीय प्रचार निदेशालय

'क्षेत्रीय प्रचार निदेशालय' (Directorate of Field Publicity) की स्थापना पंचवर्षीय योजना प्रचार संगठन (Five-year Plan Publicity) के नाम से सन् 1953 में हुई थी। इसका एकमात्र उद्देश्य पंचवर्षीय योजनाओं का प्रचार था। बाद में (सन् 1959 में) संगठन का आधार व्यापक बनाया गया और इसका नाम बदलकर 'क्षेत्रीय प्रचार निदेशालय' कर दिया गया।

क्षेत्रीय प्रचार निदेशालय के प्रमुख लक्ष्य/उद्देश्य इस प्रकार हैं—

1. विकास कार्यक्रमों को लागू करने हेतु जनमत जुटाना तथा राष्ट्र निर्माण के कार्यों में लोगों को भागीदार बनाना।
2. कमजोर वर्ग के लोगों विशेषकर दूरदराज के इलाकों में बसे लोगों को सरकार के कार्यक्रमों तथा नीतियों की जानकारी देना।
3. जनता विशेषकर निचले व कमजोर वर्ग के लोगों को सूचना देना, शिक्षित करना तथा उन्हें विकास की प्रक्रिया में भागीदार बनाना।
4. सरकारी कार्यक्रमों एवं नीतियों और क्षेत्रीय स्तर पर उनके क्रियान्वयन के बारे में लोगों की प्रतिक्रिया से सरकार को अवगत कराना आदि।

क्षेत्रीय प्रचार निदेशालय देश में ग्रामोन्मुखी अंतरवैयक्तिक संचार का सबसे बड़ा माध्यम है। निदेशालय अपना संदेश लोगों तक पहुँचाने हेतु कई माध्यमों का उपयोग करता है। समूह चर्चाएँ, जनसभाएँ, विचार गोष्ठियाँ, संगोष्ठियाँ आदि माध्यम इसके प्रभावी हिस्से हैं। यह लोगों तक अपना संदेश पहुँचाने हेतु परंपरागत माध्यमों (Traditional Mediums) जैसे संगीत, नाटक, नृत्य, भजन-कीर्तन, कठपुतलियों एवं कवि सम्मेलनों आदि का उपयोग भी करता है। क्षेत्रीय प्रचार निदेशालय का मुख्यालय दिल्ली में स्थित है।

Documentary डॉक्यूमेंटरी

'आलेख रूपक' अंग्रेजी के 'डॉक्यूमेंटरी' का हिंदी अनुवाद है। 'डॉक्यूमेंटरी' शब्द 'डॉक्यूमेंट' से बना है, जिसका शाब्दिक अर्थ है—दस्तावेज, लिखित प्रमाण। इसे 'वृत्त रूपक' भी कहा जाता है। जब कहीं ऐसे विषयों पर रूपक की प्रस्तुति करनी होती है, जो मूलत: दस्तावेजों पर आधारित हैं अथवा केवल तथ्यात्मक हैं तब रूपक की इस विधा को 'डॉक्यूमेंटरी' कहा जाता है। रेडियो फीचर में वास्तविक तथ्यों का आधार लिया जाता है। परंतु उसके पात्र वास्तविक व्यक्ति नहीं होते, अपितु लेखक की कल्पना की उपज होते हैं। रेडियो फीचर का लेखन जहाँ लेखक के हाथ में है, वहीं 'आलेख रूपक' का प्रसारण संस्था की साधन संपन्नता पर निर्भर करता है।

आलेख रूपक में विषय की तथ्यात्मकता, प्रामाणिकता तथा विश्वसनीयता को अक्षुण्ण रखने का प्रयत्न किया जाता है, ताकि उसकी ऐतिहासिक गरिमा खंडित न हो। ऐतिहासिक स्मारक, पुराभिलेख, वैज्ञानिक अनुसंधान आदि के संबंध में प्रस्तुत रूपक आलेख रूपक की श्रेणी में आते हैं। इस प्रकार के रूपकों में तथ्यों को ज्यों-का-त्यों रखा जाता है तथा कल्पना का पुट बहुत ही कम व सीमित होता है।

Documentary Film डॉक्यूमेंटरी फिल्म

डॉक्यूमेंटरी फिल्मों (वृत्त चित्रों) का उद्देश्य सूचना देना तथा प्रशिक्षित करना होता है अर्थात् 'विचार' ही इन फिल्मों का मुख्य मुद्दा होता है। ये फिल्में कला, विज्ञान, साहित्य, संस्कृति संस्था से संबद्ध होती हैं। डॉक्यूमेंटरी फिल्मों की अवधि फीचर फिल्मों की तुलना में अपेक्षाकृत कम होती है। फीचर फिल्म जहाँ मूलत: बाजार से प्रभावित होती है, जबकि डॉक्यूमेंटरी (वृत्त चित्र) फिल्म बाजार के दबाव में अछूती रह सकती है। फीचर फिल्में जहाँ कल्पना आधारित होती हैं, वहीं ये यथार्थ पर आधारित होती हैं।

Doordarshan दूरदर्शन

भारत में दूरदर्शन का पहला प्रसारण 15 सितंबर, 1959 को प्रायोगिक रूप से आकाशवाणी भवन, नई दिल्ली में स्थित एक स्टूडियो से शुरू किया गया। सन् 1975 तक भारत में दूरदर्शन के सात केंद्र स्थापित हो गए थे, जो दिल्ली के अतिरिक्त मुंबई, चेन्नई, कोलकाता, श्रीनगर, अमृतसर और लखनऊ में थे। 1 अप्रैल, 1976 से दूरदर्शन (Doordarshan) आकाशवाणी से पृथक होकर स्वतंत्र रूप से अस्तित्व में आया।

सन् 1982 में रंगीन टेलीविजन से प्रसारण की शुरुआत नई दिल्ली में एशियाई

खेलों के दौरान हुई। प्रथम भारतीय उपग्रह इन्सैट I-A (Insat I-A) भी इसी वर्ष (1982) छोड़ा गया, जिससे टेलीविजन प्रसारण की गुणवत्ता में वृद्धि हुई। दूरदर्शन से देश-विदेश की घटनाओं के बारे में नियमित रूप से समाचारों और सामयिक प्रसंग के कार्यक्रमों का प्रसारण होता है। दूरदर्शन से जुलाई 1984 में भारत का पहला प्रायोजित धारावाहिक 'हम लोग' प्रसारित हुआ था। नब्बे के दशक के प्रारंभ तक भारत में दूरदर्शन ही एकमात्र दृश्य-श्रव्य माध्यम था, परंतु धीरे-धीरे उपग्रह एवं केबल टी.वी. चैनलों का प्रवेश हुआ। इन चैनलों ने दूरदर्शन को चुनौती दी।

23 नवंबर, 1997 से दूरदर्शन और आकाशवाणी को प्रसार भारती बोर्ड (Prasar Bharti) के अंतर्गत लिया गया है। प्रसार भारती अधिनियम के अनुसार निगम का संचालन प्रसार भारती बोर्ड द्वारा किया जाता है। आज दूरदर्शन विश्व के सबसे बड़े टेलीविजन नेटवर्क या प्रसारण तंत्र में से एक है। वर्तमान में (सन् 2009 तक) दूरदर्शन के 64 केंद्र/निर्माण केंद्र तथा लगभग 30 चैनल हैं।

दूरदर्शन की त्रिस्तरीय कार्यक्रम सेवा

दूरदर्शन के कार्यक्रमों की सेवाओं को तीन भागों में बाँटा जा सकता है, जो इस प्रकार हैं—

1. **राष्ट्रीय कार्यक्रम**—राष्ट्रीय कार्यक्रम में उन घटनाओं एवं मुद्दों पर जोर दिया जाता है, जिनमें समूचे राष्ट्र की दिलचस्पी होती है। राष्ट्रीय कार्यक्रम के अंतर्गत दूरदर्शन के द्वारा राष्ट्रीय स्तर पर समाचार, समसामयिक गतिविधियाँ, धारावाहिक, विज्ञान पत्रिका, संगीत, नृत्य, नाटक, फीचर फिल्म आदि प्रसारित की जाती हैं।
2. **क्षेत्रीय कार्यक्रम**—क्षेत्रीय सेवा में कार्यक्रम, उस राज्य के लोगों के हित की घटनाओं तथा मुद्दों पर केंद्रित होता है। ये राज्य की राजधानियों से प्रसारित होते हैं। क्षेत्रीय कार्यक्रम के अंतर्गत वहाँ की संस्कृति को उजागर किया जाता है।
3. **स्थानीय कार्यक्रम**—स्थानीय कार्यक्रमों का प्रमुख उद्देश्य स्थान विशेष की समस्याओं को उजागर करना है।

Doordarshan Feature दूरदर्शन फीचर

दूरदर्शन के लिए फीचर लिखना समाचार पत्रों एवं रेडियो के लिए फीचर लिखने जैसा सहज नहीं होता, क्योंकि दूरदर्शन फीचर लेखन के समय संपादन और ध्वनि के साथ-

साथ छायांकन पर भी दृष्टि रखनी पड़ती है। एक अच्छे दूरदर्शन फीचर के लिए आवश्यक है कि वह रुचिकर हो। रुचिकर तभी हो सकता है, जब विषयवस्तु, छायांकन, संगीत, संवाद तथा संपादन में गतिशीलता व चुस्ती हो। दूरदर्शन फीचर हेतु कई बिंदुओं पर ध्यान देना जरूरी होता है, जैसे—पटकथा, संवाद, ध्वनि, छायांकन, संगीत, संक्षिप्त कथा आदि।

दूरदर्शन फीचर के प्रकार

दूरदर्शन फीचर के कई प्रकार हो सकते हैं, जिनमें प्रमुख हैं—

1. समाचार फीचर,
2. यात्रा फीचर,
3. फोटो फीचर,
4. सांस्कृतिक विषयों पर फीचर,
5. व्यक्ति विशेष पर फीचर,
6. ऐतिहासिक घटनाओं पर आधारित फीचर,
7. सांस्कृतिक विषयों पर फीचर।

Drop Line Heading ड्रॉप लाइन शीर्षक

सीढ़ीनुमा या सोपानी शीर्षक को 'ड्रॉप लाइन शीर्षक' (Drop Line Heading) कहते हैं। इस शीर्षक में दो या कभी तीन पंक्तियाँ होती हैं। इसमें पहली पंक्ति बाईं ओर सटाकर लिखी जाती है। दूसरी पंक्ति कुछ स्थान छोड़कर तथा प्रथम पंक्ति जहाँ समाप्त होती है, उसके आगे जाकर समाप्त करते हैं। इसी प्रकार तीन पंक्तिवाला सोपानी शीर्षक लगाना/देना हो, तो दूसरी पंक्ति के बाईं तरफ का कुछ स्थान छोड़कर दाईं ओर से आगे बढ़ जाते हैं।

Dubbing प्रत्यारोपण/डबिंग

किसी ध्वनि या चित्र या दोनों का रिकॉर्डिंग के माध्यम से एक-दूसरे माध्यम में स्थानांतरण करना डबिंग (Dubbing) कहलाता है। किसी एक भाषा के संवाद दूसरी भाषा में बदलना भी डबिंग कहलाता है। कभी-कभार किसी पात्र की आवाज ठीक नहीं होती, ऐसे में उसकी आवाज को भी डब किया जाता है अर्थात् दूसरे पात्र की आवाज को रिकॉर्डिंग करने से पहले पात्र के अभिनय के साथ मिला दिया जाता है। शूटिंग/रिकॉर्डिंग के बाद पुन: रिकार्डिंग के समय ध्वनि या संवादों की गुणवत्ता के आधार पर प्रत्यारोपण (Dubbing) किया जाता है।

Dummy डमी

डमी (Dummy) निर्माण ले-आउट (Lay-out) का ही अंग है। डमी वस्तुतः समाचार-पत्र एवं पत्रिका की समग्र-सामग्री का कच्चा खाका है। डमी साधारणतः कागज पर समाचार-पत्र का लघु प्रतिरूप होता है, जिसमें सामग्री का फैलाव तथा जमाव किस तरह किया जाएगा, दर्शाया जाता है। डमी में रेखांकित किया जाता है कि कौन-सी सामग्री किस पृष्ठ पर किस ढंग से ली जाएगी। डमी के आधार पर ही पृष्ठ का मेकअप (Make-up) होता है।

डमी (Dummy) बनाते समय सामग्री-सज्जा और चित्र-सज्जा को इस प्रकार प्रस्तुत करना चाहिए कि आमने-सामने के पृष्ठ संतुलित बने रहें। पृष्ठ को आकर्षक बनाने हेतु डमी निर्माण उचित प्रक्रिया है। सामान्यतः डमी कभी पूरे समाचार-पत्र की नहीं बनाई जाती। डमी प्रायः पत्र के आधे पृष्ठ की ही तैयार की जाती है या ऊपर-नीचे के आधे-आधे पृष्ठों की डमी अलग-अलग होती है। कुछ ले-आउट डिजाइनर पूरे पृष्ठ की डमी का प्रयोग ही करते है। डमी वास्तव में पृष्ठ का एक ब्लू प्रिंट (Blue Print) होता है तथा सामग्री सूचक भी।

□

E

E-Commerce — ई-कॉमर्स

ई-कॉमर्स (E-Commerce) का अर्थ है—इंटरनेट पर व्यापार करना। वस्तुओं एवं सेवाओं को इंटरनेट के माध्यम से प्राप्त करना एवं बेचना 'ई-कॉमर्स' कहलाता है। बैंकिंग (Banking), ई-बिजनेस (E-Business) तथा ई-शॉपिंग (E-Shopping) आदि ई-कॉमर्स के ही भाग हैं।

वस्तुतः विभिन्न व्यापारिक सहयोगियों, कंपनियों, ग्राहकों, उपभोक्ताओं आदि के साथ उन्नत सूचना प्रौद्योगिकी एवं कंप्यूटर नेटवर्कों की सहायता से और इलेक्ट्रॉनिक माध्यमों से व्यापारिक सूचनाओं का आदान-प्रदान करना 'ई-कॉमर्स' कहलाता है।

वस्तुओं अथवा सेवाओं का इंटरनेट पर खरीदना-बेचना या विज्ञापन द्वारा उत्पादों की सूचनाएँ ग्राहकों तक पहुँचाना ही 'ई-कॉमर्स' है। कंप्यूटर नेटवर्कों, इंटरनेट, वर्ल्ड वाइड वेब (www) से लेकर ई-मेल, इलेक्ट्रॉनिक डाटा इंटरचेंज (EDI), इलेक्ट्रॉनिक बुलेटिन बोर्ड (EBB) आदि उपयोगी तकनीकों को समाहित कर व्यापारिक कार्यकलापों को संपादित करने में ई-कॉमर्स की भूमिका महत्त्वपूर्ण होती है।

ई-कॉमर्स की तीन श्रेणियाँ—ई-कॉमर्स को तीन श्रेणियों में बाँटा जा सकता है—

1. **बिजनेस टू बिजनेस (B_2B)**—इस श्रेणी के विशेष क्षेत्रों में ग्राहक संबंध प्रबंधन और आपूर्ति प्रबंधन मुख्य हैं। किसी कंपनी को अपने ग्राहकों और वितरकों से जोड़नेवाले नेटवर्क की सबसे प्रमुख सेवाएँ यही होती हैं।
2. **बिजनेस टू कंज्यूमर (B_2C)**—बी-टू-सी नामक व्यावसायिक चक्र में ऑन लाइन स्टोर होता है, जो उत्पाद की विशेषताओं, मूल्य और उसके चित्रों के साथ पूरी सूची उपलब्ध कराता है। उपभोक्तओं द्वारा यह साइट सबसे अधिक उपयोग में लाई जाती है।

3. **कंज्यूमर टू कंज्यूमर (C_2C)**—इस तीसरी श्रेणी का दायरा काफी सीमित है। इसमें ग्राहक का किसी दूसरे ग्राहक से सीधा संपर्क होता है। इसमें किसी उत्पाद या सेवा का उपभोक्ता अपनी सूचना/शिकायत को आपस में बाँटने/हल के लिए नेट का प्रयोग करता है।

Economic Journalism — आर्थिक पत्रकारिता

'आर्थिक पत्रकारिता' (Economic Journalism) के अंतर्गत अर्थशास्त्र, वाणिज्य, व्यवसाय, कारोबार और तकनीकी ज्ञानवाले क्षेत्र की पत्रकारिता आती है। अर्थ-जगत से संबंधित प्रत्येक गतिविधियाँ आर्थिक पत्रकारिता का विषय हो सकती हैं। जैसे वस्तु बाजार, पूँजी बाजार, श्रम, बजट, शेयर मार्केट, बैंकिंग, आयात-निर्यात, वित्त बीमा, विदेशी विनिमय, पंचवर्षीय योजनाएँ, राष्ट्रीय आय के समाचार, वित्तीय एवं औद्योगिक निगम आदि ऐसे अनेक पहलू हैं, जो आर्थिक पत्रकारिता की विषयवस्तु हो सकते हैं। दूसरे शब्दों में अर्थ से संबंधित कार्यकलापों को उजागर करनेवाली पत्रकारिता ही आर्थिक पत्रकारिता कहलाती है।

संपूर्ण विश्व में जितनी तेजी के साथ आर्थिक एवं व्यापारिक गतिविधियाँ बढ़ी हैं, उससे आर्थिक समाचारों का महत्त्व भी बढ़ता जा रहा है। पूरा विश्व एक बाजार के रूप में विकसित हो गया है। सन् 1991 से पूर्व जहाँ भारतीय समाचार-पत्रों में आर्थिक समाचारों का कोई विशेष महत्त्व नहीं होता था, प्रायः ऐसे समाचारों को समाचार-पत्रों के अंतिम पृष्ठ पर स्थान दिया जाता था, आज समाचार-पत्रों में आर्थिक तथा वाणिज्य पृष्ठ अलग से दिए जा रहे हैं। आज भारत में अनेक समाचार-पत्र आर्थिक पत्रकारिता के क्षेत्र में कार्य कर रहे हैं, जिनमें प्रमुख हैं—'द इकोनॉमिक टाइम्स', 'फाइनेंशियल टाइम्स' तथा 'बिजनेस स्टैंडर्ड' आदि।

Editing — संपादन

'संपादन' शब्द अंग्रेजी शब्द 'एडिट' (Edit) का हिंदी पर्याय है, जिसका अर्थ है—To prepare a piece of writing & To select writings of others for publication अर्थात् किसी लिखित विषय को प्रकाशन हेतु तैयार करना अथवा अन्य की रचनाओं का प्रकाशन हेतु चयन करना। संपादन का शाब्दिक अर्थ है—'पूरा करना, प्रस्तुत करना, क्रम आदि ठीक करना, शुद्ध कर प्रकाशन के योग्य बनाना, दैनिक पत्र विषय आदि की दृष्टि से ठीक करना और उसका संचालन करना।' इसी प्रकार संपादन कला का अर्थ है—'पत्र-पुस्तकें आदि संपादित करने की विशेष कला।'

जहाँ तक समाचारों के संपादन का प्रश्न है, किसी समाचार-पत्र में संपादन का कार्य समाचार संपादक (News Editor) अपने अधीन उप-समाचार संपादकों के माध्यम से संपन्न करते हैं। सामान्यतः समाचार संपादन (News Editing) का अर्थ है—समाचार को छोटा करना, शीर्षक देना, छोटे-मोटे व्याकरण दोषों को दूर करना, गलत अशुद्ध शब्द, वाक्य एवं तथ्य सही करना, अनावश्यक शब्द संकेत हटाना, भाषा को प्रवाही एवं पठनीय बनाना एवं समाचार के अर्थ को समझने लायक बनाना आदि।

समाचार संपादन हेतु कुछ नियमों का पालन करना भी आवश्यक होता है। यह नियम ही संपादन के तत्त्व कहलाते हैं। संपादन के कुछ प्रमुख तत्त्व निम्नलिखित हैं—

1. समाचार की भाषा सरल एवं सहज हो, कठिन शब्दों का प्रयोग न हो।
2. समाचार का आकार छोटा हो, ज्यादा बड़ा न हो।
3. समाचार का शीर्षक समाचार विषय के अनुरूप हो।
4. समाचार में शुरू से अंत तक रोचकता का निर्माण करना एक कुशल एवं सफल संपादन का लक्षण है।
5. समाचार पढ़े व देखे कि उसमें छः 'ककार' (क्या, कब, कहाँ, कौन, क्यों, कैसे) हैं या नहीं।
6. समाचार में वर्तनी तथ्यों की जाँच करे एवं गलत होने पर उन्हें सही करे।
7. समाचारों की सत्यता हेतु समाचार सूत्र का उल्लेख भी करे।

Editor — संपादक

जो व्यक्ति समाचार-पत्र के संपादकीय कार्य का निदेशन, नियंत्रण एवं निरीक्षण करता है, उसे संपादक कहते हैं। वह समाचार-पत्र में प्रकाशित सामग्री के लिए उत्तरदायी होता है। प्रेस एंड रजिस्ट्रेशन ऑफ बुक्स एक्ट, 1867 के अनुसार समाचार पत्रों में छपनेवाली प्रत्येक सामग्री का नियंत्रण संपादक के अधीन होता है। वही निर्णय करता है कि क्या प्रकाशित हो और क्या नहीं हो।

संपादक, समाचार-पत्र की नीति की पालना करते हुए पत्र में प्रकाशित किए जानेवाले संपादकीय, अग्रलेख, सामयिक टिप्पणियों तथा किसी विशेष परिस्थिति पर आवश्यक आलेख आदि तैयार करने के लिए प्रतिदिन अपने सहयोगी सहायक-संपादकों, समाचार संपादकों, मुख्य उप संपादकों आदि के साथ बैठक में विचार-विमर्श करता है तथा नेतृत्व प्रदान करता है।

Editorial — संपादकीय/अग्रलेख

समाचार-पत्र में संपादकीय पृष्ठ पर कई लेख, टिप्पणियाँ, स्तंभ व फीचर

प्रकाशित किए जाते हैं। इस पृष्ठ पर प्रकाशित मुख्य लेख को संपादकीय (Editorial) कहा जाता है। कुछ पत्रकारों का कहना है कि प्रथम संपादकीय लेख को ही अग्रलेख मानना चाहिए। जबकि दूसरे व तीसरे लेख को संपादकीय टिप्पणियाँ। यह संपादकीय लेख लगभग 500 से 1,000 शब्दों का होता है, जो समसामयिक विषय पर आधारित होता है। संपादकीय लेख समाचार-पत्र की नीति तथा विचारों का प्रतिबिंब होता है।

समाचार पत्रों में संपादकीय का अपना एक विशेष महत्त्व होता है। पत्र में संपादकीय का स्थान ठीक उसी प्रकार का होता है, जिस प्रकार मनुष्य के शरीर में आत्मा का होता है। इसे संपादकीय पृष्ठ का हृदय भी कहा जाता है। इस महत्त्वपूर्ण लेख का सीधा उत्तरदायित्व संपादक से होता है। यह प्रायः संपादक ही लिखता है, परंतु संपादक व्यवस्तता के चलते यह कार्य किसी सहायक संपादक को भी सौंप सकता है।

संपादकीय लेखन को सुविधा की दृष्टि से कई चरणों में विभाजित किया जा सकता है—संपादकीय विषय का चयन, सामग्री संकलन, विषय की रूपरेखा का निर्माण, विषय प्रवेश, क्रमिक विस्तार, निष्कर्ष, शीर्षक एवं संपादकीय की भाषा-शैली आदि।

संपादकीय लेखन के गुण व विशेषताएँ

एक अच्छे संपादकीय लेखन में निम्नलिखित गुण व विशेषताएँ होनी चाहिए—

1. संपादकीय लेख की भाषा सरल तथा सुबोध होनी चाहिए।
2. विश्वसनीय व ईमानदारी पूर्ण हो। संपादकीय में तथ्यों को ईमानदारी से पेश किया जाना चाहिए।
3. संपादकीय से हमेशा अपेक्षा की जाती है कि वह निष्पक्ष हो, किसी एक पक्ष की ओर झुकाव न हो।
4. संपादकीय में साहित्यिक पुट भी होना चाहिए।
5. संपादकीय बहुत लंबा अथवा बहुत ही छोटा नहीं होना चाहिए।
6. संपादकीय मुख्यतः सामयिक घटना तथा किसी विशेष समस्या पर लिखा होना चाहिए।

Editorial Department — संपादकीय विभाग

समाचार-पत्र के संपादकीय विभाग (Editorial Deptt.) को विश्व भर की खबर रखनेवाला केंद्र माना जाता है। यह विभाग किसी समाचार-पत्र की रीढ़ है, जिसके आधार पर किसी समाचार-पत्र को लोकप्रिय बनाया जा सकता है। संपादकीय विभाग के प्रमुख कार्य हैं—समाचारों को एकत्रित करना; समाचारों का चुनाव करना

एवं समाचारों का संपादन करना आदि। संपादकीय विभाग का मुखिया प्रधान संपादक/संपादक होता है।

संपादकीय विभाग का वर्गीकरण

संपादकीय विभाग में निम्नलिखित पदाधिकारी कार्यरत रहते हैं, जो इस प्रकार हैं—

- प्रधान संपादक/संपादक (Chief Editor/Editor)
- संयुक्त संपादक (Joint Editor)
- सहायक संपादक (Asst. Editor)
- समाचार संपादक (News Editor)
- मुख्य उप-संपादक (Chief Sub-editor)
- उप-संपादक (Sub-editor)
- संवाददाता (Reporter)
- प्रूफ रीडर (Proof Reader)

संपादकीय विभाग के मूलतः दो मुख्य अनुभाग होते हैं—एक रिपोर्टिंग (Reporting) और दूसरा डेस्क (Desk)। समाचारों के संकलन का काम जहाँ संवाददाता (Reporter) करते हैं, वहीं समाचार-पत्र हेतु विविध सामग्री का सही अनुपात में संयोजन और उसे रुचिकर एवं लोकलुभावन रूप देकर प्रस्तुत करने का बौद्धिक उद्यम संपादकीय विभाग का डेस्क (Desk) करता है। संपादकीय विभाग में कार्य कई डेस्कों में बँटा होता है, जैसे—अंतरराष्ट्रीय, राष्ट्रीय, खेल, वाणिज्य, मनोरंजन, कला, साहित्य व फीचर आदि।

Editorial Page — संपादकीय पृष्ठ

प्रायः समाचार-पत्र के बीच के पृष्ठ में संपादकीय पृष्ठ होता है। संपादकीय पृष्ठ (Editorial Page) के अंतर्गत संपादकीय के अलावा टिप्पणियाँ, सामयिक लेख, स्तंभ, व्यंग्य लेख एवं संपादक के नाम पत्र होते हैं, परंतु इनमें सर्वाधिक महत्त्वपूर्ण संपादकीय या अग्रलेख (Editorial) ही होता है। प्रायः संपादकीय पृष्ठ की साज-सज्जा अन्य पृष्ठों की अपेक्षा अलग तरह की होती है। इस पृष्ठ पर कोई विज्ञापन भी नहीं होता।

संपादकीय किसी भी समाचार-पत्र की रीति या नीति का दर्पण होता है। संपादकीय के माध्यम से ही किसी समाचार-पत्र की साख का निर्माण होता है। समाचार तो लगभग

प्रत्येक समाचार-पत्र में एक जैसे होते हैं, किंतु संपादकीय अलग-अलग होते हैं, जिससे पत्र की प्रतिष्ठा का पता चलता है।

Editors Guild of India एडीटर्स गिल्ड ऑफ इंडिया

आपातकाल के दौरान प्रेस पर पड़े कठोर दबावों के चलते इस प्रकार के संगठन की आवश्यकता महसूस की गई। मार्च 1978 में नई दिल्ली में आयोजित प्रथम राष्ट्रीय सम्मेलन के अवसर पर 'एडीटर्स गिल्ड ऑफ इंडिया' (Editors Guild of India) की स्थापना की गई। इसके प्रमुख उद्देश्य हैं—प्रेस/जनसंचार माध्यमों की स्वतंत्रता की रक्षा करना, व्यावसायिक मानदंडों के विकास को प्रोत्साहित करना एवं संपादकीय स्वतंत्रता की रक्षा करना।

उपर्युक्त उद्देश्य में संपादकीय स्वतंत्रता एवं दायित्व की रक्षा इस गिल्ड का प्रमुख लक्ष्य है। एडीटर्स गिल्ड ऑफ इंडिया (भारतीय संपादक संघ) का गठन ट्रेड यूनियन के आधार पर नहीं हुआ है। यह संपादकों का एक ऐसा मंच है, जहाँ वे आपस में अपनी व्यावसायिक समस्याओं, जनमाध्यमों की स्वतंत्रता तथा उनके सामाजिक दायित्व एवं नीतिशास्त्र और पाठक के जानने के अधिकार आदि के बारे में विचार-विमर्श करते हैं और उससे संबंधित समस्याओं के समाधान खोजने का प्रयास करते हैं।

समाचार-पत्रों तथा समाचार समितियों के केवल संपादक ही एडीटर्स गिल्ड ऑफ इंडिया के सदस्य हो सकते हैं। हाउस जरनलों तथा व्यापारिक पत्रों के संपादकों को इसकी सदस्यता नहीं दी जाती। गिल्ड के द्वारा समय-समय पर न्यायालय की अवमानना, मानहानि, सरकारी गोपनीय अधिनियम, संसदीय विशेषाधिकार आदि महत्त्वपूर्ण प्रश्नों पर कई प्रस्ताव पारित किए गए हैं। गिल्ड का मुख्यालय नई दिल्ली में स्थित है।

Educational Journalism शैक्षणिक पत्रकारिता

शिक्षा का पत्रकारिता से प्रत्यक्ष संबंध रहा है। कुछ हद तक दोनों के उद्देश्यों में भी समानता है। जहाँ पत्रकारिता शिक्षा और सूचना का सार्थक माध्यम है, वहीं शिक्षा का भी यही उद्देश्य है। पत्रकारिता यदि सामाजिक परिवर्तन का सशक्त माध्यम है, तो शिक्षा की भी मानव विकास में तथा उसे सामाजिक प्राणी (Social Being) बनाने में महत्त्वपूर्ण भूमिका है। शिक्षा और पत्रकारिता का यह समन्वित संश्लिष्ट रूप शैक्षणिक पत्रकारिता (Educational Journalism) कहा जा सकता है। इस दृष्टि से विभिन्न शैक्षणिक संस्थानों द्वारा चलाई जा रही शैक्षिक प्रवृत्तियों, शिक्षा जगत् की घटनाओं तथा शैक्षणिक समस्याओं को जनसंचार माध्यमों के द्वारा जनता तक पहुँचाना ही शैक्षिक

पत्रकारिता है। उच्च शिक्षा को प्रत्यक्ष रूप से समाज तथा आम जनता तक इसके द्वारा ही पहुँचाया जा सकता है।

Educational Reporting शैक्षणिक रिपोर्टिंग

शिक्षा विभाग, महाविद्यालय, विद्यालय, विश्वविद्यालय एवं इनसे जुड़े तमाम शिक्षकों एवं छात्र संघों की हड़तालें, वाद-विवाद, प्रतियोगिताएँ, शिक्षा नीति, प्रवेश, परिणाम आदि शैक्षणिक रिपोर्टिंग (Educational Reporting) के अंग हैं। पाठ्यपुस्तकों, तकनीकी शिक्षा के बदलते स्वरूप, आधुनिक प्रयोगों आदि पर भी इसमें ध्यान दिया जाता है। आजकल अधिकतर समाचार-पत्र शिक्षा जगत् की गतिविधियों पर न केवल पैनी नजर रखते हैं, बल्कि उन्हें रिपोर्टरों के माध्यम से कवर भी कराया जाता है।

शैक्षणिक रिपोर्टर के लिए निम्नलिखित बातें ध्यान रखना जरूरी है—

1. शिक्षा के विषय में जो भी नई जानकारियाँ आ रही हैं, उनके बारे में उसे पता होना चाहिए।
2. उसे शिक्षा विभाग तथा विश्वविद्यालयों के संपर्क में रहना चाहिए।
3. शैक्षिक जगत् से जुड़े लोगों से, विद्यार्थियों से, शिक्षक संघों एवं छात्र संघों से उसे सतत् संपर्क बनाए रखना चाहिए।

उदाहरण देखिए—

डीयू में फिर आई

प्लेसमेंट की बहार

दिल्ली विश्वविद्यालय में तीसरा कैंपस प्लेसमेंट गुरुवार से शुरू हो जाएगा। इस राउंड में कैंपस प्लेसमेंट के लिए तीन कंपनियाँ आ रही हैं। ये कंपनियाँ हैं—जेनपेक्ट, ग्रेट ईस्टर्न और वीविंग इंटरप्राइजेज प्राइवेट लिमिटेड। इस राउंड में कॉमर्स, आर्ट्स और विज्ञान तीनों संकाय के छात्र बैठ सकेंगे।

डिप्टी डीन स्टूडेंट्स वेलफेयर गुरप्रीत सिंह टुटेजा ने बताया कि प्रमुख बात यह है कि इस राउंड में आर्ट्स के छात्रों के लिए भी मौके होंगे। इस राउंड में केपी ओ - बीपीओ जेनपेक्ट को बुलाया गया है, तो गुड़गाँव की ग्रेट ईस्टर्न कंपनी को भी बुलाया गया है। जेनपेक्ट के केपीओ-बीपीओ में बीकॉम, बीबीए, बीएससी, बीए के छात्र बैठ सकते हैं। जेनपेक्ट को इंश्योरेंस, बैंकिंग और वॉयस प्रोफाइल में लोगों की आवश्यकता है।

स्रोत : हिंदुस्तान (दिल्ली) 18 नवंबर, 2010

E-Journals ई-पत्रिकाएँ जरनल्स

वर्तमान में इंटरनेट पर सभी विषयों की स्तरीय पत्रिकाएँ उपलब्ध हैं। ये पत्रिकाएँ

पूर्ण पाठ्य (Full Text) अथवा सार अथवा अंतर्वस्तु (Contents) के रूप में उपलब्ध हैं। ये पत्रिकाएँ निःशुल्क भी उपलब्ध हैं और सशुल्क भी उपलब्ध होती हैं। ये ई-पत्रिकाएँ इंटरनेट के माध्यम से पूरे विश्व में पाठकों को उपलब्ध हैं। इसके साथ-साथ डेटाबेस के माध्यम से पुराने अंक भी ऑनलाइन उपलब्ध हैं।

ई-जरनल्स को कई अन्य नामों से भी जाना जाता है। इनमें हैं—पेपरलेस जरनल्स (Paperless Journals), सी.डी. रोम जरनल्स (CD-Rom Journals), नेटवर्क्ड जरनल्स (Networked Journals) आदि। वस्तुतः ई-जरनल्स को इस तरह परिभाषित किया जा सकता है कि ये वे पत्रिकाएँ हैं, जिन्हें कंप्यूटर और संप्रेषण प्रौद्योगिकी की सहायता से प्राप्त किया जा सकता है और जो इलेक्ट्रॉनिक स्वरूप में उपलब्ध हैं।

ई-पत्रिकाओं के प्रकार (Types of E-Journals)

ई-पत्रिकाओं को तीन समूहों में बाँटा जा सकता है, जो इस प्रकार हैं—

1. ऑनलाइन जरनल्स (Online Journals)
2. सी डी रोम जरनल्स (CD-Rom Journals)
3. नेटवर्क्ड ई-जरनल्स (Networked E-Journals)

ई-पत्रिकाओं के लाभ (Advantages of E-Journals)

1. मुद्रित संस्करण की अपेक्षा ई-संस्करण सस्ता होता है।
2. ई-पत्रिकाओं के आलेखों में दृश्य-श्रव्य के साथ-साथ मल्टीमीडिया (Multimedia) सुविधाएँ जोड़ी जा सकती हैं।
3. इन्हें डाउनलोड (Download) तथा मुद्रित किया जा सकता है।
4. ई-पत्रिकाओं को कई पाठक एक साथ आसानी से पढ़ सकते हैं।
5. पत्रिकाओं के अंकों का प्रकाशन एवं वितरण मुद्रण की अपेक्षा बहुत जल्दी होता है।
6. इन पत्रिकाओं से शोध लेखों तक पहुँच एवं प्राप्ति आसान है।
7. ई-पत्रिकाएँ जिल्दसाजी से भी मुक्त होती हैं।

Election Reporting चुनाव रिपोर्टिंग

भारतीय लोकतंत्र का आधार उसकी निष्पक्ष चुनाव प्रणाली पर ही आधारित है। गाँव के सरपंच के पद से लेकर विधानसभा और लोकसभा के चुनाव यदा-कदा होते ही रहते हैं। साल भर में किसी-न-किसी राज्य में किसी-न-किसी रूप में भारत

में चुनाव होते रहते हैं, जिनमें करोड़ों लोग हिस्सा लेते हैं। इन चुनावों को कवर करने हेतु रिपोर्टरों की विशेष रूप से ड्यूटी लगाई जाती है। चुनाव के दिनों में अधिकतर समाचार-पत्र अपने पृष्ठ भी बढ़ा लेते हैं, जो चुनाव रिपोर्टिंग को ही समर्पित रहते हैं।

चुनावों की रिपोर्टिंग (Election Reporting) करते समय रिपोर्टर को निम्न बातों को विशेष रूप से ध्यान में रखना चाहिए—

1. चुनाव रिपोर्टिंग में सबसे महत्त्वपूर्ण है—निष्पक्षता। चुनाव रिपोर्टर को दलगत राजनीति से ऊपर उठकर प्रत्येक राजनीतिक दल के उम्मीदवार (Candidate) की सही व तथ्यों के अनुरूप रिपोर्टिंग करनी चाहिए।
2. रिपोर्टर को ऐसा कोई समाचार नहीं लिखना चाहिए, जो समाज में पारस्परिक भाई-चारे को समाप्त करे।
3. रिपोर्टर को सभी उम्मीदवारों के बारे में जानकारी रखनी चाहिए कि कौन-कौन से दल के कौन-कौन से उम्मीदवार हैं? उनकी राजनीतिक पृष्ठभूमि (Political Background) कैसी है?
4. समाचारों को सनसनीखेज बनाने से बचना चाहिए।

उदाहरण देखिए—

- कांग्रेसी विजय रथ हरियाणा में ठिठका
- महाराष्ट्र और अरुणाचल में बहुमत हासिल
- हरियाणा में सत्ता की चाबी 'हाथ' से बाहर

नई दिल्ली (हि.टी.)। अरुणाचल और महाराष्ट्र से विजय पताका फहराते हुए निकला कांग्रेस का रथ हरियाणा में आकर क्षेत्रीय दलों के दलदल में फँस गया। गुरुवार को विधानसभा चुनावों में घोषित नतीजों के मुताबिक महाराष्ट्र में यू.पी.ए. गठबंधन को मतदाताओं ने सत्ता की चाबी सौंप दी है। अरुणाचल में तो कांग्रेस के विरोधी चारों खाने चित्त हो गए हैं। हरियाणा में इंडियन नेशनल लोकदल ने धमाकेदार प्रदर्शन कर कांग्रेस को जादुई आँकड़े से छह अंक दूर ढकेल दिया है। फिलहाल राज्य में दलबदलुओं के हाथ में ही सरकार का भविष्य होने के आसार हैं।

स्रोत : हिंदुस्तान (दिल्ली) 22 अक्टूबर, 2009

इलेक्ट्रॉनिक बुलेटिन बोर्ड्स

Electronic Bulletin Boards (E.B.B.)

कंप्यूटर द्वारा संचालित होनेवाली विभिन्न सूचना एवं संचार तकनीकों में

इलेक्ट्रॉनिक बुलेटिन बोर्ड्स (E.B.B.) एक महत्त्वपूर्ण व आसान तकनीक है। इस तकनीक के माध्यम से कंप्यूटर का उपयोग करनेवाला व्यक्ति अपना संदेश प्रेषित कर सकता है और विशेष शीर्षकों पर सॉफ्टवेयर (Software) व सूचना (Information) की अदल-बदल कर सकता है। वस्तुतः ई.बी.बी. एक ऐसी निजी प्रक्रिया है, जो कंप्यूटर जिज्ञासुओं, जिनके पास पर्सनल कंप्यूटर (PC) मॉडम, टेलीफोन लाइन और एक बुलेटिन बोर्ड कार्यक्रम सॉफ्टवेयर पैकेज है, के द्वारा प्रयोग की जाती है। ई.बी.बी. कार्यक्रम तंत्र पहुँच को नियंत्रित करता है, संदेशों को व्यवस्थित करता है तथा सूचना के लिए उपभोक्ता को सही कमांड्स की जानकारी देता है।

Electronic Media — इलेक्ट्रॉनिक मीडिया

'इलेक्ट्रॉनिक मीडिया' (Electronic Media) जनसंचार का एक लोकप्रिय माध्यम है। इसके अंतर्गत दो तरह के माध्यम आते हैं—एक केवल श्रव्य (Audio) माध्यम तथा दूसरा श्रव्य एवं दृश्य (Audio-Video) माध्यम। इसके अतिरिक्त नव इलेक्ट्रॉनिक माध्यम भी आते हैं। केवल श्रव्य माध्यम वे हैं, जिनके माध्यम से सूचना को मात्र सुनकर ग्रहण किया जाता है। रेडियो तथा ऑडियो कैसेट इसी तरह के संचार माध्यम हैं। इनमें सीमित संचार के स्तर पर (जनसंचार के व्यापक स्तर पर नहीं) टेलीफोन, कॉर्डलेस व सेल्यूलर फोन आदि भी सम्मिलित किए जा सकते हैं। श्रव्य एवं दृश्य माध्यमों के अंतर्गत फिल्म, टेलीविजन तथा वीडियो कैसेट्स की गणना होती है।

नव इलेक्ट्रॉनिक माध्यमों में उपग्रह एवं कंप्यूटर प्रणाली—इंटरनेट, सी.डी., टेलीकांफ्रेंस, वीडियो टेक्स्ट, ई-मेल, मल्टीमीडिया आदि की गणना कर सकते हैं।

E-mail — ई-मेल

ई-मेल (E-mail) इंटरनेट के द्वारा संचालित इलेक्ट्रॉनिक मेल सेवा है। ई-मेल सुविधा इंटरनेट द्वारा प्राप्त होनेवाली सुविधाओं में सर्वाधिक लोकप्रिय है। यह कागज रहित सुविधा होती है। इसमें क्षणभर में विश्व में किसी के भी पास पत्र भेज सकते हैं। ई-मेल की सबसे प्रमुख विशेषता यह है कि अन्य संचार माध्यमों की अपेक्षा काफी सस्ता है। ई-मेल के माध्यम से मात्र केवल पत्र ही नहीं भेज सकते, बल्कि चित्र, ग्राफिक्स आदि भी भेज सकते हैं। ई-मेल के द्वारा गोपनीय संदेश, सूचना या फाइलें भी भेजी जा सकती हैं।

साधारणतया किसी व्यक्ति के ई-मेल एकाउंट के तीन भाग होते हैं—पहले भाग

में व्यक्ति का नाम या Login Name होता है। दूसरे भाग में साइट का नाम होता है और तीसरे भाग में साइट का डोमेन नाम यानी साइट किस क्षेत्र का प्रतिनिधित्व करती है।

ई-मेल प्रोग्राम को प्रारंभ करने हेतु अलग-अलग कार्यों के निर्देशों के अनुरूप सेंड (Send), रिसीव (Receive), कंपोज (Compose), इनबॉक्स (Inbox) तथा आउटबॉक्स (Outbox) आदि कमांड होती हैं। अपना संदेश भेजने के लिए (Compose) बटन दबाएँ। इससे कंप्यूटर स्क्रीन पर एक विंडो खुलेगी, जिसमें भेजनेवाले का नाम, जिसे संदेश भेजा जाना है, उसकी खाता संख्या, विषय (Subject) तथा संदेश लिखने के बाद कमांड से संदेश भेजा जा सकता है। कुछ ही सेकेंड में संदेश नियत स्थान पर पहुँच जाता है। उल्लेखनीय है कि सर्वप्रथम ई-मेल का विकास रे-टॉमिल्सन (Ray-Tomlinson) द्वारा 1972 में किया गया था।

Encyclopaedia विश्वकोश

विश्वकोश को अंग्रेजी भाषा में एनसाइक्लोपीडिया (Encylopaedia) कहते हैं। इसकी उत्पत्ति ग्रीक भाषा के दो शब्दों एन्काइकिलोस (Enkyklios) एवं पिडिया (Paideia) से हुई है, जिसका अर्थ है ज्ञानचक्र तथा अधिगम का संपूर्ण तंत्र (A complete system of learning)। उस सूचना कृति को विश्वकोश कहा जाता है, जिसमें ज्ञान के सभी क्षेत्रों से संबंधित जानकारी एक खंड में या बहुखंडों में दी गई हो। विश्वकोश में यह कोशिश की जाती है कि इसमें विश्व ज्ञानजगत् का एक विहंगम दृश्य प्रस्तुत किया जाए।

सामान्यत: विश्वकोश आनुवर्णिक क्रम में व्यवस्थित होते हैं। सामान्यत: विश्वकोश के अंत में एक विस्तृत ग्रंथसूची (Bibliography) प्रदान की जाती है, साथ ही विश्वकोश में शीघ्र सूचना या जानकारी खोजने के लिए अनुक्रमणिका (Index) दी जाती है तथा अन्यान्य संदर्भ (Cross Reference) भी दिए जाते हैं।

विश्वकोश को दो भागों में बाँटा जा सकता है, जो इस प्रकार हैं—

1. **सामान्य विश्वकोश (General Encyclopaedia)**—सामान्य विश्वकोश में ज्ञानजगत् के सभी विषयों पर सूचना प्रदायक लेख संकलित होते हैं। इनका व्यवस्थापन विषय अथवा नाम के अनुसार वर्णानुक्रम या वर्गीकृत क्रम में होता है। ये पाठक, आयुवर्ग, विषय-विस्तार तथा भाषायी आधार पर कई प्रकार के होते हैं, जैसे—Encyclopaedia Britainnica.
2. **विशिष्ट या विषय विश्वकोश (Special or Subject Encylopaedia)**—विशिष्ट विश्वकोश को विषयगत विश्वकोश की

संज्ञा भी दी जाती है। आज प्रत्येक विषय में विषय विशिष्ट या विषय विश्वकोशों का निर्माण निरंतर हो रहा है। इस प्रकार के विश्वकोशों में विषय के ऊपर गहराई से प्रकाश डाला जाता है। इसके पाठक भी विशिष्ट या विषय क्षेत्र के होते हैं। इसमें लेखों को वर्णानुक्रम में व्यवस्थित रखा जाता है। जैसे—Encyclopaedia of Media.

E-Newspaper ई-समाचार-पत्र/पेपर

इंटरनेट और पत्रकारिता के समन्वय से एक अन्य संस्करण सामने आया है—ई समाचार-पत्र या ई-पेपर। यह कोई संस्करण नहीं है, बल्कि प्रकाशित समाचार-पत्र को हूबहू इंटरनेट पर प्रस्तुत करने का ही एक तरीका है। इसके तहत किसी भी समाचार पत्र की प्रकाशित प्रति को इंटरनेट पर पढ़ा जा सकता है। पढ़ने के दौरान शब्द स्पष्ट दिखाई दें, इसके लिए स्क्रीन पर बाईं ओर एक पेज पर जितने समाचार होते हैं, उनके शीर्षक (Heading) बड़े प्वाइंट साइज तथा बोल्ड में दिए जाते हैं। जब इनमें से किसी एक पर क्लिक किया जाता है, तो उसका मैटर खुल जाता है। इस तरह प्रत्येक पेज को पढ़ा जा सकता है।

इलेक्ट्रॉनिक समाचार-पत्र (E-Newspaper) तीन रूपों में फुल, डायलअप तथा गेटवे कनेक्शन में उपलब्ध होता है। फुल कनेक्शन का अर्थ है कि कंप्यूटर सीधे इंटरनेट से जुड़ा हो। जबकि डायलअप से इंटरनेट सूचना संचार तंत्र से जुड़े अन्य कंप्यूटर से वहाँ के समाचार-पत्र स्क्रीन पर लाकर पढ़ना संभव है, वहीं गेटवे के माध्यम से अन्य सूचना तंत्र का उपयोग होता है।

ई-समाचार-पत्र का सबसे बड़ा लाभ यह है कि इसकी कोई भौगोलिक सीमा नहीं है। यह देश के बाहर भी भारतीयों या भारत में रुचि रखनेवालों द्वारा पढ़ा जा सकता है। दूसरा इसकी विषय सामग्री में फेरबदल, संशोधन, कटौती हर समय संभव हो सकती है तथा उत्पादन लागत भी अपेक्षतया कम है। परंतु ई-समाचार पत्रों के साथ एक समस्या भी आती है और वह है फॉन्ट की समस्या। अंग्रेजी में तो लगभग सभी फॉन्ट एक-दूसरे में बदल जाते हैं, परंतु हिंदी व अन्य भाषाओं में ऐसा नहीं होता। उल्लेखनीय है कि भारत में सर्वप्रथम हिंदी समाचार-पत्रों में 'नई दुनिया' ने इंदौर से (सन् 1997 में) अपना इंटरनेट संस्करण प्रारंभ किया था।

E-Publishing ई-पब्लिशिंग

ई-पब्लिशिंग (E-Publishing) का पूरा नाम है—इलेक्ट्रॉनिक पब्लिशिंग।

सूचना प्रौद्योगिकी क्षेत्र की यह एक नवीन विधा के रूप में जानी जाती है। इस प्रक्रिया को संपन्न करने के लिए निम्नलिखित चरणों का प्रयोग किया जाता है, जो इस प्रकार हैं—

1. कंप्यूटर स्क्रीन पर पृष्ठ का निर्माण एवं संदर्भ सामग्री व चित्रों का संयोजन।
2. शीर्षक, उपशीर्षक, अक्षरों के प्रकार तथा छोटे-बड़े कॉलम का निर्माण आदि।
3. पृष्ठ संयोजन।
4. संयोजित पृष्ठ की डमी (Dummy) एवं
5. मुद्रण के लिए स्वीकृति।

उपर्युक्त क्रम में संपूर्ण प्रक्रिया हेतु मुख्य कंप्यूटर पर विभिन्न समाचारों व तथ्यों को संग्रहीत किया जाता है। आवश्यक सामग्री को पृष्ठ की उपयोगिता के क्रम में कंप्यूटर स्क्रीन पर कीबोर्ड (Keyboard) की सहायता से निर्मित किया जाता है। उसके बाद पृष्ठ तथा सामग्री की जरूरत के अनुरूप छाया चित्रों को 'स्केनर' की मदद से स्केन करके यथास्थान संयोजित किया जाता है। फिर संयोजित की गई सामग्री को शीर्षक, उपशीर्षक, कॉलम आदि में विभाजित किया जाता है। इसके बाद संयोजित पृष्ठ की भाषायी अशुद्धियों को संशोधित किया जाता है।

अंत में तैयार पृष्ठ को स्क्रीन पर मेकअप (Make-up) किया जाता है, जिससे प्रस्तुति के समय पर आकर्षक लगे। बोल्ड व इटैलिक अक्षरों, विभिन्न रंग संयोजनों, कॉलमों आदि की मदद से निर्मित पृष्ठ अपने कलेवर के साथ प्रस्तुत होता है। इसे प्रिंटर की मदद से मुद्रित स्वरूप में लाया जाता है।

Ethics of Media — मीडिया की आचार संहिता

लोकतंत्र के सफल संचालन हेतु मीडिया का तटस्थ व निष्पक्ष होना अति आवश्यक है। अत: मीडिया को पवित्र रखने तथा उसे कर्त्तव्यहीनता से बचाने हेतु मीडिया संगठनों एवं पत्रकारों ने कुछ नीति-नियम बनाए हैं, जिसे 'मीडिया की आचार संहिता' (Ethics of Media) कहा जाता है। यह आचार संहिता जहाँ मीडिया को कर्त्तव्यहीनता एवं उत्तरदायित्व विहीन होने से रोकती है, वहीं दूसरी ओर मीडिया के स्तर को ऊँचा भी बनाए रखती है।

अखिल भारतीय समाचार-पत्र संपादक सम्मेलन (All Indian Newspaper Editors Conference) की स्थायी समिति ने (सन् 1953 में) एक आचार संहिता बनाई थी। आचार संहिता के प्रमुख बिंदु इस प्रकार हैं—

1. पत्रकार यह ध्यान रखे कि जो कुछ प्रकाशित हो रहा है, उसमें तथ्य की एक भी गलती न हो।
2. जो भी समाचार प्रकाशित हो, उसका वह उत्तरदायित्व स्वीकार करे।
3. पत्रकार अपने पद व प्रतिष्ठा का गैर–पत्रकार प्रयोजनों हेतु उपयोग नहीं करेंगे।
4. किसी बात या घटना को छापने या न छापने हेतु रिश्वत स्वीकार नहीं करेंगे।
5. पत्रकार अपने व्यावसायिक आचरण को व्यक्तिगत स्वार्थ से प्रभावित नहीं होने देंगे।
6. पत्रकार ऐसा कोई कार्य नहीं करेंगे, जिससे उसके साथी पत्रकार अपनी आजीविका से वंचित हो जाएँ।
7. समाचार–पत्रों में ऐसे व्यक्तिगत वाद–विवाद को स्थान नहीं देंगे, जिसमें जनहित का अभाव हो।
8. समाचार–पत्र ऐसी सामग्री प्रकाशित नहीं करेंगे, जिससे अपराध को प्रोत्साहन मिलता हो।
9. किसी के निजी जीवन की बातों के संबंध में अफवाहें छापना व्यवसाय के विरुद्ध है।
10. पत्रकार को गलत बातों या समाचारों का शीघ्र स्वेच्छा से खंडन करना चाहिए।

Event Management ईवेंट मैनेजमेंट

'ईवेंट मैनेजमेंट' का प्रोफेशन के तौर पर मुख्य रूप मीटिंग, प्रोजेक्ट की योजना और प्रबंधन होता है। ईवेंट मैनेजमेंट में आमतौर पर विचारों का विकास, योजना, बजट, प्रदर्शनकारी गतिविधियाँ, जैसे एग्जीबिशन, फैशन या रॉक शो, स्टेज शो, ब्रांड/प्रोडक्ट लॉन्च और स्पोर्ट्स ईवेंट जैसे कुछ काम शामिल हैं। पहले कभी एडवरटाइजिंग, भारत मीडिया या पब्लिक रिलेशन के रूप में पहचाना जानेवाला ईवेंट मैनेजमेंट अब लाइव एंटरटेनमेंट बिजनेस के रूप में विकसित होकर कंपनियों और युवाओं को लुभा रहा है।

ईवेंट मैनेजमेंट टी.वी., रेडियो या प्रिंट मीडिया के विज्ञापनों से कहीं सस्ता होता है। इसकी लोकप्रियता का अंदाजा इस बात से लगाया जा सकता है कि टेलीविजन, रेडियो और प्रिंट भी लाइव ईवेंट पर आधारित प्रोग्राम को रेटिंग बढ़ाने के लिए इस्तेमाल करने लगे हैं।

Expected News — प्रत्याशित समाचार

जिस किसी समाचार या घटना की पहले से प्राप्त होने की आशा हो वह 'प्रत्याशित समाचार' (Expected News) कहलाते हैं। विभिन्न संगठनों/संस्थाओं के पूर्व घोषित सम्मेलनों, खेल प्रतियोगिताओं, सांस्कृतिक कार्यक्रमों, पत्रकार सम्मेलनों, संसद् की कार्यवाही आदि से संबद्ध समाचार ही प्रत्याशित समाचारों की श्रेणी के अंतर्गत आते हैं।

□

Facebook फेसबुक

फेसबुक अंतरजाल पर स्थित एक नि:शुल्क सोशल नेटवर्किंग साइट/सेवा (Social Networking Site) है, जिसके माध्यम से इसके सदस्य अपने मित्रों, परिवारों एवं परिचितों के साथ संपर्क रख सकते हैं। फेसबुक का प्रारंभ सन् 2004 में मार्क ज्यूकर बर्ग (Mark Zuckerberg) ने किया था। वही इसके संस्थापक भी हैं। इसके प्रयोक्ता नगर, कार्यस्थल या क्षेत्र के अनुसार गठित किए गए नेटवर्कों में शामिल हो सकते हैं और आपस में विचारों का आदान-प्रदान कर सकते हैं।

फेसबुक का उपयोग करनेवाले अपना एक प्रोफाइल (Profile) पृष्ठ तैयार कर उस पर अपने बारे में जानकारी देते हैं। इसमें उनका नाम, जन्म, चित्र, कार्य का स्थान, समूह, विद्यालय व कॉलेज आदि का ब्यौरा दिया जाता है। इस पृष्ठ के माध्यम से लोग अपने मित्रों एवं परिचितों का नाम ई-मेल आदि डालकर उन्हें ढूँढ़ सकते हैं। इसके साथ ही वे अपने मित्रों व परिचितों की एक अंतहीन शृंखला से भी जुड़ सकते हैं।

इस जालस्थल पर कोई व्यक्ति अपनी रुचि, व्यक्त कर समान विचारोंवाले सदस्यों/लोगों को अपना मित्र भी बना सकता है। इसके अलावा कई अन्य तरह के संपर्क आदि से भी वह जुड़ सकता है। फेसबुक में अपनी रुचि के चित्र, फोटो लोड कर उन्हें एक-दूसरे के साथ बाँट भी सकते हैं। ये चित्र उन्हीं लोगों को दिखेंगे, जिन्हें उपयोक्ता दिखाना चाहता है। फेसबुक के माध्यम से समाचार, वीडियो एवं अन्य दूसरी संचिकाएँ भी बाँट सकते हैं।

सोशल नेटवर्किंग साइट फेसबुक इंटरनेट के माध्यम से जुड़े लोगों के जीवन का अभिन्न अंग बनती जा रही है, परंतु कुछ साइबर विशेषज्ञ फेसबुक से उत्पन्न खतरों के बारे में भी समय-समय पर आगाह करते रहते हैं। उल्लेखनीय है कि सन् 2010 तक सोशल नेटवर्किंग वेबसाइट फेसबुक के उपयोगकर्ताओं/सदस्यों की संख्या 50 करोड़ को पार कर चुकी है।

Fax फैक्स

'फैक्स' (Fax) शब्द लैटिन के दो शब्दों 'फैस' एवं 'सिमिलिस' का सम्मिलित रूप है। इसकी कार्यप्रणाली को देखकर ही इसे 'फॉर अवे जिरॉक्स' भी कहा जाता है। फैक्स लिखित संदेश भेजने की जनसंचारपरक बहुमाध्यमी व्यवस्था है। फैक्स के माध्यम से मुद्रित या हस्तलिखित सामग्री, चार्ट ग्राफ टेलीफोन नेटवर्क के द्वारा एक स्थान से दूसरे स्थान तक आसानी से भेजा जाता है तथा वांछित ग्राही व्यक्ति को मूल संदेश फोटोप्रति (Photocopy) के रूप में मिल जाता है। फैक्स समस्त सामग्री का अवलोकन करता है व तत्पश्चात् संदेश या चित्र को विद्युत संदेशों में बदल देता है।

फैक्स मशीन की संपूर्ण कार्यप्रणाली तीन चरणों में पूरी होती है, जो इस प्रकार हैं—

1. वांछित कागजात को पढ़ना एवं उसमें लिखे संदेश या बने हुए चित्र को इलेक्ट्रॉनिक तरंगों (Electronic Waves) में बदलना।
2. उन इलैक्ट्रॉनिक तरंगों को टेलीफोन के तारों के द्वारा दूसरे स्थान पर लगी फैक्स मशीन तक पहुँचाना।
3. दूसरे स्थान पर लगी फैक्स मशीन द्वारा प्रेषित इलैक्ट्रिक (Electric) तरंगों को ग्रहण करके पुनः एक विशेष प्रकार के कागज पर हू-ब-हू प्रिंट करना।

Feature फीचर/रूपक

'फीचर' (Feature) आधुनिक पत्रकारिता की नवीनतम विधा है। फीचर शब्द लैटिन के 'फैक्ट्रा' (Factura) से बना है, जिसका अर्थ है—विशिष्टता विशेषण। समाचार-पत्रों में समाचारों के अलावा कुछ विशेष प्रकार के लेख प्रकाशित होते हैं, जो रोचक, मनोरंजक, भाव प्रधान एवं मानवीय रुचि (Human Interest) से ओत-प्रोत होते हैं। मन की संवेदना और अनुभूतियों को छूनेवाले विशेष लेख ही 'फीचर' कहे जाते हैं। फीचर को हिंदी में 'रूपक' कहा जाता है। फीचर को पत्रकारिता की दुनिया में 'सॉफ्ट न्यूज' (Soft News) भी कहा जाता है। विभिन्न विद्वानों ने फीचर की परिभाषाएँ इस प्रकार दी हैं—

जे.जे. सिंडलर के अनुसार, "कोई भी घटना, जिसमें मनुष्य की अभिरुचि हो, समाचार है। लेकिन समाचार से हटकर या समाचार रहित होकर वह जब कथात्मक रूप से पाठकों का मनोरंजन करती हो, तो वह फीचर है।"

एलैक्सस मैकिनी के अनुसार, "सामान्य समाचार के आधारभूत क्षेत्र कौन, क्या, कब, कहाँ, क्यों और कैसे (छह ककार) से बाहर अथवा परे हटकर संघात

करनेवाला लेखन फीचर है।''

बिलाई ब्लेथर के अनुसार, ''फीचर में तथ्यों को मनोरंजक ढंग से प्रस्तुत किया जाता है। इसका उद्देश्य सामान्य पाठक का मनोरंजन करना अथवा उसकी जानकारी बढ़ाना है।''

फीचर के गुण

1. कल्पना
2. संक्षिप्तता
3. मनोरंजकता
4. समाचार के पीछे छिपे समाचार का विश्लेषण
5. लेखन कला
6. नवीनता
7. सरलता व रोचकता

फीचर के प्रकार

1. समाचार फीचर
2. विज्ञान फीचर
3. रेडियो फीचर
4. टेलीविजन हेतु फीचर
5. यात्रा फीचर
6. ऐतिहासिक फीचर
7. व्यक्तित्व संबंधी फीचर
8. खेलकूद फीचर
9. व्यंग्यात्मक फीचर
10. चित्रात्मक फीचर
11. पारिवारिक फीचर
12. व्याख्यात्मक फीचर

Feature Film फीचर फिल्म

फीचर फिल्मों (Feature Film) का निर्माण मुख्यत: मनोरंजन के लिए होता है। इनमें से अधिकांश काल्पनिक कथाओं पर आधारित होती हैं एवं कल्पना से अतिरंजित

होती हैं। ग्लैमर व शोमैनशिप इससे जुड़े रहते हैं। भारतीय संदर्भ में एक फार्मूलाबद्ध कथा, नृत्य गीत इस तरह की फिल्मों के अभिन्न अंग होते हैं। इन फिल्मों की अवधि लगभग ढाई-तीन घंटे होती है। फीचर फिल्म मूलतः बाजार भाव से प्रभावित होती है।

Feature Photo — फीचर फोटो

'फीचर फोटो' (Feature Photo) आजकल विशेष लोकप्रिय है। यह मीडिया की एक नई विधा है। फीचर फोटो अनेक विषयों पर तैयार किए जा सकते हैं। इनमें छायाचित्रों का प्रचुर मात्रा में उपयोग किया जाता है। वर्तमान में समाचार-पत्र व पत्रिकाओं में कोई भी फीचर बिना फोटो के नहीं जाता। ऐसा बहुत ही कम होता है, जब कोई फीचर बिना किसी फोटो के हो। इस प्रकार फोटो किसी भी फीचर का अंतरंग हिस्सा होता है। किंतु 'फोटो फीचर' एक बिल्कुल ही पृथक संकल्पना है। जब किसी फीचर में संख्या और गुणवत्ता दोनों ही दृष्टियों से फोटो ही अधिक प्रभावी, हो तो वह फीचर 'फोटो फीचर' कहलाता है। फोटो फीचर में फोटो लिखित से अधिक स्थान लेते हैं।

Feature Syndicate — फीचर सिंडिकेट

समाचारों की आवश्यकताएँ पूरी करने के लिए बाजार में कई समाचार समितियाँ (News Agency) हैं। लेकिन आर्थिक, सामाजिक, राजनीतिक, धार्मिक, मनोरंजनात्मक तथा वैज्ञानिक विषयों के साथ-साथ खेलकूद, निवेश, बाजारभाव, स्वास्थ्य आदि पर लेख, फीचर फोटो, चित्र तथा कार्टून विभिन्न पत्रों एवं पत्रिकाओं को उपलब्ध कराने का कार्य फीचर सिंडिकेट (Feature Syndicate) करते हैं।

वर्तमान समय में फीचर सिंडिकेट पत्रकारिता जगत की प्रमुख आवश्यकता बन गए हैं। फीचर सिंडिकेट समाचार-पत्रों के लिए बहुत ही उपयोगी होते हैं। अधिकांश समाचार-पत्र, विभिन्न विषयों के लिए विशेष लेखकों को भारी पारिश्रमिक नहीं दे सकते, जबकि ऐसे सिंडिकेट अपने अधिकतर विद्वानों व पत्रकारों से अच्छे लेख व रूपक लिखवाते हैं और उन्हें समाचार-पत्रों को आकर्षक दरों पर उपलब्ध कराते हैं।

उल्लेखनीय है कि फीचर सिंडिकेटों की शुरुआत सन् 1861 में अमेरिका में की गई थी। वहाँ के एक संपादक ने छोटे देहाती समाचार-पत्रों को पहले से मुद्रित अंदरूनी पृष्ठों के साथ ही संपूर्ण समाचार-पत्र में समाविष्ट होने लायक अंदरूनी पृष्ठों की आपूर्ति हेतु एक योजना बनाई थी। यहीं से समाचार जगत् में आधुनिक सिंडिकेटों का जन्म हुआ है।

भारत की प्रमुख फीचर सिंडिकेट में इंडिया न्यूज एंड फीचर एलायंस, न्यूज फीचर्स

ऑफ इंडिया, फॉरन न्यूज फीचर्स, इंडिया प्रेस सर्विस, इंडियन पब्लिकेशन सिंडिकेट तथा विदेशी फीचर सिंडिकेट में किंग्स फीचर्स सिंडिकेट, इंटरनेशनल न्यूज फोटोज, यूनाइटेड प्रैस इंटरनेशनल एसोसिएटेड प्रेस आदि प्रमुख हैं। प्रेस ट्रस्ट ऑफ इंडिया (पी.टी.आई) तथा यूनाइटेड न्यूज ऑफ इंडिया (यू.एन.आई.) की अपनी फीचर सेवाएँ भी हैं।

Field Publicity क्षेत्रीय प्रचार

एक सकारात्मक क्षेत्र (Positive Field) में जनमत निर्माण करना ही क्षेत्रीय प्रचार का महत्त्वपूर्ण उपकरण होता है। यह बड़ी संख्या में लोगों को प्रभावित तो करता ही है, साथ ही इसका मुख्य आधार सूचनाओं एवं संबंधित स्थितियों पर निर्भर करता है। क्षेत्रीय प्रचार के माध्यम से एक साथ तीन कार्यों का संपादन किया जाता है—सूचना (Information), शिक्षा (Education) एवं मनोरंजन (Entertainment)।

क्षेत्रीय प्रचार (Field Publicity)का आधार सत्य (Truth) तथा यथार्थ सूचनाओं (Facts) पर भी निर्भर करता है। क्षेत्रीय प्रचार की पूरी प्रक्रिया द्विपक्षीय होती है। जहाँ एक ओर यह सूचना प्रदान करती है, वहीं यह फीडबैक (Feedback) भी प्राप्त करती है।

क्षेत्रीय प्रचार

प्राप्तकर्ता (Receiver)	फीडबैक (Feedback)	स्रोत (Source) प्रेषक (Sender)
	माध्यम (Media)	

Fillers फिलर्स

फिलर्स (Fillers) का शाब्दिक अर्थ खाली स्थानों को भरना होता है। यदि किसी बुलेटिन (Bulletin) के संदेश बहुत छोटे होते हैं तो उस स्थिति में कार्यक्रम के लिए दिए गए समय को पूरा करने के लिए छोटे-छोटे सामाजिक संदेश या मनमोहक दृश्यों पर आधारित लघु चित्रों को समायोजित किया जाता है या यह कहा जा सकता है कि बुलेटिन की अवधि को पूरा करने के लिए शामिल किए गए कम महत्त्ववाले समाचारों का मिश्रण ही 'फिलर्स' कहा जाता है।

Film फिल्म

फिल्म (Film) सेल्युलाइड (Plastic) की एक लंबी स्ट्रिप होती है, जिसके

ऊपर प्रकाश द्वारा संवेदनशील रसायनों (सिल्वर क्लोराइड या सिल्वर ब्रोमाइड) के घोल का लेप होता है। इसे लाइट-प्रूफ (Lightproof) डिब्बी में रखा जाता है। फोटोग्राफी (Photography) के लिए फिल्म बहुत ही महत्त्वपूर्ण है। इसी से वस्तु के निगेटिव (Negative) बनाए जाते हैं। फिल्म का प्रयोग फोटोग्राफी के लिए तो महत्त्वपूर्ण है, मगर डिजीटल कैमरों में फिल्म के स्थान पर चिप का प्रयोग किया जाता है।

साधारणतः फिल्म पर चढ़े रसायन दो प्रकार के होते हैं—आर्थोक्रोमैटिक या आर्थो फिल्म (Orthochromatic or ortho) और पैक्रोमैटिक (Pacromatic or paste)। पैक्रोमैटिक फिल्म को आम बोलचाल की भाषा में पान फिल्म (Panfilm) भी कहते हैं। फिल्मों के ऊपर लगनेवाले रसायन की संवेदनशीलता उसके ऊपर लिखे A.S.A. (American standard Association) और D.I.N. (Deutsche Industri Normen)) से लगाई जाती है। A.S.A. जहाँ अमेरिकी पद्धति है, वहीं D.I.N. जर्मन पद्धति है। वर्तमान में अंतरराष्ट्रीय पद्धति I.S.O. प्रचलित है, जो फिल्म की स्पीड (Speed) की जानकारी देती है। स्पीड के आधार पर भी फिल्म निम्न तीन प्रकार की होती है—

1. **सामान्य स्पीड की फिल्म**—सामान्यतः इन्हीं फिल्मों का प्रयोग सर्वाधिक किया जाता है। ये सबसे ज्यादा लोकप्रिय भी हैं। इन फिल्मों द्वारा सभी तरह की फोटोग्राफी की जा सकती है।
2. **हाई स्पीड फिल्म**—इन फिल्मों द्वारा कम प्रकाश में फोटोग्राफी की जाती है। इन फिल्मों के निगेटिव द्वारा ज्यादा बड़े प्रिंट बनाने पर उनमें दाने-दाने (ग्रेंस) दिखाई देते हैं। ये फिल्में बड़े प्रिंट बनाने के लिए उपयुक्त नहीं मानी जातीं।
3. **स्लो स्पीड फिल्म**—कम स्पीड की फिल्मों का प्रयोग बड़े प्रिंट बनाने के लिए किया जाता है। इन फिल्मों का प्रयोग कम प्रकाश में नहीं किया जाता।

Film — फिल्म

फिल्म (Film) जनसंचार का एक प्रमुख माध्यम है। यह माध्यम श्रव्य-दृश्य माध्यम (Audio-Visual Medium) के अंतर्गत आता है। फिल्म का जनसमुदाय पर मनोवैज्ञानिक प्रभाव होता है, क्योंकि सुनी हुई बात एक बार श्रोता भूल सकता है, लेकिन सुनने के साथ देखी हुई बात भूल पाना संभव नहीं होता।

फिल्म मनुष्य की भावनाओं को प्रकट करनेवाला मीडिया का एक सशक्त संचार माध्यम है। जिसमें दृश्य, कल्पना, लेखन, मंच निर्देशन, रूप सज्जा के साथ-

साथ प्रकाश, इलेक्ट्रॉनिक्स एवं भौतिक रासायनिक विज्ञान का तकनीकी योगदान है। यह सृजनात्मक और यांत्रिक प्रतिभा का सुंदर संगम है। केवल एक व्यक्ति की सृजनात्मकता ही नहीं, बल्कि एक समूह की सृजनात्मकता इसके निर्माण से जुड़ी है, जबकि अन्य कलाएँ वैयक्तिक सृजनात्मकता पर आधारित होती हैं।

प्रख्यात फिल्मकार सत्यजीत रे के अनुसार, ''फिल्म एक चित्र है, शब्द है, आंदोलन है, नाटक है, संगीत है, कहानी है, श्रव्य और दृश्य यहाँ तक कि रंग भी है।'' डॉ. अर्जुन तिवारी के अनुसार, ''फिल्म में विज्ञान की शक्ति और कला का सौंदर्य है, जो मस्तिष्क को खाद देती है और हृदय को आंदोलित करती है।'' वास्तव में जन-जागरण के माध्यम के रूप में फिल्म का प्रभाव अमिट है।

फिल्म के प्रकार

फिल्मों के कई प्रकार हैं, जैसे—फीचर फिल्म, डॉक्यूमेंट्री फिल्म, टेलीविजन फिल्म, न्यूज फिल्म, चिल्ड्रेंस (बाल) फिल्म, एडवरटाइजिंग फिल्म आदि। फिल्मों को दो प्रमुख भागों में बाँटा जा सकता है—

1. **फीचर फिल्म (Feature Film)**—फीचर फिल्मों का व्यावसायिक निर्माण मुख्यत: मनोरंजन के लिए होता है। इनमें से अधिकांश काल्पनिक कथाओं पर आधारित होती हैं। कथा, नृत्य गीत फीचर फिल्मों के विभिन्न अंग हैं। इन फिल्मों की अवधि ढाई-तीन घंटे की होती है।
2. **डॉक्यूमेंट्री फिल्म (Documentary Film)**—इन फिल्मों का प्रमुख उद्देश्य सूचना देना होता है अर्थात् 'विचार' ही इन फिल्मों का मुख्य मुद्दा होता है। कला, विज्ञान, साहित्य, संस्कृति से डॉक्यूमेंट्री फिल्म संबद्ध होती है। फीचर फिल्म जहाँ मूलत: बाजार से प्रभावित होती है, वहीं डॉक्यूमेंट्री फिल्म बाजार के दबाव से अछूती रह सकती है।

फिल्म पत्रकारिता
Film Journalism

फिल्मों से हमारा समाज आज काफी प्रभावित है। अत: हमारी पत्रकारिता भी फिल्म से अछूती कैसे रह सकती है। फिल्मों की समीक्षा, फिल्मी कलाकारों के साक्षात्कार, उनकी गतिविधियाँ एवं फिल्मों पर समीक्षात्मक लेख आदि फिल्मी पत्रकारिता के प्रमुख पक्ष हैं। उल्लेखनीय है कि सन् 1913 में दादा साहेब घुंडिराज गोविंद फाल्के द्वारा निर्मित 'राजा हरिश्चंद्र' प्रथम भारतीय मूक चलचित्र है। इसके बाद प्रथम संवाद् चलचित्र 'आलमआरा' का निर्माण सन् 1931 में हुआ था। इसके बाद तो फिल्म क्षेत्र में अनेक प्रयोग हुए हैं।

फिल्मी पत्र-पत्रिकाओं की लोकप्रियता का कारण जनमानस का इसमें अधिक रुझान है। आज फिल्म विषयक जानकारी देनेवाली पत्र-पत्रिकाएँ बहुत बड़ी संख्या में निकल रही हैं। दैनिक समाचार-पत्रों में तो सप्ताह में दिन निश्चित कर दिए गए हैं, जहाँ विस्तृत रूप से फिल्म समीक्षा, नई फिल्मों की जानकारी, शूटिंग रिपोर्ट, फिल्म रिलीज आदि के समाचार दिए जाते हैं। पाठकों की मात्रा अधिक होने के कारण यह प्रायः व्यावसायिक दृष्टि से सफल पत्रकारिता मानी जाती है।

Film Reporter फिल्म रिपोर्टर

समाचार-पत्र के लिए कई तरह के रिपोर्टर होते हैं, जैसे—क्राइम रिपोर्टर, राजनीतिक रिपोर्टर, वाणिज्य रिपोर्टर, खेल रिपोर्टर, कोर्ट रिपोर्टर, उसी तरह से फिल्म रिपोर्टर भी होता है। फिल्म रिपोर्टर की माँग जितनी बढ़ी है, उतनी किसी अन्य क्षेत्र के रिपोर्टर की माँग नहीं बढ़ी। इसकी एक खास वजह है। प्रिंट मीडिया हो या चैनल, दैनिक समाचार-पत्र हो या पत्रिका, फिल्मी न्यूज के बिना सब बेकार माना जाता है, जिसकी वजह से आज फिल्मी दुनिया की हर छोटी-बड़ी न्यूज पर भी ध्यान दिया जाता है। इसका प्रमुख कारण है कि आज हर कोई फिल्मी दुनिया से जुड़े लोगों के बारे में जानना चाहता है।

फिल्म रिपोर्टर का प्रमुख काम होता है—फिल्म की जानकारी, शूटिंग रिपोर्ट, फिल्म से जुड़ी गपशप खबरें, अभिनेता-अभिनेत्री के जीवन से जुड़े विविध पहलुओं के बारे में जानकारी उपलब्ध करवाना आदि।

Film Reviewing फिल्म समीक्षा

समाचार-पत्रों के रविवारीय अंकों तथा पत्रिकाओं में जो नई फिल्में प्रदर्शित होती हैं, उन पर टिप्पणियाँ दी जाती हैं। इसके अंतर्गत फिल्म की कहानी, संगीत, निर्देशन, संवाद, अभिनय एवं फोटोग्राफी आदि की चर्चा की जाती है। यही फिल्म समीक्षा (Film Reviewing) कहलाती है। फिल्म समीक्षक को फिल्म की कथावस्तु का उल्लेख करते हुए, कहानी की माँग के अनुरूप पात्रों का चयन हुआ है अथवा नहीं, चरित्रों को उभारा गया है या नहीं, अभिनय का स्तर क्या है, आदि बातों पर चर्चा अवश्य करनी चाहिए। कौन-सी फिल्म किस तरह के दर्शकों को अच्छी लग सकती है? दर्शकों ने उन प्रस्तुतियों को पसंद भी किया है या नहीं, आदि बातों का उल्लेख भी किया जाना चाहिए।

Filter फिल्टर

फिल्टर (Filter) का प्रयोग फोटो (Photo) में विशेष प्रभाव लाने या किसी रंग के प्रभाव को कम या अधिक करने के लिए किया जाता है। ये विभिन्न रंगों के होते हैं, जो कैमरे (Camera) के लैंस (Lens) के आगे लगाए जाते हैं। ये लाल, पीला, नीला, अल्ट्रा-वॉयलेट और पोलोराइजिंग आदि के नाम से जाने जाते हैं। अल्ट्रा वॉयलेट धुंध के प्रभाव को कम करता है, वहीं पोलोराइजिंग रिफ्लैक्शन को कम करने के लिए उपयुक्त होता है। अन्य लैंस, जिनका फोटो में विभिन्न प्रकार के विशेष प्रभाव डालने के लिए उपयोग होता है, जैसे—स्टार लैंस, पुल सैटर, ट्राईकलर आदि।

Final Proof फाइनल प्रूफ

फाइनल प्रूफ (Final Proof) वास्तव में कम्पोज विभाग की ओर से न उठाया जाकर मुद्रण विभाग में उपलब्ध कम्पोजीटरों या स्टोनमैन या करैक्शन मैन द्वारा उठाया जाता है। कम्पोज विभाग से गैली में रखी सामग्री मुद्रण विभाग में मूल प्रति और तृतीय प्रूफ (Third Proof) के साथ भेज दी जाती है और वहाँ स्टोन (धातु की बड़ी मेज) पर मुद्रण मशीन के चैस में रखकर उन पृष्ठों को आवश्यक स्पेस, लैड एवं कोटेशन डालकर ऐसा कस दिया जाता है कि उसका टाइप ढीला होकर गिर नहीं सकता। इस सामग्री का प्रूफ फार्म के रूप में अठपेजी या सोलहपेजी उठाया जाता है।

प्रूफ रीडर (Proof Reader) इस स्टोन या फाइनल प्रूफ में त्रुटिशोधन तो करता है, साथ ही यह भी देखता है कि पृष्ठ का फोलियो एक दूसरे से ठीक मिल रहा है या नहीं और तृतीय प्रूफ पृष्ठ में निर्देशित सुधार किया गया है या नहीं।

First Press Commission प्रथम प्रेस आयोग

'प्रथम प्रेस आयोग' (First Press Commission) की स्थापना की विधिवत् घोषणा 3 अक्तूबर, 1952 को हुई। यह प्रेस आयोग प्रेस की स्थिति, लोकतांत्रिक व्यवस्था में प्रेस की भावी भूमिका तथा प्रेस के विकास की दिशा में विचार-विमर्श करने हेतु गठित किया गया। इस आयोग के अध्यक्ष न्यायमूर्ति जी.एस. राजाध्यक्ष थे। इस प्रथम प्रेस आयोग ने अपनी रिपोर्ट 14 जुलाई, 1954 को प्रस्तुत की। आयोग की प्रमुख सिफारिशें इस प्रकार थीं—

1. प्रेस रजिस्ट्रार की नियुक्ति की जाए।
2. प्रेस परिषद् (Press Council) की स्थापना हो।
3. पत्रकारों की आचार संहिता (Code of Conduct) के 17 सूत्रों का

गठन किया जाए।

4. विज्ञापन परिषद् की स्थापना की जाए।
5. विज्ञापन 40 प्रतिशत से अधिक न हों।
6. पृष्ठानुसार मूल्य का नियम लागू हो।
7. प्रेस कानूनों में सुधार हेतु आवश्यक संशोधन हों।
8. समाचार समितियों (News Agencies) पर सरकारी नियंत्रण न हो।
9. देश में समाचार-पत्रों की संख्या और अधिक हो।

प्रेस आयोग की कुछ प्रमुख सिफारिशों को सरकार ने स्वीकार भी किया है, जिनमें मुख्य हैं—समाचार पत्रों का रजिस्ट्रार (R.N.I.) जुलाई 1956 में स्थापित किया गया। प्रेस परिषद् की स्थापना आयोग की एक महत्त्वपूर्ण सिफारिश थी। भारत में प्रेस की स्वतंत्रता और समाचार पत्रों के स्तर को बनाए रखने और सुधार करने के प्रयोजन के लिए जुलाई 1966 में प्रेस परिषद् गठित की गई, बाद में इस परिषद् का पुनर्गठन भी किया गया। श्रमजीवी पत्रकार कानून सन् 1955 से लागू किया गया। पृष्ठानुसार मूल्य नियम सरकार ने सन् 1956 से लागू किया।

Firefox फायरफॉक्स

'फायरफॉक्स' (Firefox) एक मुक्त स्रोत वेब ब्राउजर (Free & Open Source Web Browser) है। इसे मोजिला फाउंडेशन (Mozilla Foundation) ने सन् 2004 में प्रारंभ किया। फायरफॉक्स दुनिया में तेजी से लोकप्रिय हो रहा मुक्त वेब ब्राउजर है। फायरफॉक्स का (सितंबर 2011 तक) नवीनतम संस्करण 7.0 है। इसके अलावा इसके पुराने संस्करणों को भी समर्थन दिया जा रहा है।

फायरफॉक्स के नवीनतम संस्करण की गति सर्वाधिक तेज है। यह ब्राउजर जी मेल (G-mail) जैसी साइट को दुगुनी तेजी से खोलता है। फायरफॉक्स का आवरण भी बेहतर बनाया गया है। प्रयोक्ता इसमें डाउनलोड (Download) बीच में रोक भी सकता है।

Five 'W' and One 'H' छह ककार

पत्रकारिता के जन्म लेने के बाद समाचार लेखन हेतु कोई निश्चित वैज्ञानिक पद्धति नहीं थी। संवाददाता दैनिक घटनाओं को कालक्रमानुसार लिखकर अपना कार्य पूर्ण कर लेते थे। किसी घटना को व्यवस्थित ढंग से प्रस्तुत करने का उन्हें कोई ज्ञान नहीं था। बाद में धीरे-धीरे समाचारों को व्यवस्थित ढंग से प्रस्तुत किया जाने लगा। सन्

1894 में एडविन एल. शूमैन ने अपनी पुस्तक 'प्रैक्टिकल जर्नलिज्म' में सर्वप्रथम समाचारों की संरचना पर ध्यान दिया।

रूडियार्ड किपलिंग ने समाचार लेखन के 'पाँच डब्ल्यू' तथा 'एक एच' (5 W 1 H) का सिद्धांत प्रतिपादित किया। इसे हिंदी में छः ककार के नाम से जाना जाता है। रूडियार्ड किपलिंग द्वारा निर्धारित ये छः ककार आज भी पत्रकारिता जगत् में समाचार प्रस्तुतीकरण के लिए आधार स्तंभ हैं। किसी भी समाचार को इन छह तत्त्वों को ध्यान में रखकर ही तैयार किया जाता है।

1. क्या (What) अर्थात् घटना क्या हुई?
2. कहाँ (Where) अर्थात् किस स्थान पर घटना हुई?
3. कब (When) अर्थात् किस समय घटना हुई?
4. किसने (Who) अर्थात् किसके साथ क्या घटना हुई?
5. क्यों (Why) अर्थात् घटना का क्या कारण रहा?
6. कैसे (How) अर्थात् घटना किस तरह घटी?

Flash — फ्लैश

'फ्लैश' (Flash) कैमरे के साथ अलग से लगनेवाली प्रकाश व्यवस्था है, जिसका प्रयोग सूर्य की रोशनी कम होने, कमरे के अंदर एवं रात्रि के समय फोटोग्राफी (Photography) करने और फोटो में विशेष प्रभाव लाने के लिए किया जाता है। कुछ कैमरों में फ्लैश अंदर ही लगी होती है, लेकिन एस.एल.आर. (S.L.R.) कैमरे में यह अलग से भी लगाई जाती है। फ्लैश कई तरह की होती है, जिसका उपयोग आवश्यकतानुसार किया जा सकता है।

फ्लैश का उपयोग तीन तरह से किया जा सकता है। डायरेक्ट, डिफ्यूज और ब्राउंस्ड। डायरेक्ट में कैमरे के साथ फ्लैश का सीधा उपयोग करते हैं। डिफ्यूज में फ्लैश के आगे एक पतला टिश्यू पेपर लगाकर फ्लैश का उपयोग करते हैं। जबकि ब्राउंस्ड में फ्लैश द्वारा लाइट दीवार या छत पर फैंकी गई प्रकाश किरणों का रिफ्लैक्शन वस्तु में डाला जाता है।

Flexography Printing — फ्लैक्सोग्राफी प्रिंटिंग

'फ्लैक्सोग्राफी' (Flexography) एक प्रकार की रिलीफ प्रिंटिंग है, जिसमें रबर या प्लास्टिक को ढालकर प्लेट तैयार की जाती है। फ्लैक्सोग्राफी प्रिंटिंग तकनीक रोटरी लैटरप्रेस (Rotary Letter Press) के समान होती है, जिसमें पेपर को रोल के

रूप में प्रयुक्त किया जाता है। चूँकि फ्लैक्सोग्राफी की प्लेट लचीली होती है, इसलिए इसे सिलेंडर पर आसानी से टेप द्वारा माउंट किया जा सकता है।

फ्लैक्सोग्राफी पैकेजिंग प्रिंटिंग हेतु श्रेष्ठ एवं लोकप्रिय है। प्लास्टिक की थैलियाँ, दूध तथा कोल्ड ड्रिंक्स आदि पैक करने के पाऊच छापने के लिए इसका उपयोग किया जाता है। इस प्रकार की प्रिंटिंग में मुख्यतया फास्टड्राई इंक एनीलीन का प्रयोग किया जाता है। इसलिए इसे एनीलीन प्रक्रिया के नाम से भी जाना जाता है।

Focus फोकस

कैमरे में सामने रखी वस्तु का कैमरे के फोकस स्क्रीन पर स्पष्ट प्रतिबिंब बनाने को फोकस (Focus) कहते हैं। इस हेतु कैमरे के लैंस के ऊपर एक रिंग बनी रहती है, जिसे दाएँ-बाएँ घुमाने से लैंस को आगे-पीछे किया जाता है और सामनेवाली वस्तु का लैंस के फ्रेम (Frame) पर सही एवं स्पष्ट प्रतिबिंब बनाया जाता है। अगर वस्तु का सही एवं स्पष्ट प्रतिबिंब फिल्म पर बनता है, तो चित्र भी सुंदर बनेगा और अगर वस्तु का प्रतिबिंब स्पष्ट नहीं होगा, तो चित्र (Photo) भी धुँधला बनता है। इसलिए स्पष्ट एवं सुंदर फोटो बनाने हेतु वस्तु का फोकस करना आवश्यक होता है।

Folder फोल्डर

फोल्डर (Folder) में कागज पर छपाई करने के बाद उसको मोड़ा (Fold) जाता है। यह फोल्ड आवश्यकतानुसार एक-दो या इससे अधिक भी हो सकता है। फोल्डर में भी एक उत्पाद के विभिन्न उत्पादों के बारे में विस्तृत जानकारी दी जाती है। जैसे—उत्पाद की गुणवत्ता, कार्यप्रणाली, मूल्य, उसके निर्माण में प्रयुक्त होने वाली सामग्री आदि। फोल्डर में शीर्षक, उपशीर्षक, चित्रों, ब्रांड नाम आदि का विस्तार से उल्लेख किया जाता है। इसकी छपाई अच्छी गुणवत्तावाले मोटे कागज पर की जाती है, जिससे यह अधिक आकर्षक दिखाई देती है।

Framing फ्रेमिंग

फ्रेमिंग (Framing) कैमरे के लैंस से देखकर इच्छित दृश्य का फ्रेम बनाना है। कैमरे में एक दृश्य का फ्रेम बनाया जाता है या कंपोज किया जाता है। जैसे दर्शकों की रुचि के अनुकूल फ्रेम का चुनाव करना। फ्रेम करते समय दृश्य की दिशा बदलना और उसके माध्यम से दर्शकों का नजरिया बदलना। फ्रेमिंग से दृश्य का प्रभाव बदल जाता है। फ्रेम का मुख्य विषय स्थान बदलते ही अपना प्रभाव बदल देता है।

शॉट (Shot) में पात्र जो दिखाई देता है, उसके सिर के ऊपर कुछ जगह छोड़ी जाती है अर्थात् पात्र को फ्रेम में पूरा लिया जाता है, फिर भी उसके सिर के ऊपर स्थान छोड़ा जाता है। इस खाली स्थान को 'हेड रूम' कहा जाता है।

Freedom of Speech & Expression — विचार एवं अभिव्यक्ति की स्वतंत्रता

भारतीय संविधान के अनुच्छेद 19(1) के तहत प्रत्येक भारतीय नागरिक को जो छह स्वतंत्रताएँ प्राप्त हैं, उनमें विचार एवं अभिव्यक्ति की स्वतंत्रता (Freedom of Speech & Expression) महत्त्वपूर्ण है। संविधान में प्रेस की स्वतंत्रता के लिए पृथक से कोई प्रावधान नहीं, वरन् विचार एवं अभिव्यक्ति की स्वतंत्रता में ही प्रेस की स्वतंत्रता का अधिकार निहित है।

प्रेस की स्वतंत्रता से अभिप्राय है कि प्रत्येक नागरिक उन प्रतिबंधों (Restriction) को छोड़कर जिनकी अनुमति संविधान देता है, निम्नलिखित अधिकार का प्रयोग करने हेतु स्वतंत्र है—

1. समाचारों एवं विचारों का मुद्रण एवं प्रकाशन।
2. सार्वजनिक मामलों पर खुली बहस।
3. मुद्रित सामग्री का लोगों के समक्ष प्रसारण।
4. सरकारी विज्ञापनों सहित किसी विज्ञापन (Advt.) को प्रकाशित करने से मना करना।
5. प्रेस की स्वतंत्रता में सूचना एवं विचारों के संवाहक सभी प्रकार के प्रकाशन शामिल हैं।

विचार एवं अभिव्यक्ति की स्वतंत्रता पर संविधान के अनुच्छेद 19(2) के अनुसार कई प्रतिबंध लागू हैं, जैसे—राज्य की सुरक्षा, विदेशी राज्यों के साथ मैत्रीपूर्ण संबंध, लोक व्यवस्था, सदाचार, न्यायालय की अवमानना, मानहानि एवं हिंसा को प्रोत्साहन।

Freelance — फ्रीलांस/स्वतंत्र

'फ्रीलांस' (Freelance) शब्द का शाब्दिक अर्थ है—'स्वतंत्र'। स्वतंत्र पत्रकारिता (Freelance Journalism) को फ्रीलांस जर्नलिज्म कहा जाता है। वह पत्रकार, जिसका किसी समाचार-पत्र, पत्रिका आदि से संबंध नहीं है, स्वतंत्र पत्रकार/फ्रीलांस जर्नलिस्ट कहलाता है। आज ही नहीं, बल्कि बहुत समय पहले से ही किसी समाचार पत्र, पत्रिका

के कार्यालय में कार्य कर रहे पत्रकारों की गिनती गिनी-चुनी ही हुआ करती थी और विविध प्रकार के लेखों का कार्य स्वतंत्र लेखकों के सहयोग से ही होता आ रहा है। एक ही लेखक सभी विधाओं में लिखता रहे ऐसा भी प्रायः मुमकिन नहीं होता और सभी विधाओं में लिखनेवाला नियुक्त करना भी कठिन है।

स्वतंत्र लेखन करके आज कई लेखक अर्थोपार्जन कर रहे हैं, ख्याति भी प्राप्त कर रहे हैं। वर्तमान में स्वतंत्र या सृजनात्मक लेखन (Creative Writing) के अंतर्गत अनेक विधाएँ आती हैं जैसे—आत्मकथा, यात्रा-वृत्तांत, व्यंग्य, एकांकी, कहानी, लेख, फीचर, समीक्षा एवं अनुवाद आदि।

Frequency Modulation (F.M.) फ्रीक्वेंसी मोड्यूलेशन (एफ.एम.)

'एफ.एम.' अर्थात् 'फ्रीक्वेंसी मोड्यूलेशन'। एफ.एम. (F.M.) की ध्वनि अत्यंत स्पष्ट होती है तथा संगीत सुनने में भी आनंद आता है। एफ.एम. लगभग 55 से 65 कि.मी. के क्षेत्र में ही सुना जा सकता है। एफ.एम. के कार्यक्रम सुनने के लिए अलग से एफ.एम. बैंड (F.M. Band) वाले ट्रांजिस्टर की आवश्यकता होती है। एफ.एम. की फ्रीक्वेंसी (Frequency) 88 से 108 मेगा हट्र्स होती है।

एफ. एम. प्रसारण के कुछ प्रमुख लाभ हैं—

1. उच्च क्वालिटी का प्रसारण।
2. मनोरंजन प्रधान।
3. कम शक्ति के ट्रांसमीटर का प्रयोग।
4. कम इंटरफियरेंस।
5. अच्छी सिग्नल।

उल्लेखनीय है कि भारत में सन् 1993 में फ्रीक्वेंसी मोड्यूलेशन (F.M.) रेडियो की शुरुआत हुई थी। यह प्रसारण आकाशवाणी के एक चैनल पर कई महानगरों से शुरू हुआ था। आज एफ.एम. की पहुँच का विस्तार बहुत तेजी से हो रहा है। कई प्राइवेट निजी एफ.एम. स्टेशन/चैनल चालू हो गए हैं। सन् 2001 में भारत में पहला निजी एफ.एम. चैनल 'रेडियो सिटी' (स्टार समूह) नाम से बंगलौर में प्रारंभ हुआ। वर्तमान में प्रमुख एफ.एम. चैनल हैं—रेडियो सिटी (स्टार समूह), रेडियो मिर्ची (टाइम्स समूह), रेड एफ.एम., बिग एफ.एम.। □

Galley Proof — गैली प्रूफ

सामग्री कम्पोज होने के बाद कम्पोजिटर जिस प्रूफ को सबसे पहले उठाता है, उसे गैली प्रूफ (Galley Proof) कहा जाता है। गैली प्रूफ को तत्काल पढ़ा जाना और उसमें संशोधन करना संभव नहीं होता, क्योंकि उसे उठाते समय कागज पानी से गीला किया जाता है। कम्पोजिटर जितनी सामग्री कंपोज करता है, उसका प्रूफ निकालकर प्रूफ संशोधक (Proof Reader) के पास भेजता है। प्रूफ रीडर उसका संशोधन करके वापस भेजता रहता है। इस प्रूफ सामग्री को गैलियों में रखा जाता है, इसलिए 'गैली प्रूफ' कहा जाता है।

Games — गेम्स/गेमिंग

'गेम' (Game) विविध रुचि के अनुरूप होते हैं—स्पोर्ट्स, एक्शन, साहसिक कार्य, रणनीति और शिक्षा। गेग व्यक्तिगत कंप्यूटर, कंसोल्स एवं इंटरनेट के लिए बनाए जाते हैं और वेबसाइट एवं इलेक्ट्रॉनिक आर्गेनाइजर में रोमांच जोड़ते हैं। वीडियो (Video), कंप्यूटर (Computer) और मोबाइल गेम (Mobile Game) संवादात्मक मीडिया (Interactive Media) के सबसे जटिल रूप होते हैं।

डिजीटल कलाकृतियाँ होने के बावजूद गेम पारंपरिक मीडिया के कई तत्त्वों जैसे—चरित्र, ध्वनि और संगीत, रोशनी और थिएटर का अनुकरण करते हैं। आज के गेम कहीं ज्यादा जटिल और दिलचस्प होते हैं और तकनीक इस बिंदु तक पहुँच गई है, जहाँ गेम खेलनेवाला मल्टीमीडिया (Multimedia) से चलनेवाली 'आभासी वास्तविकता' या 'वैकल्पिक दुनिया' में डूब सकता है।

Gazette — राजपत्र/गजट

'राजपत्र' (Gazette) वह पत्र होता है, जिसमें राजकीय निर्णयों, आदेशों तथा

सूचनाओं आदि का प्रकाशन होता है। 'राजपत्र' को अंग्रेजी में 'गजट' कहा जाता है।

Gerbner Communication Model — गर्बनर का संचार मॉडल

जॉर्ज गर्बनर (अमेरिका) का उद्देश्य ऐसा मॉडल तैयार करना था, जो व्यापक क्षेत्रों पर लागू हो सके। उन्होंने लासवेल (Lasswell) के शाब्दिक मॉडल की तर्ज पर एक विकसित मॉडल लाने का प्रयास किया। यह मॉडल सन् 1956 में 'टूवड्र्स ए जनरल मॉडल ऑफ कम्यूनिकेशन' शीर्षक लेख में आया। इसमें संचार की विभिन्न स्थितियों पर निर्भर करनेवाले विभिन्न रूपों का वर्णन किया गया है अर्थात् किस स्थिति में किस तरह का संचार होगा। इसमें संचार की सरल अथवा जटिल हर प्रक्रिया को समझा जा सकता है कि किस तरह संदेश की रचना होती है और किस तरह से किसी घटना का अवबोधन होता है। यह मॉडल शाब्दिक तथा ग्राफिक दोनों रूपों में प्रस्तुत किया गया है।

गर्बनर के संचार तत्त्व की अभिव्यक्ति का स्वरूप निम्न प्रकार से प्रस्तुत किया जा सकता है—

संचार तत्त्व	*अभिव्यक्ति*
1. कोई (Someone)	श्रोता/प्रापक
2. घटना का प्रत्यक्षीकरण (Event)	चयन
3. प्रतिक्रिया (Reaction)	संदेश की प्रभावशीलता
4. स्थिति (Situation)	सामाजिकता/मनोवैज्ञानिकता
5. साधन	माध्यम
6. सामग्री की उपलब्धता	प्रशासन
7. आकार	संगठन
8. प्रतिपेज्ञय	संचार व्यवस्थीकरण
9. प्रेषण	अर्थ का निर्माण
10. निष्कर्ष	परिणाम विश्लेषण

Ghost Writer — घोस्ट राइटर

घोस्ट राइटर (Ghost Writer) वह पेशेवर लेखक होता है, जो केवल धन के बदले किताबें, लेख, कहानी, रिपोर्ट, पटकथा, ब्लॉग पत्र या अन्य तरह के टेक्स्ट लिखता है, लेकिन उसके लेखन का आधिकारिक श्रेय किसी अन्य को मिलता है।

ये खासतौर पर मशहूर हस्तियों, राजनीतिज्ञों और बड़े अधिकारियों के लिए आत्मकथा, मैग्जीन लेख व अन्य सामग्री लिखते या संपादित करते हैं। दूसरे शब्दों में घोस्ट लेखक वह लेखक होता है, जो अपने नाम से न लिखकर अन्य नाम से लिखता है।

घोस्ट लेखक की मदद से ई-बुक (E-Book) लिखना और एक पन्ने की वेबसाइट (Website) बनाना भी आज का एक नया ट्रेंड बन चुका है। घोस्ट लेखक/राइटर के सामने हमेशा एक यह समस्या भी रहती है कि वह अपनी कल्पना के द्वारा बहुत ऊँची उड़ान नहीं भर सकता। लिखते समय हमेशा उसे अपने क्लाइंट की जरूरत, उसके विचार और उसकी भावनाओं का ध्यान रखना पड़ता है।

Globalisation भूमंडलीकरण/वैश्वीकरण

वैश्वीकरण या भूमंडलीकरण (Globalisation) का संबंध मुख्यत: अर्थव्यवस्था के विश्व बाजारीकरण से है। वैश्वीकरण वह प्रक्रिया है, जिसमें विश्व बाजारों के मध्य पारस्परिक निर्भरता उत्पन्न होती है और व्यापार देश की सीमाओं में प्रतिबंधित न रहकर विश्व व्यापार में निहित तुलनात्मक लागत लाभ दशाओं का दोहन करने की दिशा में अग्रसर होता है। वैश्वीकरण की अवधारणा स्थानीयकरण (Localisation) के ठीक विपरीत होती है।

वैश्वीकरण में खुली अर्थव्यवस्थाओं (Open Economy) का स्थान होता है। खुली अर्थव्यवस्था वह होती है, जो प्रतिबंधों से मुक्त हो तथा जिसमें स्वतंत्र व्यापार हो सकता हो। प्रत्येक देश का अन्य देशों के साथ वस्तु, सेवा, पूँजी एवं बौद्धिक संपदा (Intellectual Property) का अप्रतिबंधित आदान-प्रदान होता है। वैश्वीकरण में बहुराष्ट्रीय कंपनियों (MNC) का स्थान महत्त्वपूर्ण हो जाता है।

वैश्वीकरण एकरूपता एवं समरूपता की वह प्रक्रिया होती है, जिसमें विश्व सिमटकर एक हो जाता है। एक देश की सीमा से बाहर अन्य देशों में वस्तुओं एवं सेवाओं का लेन-देन करनेवाले बहुराष्ट्रीय निगमों के साथ देश के उद्योगों की संबद्धता ही भूमंडलीकरण है। कुछ विद्वानों के अनुसार पूरी दुनिया को एक भूमंडलीय गाँव (Global Village) के रूप में मानने की अवधारणा ही वैश्वीकरण या भूमंडलीकरण है।

Global Positioning System (GPS) ग्लोबल पोजीशनिंग सिस्टम

ग्लोबल पोजीशनिंग सिस्टम (GPS) एक ग्लोबल नेविगेशन सेटेलाइट सिस्टम

है, जो संयुक्त राष्ट्र की सुरक्षा एजेंसियों द्वारा तैयार किया जाता है। प्रारंभ में इसे विभिन्न सुरक्षा के कामों में इस्तेमाल किया जाता था, परंतु बाद में नेवीगेशन सिस्टम के तहत आम लोगों के बीच इसका इस्तेमाल शुरू हुआ।

जी.पी.एस. (GPS) और जी.पी.आर.एस. सिस्टम (GPRS) में अंतर होता है। जनरल पैकेज रेडियो सर्विस (GPRS), एक मोबाइल डाटा सर्विस होती है। मोबाइल सेवा प्रदान करनेवाली विभिन्न कंपनियाँ इसकी मदद से डाटा ट्रांसफर का कार्य करती हैं, जिसके बदले कंपनी चार्ज करती है।

जी.पी.एस. रहने से नए आगंतुकों को शहर में भटक जाने का डर नहीं रहता। नेवीगेटर के जरिए एक जगह से दूसरी जगह के बारे में जानकारी हासिल की जा सकती है। अपने गंतव्य स्थान के बारे में सूचना माँगने पर नक्शा समेत सारी जानकारी उपलब्ध हो जाती है। जहाँ कहीं भी जाना हो, उस जगह का नाम और जहाँ से जाना हो, वहाँ का नाम सिस्टम में डालने के बाद पूरा नक्शा स्क्रीन पर आ जाता है।

ग्लोबल पोजीशनिंग सिस्टम (GPS) सुरक्षा की दृष्टि से भी वाहनों में काफी महत्त्वपूर्ण है। वाहन के खराब होने या दुर्घटना होने की जानकारी तत्काल उपलब्ध हो जाती है। विदेशी पर्यटकों या किसी अन्य यात्री को ठगने या अभद्र व्यवहार करने पर भी अंकुश लगाया जा सकता है। हाल ही के कुछ वर्षों से जी पी एस का इस्तेमाल रेडियो टैक्सी (कैब), बस एवं कोरियर कंपनियों आदि में बढ़ता जा रहा है।

उल्लेखनीय है कि ग्लोबल पोजीशनिंग सिस्टम (GPS) एक वैश्विक नौवहन उपग्रह (Global Navigation Satellite) प्रणाली होती है। इसका विकास सं.रा. अमेरिका के रक्षा विभाग ने किया था। पहले-पहल उपग्रह नौवहन प्रणाली ट्रांजिट का प्रयोग अमेरिकी नौसेना ने सन् 1960 में किया था।

सामान्यतया वैश्वीकरण में निम्न तत्त्व सम्मिलित होते हैं—

1. विश्व के विभिन्न देशों में बिना किसी अवरोध के विभिन्न वस्तुओं का आदान-प्रदान संभव बनाने के लिए व्यापार अवरोधों को कम करना।
2. विभिन्न देशों में पूँजी का स्वतंत्र प्रवाह संभव बनाने हेतु आवश्यक परिस्थितियाँ पैदा करना।
3. विश्व के विभिन्न देशों में श्रम का निर्बाध प्रवाह संभव बनाना।
4. आधुनिक प्रौद्योगिकी का निर्बाध प्रवाह संभव बनाने हेतु आवश्यक उपयुक्त वातावरण बनाना आदि।

Google गूगल

'गूगल' (Google) इंटरनेट सर्च इंजन (Search Engine) के रूप में लोकप्रिय है। इसका उपयोग इंटरनेट पर किसी विषयवस्तु की खोज के लिए किया जाता है, परंतु इसके अन्य भी कई उपयोग हैं। गूगल इंक (Google Inc.) अमेरिका की एक बहुराष्ट्रीय कंपनी है। गूगल की स्थापना सन् 1998 में सगई ब्रिन (Sergei Brin) एवं लैरी पेज (Larry Page) के द्वारा हुई। गूगल विश्व भर में फैले अपने डाटा (Data) केंद्रों से 10 लाख से ज्यादा सर्वर चलाता है।

गूगल कंपनी ऑनलाइन उत्पादक सॉफ्टवेयर जैसे कि जी-मेल (G-mail सन् 2004 से), ई-मेल सेवा और सामाजिक नेटवर्किंग सेवा ऑर्कुट (Orkut), यू ट्यूब (U-Tube) एवं हाल में प्रारंभ गूगल प्लस (Google +) प्रदान करती है। गूगल की साइट यू-ट्यूब, ब्लॉगर (Blogger) एवं ऑर्कुट चोटी की सौ वेबसाइटों में आती है।

गूगल विभिन्न सर्च इंजनों पर वेबसाइट (Website) को शामिल करने में सहायक है। इससे सर्च के परिणामों के साथ-साथ विज्ञापन (Advt.) भी प्रदर्शित हो जाता है। गूगल इंक का मुख्यालय कैलीफोर्निया (सं.रा. अमेरिका) में स्थित है।

Google + (G+) गूगल +

गूगल + (Google +) गूगल की सामाजिक नेटवर्किंग सेवा (Social Networking Service) है। गूगल+ को संक्षिप्त में 'G+' भी लिखते हैं। यह सेवा 28 जून, 2011 को प्रारंभ हुई और अभी केवल आमंत्रण द्वारा परीक्षण (Invite only field testing phase) हेतु ही उपलब्ध है।

Government Publication सरकारी प्रकाशन

सरकारी प्रकाशन (Government Publication) वह प्रकाशन होते हैं, जिनके निर्माण अथवा प्रकाशन के लिए सरकार या उससे सहायता प्राप्त संस्थाएँ/एजेंसियाँ उत्तरदायी होती हैं। सरकारी प्रकाशनों को विशिष्ट प्रलेखों की श्रेणी में रखा जाता है। यह सामान्य प्रकाशनों से भिन्न होते हैं। इनकी पहचान, चयन, अर्जन हेतु विशेष प्रयास करने होते हैं। यह कई प्रकार के होते हैं, जैसे—क्रमिक प्रकाशन अथवा प्रकाशित और अप्रकाशित प्रकाशन, अधिकरण सरकारी प्रकाशन अप्रकाशित श्रेणी में आते हैं।

सरकारी प्रकाशन, सरकारी नीतियों (Govt. Policies), योजनाओं (Planning), आयात-निर्यात, शिक्षा, सुरक्षा, स्वास्थ्य आदि विषयों पर सूचना के

अप्रतिम स्रोत होते हैं।

समाजार्थिक मुद्दों पर सांख्यिकीय आँकड़ों के ये एकमात्र स्रोत होते हैं। कानूनी मुद्दों पर भी सरकारी प्रकाशन एकमात्र स्रोत हैं। इसके साथ-साथ पेटेंट (Patent), मानक और मानचित्रों के विषय में जानकारी मात्र इन्हीं प्रकाशनों के माध्यम से मिलती है।

Graphics ग्राफिक्स

ग्राफिक्स (Graphics) में कलाकृतियाँ, रेखाचित्र, फोटोग्राफ तथा अन्य प्रकार के चित्रों का उपयोग छपी हुई पाठ्य-सामग्री को अधिक स्पष्ट करने के लिए किया जाता है। ग्राफिक्स के दायरे में विभिन्न आँकड़ों को आकर्षक ढंग से प्रस्तुत करने से लेकर जटिल एनीमेशन (Animation) तक आते हैं।

किसी भी टी.वी. न्यूज चैनल में ग्राफिक्स की कई भूमिकाएँ होती हैं। वे चैनल की पहचान का एक महत्त्वपूर्ण हिस्सा होते हैं। उनके रंग, डिजाइन (Design) तथा इफेक्ट्स चैनल को आकर्षक बनाते हैं। ग्राफिक्स ब्रेकिंग न्यूज (Breaking News) को आकर्षक ढंग से प्रस्तुत करने से लेकर विभिन्न शहरों के तापमान, समय, तारीख आदि सब कुछ व्यवस्थित ढंग से दिखाते हैं। शेयर बाजार में पल-पल आनेवाले उतार-चढ़ाव को भी ग्राफिक्स की सहायता से बेहतर ढंग से प्रस्तुत किया जा सकता है।

Gravure Printing Process ग्रेव्योर मुद्रण प्रणाली

ग्रेव्योर मुद्रण पद्धति (Gravure Printing Process) लेटर प्रेस मुद्रण (Letter Press Printing) पद्धति के ठीक विपरीत होती है। इस प्रक्रिया में प्लेट के छपनेवाले और न छपनेवाले स्थानों की स्थिति लैटर प्रेस की अपेक्षा विपरीत है। जिन अक्षरों और डिजाइनों को छापना है, उन्हें प्लेट पर खोद लिया जाता है और ये न छपनेवाले स्थान से नीचे रहते हैं। पूरी प्लेट पर स्याही चढ़ाई जाती है, फिर ऊपरी सतह पर फैली अतिरिक्त स्याही (Ink) को 'डक्टर ब्लेड' (Ductor Blade) द्वारा पीछे लिया जाता है और इस तरह स्याही केवल अक्षर, चित्र आदि वाले नीचे धँसे स्थानों में ही रह जाती है।

ग्रेव्योर मुद्रण पद्धति के प्रमुख गुण इस प्रकार हैं—

1. इस विधि के द्वारा सस्ते कागज पर भी अच्छा मुद्रण किया जा सकता है।
2. बहुरंगी छपाई के लिए यह विधि उत्तम है।
3. इस विधि द्वारा मुद्रण रंग बहुत गाढ़े एवं प्रभावी होते हैं।

4. कागज के अलावा प्लास्टिक की सतहों पर भी आसानी से मुद्रण किया जा सकता है।
5. कागजी मुद्रा (Currency Notes) टिकट एवं चेकों के मुद्रण के लिए यह विधि अधिक उपयुक्त है।

Group Communication — समूह संचार

समूह में होनेवाली संचार प्रक्रिया को समूह संचार (Group Communication) कहा जाता है। समूह संचार तब होता है, जब व्यक्तियों का एक समूह आमने-सामने विचार विमर्श, गोष्ठी, भाषण, सभा वगैरह करके विचारों का आदान-प्रदान करे। समूह संचार में अंतर वैयक्तिक संचार के कई गुण भी मिलते हैं। समूह संचार कितना बेहतर होगा? फीडबैक (Feedback) कितना मिलेगा? यह विभिन्न समूहों की बनावट पर निर्भर करेगा। जैसे समूह कैसा है, उसका नेता कैसा है? आपसी संबंध कैसा है? आपसी समझ जितनी ज्यादा होगी, उतना बेहतर संचार होगा। सदस्यों की संख्या के अनुसार समूह छोटे, मध्यम आकार के व बड़े हो सकते हैं।

समूह को दो रूपों में विभाजित किया जा सकता है, जैसे—

1. **प्राथमिक समूह**—इसमें निकट एवं टिकाऊ संबंधों पर आधारित समूह शामिल हैं। जैसे परिवार, मित्रमंडली, किसी संस्था के सदस्य, किसी कार्यालय में कार्यरत लोग आदि।
2. **अस्थायी समूह**—ऐसा समूह जिसके सदस्यों के बीच संबंधों का स्थायित्व न होकर किसी उद्देश्य विशेष के कारण उनका समूह बना है। यह आकस्मिक या संयोगवश बन जाता है। जैसे—किसी सभा में मौजूद लोग, किसी खेल के मैच के दर्शक।

Gunmike — गनमाइक

जब किसी घटना के बारे में विभिन्न समूहों के संवाददाता, जानकारी के लिए एक व्यक्ति विशेष के समक्ष एकत्रित हो जाते हैं, परिणामस्वरूप वह व्यक्ति विशेष भीड़ से घिरे होने के कारण प्रति संवाददाता दूर हो जाता है और आवाज इत्यादि अस्पष्ट-सी होने लगती है। इस स्थिति में प्रायः एक लंबा माइक (Mike) इंटरव्यू (Interview) में प्रयुक्त किया जाता है, जिसकी लंबाई बंदूक की नाल जैसी होती है। इसलिए इसे गनमाइक (Gunmike) भी कहा जाता है।

Gutenbarg **जॉन गुटेनबर्ग**

आधुनिक मुद्रण कला के आविष्कारक जॉन गुटेनबर्ग (Gutenbarg), जिनका असली नाम 'जॉन जेन फेलियस्च जर लादेन' था। इनका जन्म सन् 1400 के लगभग जर्मनी में हुआ था। गुटेनबर्ग ने तीन तरह की विधाओं का विकास किया था, जिनमें पहली पत्थर को चमकाने की कला, दूसरी दर्पण बनाने की कला तथा तीसरी मुद्रण की कला (Art of Printing) थी। चीन में जहाँ मुद्रण कला का प्रारंभ हुआ था, वहीं आधुनिक किस्म के छापेखाने का विकास जॉन गुटेनबर्ग ने ही किया। उन्होंने ही सन् 1455 के लगभग बाइबल को छापा और इसे यूरोप की प्रथम मुद्रित पुस्तक भी माना जाता है।

□

Hacking — हैकिंग

गुप्त आँकड़ों तक पहुँच को हैकिंग (Hacking) कहते हैं। यह एक तरह से इंटरनेट (Internet) की दुनिया में आतंकवाद का पर्याय है। कंप्यूटर हैकर वह व्यक्ति होता है, जो मॉडम या किसी अन्य कंप्यूटर युक्ति का प्रयोगकर कंप्यूटर की सुरक्षा को हानि पहुँचाता है और उसमें भरी सूचनाओं और आँकड़ों को क्षतिग्रस्त करता है। अनधिकृत कंप्यूटर एक्सेस ही हैकिंग है। इसे विश्वभर में अपराध (Crime) माना जाता है।

Ham Radio — हैम रेडियो

हैम रेडियो (Ham Radio) एक प्रकार की युक्ति है, जिसकी मदद से कोई व्यक्ति घर बैठे ही विश्व के किसी कोने से संपर्क स्थापित कर सकता है। जो व्यक्ति 'शौकिया रेडियो' का रांचालन करता है, हैम (Ham) कहलाता है। हैम रेडियो हॉबी और सेवा दोनों है। इसमें एक हैम (प्रतिभागी) रेडियो संचार यंत्रों के माध्यम रो जन सेवा, मनोरंजन या ज्ञानवर्धन के लिए अन्य हैम से संपर्क साधता है। इसे 'अमेचर रेडियो' भी कहा जाता है। हैम रेडियो किसी खास समूह अथवा समुदाय का एक वायरलैस संचार माध्यम होता है।

हैम रेडियो वायरलेस की तरह एक छोटा सा यंत्र होता है, जिसे कहीं भी ले जाया जा सकता है। आसानी से प्रयोग किया जा सकता है। हैम रेडियो की सहायता से रेडियो कर्मी अंतरिक्ष, महासागर, प्रयोगशाला आदि कहीं भी संबंध स्थापित कर सकता है। इस हेतु किसी प्रकार का शुल्क (Fees) नहीं देना पड़ता। परंतु हैम रेडियो का संचालन वही व्यक्ति कर सकता है, जिसके पास इसका लाइसेंस (Licence) हो।

हैम रेडियो की शुरुआत प्रयोगात्मक रूप में सन् 1920 के आसपास मानी जाती है। हैम रेडियो आपातकाल (Emergency) में उस समय ज्यादा प्रभावी होता है, जब

संचार की सारी प्रणालियाँ कार्य नहीं कर रही होती। भारत में सन् 2004 के दिसंबर मास में आए सुनामी (Tsunami) की जानकारी सबसे पहले हैम-ऑपरेटर ने ही दी थी। वर्तमान में भारत में लगभग 18,000 हैम हैं।

Handback हैंडबेक

समाचार प्रेषण के समय समाचार वाचक और प्रेषित हो रहे समाचार के संवाददाता (Reporter) के बीच इस्तेमाल होनेवाले सांकेतिक शब्द, जिनसे यह आभास हो जाए कि एक अपनी बात समाप्त करनेवाला है, दूसरा शुरू कर देता है, ताकि दोनों के शब्द टकराएँ नहीं अथवा शून्य वातावरण पैदा न होने पाए।

Handbook हैंडबुक

हैंडबुक (Handbook) में विभिन्न प्रकार की सूचनाओं का संकलन होता है। इसका प्रस्तुतीकरण सघन एवं सुविधाजनक स्वरूप में किया जाता है। इसमें आँकड़ों, तथ्यों, चित्रों, ग्राफों आदि पर सूचना संक्षेप एवं व्यवस्थित ढंग से प्रस्तुत की जाती है। इसका उपयोग शोध एवं विकासपरक गतिविधियों के लिए शोधार्थियों, व्यवसायी तथा तकनीकीवेत्ताओं आदि के द्वारा किया जाता है।

हैंडबुक की तुलना में मैनुअल (Manual) एक ऐसी नियम पुस्तिका होती है, जिसमें किसी कार्य के निष्पादन के लिए अथवा किसी व्यवसाय को अच्छे ढंग से करने के लिए निर्देशन या अनुदेश (Instructions) दिए जाएँ, इसके बारे में पूरी सूचना दी जाती है।

Handout हैंड आउट

दिन-प्रतिदिन के विविध विषयों, मंत्रालयों के क्रियाकलाप, प्रमुख राजपुरुषों के भाषण और संसद् के प्रश्नोत्तर आदि मसलों पर हैंड आउट (Handout) जारी किए जाते हैं। इसे शासन के अधिकृत प्रवक्ता द्वारा नहीं निर्मित किया जाता है, अपितु प्रेस इंफॉर्मेशन ब्यूरो (PIB) या अन्य किसी रिलीजिंग एजेंसी द्वारा किया जाता है। इसे सुसंपादित कर शीर्षक और उप शीर्षक (Heading) से सुशोभित किया जाता है।

Hanging Indention हैंगिंग/झूलता हुआ शीर्षक

हैंगिंग शीर्षक (Hanging Indention) की बनावट काफी हद तक सीढ़ीदार शीर्षक से मिलती-जुलती होती है। इसकी पहली पंक्ति बाईं या दाईं ओर (जैसा भी प्रचलन समाचार-पत्र में हो) से सटाकर प्रारंभ की जाती है और दूसरी पंक्ति कुछ स्थान

छोड़कर प्रारंभ की जाती है। इसका प्रयोग कम मात्रा में किया जाता है। किसी विशेषांक आदि को सजाने के लिए इसका प्रयोग किया जाता है।

Hard News हार्ड न्यूज

दिन-प्रतिदिन नई-नई घटनाएँ-दुर्घटनाएँ घटित होती रहती हैं, जो कि प्राय: खबरों का रूप ले लेती हैं। परंतु वैसी घटनाएँ जिनसे मानवजाति के बड़े समूह प्रभावित होते हैं, महत्त्वपूर्ण खबरें बन जाती हैं, जैसे—बड़े हादसे, राजनीतिक व सामाजिक उथल-पुथल, नए आविष्कार, नई प्रजाति के जीवों का उद्‍भेदन आदि।

कंप्यूटर (Computer) में बनाए गए फोटो अथवा चार्ट के कागज पर निकाली गई कॉपी हार्ड कॉपी (Hard Copy) कहलाती है।

Hardware हार्डवेयर

हार्डवेयर (Hardware) कंप्यूटर का बाह्य प्रभाग होता है। इसे दो भागों में विभाजित किया जा सकता है—एक मुख्य प्रभाग, दूसरा सहायक प्रभाग।

1. **मुख्य प्रभाग**—इसके बिना कंप्यूटर का कार्य करना संभव नहीं है, इसमें कुंजीपटल (Keyboard), केंद्रीय क्रियाकलाप केंद्र (CPU) एवं दृश्य पटल (Visual Display Unit) आदि शामिल हैं।
2. **सहायक प्रभाग**—कंप्यूटर के सहायक प्रभागों में माउस (Mouse), प्रिंटर (Printer) एवं पंचकार्ड आदि आते हैं।

Headline हैडलाइन/शीर्षक

समाचार के शीर्षक को ही हैड लाइन (Headline) कहा जाता है। किसी समाचार-पत्र को लोकप्रिय बनाने में हैडलाइन की बहुत बड़ी भूमिका होती है। पाठक हैडलाइन से आकर्षित होकर ही समाचार पढ़ता है। इसलिए शीर्षक संक्षिप्त, जीवंत और सार्थक होना चाहिए। यदि शीर्षक पाठक के मन में पढ़ने की उत्सुकता पैदा न कर सके, तो समाचार लिखने का श्रम व्यर्थ हो जाएगा। विद्वान लुंडवर्ग के अनुसार शीर्षक समाचार का दर्पण होता है। रोलैंड ई. वूल्सले ने तो शीर्षक को समाचार का 'शो विंडो' (Show Window) माना है।

टेलीविजन की सुर्खियाँ/शीर्षक समाचार-पत्रों की सुर्खी से भिन्न होती हैं। हैडलाइन में पूरे समाचार का निचोड़ होना चाहिए। ये बुलेटिन (Bulletin) के प्रारंभ व अंत में दी जाती हैं।

सुर्खियाँ जितनी आकर्षक होंगी, दर्शकों में समाचार देखने की रुचि भी उतनी ही ज्यादा जागेगी। इसलिए टी.वी. चैनलों में अच्छी हैडलाइन लिखने पर बहुत ध्यान दिया जाता है। इसमें भी समय की सीमा होती है। सामान्यत: 10–15 मिनट के बुलेटिन में 3 हैडलाइन, आधे घंटे के बुलेटिन में 4 तक हैडलाइन हो सकती हैं।

Highlight हाईलाइट

वर्तमान में प्राय: हर आम या खास आदमी के पास समय की कमी है। जिसके चलते वह 'सारांश' (Short) से ही मूल का अर्थ ले लेते हैं और समय की बचत करते हैं। इसी प्रकार की मानसिकता वाले लोगों के लिए महत्त्वपूर्ण समाचारों या टी.वी. कार्यक्रमों (TV Programme) की कुछ झलकियाँ ही प्रसारित की जाती हैं, जिन्हें हाईलाइट (Highlight) कहा जा सकता है।

Hindustan Samachar हिंदुस्तान समाचार

हिंदुस्तान समाचार समिति (Hindustan Samachar) की स्थापना सन् 1948 में मुंबई में एक प्राइवेट लिमिटेड कंपनी के रूप में हुई। इसके संस्थापक श्री एस.एस. आपटे थे। इस समिति का संक्षिप्त नाम 'हि.स.' है। सन् 1957 में इसे एक सहकारी संस्था का रूप दे दिया गया। हिंदुस्तान समाचार नागरी लिपि में दूर मुद्रकों (टेलीप्रिंटर) का प्रयोग करनेवाली भारत की पहली समाचार समिति है।

हिंदुस्तान समाचार का क्षेत्रीय प्रादेशिक समाचारों के संकलन और प्रेषण की ओर प्रारंभ से ही ध्यान था। इस समाचार समिति ने पहले मराठी, बांग्ला एवं उर्दू में समाचार प्रेषण का कार्य शुरू किया। बाद में तेलुगू, पंजाबी, कन्नड़, मलयालम, गुजराती, असमिया, नेपाली, एवं उड़िया आदि भाषाओं में समाचार सेवा प्रारंभ कर दी।

20वीं शताब्दी के लगभग नवें दशक में कई बड़ी समाचार समितियों (News Agencies) के सामने इसकी स्थिति गौण होने लगी। आर्थिक विपन्नता एवं अंग्रेजी वर्चस्व के कारण यह समाचार समिति पी.टी.आई. (P.T.I.) और यू.एन.आई. (U.N.I.) जैसी समृद्ध समितियों द्वारा संचालित क्रमश: वार्ता (सन् 1982) और भाषा (सन् 1986) नामक भाषायी समाचार सेवा की प्रतिद्वंद्विता में पिछड़ गई।

Hinglish हिंगलिश/हिंग्रेजी

हिंग्रेजी (Hinglish) शुद्ध हिंदी की जगह एक बाजारी व मिलावटी हिंदी है, जो हिंदी भाषा को एक नया एवं उद्भट रूप दे रही है। इसे टेलीविजन पर, समाचार

पत्रों, रेडियो एफ.एम. से लेकर एस.एम.एस. (SMS) एवं इंटरनेट पर देखा-पढ़ा-सुना जा सकता है। भूमंडलीकरण के दौर में हिंदी विज्ञापनों की भाषा को अंग्रेजी की बैसाखियों का सहारा लेना पड़ रहा है। आज विज्ञापनों में अंग्रेजी शब्दों की भरमार बढ़ती जा रही है। अंग्रेजी वर्चस्व को ढोते विज्ञापन कुछ इस प्रकार हैं—

1. धुलाई का हीरो (Hero) मैल को कर दे जीरो (Zero)
2. ये दिल माँगे मोर (More) आहा!
3. नो रूखापन नो (No) चिपचिपाहट।
4. आई लव यू (I Love U) रसना।
5. यही है Right Choice Baby Aha.
6. खाओ Britannia Fifty-Fifty, Very-Very Tasty-Tasty.

Hoarding होर्डिंग

होर्डिंग (Hoarding) एक बाह्य विज्ञापन (Outdoor Media) माध्यम है, जो बाजार में चौराहों और मुख्य सड़कों के किनारे-किनारे अपने विशाल आकार के कारण लोगों को अपनी ओर आकर्षित करता है। सामान्यत: ये 20'×30' और 20'×40' आकार में अधिक दिखाई देते हैं। इनका निर्माण हाथ से किया जाता है। होर्डिंग में लिखित संदेश और चित्रों की संख्या भी कम होती है।

होर्डिंग में अधिकतर एक मुख्य शीर्षक, एक चित्र और कंपनी का नाम या प्रतीक चिह्न (Logo) ही होता है, जिससे वाहन पर जाते समय व्यक्ति विज्ञापनकर्त्ता के संदेश आसानी से देख व पढ़ सके। होर्डिंग्स में अमूल की अपनी एक अलग पहचान है। अमूल के द्वारा बनाए गए होर्डिंग तात्कालिक घटनाओं पर ही आधारित होते हैं।

होर्डिंग लगाने के स्थान अधिकतर बाह्य विज्ञापन एजेंसियों (Outdoor Advt. Agencies) के अधीन रहते हैं, जो साप्ताहिक, मासिक एवं वार्षिक आधार पर विज्ञापनकर्त्ता से जगह का किराया प्राप्त करते हैं।

होर्डिंग्स की तरह ही बिजली से संचालित होनेवाले रंग-बिरंगे विज्ञापन, जो रात के समय सभी को आकर्षित करते हैं, नियोन साईन (Neon sign) कहलाते हैं।

Hot Switching हॉट स्वीच

ऑनलाइन रिपोर्टिंग (Online Reporting) दूरदर्शन या टेलीविजन के रिपोर्टर को कई बार करनी पड़ती है, इसको 'हॉट स्वीचिंग' (Hot Switching) कहते हैं। इस तरह की रिपोर्टिंग में रिपोर्टर कैमरे के सामने होता है तथा घटनास्थल से ऑनलाइन

रिपोर्टिंग करता है। ऐसा सैटेलाइट न्यूज गैदरिंग (Satellite News Gathering) का पोर्टेबल अपलिंकिंग टर्मिनल उपलब्ध होने के कारण संभव हो सका है। इस तरह समाचार केंद्र (Studio) में बैठा सूत्रधार अपने रिपोर्टर से घटना के बारे में कई तरह के सवाल करके खबर की तह में छिपे हर पहलू को उजागर करता है और ऐसे दर्शकों को घटनास्थल से ताजा स्थिति की जानकारी मिलती रहती है। ऑनलाइन रिपोर्टिंग की ही एक अन्य किस्म भी है जिसको फोन-इन (Phone-in) या 'फोनो' के नाम से भी जाना जाता है।

House Journal गृह/संस्था पत्रिका

गृह पत्रिका (House Journal) किसी औद्योगिक उपक्रम, व्यापारिक संस्थान, किसी सार्वजनिक सेवा, किसी व्यापार संघ द्वारा अपने कर्मचारियों या ग्राहकों और सदस्यों के लाभ हेतु प्रकाशित की जानेवाली पत्रिका होती है, जिसका प्रकाशन लाभ की दृष्टि से नहीं किया जाता। दूसरे शब्दों में गृहपत्रिका बिना लाभ का नियतकालीन प्रकाशन है, जिसे संस्था अपने कर्मचारियों तथा जनता से संपर्क स्थापित करने के उद्देश्य से प्रकाशित करती है। गृह पत्रिका को 'संस्था पत्रिका' भी कहा जाता है।

गृह पत्रिका के प्रकार—

1. आंतरिक गृह पत्रिका (Internal House Journal)—इस प्रकार की पत्रिका में संस्था के कर्मचारियों, अधिकारियों की नीति, उपलब्धियों एवं कल्याण कार्य की सूचना दी जाती है।
2. बाह्य गृह पत्रिका (External House Journal)—इस प्रकार की पत्रिका संस्थान की महत्त्वपूर्ण गतिविधियाँ, कार्यकलाप, लाभ-हानि की सूचनाएँ एवं नवीन उत्पादन व आविष्कार आदि की जानकारी जनता तक पहुँचाने के उद्देश्य से प्रकाशित की जाती है। गृह पत्रिका जनसंपर्क (Public Relation) का एक महत्त्वपूर्ण उपकरण है।

उल्लेखनीय है कि भारत में गृह पत्रिकाओं का विकास औद्योगिक विकास के साथ जुड़ा हुआ है। भारत की पहली गृहपत्रिका 'प्लांटर क्रॉनिकल' मानी जाती है, जो सन् 1906 में प्रकाशित हुई थी। वर्तमान में भारत सरकार के प्रकाशन विभाग द्वारा 'कुरुक्षेत्र', 'योजना', 'आजकल' आदि प्रतिष्ठित पत्रिकाओं का प्रकाशन किया जा रहा है। अन्य संस्थाओं जैसे एयर इंडिया, जीवन बीमा निगम, रिजर्व बैंक, टाटा, बिरला, अंबानी ग्रुप जैसे बड़े-बड़े प्रतिष्ठानों द्वारा संस्था पत्रिका का प्रकाशन किया जा रहा है।

Human Interest Feature मानवीय रुचिपरक फीचर

मानवीय रुचि के फीचर (Human Interest Feature) वे हैं, जिनसे पाठक भावनात्मक रूप से जुड़ा हो और जो पाठक को उत्तेजित या क्रोधित या प्रसन्न करें तथा उसमें सहानुभूति या अरुचि उत्पन्न करें। जिस प्रकार मनुष्य-मनुष्य की शक्ल-सूरत, रहन-सहन, खान-पान में अंतर होता है, उसी प्रकार मानव-मानव की रुचियों में भी अंतर होता है। अपने पाठकों की रुचि, अरुचि की जानकारी प्राप्त करने के लिए लेखक साक्षात्कार, व्यक्तिगत संपर्क और संपादक के नाम पत्र जैसे स्तंभ का सहारा ले सकता है। वास्तव में मानवीय रुचिपरक फीचर लेखन का क्षेत्र अत्यंत व्यापक है। इस क्षेत्र में सफलता प्राप्त करने के लिए लेखक मानव हृदय को स्पर्श करनेवाले विषयों के चयन के उपरांत, उसमें प्रेम, करुणा, दानशीलता, साहस, क्षमा आदि संप्रेषणीय हथियारों के माध्यम से प्रभावी भूमिका अदा कर सकता है।

Human Rights मानव अधिकार

मानव अधिकार (Human Rights) ऐसे अधिकार हैं, जो प्रत्येक व्यक्ति को मानव प्राणी होने के नाते प्राप्त होते हैं, भले ही उसकी राष्ट्रीयता, लिंग, वर्ग, जाति, व्यवसाय तथा सामाजिक-आर्थिक स्थिति कुछ भी हो। मानवाधिकार संरक्षण अधिनियम (सन् 1993) की धारा 2 (D) में मानव अधिकार की परिभाषा दी गई है। इसके अनुसार मानव अधिकार से अभिप्राय व्यक्ति के जीवन, स्वतंत्रता, समानता एवं गरिमा से संबंधित उन अधिकारों से है, जो संविधान द्वारा प्रत्याभूत हैं या अंतरराष्ट्रीय करारों (International Agreement) में शामिल हैं और भारत में न्यायालयों द्वारा प्रवर्तनीय हैं। मानव अधिकारों को मूल अधिकार (Fundamental Rights), नैसर्गिक अधिकार (Natural Rights), जन्मजात अधिकार, आधारभूत अधिकार आदि भी कहा जाता है।

□

In-Cue & Out-Cue — इन-क्यू एवं आउट-क्यू

समाचार का प्रसारण पूर्णतः व्यवस्थित ढंग से होता है। समाचार रिपोर्ट के प्रारंभ होने और खत्म होने के बारे में लिखित निर्देश दिए जाते हैं। इन-क्यू (In-Cue) में रिपोर्ट के प्रारंभिक शब्द लिखे होते हैं, ताकि कैसेट चलाकर सुना जा सके कि सही रिपोर्ट प्रसारित हो रही है अथवा नहीं और आउट क्यू (Out-Cue) के शब्दों द्वारा प्रस्तुतकर्ता व तकनीकी निर्देशक को पता चल जाता है कि रिपोर्ट समाप्त होनेवाली है। इन्हें रिपोर्ट प्रसारण में प्रयुक्त होनेवाले विशेष संकेत भी कहा जा सकता है।

Indian & Eastern Newspaper Society — इंडियन एंड इस्टर्न न्यूजपेपर सोसाइटी

इंडियन एंड इस्टर्न न्यूजपेपर सोसाइटी (Indian & Eastern Newspaper Society) को संक्षेप में आई.ई.एन.एस. (IENS) कहा जाता है। इसका गठन आजादी से पूर्व फरवरी 1939 में हुआ था। सन् 1951 में इसका पंजीकरण भी हो गया। 14 संपादक सदस्यों से प्रारंभ इस संस्था में आज भारतीय भाषाओं के अनेक पत्र जुड़े हुए हैं।

आई.ई.एन.एस. मुख्यतः समाचार-पत्र जगत् के आर्थिक और व्यावसायिक हितों से संबद्ध है। पत्र-पत्रिकाओं की इस संस्था की सदस्यता व्यक्तिगत रूप से प्रदान नहीं की जाती, वरन् यह केवल पत्र-पत्रिकाओं हेतु ही खुली है। यह संस्था प्रेस जगत् की विविध समस्याओं के समाधान हेतु सरकार का समय-समय पर सहयोग करती रही है। ए.बी.सी. (Audit Bureau Circulation—ABC) तथा पी.टी.आई. (Press Trust of India—PTI) के गठन की पृष्ठभूमि में भी आई.ई.एन.एस. की उल्लेखनीय भूमिका रही है। इस संस्था के मुखपत्र का नाम 'इंडियन प्रेस' (Indian Press) है। इसका मुख्यालय नई दिल्ली में स्थित है।

Indian Institute of Mass Communication — भारतीय जनसंचार संस्थान

भारतीय जनसंचार संस्थान (IIMC) की शुरुआत भारत सरकार के सूचना एवं प्रसारण मंत्रालय के विभाग के रूप में अगस्त 1965 में की गई। बाद में सन् 1996 में इसे स्वायत्त संगठन के रूप में सोसायटी रजिस्ट्रेशन एक्ट, 1860 के तहत पंजीकृत किया गया। देश के संपूर्ण विकास की नीति के तहत संचार संसाधनों का प्रभावी इस्तेमाल करने और इसके लिए व्यवस्था की जरूरत को पूरा करने के लिए इस संस्थान की स्थापना की गई।

भारतीय जनसंचार संस्थान, जनसंचार के क्षेत्र में अध्ययन, प्रशिक्षण तथा अनुसंधान के विशिष्ट केंद्र के रूप में जाना जाता है। यह जनसंचार में रुचि रखने वाले युवाओं को प्रिंट, फोटोग्राफी, रेडियो तथा टेलीविजन और संप्रेषण, अनुसंधान, विज्ञापन तथा जनसंपर्क सहित विभिन्न विषयों में दक्षता तथा सुविज्ञता उपलब्ध कराता है।

यह संस्थान पत्रकारिता, विज्ञापन एवं जनसंपर्क के विविध क्षेत्रों में पाठ्यक्रम संचालित करता है। यह अंतरराष्ट्रीय संगठनों तथा अन्य एजेंसियों द्वारा प्रायोजित और वित्त पोषित पाठयक्रमों का भी संचालन करता है। भारतीय सूचना सेवा (Indian Information Service) के अधिकारियों हेतु भी यह पुनश्चर्या (Refresher) पाठ्यक्रमों का आयोजन करता है। संस्थान अंग्रेजी में 'कम्यूनिकेटर' (Communicator) और हिंदी में 'संचार माध्यम' आदि पत्रिकाओं का प्रकाशन भी करता है। संस्थान ने 'अपना रेडियो एफ.एम. 96.9 मेगा हट्‌र्स' नाम से एक सामुदायिक रेडियो स्टेशन की स्थापना (सन् 2005 में) की है। संस्थान भवन जवाहरलाल नेहरू विश्वविद्यालय (नई दिल्ली) के परिसर में स्थित है।

Indian Language Newspaper Association — भारतीय भाषायी समाचार-पत्र संगठन

भारतीय भाषाओं के दैनिक, साप्ताहिक तथा अन्य प्रकार के पत्रों, विशेषकर लघु समाचार-पत्र-पत्रिकाओं के व्यावसायिक हितों की रक्षा एवं समस्याओं के समाधान की दृष्टि से सन् 1941 में 'भारतीय भाषायी समाचार-पत्र संगठन' (Indian Language Newspaper Association) की स्थापना की गई। इसे संक्षेप में 'आई.एल.एन.ए.' अथवा इल्ना (ILNA) भी कहते हैं। इस संगठन के मूल प्रेरक गुजराती के पत्रकार 'जन्मभूमि' के तत्कालीन प्रबंध संपादक श्री अमृतलाल सेठ थे। इस संगठन का मुख्य कार्यालय जन्मभूमि भवन मुंबई में स्थित है।

'इल्ना' ने भारत सरकार के समक्ष छोटे समाचार-पत्रों को अधिक अखबारी कागज देने का प्रश्न उठाया है। सभी समाचार-पत्रों के पारस्परिक संपर्क तथा भारत सरकार के सक्रिय सहयोग और प्रोत्साहन से 'इल्ना' ने 'इंडियन न्यूज पेपर्स सोसाइटी' (Indian Newspaper Society) प्रारंभ करने का निश्चय किया था। इल्ना की ओर से मासिक 'लैंग्वेज प्रेस बुलेटिन' (Language Press Bulletin) का प्रकाशन भी किया जाता है।

Indian Official Secret Act, 1923 — भारतीय शासकीय गोपनीयता अधिनियम, 1923

किसी भी समाचार-पत्र एवं पत्रकार का दायित्व होता है कि वह देश की अखंडता, प्रभुसत्ता एवं एकता को कायम रखने की दिशा में अपना रचनात्मक योगदान दे। राष्ट्रीय सुरक्षा के संवेदनशील प्रश्नों से खिलवाड़ करने की छूट किसी को नहीं दी जा सकती और न ही अभिव्यक्ति की स्वतंत्रता (Freedom of Expression) के नाम पर प्रेस को राष्ट्रीय एकता एवं अखंडता के साथ खिलवाड़ करने की अनुमति दी जा सकती है। राष्ट्रीय हितों की सुरक्षा की दृष्टि से ही सन् 1923 में शासकीय गोपनीयता अधिनिमय (Official Secret Act, 1923) बनाया गया।

शासकीय गोपनीयता अधिनियम के दो भाग/पक्ष हैं—पहला जासूसी या गुप्तचरी से संबंध रखता है, जिसके बारे में प्रावधान अधिनियम धारा 3 में है। दूसरे का संबंध सरकारी सूचनाओं की गोपनीयता से है, जिसके बारे में प्रावधान अधिनियम धारा 5 में है। यह धारा काफी विवादास्पद धारा है।

इस अधिनियम के तहत कोई भी व्यक्ति निम्नलिखित परिस्थितियों में दंड का भागी हो सकता है—

1. किसी प्रतिबंधित क्षेत्र में प्रवेश करता है, उसके बारे में जानकारी किसी को देता है, उस क्षेत्र की सीमा में जाता है।
2. ऐसा कोई स्केच (Sketch), प्लान, मॉडल या ऐसा कोई नोट बनाता है जो प्रत्यक्ष या अप्रत्यक्ष रूप से दुश्मन के लिए उपयोगी हो।
3. विदेशी एजेंटों से संपर्क करता है, जिससे राष्ट्रीय हितों पर आँच आती हो।
4. विभागीय अनुमति के बिना सरकारी मोहरों का प्रयोग करता है।
5. पासपोर्ट, पुलिस या राजकीय पास, सर्टिफिकेट, लाइसेंस आदि में किसी भी प्रकार का अनधिकृत परिवर्तन करने का प्रयास करता है।

सरकारी कामकाज में गोपनीयता बनाए रखनेवाला, आम जनता को जानकारी

के हक से वंचित करनेवाला यह उपर्युक्त कानून गोपनीयता के कुछ अन्य कानूनों सहित स्वतंत्रता के बाद आज भी मौजूद है। समय-समय पर इस कानून की विवादास्पद धारा-5 को रद्द करने अथवा उदार बनाने की बात की जाती रही है।

Indian Working Journalists Union — भारतीय श्रमजीवी पत्रकार संघ

भारतीय श्रमजीवी पत्रकार संघ (Indian Working Journalista Union) देश भर के पत्रकारों का एक महत्त्वपूर्ण संगठन है। सन् 1940 के बाद के दशक में यह विचार विभिन्न स्तरों पर जोर पकड़ने लगा कि पत्रकारों के हितों की रक्षा हेतु उन्हें ट्रेड यूनियन आधार पर संगठित किया जाना चाहिए। इन परिस्थितियों में 28 अक्टूबर, 1950 को नई दिल्ली में कई पत्रकार संगठनों के प्रतिनिधियों का एक सम्मेलन आयोजित किया गया, जिसकी अध्यक्षता वरिष्ठ पत्रकार श्री एम. चलपतिराव ने की। इस सम्मेलन में संघ के कई उद्देश्य स्वीकार किए गए, जो इस प्रकार हैं—

1. पत्रकार वृत्ति की प्रतिष्ठा की रक्षा करना।
2. पत्रकारिता संबंधी विभिन्न विषयों पर श्रमजीवी पत्रकारों के दृष्टिकोणों को केंद्र व राज्य सरकारों के समक्ष प्रभावशाली ढंग से रखना।
3. श्रमजीवी पत्रकारों के अधिकारों की रक्षा करना।
4. विश्व के श्रमजीवी पत्रकारों से संपर्क स्थापित करना।
5. प्रेस स्वतंत्रता की रक्षा करना।

भारतीय श्रमजीवी पत्रकार संघ ने देश के पत्रकारों के हितों के संरक्षण के लिए कई महत्त्वपूर्ण कार्य किए हैं। संघ के प्रथम अधिवेशन में पत्रकारों के लिए एक आचार संहिता (Code of Conduct) स्वीकार की गई। इस संघ के कारण ही वेतनमंडलों की नियुक्ति संभव हो सकी। इस संघ ने भारत में प्रेस व पत्रकारों की जाँच हेतु एक आयोग की नियुक्ति की थी। सन् 1955 का श्रमजीवी पत्रकार अधिनियम भी इस संघ के प्रयत्नों के कारण लागू हो सका। देश के सभी राज्यों में इसकी शाखाएँ हैं। सबसे अधिक पत्रकार इस संघ से संबद्ध है। संघ के मुखपत्र का नाम 'द वर्किंग जर्नलिस्ट' (The Working Journalist) है। भारतीय श्रमजीवी पत्रकार संघ का मुख्यालय नई दिल्ली में स्थित है।

Information — सूचना

'सूचना' के लिए अंग्रेजी में इंफॉर्मेशन (Information) शब्द का प्रयोग किया

जाता है। संसद द्वारा पारित सूचना के अधिकार अधिनियम, 2005 (RTI Act, 2005) के अनुच्छेद 2(F) के अनुसार 'सूचना' से तात्पर्य किसी भी प्रकार की कोई सामग्री से है, जिसके अंतर्गत अभिलेख, दस्तावेज, मेमो, ई-मेल, विचार-विमर्श, प्रेस रिलीज, आदेश, संविदा, कागजात, प्रतिवेदन, नमूने, किसी रूप में रखी गई इलेक्ट्रॉनिक सांख्यिकी सामग्री व निजी संकाय से संबंधित ऐसी सूचना है जो लोक प्राधिकरण द्वारा किसी भी कानून में प्राप्त की जा सकती है, सम्मिलित हैं।

Information Technology — सूचना प्रौद्योगिकी

सूचना प्रौद्योगिकी (Information Technology) के आगमन से प्रिंट (Print) और इलेक्ट्रॉनिक मीडिया (Electronic Media) की कार्यक्षमता पर काफी प्रभाव पड़ा है। प्रिंट मीडिया में सूचना प्रौद्योगिकी का प्रभाव संपादकीय विभाग (Editorial Deptt.) में काफी पड़ा है। समाचार संकलन के लिए संवाददाता जहाँ पहले डाक तार विभाग पर बहुत आश्रित थे, वहीं अब मोबाइल फोन से लेकर लेपटॉप तक का उपयोग करते हैं। अब तो मोबाइल फोन की जगह सेटेलाइट फोन भी आ गए हैं, जिसके माध्यम से संवाददाता दुनिया के किसी भी हिस्से से संपादन कक्ष में बात कर सकता है और लैपटॉप कंप्यूटर के जरिए संवाद ग्रहण-संप्रेषण की प्रक्रिया बहुत ही सुगमता से पूरी होती है।

जहाँ तक इलेक्ट्रॉनिक मीडिया की बात है, तो वहाँ पर भी समाचार संकलन से लेकर प्रसारण तक सूचना प्रौद्योगिकी का प्रयोग होता है। इंटरनेट (Internet) की न्यूज वेबसाइट व पोर्टल (Portal) भी पूरी तरह आई.टी. (IT) पर निर्भर है। इस प्रकार वर्तमान मीडिया की समूची कार्यप्रणाली आई.टी. के बिना अधूरी है।

Information Technology Act, 2000 — सूचना प्रौद्योगिकी अधिनियम, 2000

भारतीय संसद् द्वारा सूचना प्रौद्योगिकी अधिनियम (IT Act, 2000) सन् 2000 में पारित किया गया। इस अधिनियम के पारित होने से इलेक्ट्रॉनिक माध्यमों द्वारा किए गए समझौतों को कानूनी मान्यता मिल गई है। इस अधिनियम में इलेक्ट्रॉनिक अभिलेख, डिजीटल हस्ताक्षर (Digital Signature), ई-कॉमर्स (E-Commerce) एवं साइबर अपराधों पर विशेष ध्यान दिया गया है। इस अधिनियम में डिजीटल हस्ताक्षर को मान्यता प्रदान की गई है। अधिनियम के अंतर्गत साइबर नियम परामर्श समिति (Cyber Regulation Advisory Committee) की स्थापना का भी प्रावधान किया गया है।

सूचना प्रौद्योगिकी अधिनियम ने कई वर्तमान कानूनों में भी संशोधन का सुझाव दिया है, वे इस प्रकार हैं—भारतीय दंड संहिता, 1860; भारतीय साक्ष्य अधिनियम, 1872; बैंकर पुस्तक साक्ष्य अधिनियम, 1891 एवं भारतीय रिजर्व बैंक अधिनियम, 1934 आदि।

Input Desk इनपुट डेस्क/विभाग

किसी भी न्यूज चैनल के समाचार कक्ष को सामान्यतः चार भागों में बाँटा जा सकता है—इनपुट (Input), आउटपुट (Output), प्रोडक्शन (Production) और स्टूडियो (Studio)। एक ओर जहाँ इनपुट एवं आउटपुट का कार्य पत्रकार करते हैं, वहीं प्रोडक्शन और स्टूडियो का संचालन गैर पत्रकार कर्मचारी करते हैं।

इनपुट डेस्क (Input Desk) को इनटेक, एसाइनमेंट (Assignment) या फॉरवर्ड प्लानिंग डेस्क भी कहा जाता है। समाचार परोसने की सारी की सारी कार्ययोजना यहीं बनाई जाती है। समाचार की सफलता इसी डेस्क पर निर्भर करती है। यहाँ काम करनेवाले पत्रकार, समाचारों का संग्रह करके उसे आउटपुट डेस्क तक पहुँचाते हैं। समाचार चैनल को मिलनेवाली कोई भी सूचना सबसे पहले इस डेस्क को ही मिलती है, तत्पश्चात् उसे आउटपुट डेस्क पर फॉरवर्ड किया जाता है।

इनपुट डेस्क का प्रमुख उत्तरदायित्व है—योजना का निर्माण करना, समाचारों का संग्रह, ओ.बी. वैन (OB Van) की तैनाती, दृश्य-सामग्री का लेखा-जोखा रखना आदि। इनपुट डेस्क का एक प्रमुख होता है, जिसे अलग-अलग चैनलों में अलग-अलग नाम से जाना जाता है। किसी चैनल में इसे 'इनपुट एडीटर' कहा जाता है, तो किसी में 'इनपुट हेड' या 'एसाइनमेंट हेड'। विभिन्न चैनलों में इस डेस्क/विभाग का ढाँचा भी अलग-अलग होता है।

Intercom इंटरकॉम

इंटरकॉम (Intercom) टेलीफोन के अंतर्गत मुख्य टेलीफोन से अन्य टेलीफोन जुड़े होते हैं, जिससे व्यक्ति को मुख्य टेलीफोन के पास उठकर आने की जरूरत नहीं पड़ती। अगर आपके पास इंटरकॉम है, तो उसी स्थान से आप बात कर सकते हैं। कार्यालयों, दफ्तरों, उद्योगों के लिए यह प्रणाली अत्यंत लाभदायक रही है, क्योंकि इसके माध्यम से आसानी के साथ अलग-अलग स्थानों पर होते हुए भी संपर्क बनाया जा सकता है।

International Public Relations Asso. — अंतरराष्ट्रीय जनसंपर्क संघ

'इंटरनेशनल पब्लिक रिलेशन्स एसोसिएशन' (IPRA) जनसंपर्क का एक विश्वव्यापी संगठन है (सन् 1955 में स्थापित), जो समूचे विश्व में जनसंपर्क के प्रचार प्रसार, मानकीकरण, नैतिक मानक तय करने तथा स्तर सुधारने में संलग्न है। यह एक स्वतंत्र संगठन है, जो क्षेत्रीय व राष्ट्रीय जनसंपर्क संगठनों से सहयोग रखता है। साठ के दशक में संगठन ने एक कोड ऑफ कंडक्ट (Code of Conduct) स्वीकार किया, जिसका पालन सभी सदस्यों से करने की अपेक्षा की जाती है। सन् 1964 में संयुक्त राष्ट्र संघ ने यूनेस्को (UNESCO) के लिए सलाहकार रूप में इसे मान्यता दी है।

आई.पी.आर.ए. (IPRA) प्रत्येक तीन वर्ष पर 'विश्व जनसंपर्क कांग्रेस' का प्रायोजन करता है। इसका आयोजन विभिन्न सदस्य देशों में किया जाता है। कांग्रेस का उद्देश्य अंतरराष्ट्रीय परिदृश्य पर जनसंपर्क की उपयोगिता पर विचार-विमर्श आदि है। उल्लेखनीय है कि ऐसी पहली विश्व जनसंपर्क कांग्रेस सन् 1958 में ब्रूसेल्स (बेल्जियम) में आयोजित की गई थी।

Intellectual Property Rights — बौद्धिक संपदा अधिकार

बौद्धिक संपदा किसी व्यक्ति या संस्था द्वारा सृजित कोई संगीत, साहित्यिक कृतिकला, प्रतीक, नाम, चित्र, डिजाइन, कॉपीराइट पेटेंट, ट्रेडमार्क आदि को कहते हैं। जिस प्रकार कोई किसी भौतिक धन का स्वामी हो सकता है; उसी प्रकर बौद्धिक संपदा का भी स्वामी हो सकता है। इसके लिए बौद्धिक संपदा अधिकार (Intellectual Property Rights) प्रदान किए जाते हैं। बौद्धिक संपदा अधिकार मानव मस्तिष्क की ही उपज है। विश्व के कई देश अपने-अपने कानून बनाकर इसे सुरक्षित करते आए हैं।

'ट्रिप्स' (TRIPs) वाणिज्य संबंधी बौद्धिक संपदा अधिकार विश्व व्यापार संगठन द्वारा संचालित एक अंतरराष्ट्रीय संधि है, जिसमें बौद्धिक संपदा के अधिकारों के न्यूनतम मानकों को तय किया गया है। सन् 1994 में गैट (GATT) के आठवें चक्र के अंत में इसे तय किया गया है। ट्रिप्स विश्व व्यापार संगठन के सदस्य देशों को बौद्धिक संपदा के अधिकारों के अनुपालन के लिए बाध्य करता है, जिसमें भारत भी सम्मिलित है।

'ट्रिप्स' (TRIPs) लगभग सात प्रकार के बौद्धिक संपदा अधिकारों की चर्चा करता है—कॉपीराइट (Copyright) प्राप्त करने एवं उससे संबंधित पेटेंट (Patent), ट्रेडमार्क (Trademark), औद्योगिक डिजाइन (Industrial Design), भौगोलिक

उपदर्शन (Geographical Indication), इंटीग्रेटेड सर्किट की डिजाइन (Design of Integrated Circuit) एवं अप्रकाशित सूचना का संरक्षण या ट्रेड सीक्रेट (Trade Secret)।

International Subscriber Trunk Dialling (ISD) — इंटरनेशनल सबस्क्राइबर ट्रंक डायलिंग

'आई.एस.डी.' (ISD) से तात्पर्य है—'इंटरनेशनल सबस्क्राइबर ट्रंक डायलिंग' अर्थात् अंतरराष्ट्रीय कॉल डायलिंग द्वारा संपर्क। जहाँ एस.टी.डी. सुविधा के द्वारा केवल एक राष्ट्र के अंतर्गत ही संपर्क स्थापित किया जा सकता है, वहीं विदेश में रहनेवाले लोगों से संपर्क करने के लिए आई.एस.डी. (ISD) सुविधा अनिवार्य होती है। उदाहरणार्थ विदेशों से संपर्क करने हेतु सर्वप्रथम '00' डायल करना पड़ता है, फिर राष्ट्र का कोड (Code), उसके बाद शहर का कोड, इसके बाद वांछित व्यक्ति का नंबर। भारत में सर्वप्रथम आई.एस.डी. (ISD) सेवा सन् 1976 में मुंबई एवं ब्रिटेन के मध्य शुरू हुई थी।

Internet — इंटरनेट

इंटरनेट (Internet) न तो प्रोग्राम है, न ही सॉफ्टवेयर। यह एक ऐसा प्लेटफॉर्म (Platform) या स्थल है, जहाँ से लोग विभिन्न प्रकार की सूचनाएँ मुफ्त या कम खर्च में प्राप्त करते हैं। इंटरनेट एक ऐसा विश्वव्यापी (Worldwide) कंप्यूटर नेटवर्क है, जो दुनिया भर में फैला हुआ है। इंटरनेट नेटवर्कों का नेटवर्क (Network of Networks) है। इंटरनेट के माध्यम से दुनिया भर के किसी भी कोने में बैठे हुए किसी भी व्यक्ति से संपर्क किया जा सकता है। टेलीविजन को जहाँ 'बुद्धू बक्सा' या 'इडियट बॉक्स' (Idiot Box) कहा जाता है, वहीं इंटरनेट उससे भी अधिक मादक है। वर्तमान में इसके उपयोगकर्त्ताओं की संख्या निरंतर बढ़ती जा रही है।

इंटरनेट संचार के क्षेत्र में सर्वाधिक लोकप्रिय एवं प्रगतिशील माध्यम है। विश्व के कंप्यूटरों, लोकल एरिया नेटवर्कों (LAN) और वाइड एरिया नेटवर्कों (WAN) को जोड़नेवाला तंत्र 'इंटरनेट' ही है। कुछ वैज्ञानिकों ने इसे 'फाइबर ऑपटिक्स' टेलीफोन लाइन या उपग्रह माध्यम से परस्पर जुड़े कंप्यूटरों का समूह माना है। इंटरनेट ने विश्व को एक गाँव (Global Village) में बदल दिया है।

इंटरनेट वस्तुतः सूचनाओं और संदेशों के आदान-प्रदान की तीव्रतम व्यवस्था तो है ही, साथ ही यह सुविधाओं का पिटारा भी है। इंटरनेट पर विविध सेवाएँ इस प्रकार

हैं—ई-मेल (E-mail), डब्ल्यू-डब्ल्यू-डब्ल्यू (World Wide Web-www), इंटरनेट-चर्चा/चैट (Chat), होम-पेज (Home Page), यूजनेट, न्यूजग्रुप तथा ई-कॉमर्स (E-Commerce) आदि।

उल्लेखनीय है कि इंटरनेट की शुरुआत अमेरिका में 'एडवांस्ड रिसर्च प्रोजेक्ट एजेंसी' (ARPA) से सन् 1969 में ए.आर.पी.ए. (ARPA NET) के रूप में हुई थी। भारत में प्रथम इंटरनेट सेवा व्यावसायिक रूप से सन् 1995 में भारत सरकार के उपक्रम विदेश संचार निगम लि. (VSNL) ने की थी। सन् 2008 तक इंटरनेट उपयोगकर्त्ताओं की संख्या विश्व में लगभग डेढ़ अरब से अधिक थी। इंटरनेट ने 2 सितंबर, 2009 में अपने जन्म के 40 वर्ष पूरे किए हैं।

Internet Radio — इंटरनेट रेडियो

इंटरनेट की सहायता से ऑडियो प्रसारण करनेवाली सेवा ही इंटरनेट रेडियो (Internet Radio) कहलाती है। इसको वेबकास्टिंग कहना भी उपयुक्त है। इंटरनेट रेडियो स्टेशन को दुनिया में कहीं से भी सुना जा सकता है। बस इस हेतु इंटरनेट कनेक्शन अवश्य होना चाहिए। इंटरनेट पर परंपरागत रेडियो के समान ट्यूनिंग करना संभव नहीं होता। अत: हम विभिन्न रेडियो प्रसारणों को सर्च इंजन की सहायता से ढूँढते हैं। इंटरनेट रेडियो पर शास्त्रीय संगीत, खेल, संवाद, चौबीस घंटे हँसी-मजाक के कार्यक्रम, रॉक संगीत आदि विविध रेडियो कार्यक्रम भी सुने जा सकते हैं।

Interpersonal Communication — अंतरवैयक्तिक संचार

अंतरवैयक्तिक संचार (Interpersonal Communication) दो व्यक्तियों का परस्पर संचार है। एक व्यक्ति के दूसरे व्यक्ति से विचारों, मतों, भावनाओं आदि के आदान-प्रदान को 'अंतरवैयक्तिक संचार' कहते हैं। यह आमने-सामने होता है। यह दोतरफा प्रक्रिया है। चूँकि यह दो व्यक्तियों के संपर्क से होता है, इसलिए यह कहीं भी तथा किसी स्वर, शब्द, संगीत, संकेत, चित्र आदि के माध्यम से हो सकता है। इसमें फीडबैक (Feedback) भी तुरंत मिलता है। यह सबसे ज्यादा प्रचलित संचार है। मानव समाज में प्रारंभ से यह संचार का मुख्य रूप रहा है।

अंतरवैयक्तिक संचार बेहद प्रभावी होता है, क्योंकि—

1. इसमें बाधा की संभावना कम होती है।
2. इसमें फीडबैक तुरंत मिलता है।
3. यह संचार मुख्यत: अनौपचारिक होता है।

4. इसमें किसी कठोर शैली का प्रयोग नहीं होता।
5. इसमें संचार के तरह-तरह के साधन हैं, तरह-तरह से संदेश भेजा जा सकता है।
6. इसमें दूसरे व्यक्ति से सीधा संबंध स्थापित होता है तथा कोई भी व्यक्ति किसी भी समय हस्तक्षेप कर सकता है।

Interpretative Journalism — व्याख्यात्मक पत्रकारिता

पत्रकारिता के आरंभिक दौर में घटना को यथातथ्य प्रस्तुत करना ही पर्याप्त माना जाता था। परंतु बदलती परिस्थितियों में पाठक घटनाओं के मात्र प्रस्तुतीकरण से संतुष्ट नहीं होता। वह कुछ और भी जानना चाहता है। इसी 'और' की संतुष्टि के लिए आज रिपोर्टर घटना की पृष्ठभूमि और कारणों की भी खोज करता है। पृष्ठभूमि के बाद वह समाचार का विश्लेषण भी करता है। टाइम्स ऑफ इंडिया के News Analysis आदि स्तंभ 'व्याख्यात्मक पत्रकारिता' (Interpretative Journalism) का प्रतीक हैं। प्रेस स्वतंत्रता पर अमेरिका के प्रेस आयोग (Press Commission of America) ने भी यह स्वीकार किया कि अब समाचार के तथ्यों को सत्य रूप से रिपोर्ट करना ही पर्याप्त नहीं, वरन् यह भी जरूरी है कि तथ्य के संपूर्ण सत्य को भी प्रकट किया जाए।

Interview — साक्षात्कार/इंटरव्यू

इंटरव्यू (Interview) का अर्थ है—साक्षात्कार या भेंटवार्त्ता। साक्षात्कार या इंटरव्यू लेना अपने आप में एक कला है तथा पत्रकारिता के पेशे का एक महत्त्वपूर्ण अंग। साक्षात्कार किसी भी व्यक्ति से, किसी भी स्थान पर, किसी भी विषय पर लिया जा सकता है। कुशल पत्रकार तो वही होता है, जो साक्षात्कार के दौरान साक्षात्कार देनेवाले व्यक्ति से अपने मतलब की बात निकलवा ले। इंटरव्यू या भेंटवार्त्ता पत्रकार के लिए समाचार प्राप्त करने का एक माध्यम है।

संवाददाता सम्मेलन (Press Conference) या प्रेस से मिलिए कार्यक्रम (Meet to Press) में जहाँ विभिन्न संगठनों के पत्रकार रहते हैं और अपनी आवश्यकता के अनुसार प्रश्न पूछते हैं, वहीं भेंटवार्त्ता इंटरव्यू में पत्रकार को अकेले ही प्रश्न पूछने की सुविधा होती है। इसमें वह अपनी योग्यता अनुसार प्रश्न पूछ सकता है। संवाददाता सम्मेलन में एक पत्रकार का व्यक्तिगत प्रयास शामिल नहीं होता, क्योंकि कई पत्रकार प्रश्न पूछते हैं।

Intranet इंट्रानेट

जिस प्रकार इंटरनेट में विश्व के सभी कंप्यूटर जुड़े होते हैं, वैसे ही यदि किसी कंपनी या संस्थान विशेष के कंप्यूटर आपस में एक-दूसरे से जुड़े हों तथा वह इंटरनेट तकनीक का उपयोग कर रहे हों, तब ऐसे नेटवर्क को 'इंट्रानेट' (Intranet) कहते हैं। इंट्रानेट का प्रयोग वस्तुतः किसी संस्था द्वारा अपनी अंदरूनी सूचना के आदान-प्रदान की क्षमता को बढ़ाने के लिए किया जाता है।

इंटरनेट (Internet) और इंट्रानेट (Intranet) के बीच वही अंतर है, जो एक टेलीफोन और इंटरकॉम में होता है। इंट्रानेट का उपयोग समूहों में कामकाज तथा टेलीकॉन्फ्रेसिंग (Teleconferencing) के लिए भी किया जा सकता है। इंट्रानेट के दो रूप हैं—एक लोकल एरिया नेटवर्क (LAN), दूसरा वाइड एरिया नेटवर्क (WAN)।

Intra-personal Communication अंतः-वैयक्तिक संचार

अंतः-वैयक्तिक संचार (Intra-personal Comm.) संपूर्ण व्यक्तित्व का स्वयं से भौतिक, भावनात्मक एवं सामाजिक सरोकार है। यह संचार का सबसे प्रथम व आधारभूत स्तर है। संचार के इस स्तर में प्रतिभागी केवल एक व्यक्ति ही होता है, वह खुद ही प्रेषक व प्राप्तकर्त्ता होता है। संचार के इस स्तर में व्यक्ति अपने 'केंद्रीय स्नायु तंत्र' (Central Nervous System—CNS) का प्रयोग करता है।

अंतःवैयक्तिक संचार में तीन व्यक्तिगत अवयव मनोवैज्ञानिक, भौतिक तथा शरीर तांत्रिक मिलकर संचार करते हैं। कहा जाता है कि यदि अंतःवैयक्तिक संचार न हो, तो किसी भी प्रकार का संचार संभव न हो पाएगा। इसके अभाव में अन्य किसी भी संचार या संचार प्रक्रिया की कल्पना नहीं की जा सकती।

Intro इंट्रो/आमुख

समाचार लेखन एवं संपादन में आमुख (Intro) का अपना एक विशेष महत्त्व होता है। इसे अंग्रेजी में इंट्रो (Intro) कहा जाता है, जो अंग्रेजी के 'इंट्रोडक्शन' (Introduction) शब्द का संक्षिप्त रूप है। हिंदी-उर्दू के पत्रकार आमुख को 'मुखड़ा' भी कहते हैं। इसे समाचार विशेष का लीड कहा जाता है। इंट्रो को 'समाचार का प्राण' भी कहा जाता है।

किसी भी समाचार के प्रायः तीन भाग होते हैं—शीर्षक, आमुख तथा शेष भाग। शीर्षक के बाद पाठकों की नजर सीधे आमुख पर पड़ती है, क्योंकि यह समाचार का प्रथम अनुच्छेद होता है। यह प्रथम अनुच्छेद (First Para) समाचार का सार रूप तथा

उसके मुख्य तथ्यों को उद्घाटित करता है, समाचार के निष्कर्ष को विज्ञापित करता है। इसे समाचार का परिचय भी कहा जाता है। आमुख में ही पाठकों को छह ककारों (5W-1 H)(क्या, कहाँ, कब, किसने, क्यों और कैसे) का जवाब मिल जाता है।

Inverted Pyramid — विलोम स्तूपी

विलोम स्तूपी (Inverted Pyramid) समाचार लेखन की सर्वाधिक लोकप्रिय पद्धति है। प्राय: देखा जाता है कि रिपोर्टर समाचार का आरंभ उस चरमोत्कर्ष (Climax) से करते हैं, जिसको लघुकथा लेखक अंत में प्रस्तुत करता है। विलोम स्तूपी में सर्वाधिक महत्त्वपूर्ण भाग को सबसे ऊपर, तत्पश्चात् दूसरे, तीसरे पैराग्राफ में कम महत्त्ववाले विवरण को प्रस्तुत किया जाता है। सबसे कम महत्त्ववाले भाग को सबसे अंत में दिया जाता है। विलोम स्तूपी को दूसरे शब्दों में 'उल्टा पिरामिड' भी कहा जाता है।

विलोम स्तूपी को इस तरह समझा जा सकता है—

घटना का चरमोत्कर्ष या महत्त्वपूर्ण भाग

कम महत्त्ववाले विवरण

सबसे कम महत्त्ववाला शेष भाग

समाचार लेखन व संरचना की एक अन्य पद्धति स्तूपी संरचना (Pyramid Structure) भी है। इस पद्धति में सबसे कम महत्त्ववाले विवरण से समाचार का प्रारंभ होता है तथा महत्त्वपूर्ण अंश क्रमश: नीचे की ओर के समाचार में आते हैं।

Investigative Journalism — खोजपूर्ण/अन्वेषणात्मक पत्रकारिता

ऐसी पत्रकारिता जिसमें जासूसी को प्रस्तुत किया जाता है, उसे खोजपूर्ण पत्रकारिता (Investigative Journalism) कहा जाता है। जब कोई व्यक्ति या अधिकारी कोई तथ्य छिपाना चाहता हो अथवा कोई तथ्य अनुद्घाटित हो, वहीं अन्वेषणात्मक/खोजी पत्रकारिता प्रारंभ हो जाती है। उस समाचार या तथ्य को प्रकाश में लाने के लिए पत्रकार तत्पर हो जाता है। अमेरिका का 'वाटरगेट कांड' इस दृष्टि से काफी उल्लेखनीय है। इस कांड के कारण सत्ता परिवर्तन के बाद 'खोजपूर्ण पत्रकारिता' को विशेष प्रोत्साहन मिला। अमेरिका में खोजी पत्रकारिता को चेकबुक जर्नलिज्म (Chequebook Journalism) के नाम से जाना जाता है।

खोजपूर्ण पत्रकारिता में काल्पनिक, अफवाहों के लिए कोई स्थान नहीं होता। कितनी भी बड़ी घटना हो, कैसा ही गंभीर घोटाला हो, खोजी पत्रकार को उसकी तह

तक जाना होता है। यदि चरित्र-हनन तथा किसी व्यक्ति या संस्था को अपमानित करने की नीयत से ऐसी पत्रकारिता की जाएगी, तो वह पीत पत्रकारिता (Yellow Journalism) की श्रेणी में आ जाती है। अन्वेषणात्मक पत्रकारिता का मूल उद्देश्य सामाजिक-राजनीतिक जीवन में शुद्धता होना चाहिए। यदि यह पत्रकारिता सही उद्देश्यों से अनुप्राणित होकर की जाए, तो यह समाज एवं राष्ट्र के लिए बहुत बड़ी सेवा हो सकती है।

Investigative News अन्वेषणात्मक समाचार

अन्वेषी पत्रकार सूचना के साथ-साथ समाचार की तह में जाकर रहस्यपूर्ण तथ्यों को उजागर करता है। ऐसे तथ्यों या सूचना को, जिन्हें कोई जानबूझकर छिपाना चाहे, खोजी पत्रकार ठोस प्रमाणों के साथ अपने पाठकों तक समाचार के माध्यम से सामने लाता है। खोजी समाचार अच्छे व भरोसा करनेवाले समाचार सूत्रों पर आधारित होता है। इस हेतु समाचार से संबंधित सभी प्रमाण जुटाए जाते हैं, ताकि पत्रकार को किसी भी तरह की कोई कानूनी कार्यवाही का सामना न करना पड़े। अन्वेषी पत्रकार को समाचार सूत्र की गोपनीयता की रक्षा भी करनी होती है।

iPad आइ पैड

'आइ पैड' (iPad) ऍपल इंकॉरपोरेशन (Apple Inc.) का एक डिजिटल गैजेट है, जो कि मुख्यत: ई-पुस्तक (e-book) रीडर के रूप में प्रचारित किया गया है। आई पैड-वन सन् 2010 में ऍपल इंक द्वारा रिलीज किया गया, जबकि आइ पैड टू (iPad-2) मार्च 2011 में रिलीज हुआ। आइ पैड की प्रमुख खूबी उसकी 3जी (3G) सुविधा है। आइ पैड की कुछ कमियाँ भी हैं, जैसे—ब्लूटूथ (Bluetooth) का न होना, जी.पी.आर.एस. (GPRS) न होना आदि।

उल्लेखनीय है कि ऍपल इंक या ऍपल इंकॉरपोरेशन एक अमेरिकी बहुराष्ट्रीय निगम (MNC) है, जो उपभोक्ता इलेक्ट्रॉनिक्स एवं कंप्यूटर सॉफ्टवेयर उत्पादों का डिजाइन एवं विनिर्माण करता है। निगम/कंपनी अपने कंप्यूटर हार्डवेयर आइ पैड (iPad), आइ फोन (iPhone), आइ पॉड (iPod) एवं मॅकिन्तोश (Macintosh) आदि के लिए प्रसिद्ध है। ऍपल इंक की स्थापना सन् 1976 में स्टीव जॉब (Steve Jobs) द्वारा कैलीफोर्निया (स.रा. अमेरिका) में की गई।

iPhone आइ फोन

आइ फोन (iPhone) ऍपल इंक (Apple Inc.) द्वारा निर्मित एक मोबाइल

फोन (Mobile Phone) है। यह स्मार्टफोन (Smart Phone) की श्रेणी में आता है। प्रथम आइ फोन सन् 2007 में ऍपल इंक द्वारा रिलीज किया गया। आइ फोन में इंटरनेट एवं मल्टीमीडिया (Multimedia) को चलाया जा सकता है।

आइ फोन इंटरनेट से लैस मोबाइल फोन है। यह वर्चुअल की-बोर्ड व बटन वाला मल्टी टचस्क्रीन (Multi Touchscreen) है। विजुअल वॉइस मेल और टेक्स्ट मैसेज के साथ यह आइ पॉड, कैमरा फोन, पोर्टेबल मीडिया की भूमिका निभा सकने में सक्षम है। इस जी.एस.एम. (GSM—Global System for Mobile Communication) फोन में ईमेल, वेब ब्राउजिंग और स्थानीय वाई-फाई (WiFi) कनेक्टिविटी की सुविधा है। इसके अलावा वाइड एरिया वायरलैस, वॉयस टेलीफोनी, वीडियो कॉल और ब्रॉडबैंड वायरलैस डाटा भी इस आइ फोन में हैं।

आइ फोन में कई तरह की तकनीक शामिल हैं, जैसे इसे किताब की तरह इस्तेमाल किया जा सकता है। मेन पेज से दूसरे पेज पर जाना हो, तो क्लिक करने की बजाए जैसे किताब का पन्ना उलटते हैं, वैसे ही उंगुली से इशारा कीजिए, दूसरा पेज आपके सामने आ जाएगा। आइ पैड में यदि किसी तस्वीर को बड़ा करके देखना चाहते हैं, तो जूम (Zoom) करने की कतई जरूरत नहीं। फोटो के किनारे पर उंगुलियाँ रखें और हलके इशारे से तस्वीर को खींचकर बड़ा कर दीजिए। इसके अलावा इस फोन में कॉन्फ्रेंसिंग, कॉल होल्डिंग और अन्य सेलूलर नेटवर्क व फैक्स के साथ जुड़ने की भी सुविधा है। आइ फोन साढ़े चार इंच लंबा और लगभग ढाई इंच चौड़ा मोबाइल सेट है।

आइ फोन की प्रमुख खूबियाँ जैसे—आइ फोन का इंटीग्रेटेड सिस्टम किसी कंप्यूटर के मुकाबले कमजोर नहीं है। इसमें इंटरनेट, ई-मेल, गेमिंग, ऑडियो-वीडियो प्लेटफॉर्म, वीडियो कैमरा, जैसी कई सुविधाएँ मौजूद हैं। आइ फोन में वीडियो, टी.वी. शो एवं फिल्में भी देख सकते हैं। इस फोन में जी.पी.एस. (GPS) 'ग्लोबल पोजीशनिंग सिस्टम' फीचर भी है, जो रास्तों को ढूँढने में मदद करता है। आइ फोन में माइक्रोसॉफ्ट एक्सचेंज एक्टिव सिंक भी उपलब्ध है। आइ फोन में मैसेज (Message) को सुन-देख सकने के साथ-साथ रिकॉर्ड कर सकने की भी सुविधा है। इस फोन में मल्टी टच सेंसिंग स्क्रीन है, जिसे एक से अधिक उंगुलियों से इस्तेमाल किया जा सकता है।

iPod — आइ पॉड

आइ पॉड (iPod) ऍपल इंक (Apple Inc.) द्वारा डिजाइन एवं विपणन किया जानेवाला एक लोकप्रिय पोर्टेबल मीडिया प्लेयर (Portable Media Player) ब्रांड है। सर्वप्रथम आइ पॉड 23 अक्तूबर, 2001 में लॉन्च किया गया।

आइ पॉड की वर्तमान उत्पाद शृंखला में हार्ड ड्राइव (Hard drive) आधारित– आइ पॉड क्लासिक (iPod Classic), टच स्क्रीन आइ पॉड टच (iPod Touch), वीडियो सक्षम आइ पॉड नैनो (iPod nano/mini), स्क्रीन रहित आइ पॉड शफल (iPod Shuffle), आइ फोन (iPhone) शामिल हैं।

आइ पॉड के पूर्व उत्पादों में कॉम्पैक्ट आइ पॉड मिनी (iPad Mini) एवं आइ पॉड फोटो (iPod Photo) एक आंतरिक हार्ड ड्राइव पर आइ पॉड क्लासिक मॉडल स्टोर मीडिया शामिल हैं। जबकि अन्य मॉडल अपने छोटे आकार को सक्षम करने के लिए फ्लैश (Flash) मैमोरी का उपयोग करते हैं।

आइ पॉड लाइन एम पी–3 (MP3), श्रव्य, ऍपल लॉस लैंस (Loss Lens) सहित कई ऑडियो संचिका प्रारूप (Audio File Format) चला सकते हैं। स्पर्श के इच्छुक सभी आइ पॉड डेटा संचिकाओं को स्टोर करने के लिए विपुल भंडारण उपकरणों (Mass Storage Devices) के रूप में 'डिस्क मोड' में कार्य कर सकते हैं। उल्लेखनीय है कि आइ पॉड का नाम एक स्वतंत्र कॉपी राइटर Vinnie Chieco द्वारा प्रस्तावित किया गया था।

उल्लेखनीय है ऍपल इन्कॉरपोरेशन (Apple Inc.) सं.रा. अमेरिका की एक प्रसिद्ध बहुराष्ट्रीय कंपनी (MNC) है। यह अपने कंप्यूटर हॉडवेयर आइ पॉड (iPod), आइ पैड (iPad), आइ फोन (iPhone) एवं मॅकिन्तोश (Macintosh) या मॅक (iMac) के लिए प्रसिद्ध है। मॅकिन्तोश या मॅक एक व्यक्तिगत कंप्यूटरों (PC) की श्रेणी का नाम है। यह सन् 1984 में सबसे पहले बाजार में उतारा गया।

□

Joint Editor **संयुक्त संपादक**

संयुक्त संपादक (Joint Editor) को सहयोगी संपादक भी कहा जाता है। संयुक्त संपादक, संपादक (Editor) के बाद संपादकीय विभाग (Editorial Deptt.) का द्वितीय वरिष्ठ या कार्यकारी सहयोगी होता है, जो संपादक के दैनंदिन कार्यों में तथा संपादक की अनुपस्थिति में प्रधान संपादक का दायित्व वहन करता है। सामान्यतः अवकाश, कार्य, समय-तालिका, समाचार-पत्र की दैनिक कार्य प्रणाली के साथ संपादकीय विभाग के तालमेल के कार्य संयुक्त संपादक को सौंपे जाते हैं। किसी समाचार पत्र में संयुक्त संपादक की समकक्षता में कार्यकारी संपादक (Exc. Editor) अथवा सहयोगी उप-संपादक भी रखा जाता है।

Joint Statement **संयुक्त वक्तव्य**

दो या दो से अधिक संगठनों, दलों, विशिष्ट व्यक्तियों, राजाध्यक्षों (Head of Nations), नेताओं, मंत्रियों एवं वरिष्ठ अधिकारियों आदि की परस्पर सहमतिपूर्वक जारी की गई आपसी निर्णायक संकल्प या घोषणा संयुक्त वक्तव्य (Joint Statement) कहलाती है। प्रायः इस प्रकार के वक्तव्यों की घोषणा मीडिया (Media) के समक्ष ही की जाती है।

Joint Stock Company **मिश्रित पूँजी कंपनी**

समाचार पत्रों के स्वामित्व (Newspaper Ownership) के कई प्रकार या प्रणालियाँ हैं, जिनमें मिश्रित पूँजी कंपनी (Joint Stock Company) प्रमुख है। व्यापक कलेवर वाले समाचार-पत्र प्रमुख रूप से समाचार पत्र के इस स्वरूप को ही अपनाते हैं। कंपनी (Company) शब्द लैटिन भाषा से लिया गया है। इसकी उत्पत्ति लैटिन भाषा

के दो शब्दों कम (Com) और पेनिस (Panis) के मिलने से हुई है। इन शब्दों का अर्थ साथ-साथ से है। अंग्रेजी में कंपनी का अर्थ साथ-देना है। कंपनी व्यक्तियों का एक ऐसा समूह है, जो एक सामान्य उद्‌देश्य की पूर्ति के लिए संगठित हो। कंपनी का स्वरूप अपनी प्रकृति के अनुसार दो प्रकार का होता है। एक पब्लिक लिमिटेड (Public Ltd.), दूसरा प्राइवेट लिमिटेड (Private Ltd.)।

उल्लेखनीय है कि भारत में समाचार-पत्रों की स्वामित्व प्रणालियों में एकल स्वामित्व (Single Ownership) के बाद कंपनियों (Companies) का दूसरा स्थान है। 'द टाइम्स ऑफ इंडिया', 'नवभारत टाइम्स', 'इकोनॉमिक टाइम्स' (बेनेट एंड कोलमैन द्वारा प्रकाशित) आदि ज्वाइंट स्टॉक कंपनी या संयुक्त साझा कंपनी के उदाहरण हैं।

Journalism — पत्रकारिता

पत्रकारिता अंग्रेजी के शब्द जर्नलिज्म (Journalism) का हिंदी पर्याय है। 'जर्नलिज्म' शब्द जर्नल (Journal) से बना है, जिसका अर्थ दैनिक होता है। प्रारंभ में सरकारी कार्य के दैनिक विवरणों एवं बैठकों की कार्यवाहियों को जर्नल के अंतर्गत रखा जाता था। समयानुसार यह सार्वजनिक होता गया। 17वीं व 18वीं सदी में 'डियूरनल' (Diurnal) तथा जर्नल (Journal) दोनों ही शब्द किसी दैनिक अखबार के लिए प्रयुक्त होते थे।

जर्नल से बना जर्नलिज्म अपेक्षाकृत व्यापक शब्द है। समाचार-पत्रों एवं पत्रिकाओं का लेखन एवं संपादन ही पत्रकारिता (Journalism) कहलाता है। न्यू वेबस्टर्स शब्दकोश के अनुसार भी प्रकाशन, संपादन, लेखन एवं प्रसारणयुक्त समाचार माध्यम का व्यवसाय ही पत्रकारिता है। पत्रकारिता का प्रमुख उद्‌देश्य सूचना प्रदान करना, शिक्षित करना एवं मनोरंजन करना होता है।

पत्रकारिता की प्रमुख विशेषताएँ इस प्रकार हैं—

1. पत्रकारिता का क्षेत्र विशाल होता है, जीवन का कोई भी क्षेत्र इससे अछूता नहीं रहता।
2. पत्रकारिता समाज की गतिविधियों का आईना है।
3. पत्रकारिता शासन व जनता के बीच एक सेतु है।
4. पत्रकारिता का आधार वास्तविकता होती है, इसमें कल्पना का कोई स्थान नहीं होता।
5. पत्रकारिता त्वरित लेखन है, वहीं साहित्य काफी चिंतन-मनन के बाद लिखा जाता है।
6. पत्रकारिता सामाजिक-सांस्कृतिक मूल्यों की संरक्षक है।

Journalist पत्रकार/जर्नलिस्ट

किसी समाचार-पत्र का संपादन करके या उसके लिए कुछ लिखकर जो अपनी जीविका चलाता है, उसे पत्रकार (Journalist) कहते हैं। चेंबर्स डिक्शनरी के अनुसार समाचारों के लेखन, संकलन, संपादन तथा पत्र-पत्रिकाओं की अन्य सामग्रियों को प्रकाशनार्थ तैयार करनेवाला ही पत्रकार कहलाता है। सरल शब्दों में पत्रकार वह व्यक्ति होता है, जो समाचारों का संग्रह और संकलन करता है, समाचार तैयार करता है तथा उन्हें प्रकाशित करता है।

Jump Heading शेषांश शीर्षक

प्रायः समाचार-पत्रों को विस्तृत समाचारों की टूट पत्र के अन्य पृष्ठों पर देनी पड़ती है। इसे ही शेषांश शीर्षक (Jump Heading) कहते हैं। यह प्रायः एक ही कॉलम (Column) में दिए जाते हैं। इस प्रकार का शीर्षक देते समय ध्यान अवश्य रखना चाहिए कि मूल शीर्षक और शेषांश संबद्ध हों, ताकि पाठक को बहुत आसानी से शेषांक मिल जाए।

□

Kill **किल**

लिखित सामग्री को अथवा कंपोज (Compose) की गई सामग्री को नष्ट करने को ही विनष्ट या किल (Kill) कहते हैं।

Knock Down **नॉक डाउन**

नॉक डाउन (Knock Down) शब्द के दो अर्थ होते हैं, एक किसी रिपोर्टर द्वारा किसी समाचार के तथ्यों का खंडन किया जाना, दूसरा उप-संपादक (Sub-editor) द्वारा किसी समाचार को काट-छाँटकर छोटा/संक्षिप्त किया जाना।

Kuldeep Nayyer Commitee **कुलदीप नैयर समिति**

सन् 1977 में ज़नता पार्टी की सरकार ने समाचार समितियों (News Agencies) के भावी स्वरूप पर विचार करने हेतु भारत के विख्यात पत्रकार कुलदीप नैयर की अध्यक्षता में एक समिति का गठन किया। समिति ने अगस्त 1977 में अपनी रिपोर्ट दी। रिपोर्ट में समिति ने, आपातकाल के दौरान जिन चार भारतीय समाचार समितियों (समाचार भारती, पी.टी.आइ., यू.एन.आइ. एवं हिंदुस्तान समाचार) को मिलाकर एक 'समाचार' नामक संवाद समिति गठित की गई थी, उसे भंग करके दो नई समाचार एजेंसियों को बनाने की सिफारिश की।

जिन दो नई समितियों के गठन की सिफारिश की गई, वे वार्त्ता और 'संदेश' नम से कार्य करें। अंतरराष्ट्रीय समाचारों के संकलन व प्रेषण हेतु ये दोनों समितियाँ मिलकर 'न्यूज इंडिया' (News India) नाम से नई समाचार समिति गठित करें। समिति की सिफारिश के अनुसार जहाँ 'संदेश' पूर्ण रूप से अंग्रेजी की समाचार समिति हो वहीं 'वार्त्ता' भारतीय भाषाओं में समाचार सेवा विकसित करेगी। 'न्यूज इंडिया' का अपना

कोई स्वतंत्र अस्तित्व न होगा, वह इन दोनों समितियों के पारस्परिक सहयोग से ही कार्य करेगी। परंतु नैयर समिति के ही कुछ सदस्यों ने समिति की उपर्युक्त सिफारिशों का विरोध किया। जनता पार्टी के पतन के साथ ही इस समिति की सिफारिशों का कोई महत्त्व नहीं रहा।

□

Language — भाषा

जिस साधन के द्वारा मनुष्य अपने मन के भावों, विचारों को दूसरों के समक्ष बोलकर, लिखकर अथवा संकेत के द्वारा प्रकट करता है, उसे भाषा (Language) कहते हैं। भाषा के तीन रूप हैं—मौखिक रूप, लिखित रूप एवं सांकेतिक रूप।

Language of Advertisement — विज्ञापन की भाषा

विज्ञापन की भाषा (Language of Advt.) विशिष्ट होती है। यह साहित्य की भाषा से भिन्न व्यावहारिक भाषा होती है। विज्ञापन की भाषा को गढ़ते समय कई बार भाषिक चतुराई से काम लिया जाता है, भाषा के व्याकरण से नहीं। व्याकरण के खाते में भाषा बैठे या न बैठे, लेकिन उसमें ध्यानाकर्षण की शक्ति अवश्य होनी चाहिए। इसलिए आज विज्ञापन की भाषा कहीं अंग्रेजी के प्रयोग से, तो कहीं विशेषणों पर बल देकर आकृष्ट कर रही है।

विज्ञापन की भाषा में विशेषणों का काफी बढ़-चढ़कर प्रयोग किया जा रहा है—

1. केवल एक विशेषण का प्रयोग वाले विज्ञापन—
   लाइफबॉय है जहाँ तंदुरुस्ती है वहाँ।
   फेयर एंड लवली गोरेपन की क्रीम।
2. दो विशेषणों का प्रयोग—
   दूध सी सफेदी निरमा से आए
   रंगीन कपड़ा भी खिल-खिल जाए
3. तीन विशेषणों का प्रयोग—

साफ, स्वस्थ एवं डैंड्रफ रहित बालों के लिए
क्लिनिक प्लस शैम्पू।

Language Editing भाषिक संपादन

वाक्यों को सुगठित करना और जो फालतू या अनावश्यक शब्द हैं, उनको निकालना, लेखक की विशिष्ट भाषिक शैली को बदले बिना भाषा को व्याकरणिक दृष्टि से शुद्ध, सहज, पठनीय एवं संप्रेषणीय बनाना ही 'भाषिक संपादन' (Language Editing) कहलाता है।

भाषिक संपादक के प्रमुख कार्य हैं—शब्दों का सही उपयोग, वाक्य रचना का निर्माण एवं पाठ को पठनीय/संप्रेषणीय बनाने के लिए भाषा को सक्षम बनाना, भाषागत दोषों को दूर करना, विराम चिह्नों एवं वर्तनी का सही प्रयोग एवं विषय के अनुसार संपादन करना आदि।

Laptop लैपटॉप

लैपटाप (Laptop) एक प्रकार का वैयक्तिक कंप्यूटर है। इसे गोद में रखकर कार्य कर सकते हैं, इसलिए इसे 'लैपटॉप कंप्यूटर' कहते हैं। यह बैटरी से चलता है। लैपटॉप में सामान्य कंप्यूटरों के बराबर की ही गणना क्षमता होती है। इसे यात्रा के दौरान भी आसानी से इस्तेमाल किया जा सकता है, क्योंकि इसका आकार एवं भार इतना कम होता है कि इसे आसानी से इधर-उधर ले जाया जा सकता है। सामान्यत: लैपटॉप का भार एक से ढाई किलो तक होता है। इसमें फ्लॉपी (Floppy), सी.डी. रोम (C.D. ROM) आदि के लिए भी व्यवस्था होती है।

Laser Composing लेजर कंपोजिंग

वर्तमान में कंप्यूटर द्वारा फोटो कंपोजिंग (Photo Composing) से भी आगे बढ़कर कंप्यूटर लेजर कंपोजिंग के माध्यम से पुस्तकों का प्रकाशन हो रहा है। लेजर कंपोजिंग अधिक सुविधाजनक है, क्योंकि इसमें करेक्शन लगाना, पेज मेकअप करना, प्रूफ के लिए प्रिंटर की व्यवस्था तथा कम स्थान में ही बहुत कुछ प्रबंध करना संभव है। साथ ही लेजर कंपोजिंग में आवश्यकता होने पर मुद्रित मैटर का आकार छोटा करना, इटैलिक करना, काला करना आदि अनेक काम भी सुविधापूर्वक किए जा सकते हैं।

लेजर कंपोजिंग से कुंजी-पटल (Keyboard) की सहायता से कंप्यूटर में लगी टाइफ्रेस डिस्क के अनुसार मैटर को फ्लॉपी पर कंपोज कर लिया जाता है। यह मैटर

कंप्यूटर की मेमोरी में बना रहता है और जब आवश्यकता होती है, तो प्रिंटर की सहायता से प्रूफ निकाले जाते हैं। इन प्रूफों के लिए फोटो कंपोजिंग की भाँति ब्रोमाइड पेपर की जरूरत नहीं पड़ती, बॉन्ड (Bond) पेपर पर प्रूफ निकाले जाते हैं।

Laser Printer लेजर प्रिंटर

लेजर प्रिंटर (Laser Printer) एक इलेक्ट्रोफोटोग्राफिक प्रिंटर है, जो उसी तकनीक पर बना है, जिस पर फोटोस्टेट (Photostat) मशीन बनी है। इस तकनीक में एक लेजर किरण और एक घूमते हुए आइने का प्रयोग कर छाया का निर्माण एक ड्रम पर करते हैं। यह छाया ड्रम पर चार्ज के रूप में बदल जाती है, जो इंक के कणों को अपनी ओर आकर्षित करती है। इसी ड्रम पर एक चार्जयुक्त कागज लिपट जाता है और गर्मी से इंक कागज पर अंकित हो जाती है। लेजर प्रिंटर की छपाई फोटोस्टेट की तुलना में काफी अच्छी एवं महँगी होती है। लेजर प्रिंटर एक उच्च रेजोल्यूशन वाला आघातविहीन प्रिंटर होता है। इसे पेज प्रिंटर (Page Printer) भी कहा जाता है।

Lasswell's Communication Model लासवेल संचार मॉडल

अमेरिका के हैराल्ड डी. लासवेल ने (सन् 1948) में एक शाब्दिक मॉडल प्रस्तुत किया। इसे संचार का पहला व्यवस्थित मॉडल माना जाता है। यह मॉडल है तो संक्षिप्त, लेकिन इस संचार प्रक्रिया में कई महत्त्वपूर्ण तत्त्वों को शामिल किया गया है। लासवेल का संचार मॉडल/प्रारूप इस प्रकार है—

प्रतीक 5 ककार	*अभिव्यक्ति*
कौन कहता है? (Who?)	स्रोत/प्रेषक (Communicator)
क्या? (Says What?)	संदेश (Message)
किस माध्यम से? (In which channels?)	माध्यम (Medium)
किसकी? (To whom?)	श्रोता (Receiver)
क्या प्रभाव है? (With what effect?)	प्रभाव (Effect)

इस प्रकार संचार का लासवैलियन मॉडल पाँच ककारों पर आधारित है। लासवेल प्रेषक यानी कौन पर संचार में संदेश (क्या) में प्रवेश कराता है और 'किसको' यानी प्रापक पर जो संदेश प्राप्त करता है—जोर दिया है। अंत में लासवेल ने प्रभाव का तत्त्व अपने मॉडल में समाहित किया है। लासवेल के मॉडल में सबसे महत्त्वपूर्ण बात ही यह है कि वह प्रभाव को महत्त्व देता है। लासवेल के इस मॉडल ने संचार को समझने में बड़ी भूमिका निभाई है। इस फार्मूले का विभिन्न रूपों में इस्तेमाल भी किया गया तथा

संचार के ढाँचे को समझने में यह काफी महत्त्वपूर्ण है। परंतु लासवेल के इस मॉडल की कुछ सीमाएँ/दोष भी हैं। जैसे—यह एक रेखीय मॉडल है, जो सीधी रेखा में जाता है, जिसमें फीडबैक (Feedback) की जगह नहीं है। साथ ही इस मॉडल में बाधा को भी नजरअंदाज किया गया है।

Layout ले-आउट

प्रारूप अथवा आकलन ले-आउट कहलाता है। समाचार-पत्र का पृष्ठ निर्माण जिस प्रारूप के आधार पर होता है, वह ले-आउट (Layout) कहलाता है। सामान्यत: पृष्ठ सज्जा के लिए तीन शब्दों का प्रयोग होता है—डिजाइन (Design), ले-आउट (Layout) एवं मेकअप (Make-up), समाचार पत्र संपादक पृष्ठ संरचना कराने से पूर्व उसका ले-आउट प्रारूप तैयार करता है। पत्रकारिता की भाषा में इसे 'डमी' (Dummy) भी कहा जाता है। यद्यपि ले-आउट वह प्रारूप है, जो यह प्रदर्शित करता है कि मुद्रित सामग्री किस प्रकार संयोजित की गई है या की जानी है। डमी को उसका कच्चा रूप कहा जाता है, जिसमें समाचारों, विज्ञापनों आदि का यथास्थान संकेत किया जाता है।

Lead लीड

समाचार-पत्रों में लीड का एक विशिष्ट स्थान होता है। समाचार-पत्र के प्रथम पृष्ठ पर सबसे ऊपर बाईं तरफ सबसे मोटे शीर्षक में दिया गया समाचार प्रथम लीड कहलाता है। यह समाचार उस दिन का सबसे प्रमुख/महत्त्वपूर्ण समाचार होता है। द्वितीय लीड पृष्ठ के दाहिनी तरफ दिया जाता है, जो प्रथम लीड की तुलना में कम महत्त्व का होता है। समाचार के महत्त्वपूर्ण प्रारंभिक भाग या पहला वाला अनुच्छेद, इंट्रो (Intro) को भी 'लीड' कहते हैं।

Leader लीडर

लीडर (Leader) का शाब्दिक अर्थ आगे चलनेवाला होता है। उसी प्रकार किसी फिल्म (Film) के प्रारंभिक हिस्से पर Countdown नंबरवाला टुकड़ा लीडर कहलाता है। फिल्मों के रील निर्माण में भी दो रीलों को जोड़ने के लिए लीडर (Leader) दिया जाता है, ताकि उनमें तारतम्य भी रहे और एक ही पूल (Pool) पर वे चढ़ाई भी जा सकें। सामान्यत: यह हिस्सा खाली (Blank) ही रखा जाता है।

Lead Shot लीड शॉट

लीड शॉट (Lead Shot) ऐसा शॉट होता है, जो दर्शकों को भ्रम में डालता है।

जैसे कोई अभिनेता बहुत ऊँची मीनार से छलाँग लगाकर समीप ही गिर जाता है, लेकिन कैमरा उसे छलाँग लगाते हुए नीचे फर्श पर गिरते दिखाता है। दर्शक समझते हैं कि वह वास्तव में इतनी ऊँचाई से छलाँग लगाकर फर्श पर गिरा है।

Lens — लैंस

लैंस (Lens) कैमरे का सबसे महत्त्वपूर्ण हिस्सा होता है। जिस प्रकार मनुष्य के शरीर में आँख का महत्त्व है, उसी प्रकार फोटोग्राफी में लैंस का महत्त्व होता है। लैंस प्रायः शीशे का बना एक पारदर्शी माध्यम है, जो दोनों तरफ से वक्र होता है और प्रकाश की किरणों को परिवर्तित करता है। इसका प्रयोग न केवल कैमरे में, बल्कि एंलार्जर, प्रोजेक्टर, माइक्रोस्कोप, दूरबीन, सिनेमा, स्कैनर, चश्मे आदि में भी किया जाता है। लैंस मुख्यतः दो प्रकार के होते हैं—उत्तल लैंस (Convex Lens) और अवतल लैंस (Concave Lens)।

- **उत्तल लैंस (Convex Lens)**—यह लैंस बीच में उभरा हुआ और किनारे की ओर पतला होता जाता है। उत्तल लैंस (Convex Lens) को पॉजीटिव लैंस (Positive Lens) भी कहते हैं, क्योंकि फोकल प्लेन पर प्रतिबिंब बनाने में इसकी भूमिका प्रमुख होती है। इसका स्थान लैंसों में प्रथम होता है। उत्तल लैंस को कंवर्जिंग लैंस (Converge) भी कहते हैं।
- **अवतल लैंस (Concave Lens)**—यह लैंस बीच में पतला और किनारों की ओर से उभरा हुआ होता है। प्रकाश की किरणें इस लैंस में से होती हुई दूसरी ओर से निकलती हैं, तो चारों दिशाओं में जाती हुई प्रतीत होती हैं। इसलिए इन लैंसों को निगेटिव लैंस (Negative Lens) भी कहते हैं।

Letter Press — लैटर प्रेस

लैटर प्रेस (Letter Press) एक किस्म की रिलीफ छपाई है, जिसमें एक बेलन की मार्फत स्याही, धातु के बने फर्मे में कसे टाइपों के उभरे हुए हिस्से पर चलती है और फिर इन टाइपों की दाब (Impression) कागज पर पड़ती है। लैटर प्रेस छपाई का तरीका एक रबर स्टैंप (Rubber Stamp) द्वारा की गई छपाई से मिलता-जुलता है। जिस तरह रबर स्टैंप में छपाई केवल उभरे टाइपों से होती है, उसी तरह लैटर प्रेस में भी स्याही उभरे हुए तल पर ही चलती है और उन्हीं से छाप कागज पर स्थानांतरण की जाती है।

आजकल लैटर प्रेस प्रणाली में धातु से बनी विभिन्न आकारों और अलग-अलग

स्पीडवाली मशीनें उपलब्ध हैं। लैटर प्रेस मशीनें मुख्यत: चार प्रकार की होती हैं— ट्रेडल मशीन, रोटरी मशीन, सिलिंडर मशीन एवं प्लेटन मशीन। वर्तमान में सूचना प्रौद्योगिकी (IT) के विकास से लैटर प्रेस का कोई विशेष महत्त्व नहीं रहा है।

Letter to Editor — संपादक के नाम पत्र

संपादकीय पृष्ठ (Editorial Page) का सबसे महत्त्वपूर्ण स्तंभ संपादक के नाम पत्र (Letter to Editor) होता है। यह स्तंभ जनता के विचारों का प्रतिनिधित्व करता है। इस स्तंभ में पत्र लेखक अपने मन की ही बात कह सकता है। जनता के द्वारा लिखे गए संपादक के नाम पत्र वास्तव में एक खुला जनमंच ही होता है, जो एक लोकतंत्र (Democracy) में ही संभव है। प्राय: प्रत्येक पत्र-पत्रिका इस स्तंभ का नाम अलग-अलग रखे हुए है। यह स्तंभ लगभग सभी पत्र-पत्रिकाओं में होता है। दैनिक 'नई दुनिया' में पत्र संपादक के नाम, 'जनसत्ता' में चौपाल, 'हिंदुस्तान' में लोकवाणी आदि शीर्षकों से प्रकाशित होता है।

Lighting — प्रकाश व्यवस्था

शूटिंग (Shooting) के दौरान की गई प्रकाश व्यवस्था। प्रकाश (Light) का फिल्म निर्माण में बहुत महत्त्व होता है। बिना प्रकाश व्यवस्था के लगभग इंडोर शूटिंग असंभव होती है। समुचित प्रकाश व्यवस्था करके कार्यक्रम को बेहतर बनाया जा सकता है। प्रकाश के महत्त्व को अच्छा निर्देशक भलीभाँति समझता है। इसलिए वह प्रकाश का प्रयोग सार्थक ढंग से ही करता है। वह अपने संदेश को कलात्मक ढंग से दर्शकों तक पहुँचाता है।

Liner — लाइनर

प्राय: छोटे कस्बों से समाचार प्रेषित करनेवाला लाइनर (Liner) कहलाता है, जो प्रकाशित संवाद की पंक्तियों (Lines) के अनुसार पारिश्रमिक पाता है। यह पूर्णकालिक पत्रकार नहीं होता। ऐसे व्यक्ति का मुख्य कार्य कुछ और भी होता है। वे शौकिया तौर पर कभी-कभार प्रेषण कर देते हैं, जबकि लाइनर से थोड़ा अधिक सुविधा प्राप्त रिपोर्टर 'स्ट्रिंजर' (Stringer) कहलाता है।

LinkedIn — लिंक्ड इन

'लिंक्ड इन' (LinkedIn) एक व्यावसायिक सामाजिक नेटवर्क सेवा

(Business Related Social Networking Site) है। लिंक्ड इन की स्थापना दिसंबर 2002 में हुई एवं मई 2003 में इसे लॉन्च किया गया। इसके संस्थापक रीड हाफमैन (Reid Haffman) हैं। जून 2011 तक लिंक्ड इन के 120 मिलियन पंजीकृत उपयोगकर्त्ता हैं। लिंक्ड इन वर्तमान में कई भाषाओं में उपलब्ध है, जिनमें प्रमुख हैं—अंग्रेजी, फ्रेंच, जर्मन, स्पेनिश, इटालियन, रूसी एवं पुर्तगाली आदि। लिंक्ड इन का मुख्यालय माउंट व्यू (Mountain View) कैलीफोर्निया (सं.रा. अमेरिका) में स्थित है।

Literary Journalism साहित्यिक पत्रकारिता

साहित्य समाज का दर्पण होता है। भारत में हिंदी पत्रकारिता का जन्म और पालन-पोषण पूरी तरह से साहित्यकारों के आँगन में ही हुआ है। अतः पत्रकारिता को साहित्य से तथा साहित्य से पत्रकारिता को किसी भी दशा में अलग नहीं किया जा सकता। पत्रकारों के लिए जिन्हें साहित्य में विशेष रुचि है, साहित्यिक पत्रकारिता अत्यंत रोचक क्षेत्र है। साहित्यिक पत्रकारिता (Literary Journalism) का क्षेत्र अत्यंत व्यापक होता है। इस क्षेत्र में होनेवाली गतिविधियाँ—आलोचना, पुस्तक समीक्षा, नए प्रकाशन, संस्मरण, रेखाचित्र, साहित्यकारों से भेंटवार्त्ता, उनकी समस्याओं आदि को पत्रकारिता के द्वारा जन-जन तक पहुँचाना—समाज को नई दृष्टि प्रदान कर रही हैं।

साहित्यिक पत्रकारिता का भविष्य भारत में सदैव उज्ज्वल रहा है। भारतेंदु हरिश्चंद्र के द्वारा प्रकाशित 'कवि वचन सुधा' से प्रारंभ होकर साहित्यिक पत्रकारिता की यह यात्रा हिंदी प्रदीप, मतवाला, हंस, सरस्वती, धर्मयुग, कादंबिनी, साहित्य अमृत आदि अनेक पत्र-पत्रिकाओं के द्वारा निरंतर साहित्य की सेवा करती रही है। सर्वोत्तम पत्रकारिता साहित्य पत्रकारिता है यानी दोनों एक-दूसरे के पूरक हैं। तभी तो बर्नार्ड शॉ ने कहा है, 'कुशल पत्रकार साहित्यकार से भिन्न नहीं होता।'

Lithography Printing लिथोग्राफी मुद्रण पद्धति

'लिथोग्राफी' (Lithography) शब्द ग्रीक लिथो (Litho) से बना है, जिसका अर्थ पत्थर है। वस्तुतः यह एक समतल सतह द्वारा मुद्रण की विधि है, जिसे प्लेनोग्राफिक प्रोसेस (Planographic Process) के नाम से भी जाना जाता है। सेनेफिल्डर नामक व्यक्ति ने (सन् 1798) मुद्रण की इस लिथोग्राफी पद्धति का आविष्कार किया था।

लिथोग्राफी प्रणाली में छपाई के लिए एक विशेष किस्म के कागज (Paper) पर किताबत की जाती है, चित्र बनाए जाते हैं, जिन्हें बाद में लिथोस्टोन (Lithostone) पर उल्टा अंकित कर दिया जाता है। मुद्रण के लिए कागज सीधे ही पत्थर के संपर्क में

आता है और पत्थर पर जो उल्टे प्रभाव अंकित होते हैं, वह कागज पर सीधे उतरते हैं। इस प्रकार इस मुद्रण प्रणाली में प्रत्यक्ष (Direct) छपाई होती है।

लिथोग्राफी से मिलती-जुलती छपाई की एक और अन्य पद्धति है, जिसे ऑफसेट (Offset Printing) कहा जाता है। मात्र अंतर इतना ही है कि इसमें छपाई प्रत्यक्ष न होकर अप्रत्यक्ष (Indirect) तरीके से होती है। ऑफसेट छपाई में मुद्रित होनेवाली सामग्री प्लेट से रबड़ ब्लैंकेट सिलेंडर (Blanket Cylinder) पर स्थानांतरित की जाती है। ब्लैंकेट सिलेंडर पर जो भी सामग्री स्थानांतरित की जाती है उसका स्वरूप उल्टा (Reverse) होता है। जब इसकी छाप कागज पर पड़ती है तो सामग्री सीधी पढ़ी जाती है।

Live — लाइव/सीधा प्रसारण

समाचारों में लगातार ताजगी लाने का एक बड़ा नजरिया लाइव है। किसी घटना के नए दृश्यों को बार-बार लाइव दिखाकर बुलेटिन (Bulletin) में ताजगी लाई जाती है। टेलीविजन न्यूज के वर्तमान दौर में लाइव की बहुत अहमियत है। इसीलिए तेजी व ताजगी बरकरार रखने हेतु चैनल ज्यादा-से-ज्यादा लाइव पर ही निर्भर करते हैं।

लाइव का संबंध खबरों को तेजी से दर्शकों तक पहुँचाने से होता है। इस हेतु हर समाचार चैनल व्यापक बंदोबस्त करने की कोशिश भी करते हैं, जैसे महत्त्वपूर्ण स्थानों पर ओ.बी. वैन (OB Van) रखते हैं। ताकि जरूरत पड़ने पर जल्द-से-जल्द घटनास्थल पर पहुँचकर खबरें दी जा सकें। वास्तव में टी.वी. स्क्रीन पर लिखा 'लाइव' शब्द ही दर्शकों को यह अहसास करा देता है कि कुछ नई चीजें हो सकती हैं या कुछ महत्त्वपूर्ण आ रहा है।

Local News — स्थानीय समाचार

स्थानीय समाचारों का दैनिक समाचार पत्रों में एक विशेष महत्त्व होता है। दैनिक पत्रों में प्रकाशन स्थल/नगर से संबंधित समाचारों हेतु प्रायः तीसरा पृष्ठ निश्चित होता है। सामान्यतः इसी पृष्ठ पर ही स्थानीय समाचार (Local News) दिए जाते हैं। परंतु फिर भी इस प्रकार के समाचार सुविधानुसार समाचार पत्र में कहीं भी दिए जा सकते हैं। स्थानीय समाचारों में नगर व उसके आसपास के समाचार ही विस्तार से प्रकाशित किए जाते हैं। इस प्रकार के समाचारों की पाठक संख्या (Readership) भी अन्य पाठकों की तुलना में अधिक होती है।

समाचार-पत्र के प्रकाशन स्थल व उस क्षेत्र से संबंधित समाचार, जहाँ से संस्करण (Edition) निकलता है, स्थानीय समाचार कहलाते हैं।

Log-book लॉग बुक

'लॉग बुक' (Log-book) को हिंदी में निर्देशन पुस्तिका कहा जाता है। लॉग बुक को 'एसाइनमेंट बुक' (Assignment Book) भी कहते हैं। जिस पुस्तिका में रिपोर्टर के समाचार संकलन कार्य से संबंधित निर्देश अंकित होते हैं, उसे लॉग बुक या 'निर्देश पुस्तिका' कहा जाता है।

Local Network (LAN) लैन/स्थानीय नेटवर्क

लैन (LAN) एक ऐसा नेटवर्क है, जो स्थानीय स्तर पर बहुत से कंप्यूटरों या वर्कस्टेशनों, प्रिंटरों व अन्य उपकरणों को आपस में जोड़ता है, जिससे सूचनाओं एवं डाटा का आदान-प्रदान हो सके। लैन के द्वारा विभिन्न उपकरणों एवं संसाधनों का साझा उपयोग तथा परस्पर संबद्ध उपयोगिताओं के मध्य सूचना/फाइल आदि का विनिमय किया जा सकता है। लैन टॉपोलोजी (LAN Topology) के विभिन्न भाग होते हैं— स्टार (Star), बस (Bus), ट्री (Tree) एवं रिंग (Ring)।

Logo लोगो/प्रतीक चिह्न

प्रतीक चिह्न अंग्रेजी के शब्द (Logo) लोगो का पर्याय है। लोगों की उत्पत्ति ग्रीक शब्द लोगॉस (Logos) से हुई है। इसका अर्थ एक प्रारूप (Design) या प्रतीक (Symbol) है, जिसका प्रयोग कोई संगठन/कंपनी अपनी और अपने उत्पादों की पहचान स्पष्ट करने के लिए करती है।

प्रतीक चिह्न किसी संगठन के लिए उसकी पहचान को सामने प्रकट करता है। संगठन का उद्देश्य, क्षेत्र व लक्ष्य भी इसके द्वारा स्पष्ट होते हैं। हर संगठन अपने प्रतीक चिह्नों को प्रचारित प्रसारित करता है। प्रतीक चिह्न पंजीकृत (Reg.) होते हैं तथा एक संगठन के प्रतीक चिह्न का दूसरा संगठन उपयोग भी नहीं कर सकता। सरकारें भी प्रतीक चिह्नों का प्रयोग करती हैं।

प्रतीक चिह्न संगठन की साख व मजबूती को प्रतिध्वनित करते हैं तथा जनता के मन में संगठन की छवि को बनाए रखने तथा स्मरण कराने का कार्य करते हैं। संगठन प्रतीक चिह्नों का उपयोग इसलिए भी करते हैं, क्योंकि पूरे संदेश को जनता भले न पढ़ पाए, स्थापित प्रतीक चिह्न को देखकर पूरे संगठन की छवि उसके दिमाग से गुजर जाती है।

Long Shot (L.S.) लॉन्ग शॉट

यह शॉट दूर से लिया गया होने के कारण ही लॉन्ग शॉट (Long Shot)

कहलाता है। इस शॉट को 'वाइड शॉट' भी कहा जाता है, क्योंकि यह किसी भी दृश्य को पूरा-पूरा दिखाता है। 'लॉन्ग शॉट' को संक्षेप में 'एल.एस.' (L.S.) भी कहते हैं। लॉन्ग शॉट में पूरा दृश्य नजर आता है जिससे दर्शक को जगह, स्थिति, समय की आधारभूत समझ आ जाती है, क्योंकि इसमें सभी चीजें स्पष्ट दिखाई देती हैं। लॉन्ग शॉट को दो भागों में बाँटा जा सकता है—एक्स्ट्रीम लॉन्ग शॉट (E.L.S.) और मीडियम लॉन्ग शॉट (M.L.S.)।

□

Macbride Commission — मैकब्राइड आयोग

विश्व की नई सूचना संचार व्यवस्था (NWICO) से संबंधित समस्याओं के अध्ययन के लिए 'संयुक्त राष्ट्र संघ शैक्षिक वैज्ञानिक सांस्कृतिक संगठन' (UNESCO) ने सन् 1977 में एक अंतरराष्ट्रीय आयोग का गठन किया। इस आयोग के अध्यक्ष सीन मैकब्राइड (आयरलैंड) थे तथा विभिन्न देशों के 15 विख्यात पत्रकार एवं संचार विद्वान आयोग के सदस्य थे। इनमें भारत के जॉर्ज वर्गीज भी आयोग के सदस्य थे। आयोग ने अपनी अंतिम रिपोर्ट सन् 1980 में 'मैनी वॉयसेज वन वर्ल्ड' (Many Voices One World) शीर्षक से प्रकाशित की। आयोग ने अपनी रिपोर्ट में सूचना के मुक्त और संतुलित प्रवाह सुनिश्चित करने के उपाय सुझाए, साथ ही पश्चिमी देशों के संचार माध्यमों के साम्राज्यवाद तथा एकाधिकारवाद पर असंतोष व चिंता भी व्यक्त की।

मैकब्राइड आयोग की रिपोर्ट की प्रमुख सिफारिशें इस प्रकार हैं—

1. संचार द्वारा विश्व के विभिन्न हिस्सों में सामाजिक विकास के लिए व्याप्त असमानताओं को दूर किए जाने पर बल दिया गया।
2. रिपोर्ट में संचार तकनीक का समान प्रवाह तीसरी दुनिया (Third World) य: विकासशील देशों के लिए अत्यंत महत्त्वपूर्ण है, बताया गया।
3. सूचना संबंधी स्वतंत्रता एवं सूचनाओं के आदान-प्रदान को लोकतांत्रिक रूप दिया गया।
4. संचार माध्यमों के विश्वव्यापी स्वरूप की सुरक्षा बनाए रखकर सामान्य मूल्यों का निर्धारण किया गया।
5. रिपोर्ट में मीडिया के समक्ष आ रही सामाजिक चुनौतियों को भी महत्त्वपूर्ण बताया गया।

6. सिफारिश की गई कि पत्रकारिता एवं संचार से जुड़े अन्य व्यवसायों में मानकों तथा उत्तरदायित्वों का भी निर्धारण किया जाना चाहिए।

Machine Proof — मशीन प्रूफ

मशीन प्रूफ (Machine Proof) में प्रूफ रीडर (Proof Reader) यह देखता है कि मुद्रित की जानेवाली सामग्री सभी स्थलों में समान रूप से उभर रही है या नहीं। मशीन या प्रिंट ऑर्डर प्रूफ (Print Order Proof) वस्तुतः प्रूफ रीडिंग कार्य की वह अंतिम प्रक्रिया है, जिसमें सामग्री शुद्ध रूप में उपलब्ध होती है और कोई त्रुटि शेष नहीं रहती है। तभी प्रूफ रीडर मुद्रित किया जाए या 'प्रिंट' शब्द अंकित कर अपने लघु हस्ताक्षर करता है। मशीन प्रूफ को 'क्लीन प्रूफ' (Clean Proof) का नाम भी दिया जाता है।

Magazine — पत्रिका/मैगजीन

पत्रिकाएँ (Magazine) प्रकाशन अवधि के अंतर के अनुसार साप्ताहिक, पाक्षिक, मासिक और त्रैमासिक आदि होती हैं। पाठकों की पसंद के आधार पर भी विभिन्न प्रकार की पत्रिकाएँ होती हैं, जैसे सामान्य सूचनाओं वाली, खेल, फैशन, सिनेमा, राजनीतिक, साहित्यिक, आर्थिक, सांस्कृतिक, व्यापारिक, कैरियर आदि हेतु पत्रिकाएँ। पत्रिकाएँ आकार में भी विभिन्न आकार की होती हैं। पत्रिकाओं का मानक आकार (Standard Size) 8''×10'' होता है। पत्रिकाओं की सामग्री अधिकांशतः फीचर (Feature) के रूप में होती है। साथ ही इसमें चित्रों, स्तंभों व प्रस्तुति की विविधताओं का समावेश भी होता है। पत्रिकाओं का स्वरूप समाचार-पत्रों (Newspaper) के कलेवर से भिन्न होता है।

पत्रिकाओं के प्रमुख गुण हैं—पत्रिका का जीवनकाल (समाचार पत्र की तुलना में) लंबा होता है, पत्रिकाओं की चयनात्मकता समाचार पत्रों से अधिक होती है। पत्रिकाओं को मुद्रित करते समय अच्छे कागज व रंगों का प्रयोग किया जाता है, जिससे उसकी गुणवत्ता अच्छी रहती है। पत्रिकाओं का एक प्रमुख दोष भी है कि इनकी प्रसार क्षमता सीमित होती है तथा एक पत्रिका की पहुँच किसी विशेष श्रेणी के पाठक तक ही अधिक होती है।

Magazine — मैगजीन

पत्रिका का पर्यायवाची शब्द प्रिंट मीडिया (Print Media) में विशेषकर

साप्ताहिक, पाक्षिक, मासिक एवं छमाही मैगजीन निकालने की परंपरा से रहा है। परंतु इस शब्द का प्रतिरूप इलैक्ट्रॉनिक मीडिया (Electronic Media) में दैनिक, साप्ताहिक प्रसारण के रूप में खबरों का हार्ड (Hard) एवं सॉफ्ट (Soft News) न्यूज का मिश्रण स्वरूप रुचिकर ढंग से दर्शक के सामने परोसा जाता है। इस दृष्टि से प्रणव रॉय द्वारा प्रसारित 'न्यूज मैगजीन वर्ल्ड दिस वीक' (News Magazine World this Week) अपने प्रारंभिक दिनों में काफी लोकप्रिय व प्रचलित रहा है।

Make-up — मेकअप

समाचार-पत्र में 'मेकअप' (Make-up) का अर्थ है—पृष्ठ निर्माण या पृष्ठ सज्जा। यह कार्य समाचार-पत्र में प्रतिदिन किया जाता है। जब कभी समाचार, कार्टून, लेख, विज्ञापन आदि तैयार हो जाते हैं, तब उन्हें पृष्ठ पर सजाया जाता है और यह प्रक्रिया 'मेकअप' कही जाती है।

वर्तमान समय में समाचार-पत्रों की आपसी प्रतिस्पर्धा, विज्ञापन पाने की होड़ के कारण पत्र की साज-सज्जा पर विशेष ध्यान दिया जाता है—समाचार शीर्षक, चित्र, विज्ञापन, रूपक, अग्रलेख, कार्टून आदि समस्त प्रकाशन सामग्रियों को विविध पृष्ठों पर सजाने-सँवारने की विधि पृष्ठ सज्जा (Make-up) है। डिजाइन (Design), प्रारूप (Layout) एवं मेकअप (Make-up) ये सभी शब्द पृष्ठ सज्जा हेतु ही प्रयुक्त होते हैं। पृष्ठ सज्जा को चार रूपाकारों में श्रेणीबद्ध किया जा सकता है, ये हैं—ऊर्ध्वाधर (Vertical), अनुप्रस्थ (Horizontal), मॉड्यूलर एवं आयताकार।

सामान्यतः समाचार पत्र की संरचना या मेकअप के लिए निम्नलिखित पाँच नियम/सिद्धांत माने जाते हैं—

1. संतुलन (Balance),
2. फोकस (Focus),
3. विरोधाभास (Contrast),
4. संगति (Harmony) एवं
5. गति (Motion)।

Make-up Proof — मेकअप प्रूफ

गैली प्रूफ (Gallery Proof) के संशोधन किए जाने के बाद पृष्ठों के रूप में गैली की कंपोजित सामग्री को बाँटकर तथा उनके प्रूफ उठाकर प्रूफ रीडिंग विभाग तक पहुँचाए जाते हैं। मेकअप (Make-up) और पृष्ठ प्रूफ (Page Proof) में संक्षिप्त

अंतर यह है कि मेकअप से पृष्ठ काटते हुए कंपोजीटर केवल स्थूल रूप से पंक्तियाँ गिनकर पृष्ठ निर्माण करता है, उसे इससे कोई अर्थ नहीं रखना कि अनुच्छेद की एक पंक्ति किसी पृष्ठ की प्रारंभिक पंक्ति है या किसी पृष्ठ की अंतिम पंक्ति या नवीन अनुच्छेद की प्रथम पंक्ति है।

मेकअप प्रूफ में प्रूफरीडर आवश्यक निर्देश देकर पृष्ठ प्रूफ लाने का आदेश कंपोजीटर को देता है। इन निर्देशों के पालन के पश्चात् उठाया जानेवाला प्रूफ ही पृष्ठ प्रूफ के प्रथम प्रूफ (First Proof) रूप में प्रूफरीडर के पास आता है।

Managing Director प्रबंध निदेशक

बड़े मीडिया संस्थानों, बड़े समाचार पत्र–पत्रिकाओं एवं अन्य औद्योगिक प्रतिष्ठानों व निदेशालयों की सभी प्रकार की व्यवस्था का निर्देशन, निरीक्षण करने वाले अधिकारी को 'प्रबंध निदेशक' (Managing Director) कहलाते हैं। इसे संक्षिप्त में 'एम.डी.' (MD) भी कहते हैं।

Morgue संदर्भ कक्ष

मीडिया शब्दावली में इस शब्द का प्रयोग समाचार पुस्तकालय या संदर्भ कक्ष के लिए होता है, जहाँ प्रमुख व्यक्तियों, घटनाओं से संबंधित सूचनाएँ व अन्य सामग्री रखी जाती हैं।

Market Research बाजार अनुसंधान

बाजार संबंधी जानकारी सुव्यवस्थित रूप से एकत्रित करने की प्रक्रिया को बाजार सर्वेक्षण या 'मार्किट रिसर्च' (Market Research) कहते हैं। बाजार अनुसंधान वस्तुओं एवं सेवाओं के विपणन से संबंधित समस्याओं के बारे में तथ्यों एवं आँकड़ों को इकट्ठा करने और उनका विश्लेषण करने की कार्यवाही है।

बाजार अनुसंधान/गवेषणा बाजार से जुड़े सभी लोगों, निर्माता, विक्रेता कंपनियों, विज्ञापनकर्त्ताओं, वितरकों आदि के लिए बहुत महत्त्वपूर्ण गतिविधि है। वस्तुओं एवं सेवाओं के बारे में, बाजार संबंधी नीतियाँ बनाने, वस्तुओं के वितरण संबंधी निर्णय लेने, विज्ञापनों का स्वरूप आदि तय करने में इसका महत्त्वपूर्ण योगदान है। बाजार अनुसंधान में मौजूदा उपभोक्ताओं एवं संभावी उपभोक्ताओं के बारे में जानकारी इकट्ठी की जाती है। वास्तव में बाजार अनुसंधान बहुत विस्तृत है। इसके द्वारा उन समस्याओं का भी अध्ययन किया जाता है, जो निर्माता से उपभोक्ता तक बिक्री संदेश (विज्ञापन) पहुँचाने से संबंधित हैं।

बाजार अनुसंधान का कार्यक्षेत्र इस प्रकार है—

1. उत्पाद अनुसंधान
2. वितरण अनुसंधान
3. बाजार अनुसंधान
4. विज्ञापन अनुसंधान
5. भौतिक वितरण अनुसंधान
6. मूल्य अनुसंधान
7. उपभोक्ता अनुसंधान
8. विक्रय अनुसंधान
9. निर्यात अनुसंधान

Mass — जन/जनता

'जन' (Mass), लोक, जनता, लोग, जन समूह, जन समुदाय, सामान्य जन, इन समस्त शब्दों का अर्थ एक ही है। लैटिन भाषा में जनता को Publicus कहते हैं। भीड़ शब्द का प्रयोग भी जनता के अर्थ में किया जाता है। जनता के साथ सामाजिकता के कई रूप होते हैं और इनकी संख्या अपार होती है, जबकि भीड़ कहीं सम्मिलित होने के लिए एकत्र होती है। लोकतंत्र में जनता ही सत्य है, जनता ही शिव और सुंदर भी। जनता की आवाज ईश्वर की आवाज होती है। (जबान खल्क, नक्कारा खुदा)।

संचार विशेषज्ञों की दृष्टि में 'जन' विश्वव्यापी है। जन का अर्थ भिन्न-भिन्न क्षेत्रों में भिन्न-भिन्न रूपों में होता है, जैसे—व्यावसायिक क्षेत्र में जन का अभिप्राय उपभोक्ता से होगा, तो राजनीतिक दृष्टि से जन शब्द का अभिप्राय मतदाताओं से होगा, परंतु जन में अनेक प्रकार के जन सम्मिलित होकर फिर जनसमूह का निर्माण करते हैं। उसे प्रचलित भाषा में जनता (People) कहा जाता है।

जन के विभिन्न सामाजिक व क्षेत्रीय प्रकार हैं, जैसे—सांस्कृतिक, भौगोलिक, शैक्षिक, आर्थिक, धार्मिक, शोषित, पूँजीपति, महिलाएँ, युवा एवं वृद्ध आदि।

Mass Communication — जनसंचार

कोई भी संचार, जो महत्त्वपूर्ण रूप से लोगों के व्यापक समूह तक पहुँचता हो, 'जनसंचार' (Mass Communication) कहलाता है। जनसंचार वह प्रक्रिया है, जिसके द्वारा बहुत बड़ी संख्या में प्रस्तुत किए गए संदेशों को जन माध्यमों के जरिए जनसमूह तक संप्रेषित किया जाता है। जनसंचार में स्रोत एक व्यक्ति नहीं होता। जनसंचार में

संदेशों का प्रेषण व्यापक जन समुदाय के बीच होता है। जनसंचार के प्रमुख कार्य हैं—सूचना (Information), शिक्षा (Education) एवं मनोरंजन (Entertainment)।

जनसंचार के विभिन्न साधनों का माध्यमों (Medium) के रूप में प्रयोग किया जाता है, इन्हें जनमाध्यम कहा जाता है, जैसे मुद्रण (Print) में समाचार-पत्र, पत्रिका, पुस्तकें, पोस्टर, डाक प्रचार सामग्री, जबकि इलेक्ट्रॉनिक (Electronic) में रेडियो, टेलीविजन, फिल्म, टेपरिकॉर्डर, सी.डी. आदि। जनसंचार में प्रतिपुष्टि (Feedback) की संभावना बहुत ही कम होती है, क्योंकि जनसमूह संदेश प्रेषक के सीधे आमने-सामने नहीं होता। उल्लेखनीय है कि 'जनसंचार' (Mass Comm.) शब्द का पहली बार प्रयोग हर्बर्ट ब्लुमर (Herbert Blumer) ने सन् 1939 में जनसमूह के लिए किया था। तब जनसमूह का प्रयोग 'जनता के एक विशाल समूह' के लिए किया जाता था।

जनसंचार की प्रमुख विशेषताएँ इस प्रकार हैं—

1. श्रोता तक पहुँचने का समय सामान्यत: निश्चित।
2. संदेश का सार्वजनिक प्रसारण संभव।
3. फीडबैक देर बाद पहुँचता है।
4. आमतौर पर एकतरफा संचार है।
5. श्रोता जरूरत के मुताबिक मीडिया का चुनाव करता है।
6. यह औपचारिक होता है।
7. संदेश का यांत्रिक रूप से बहुत संख्या में संप्रेषण होता है।
8. संदेश का दूर-दराज तक संप्रेषण होता है।

Mass Communication Medium — जनसंचार माध्यम

'जनसंचार माध्यमों' (Mass Comm. Medium) से अभिप्राय संचार के उन माध्यमों से है, जिनके प्रयोग द्वारा एक असीमित व वर्गरहित जन तक विचार, भावनाओं, सूचनाओं को संप्रेषित किया जाता है। मार्शल मैकलुहान ने माध्यम के महत्त्व को स्वीकार करते हुए 'माध्यम ही संदेश है' (Media is the Message) माना।

आधुनिक जनसंचार माध्यमों को निम्न वर्गों में बाँटा जा सकता है—

1. **मुद्रण माध्यम (Print Medium)**—इनमें शामिल हैं—समाचार-पत्र, पत्रिकाएँ, पंफलेट, पुस्तकें, जर्नल आदि।
2. **इलेक्ट्रॉनिक माध्यम (Electronic)**—इलेक्ट्रॉनिक माध्यमों को भी निम्न भागों में बाँटा जा सकता है।

   क. श्रव्य माध्यम (Audio)—जैसे रेडियो, ऑडियो कैसेट, टेलीफोन

ख. श्रव्य एवं दृश्य (Audio or Visual)—जैसे फिल्म, टेलीविजन, वीडियो कैसेट, सी.डी.

ग. नव इलेक्ट्रॉनिक माध्यम (New Electronic Media)—इनमें उपग्रह, कंप्यूटर प्रणाली, इंटरनेट, मल्टीमीडिया आदि सम्मिलित हैं।

Mass Communication Research जनसंचार शोध

किसी भी ज्ञान की शाखा में नवीन तथ्यों की खोज के लिए सावधानीपूर्वक किए गए अन्वेषण या जाँच पड़ताल को शोध (Research) की संज्ञा दी जाती है। 'जनसंचार शोध' (Mass Communication Research) से तात्पर्य मानव समाज, मानव समूह, राजनीतिक व्यवस्था, अर्थव्यवस्था, देश की आंतरिक और बाह्य परिस्थितियों में परिवर्तनों से संबंधित वैज्ञानिक पद्धतियों तथा चरणों के द्वारा किए गए शोध से है। जनसंचार शोध, संचार घटनाओं के संबंध में सत्य, प्रमाणित और आनुमानिक तथ्यों को वैज्ञानिक प्रणालियों से एकत्र करता है, उनका वर्गीकरण, विश्लेषण कर निष्कर्ष निकालता है। जनसंचार शोध एक वैज्ञानिक पद्धति पर आधारित है।

विभिन्न विद्वानों ने जनसंचार शोध को निम्न प्रकार से परिभाषित किया है—

1. **मोजर के अनुसार**—संचार शोध घटनाओं और समस्याओं के संबंध में नवीन ज्ञान प्राप्त करने के लिए किए गए अन्वेषण कार्य को कहते हैं।
2. **फिशर के अनुसार**—जनसंचार शोध, किसी समस्या को हल करने या परिकल्पना की जाँच करने या नई घटनाओं को खोजने के उद्देश्य से सामाजिक, आर्थिक, राजनीतिक परिस्थितियों में उपयुक्त कार्य प्रणाली का प्रयोग है।

उपर्युक्त परिभाषाओं से स्पष्ट होता है, कि जनसंचार शोध एवं वैज्ञानिक सुनिश्चित कार्यप्रणाली, प्रयत्न, परीक्षण तथा खोज है जिसका उद्देश्य सामाजिक परिस्थितियों, आर्थिक प्रघटनाओं, राजनीतिक समस्याओं, संबंधित परिकल्पना आदि का तार्किक तथा क्रमबद्ध प्रणालियों द्वारा नवीन तथ्यों की खोज तथा पुराने तथ्यों का परीक्षण और सत्यापन करके सामान्यीकरण करना है। इसमें तथ्यों का परीक्षण, संकलन, वर्गीकरण, विश्लेषण और सामान्यीकरण किया जाता है।

जनसंचार शोध की प्रमुख प्रविधियाँ हैं (Research Techniques)—सर्वेक्षण प्रविधि (Surveyor Technique), अवलोकन (Observation), अनुसूची (Schedule), साक्षात्कार (Interview), प्रश्नावली (Questionnaire), निर्देशन (Sampling) एवं सारणीयन (Tabulation) आदि।

Mast Head — मास्ट हैड

समाचार-पत्र के स्वामित्व, प्रकाशक, मुद्रक एवं संपादक आदि का ब्यौरा, जो अक्सर पत्र के अंतिम पृष्ठ पर दिया जाता है इसे, 'मास्ट हैड' (Mast Head) कहा जाता है। इसे हिंदी में मुद्रण रेखाएँ भी कहते हैं। इसे अक्सर भूल से 'नाम पट्टिका' भी समझ लिया जाता है।

Media as an Industry and Profession — मीडिया एक उद्योग एवं प्रोफेशन के रूप में

हिंदी पत्रकारिता का अपना एक वृहद् इतिहास रहा है। स्वतंत्रता से पूर्व राष्ट्रीय भावना से ओतप्रोत, आडंबरों व धार्मिक सामाजिक कुरीतियों से लड़ती मीडिया ने इसे एक मिशन (Mission) के रूप में स्थापित किया था। इसमें लोकहित-लोक कल्याण (Public Welfare) प्रमुख तत्त्व रहा। वह जन-चेतना जगाने और लोक जागरण का प्रमुख हथियार बनी। समाचार-पत्र-पत्रिकाएँ भारतीय मानसिकता को राष्ट्रीयता का सबक सिखाती थीं। सामाजिक-धार्मिक सुधारों हेतु प्रेरित करती थीं। उस समय का पत्रकार समाचार-पत्र को मिशन बनाकर चलता था।

वर्तमान दौर में मीडिया/पत्रकारिता एक उद्योग (Industry) बन गया है। 'सैकड़ों लगाओ और हजारों पाओ' के सिद्धांत पर चलनेवाला यह उद्योग पनपता ही जा रहा है। वर्तमान में पत्रकारिता स्वार्थ व महत्त्वाकांक्षाओं की पूर्ति की सीढ़ी बन गई है। पत्रकारिता की सूची से सामाजिक विकृतियों का परिष्कार, जनसामान्य के अधिकार व कर्त्तव्य, देश व समाज के हित में जनमत जैसे ठोस मुद्दे विमुख होते जा रहे हैं।

Media is the Massage — माध्यम ही संदेश है

प्रसिद्ध मीडिया विशेषज्ञ मार्शल मैक्लुहान का यह वाक्य कि 'माध्यम (मीडिया) ही संदेश है' (Media is the Message) एक विश्वविख्यात मुहावरा बन चुका है। इसका वर्णन मैक्लुहान ने अपनी पुस्तक 'अंडरस्टैंडिंग मीडिया-द एक्सटेंशंस ऑफ मन' (Understanding Media) में सर्वप्रथम किया। इसे केवल टेलीविजन के संदर्भ में ही नहीं, बल्कि आज के इलेक्ट्रॉनिक दौर की सभी कलाओं की संप्रेषण प्रक्रिया को एकीकृत रूप में समझनेवाले सूत्र या एक समग्र सिद्धांत के रूप में भी प्रचारित किया जाता है।

मेक्लुहान ने जनसंचार माध्यमों को दो भागों में बाँटा है—एक गर्म माध्यम (Hot Medium) दूसरा ठंडा माध्यम (Cold Medium)। गर्म माध्यम वह है, जो

सूचनाओं को श्रोता तक एक इंद्रिय से प्रदान करते हैं। ठंडा/कोल्ड माध्यम वह है, जिन्हें श्रोता एक से अधिक इंद्रियों के माध्यम से (सूचना) ग्रहण करें। दूसरे शब्दों में ठंडे माध्यम से उनका तात्पर्य ऐसे माध्यम से है, जो मनुष्य की इंद्रियों को उच्चावस्था (High Definition) में न ले जा सके। जो माध्यम ऐसा कर पाने में सक्षम हो, वह गर्म माध्यम होंगे। मैक्लुहान के अनुसार टेलीविजन, दूरभाष, इलेक्ट्रॉनिक माध्यम, पुस्तक, पिछड़े देश आदि ठंडे माध्यम हैं, जबकि रेडियो, फिल्म, फोटोग्राफ (छायाचित्र), दृश्य, विकसित देश, मुद्रित माध्यम, आदि गर्म माध्यम हैं।

मैक्लुहान विकसित पश्चिमी देशों को 'गर्म माध्यम समाज' मानते हैं और भारत जैसे विकासशील देश (Developing Country) को 'ठंडे माध्यमवाले समाज'। उनके अनुसार एक ठंडे समाज में रेडियो व फिल्मों जैसे गर्म माध्यम आसानी से स्वीकृति नहीं पाते। इसलिए भारत जैसे देशों में टेलीविजन ने रेडियो और फिल्मों को बहिष्कृत किया। उल्लेखनीय है कि मैक्लुहान ने रेडियो को आदिवासी नगाड़े (ट्राइबल ड्रम्स) तथा छायाचित्र को दीवारहीन वैश्यालय (ब्राथल विदाउट वाल्स) और टेलीविजन को कायर मुनाफाखोर (टिमिड जाइंट) भी कहा है।

Media Journalism — माध्यम पत्रकारिता

जनमाध्यमों को उनकी प्रकृति के आधार पर श्रव्य (Audio), दृश्य (Visual) एवं दृश्य श्रव्य में विभाजित किया जाता है। प्रत्येक कोटि के इन माध्यमों की पत्रकारिता का स्वरूप भिन्न प्रकार का होता है। प्रिंट माध्यम (Print Medium) समाचार पत्र एवं पत्रिका की पत्रकारिता रेडियो एवं टी.वी. की पत्रकारिता से परस्पर भिन्न होती है। इसी प्रकार फिल्म पत्रकारिता का स्वरूप भी भिन्न प्रकार का होता है। वर्तमान में तो इंटरनेट प्रणाली के विकास के परिणामस्वरूप इंटरनेट पत्रकारिता (Internet Jounalism) भी अस्तित्व में है। इस प्रकार माध्यमों के आधार पर पत्रकारिता को प्रिंट पत्रकारिता, टी.वी. पत्रकारिता, रेडियो पत्रकारिता (इलेक्ट्रॉनिक पत्रकारिता), फिल्म पत्रकारिता, इंटरनेट या साइबर पत्रकारिता में वर्गीकृत किया जा सकता है।

Media Management — मीडिया प्रबंधन

'प्रबंधन' (Management) वह क्रिया है, जिसके अंतर्गत प्रबंधक (Manager) संस्थान से संबंधित विषयों व प्रक्रियाओं को लेकर योजनाएँ बनाता है, व्यवस्था करता है। साथ ही वह संस्थान में कार्य करनेवाले कर्मचारियों को रचनात्मक रूप से प्रेरित करता है और उनके कार्यकलापों व गतिविधियों पर नियंत्रण रखता है। इस

प्रकार वह भौतिक उपकरणों व कर्मचारियों के सहयोग से उन लक्ष्यों की पूर्ति करता है, जो संस्थान द्वारा निर्धारित किए गए हैं। प्रबंधक इस प्रयोजन हेतु संस्थान में ऐसा वातावरण तैयार करता है कि उससे प्रेरित होकर कर्मचारी विभिन्न समूहों में निर्धारित लक्ष्यों की पूर्ति हेतु काम करते हैं, वह उन्हें मार्ग दर्शाता है।

Media Trail मीडिया ट्रायल

वर्तमान में टीवी चैनलों में आपसी होड़ की वजह से टी.वी. पत्रकारिता (Television Journalism) में खुद ही सुनवाई करने तथा फैसला सुनाने की प्रवृत्ति एकदम से बढ़ रही है। किसी तरह की कोई घटना हुई नहीं कि पत्रकार कसूरवार ढूँढने का काम शुरू कर देते हैं। यही नहीं, फैसला तक भी सुना देते हैं। समाचार चैनलों द्वारा इस तरह से मीडिया ट्रायल किया जाना पत्रकारिता के उसूलों के खिलाफ है। हाल ही में ऐसे मामले सामने आए हैं, जिनमें समाचार चैनलों ने जज बनकर गलत फैसले सुनाए हैं। बाद में अदालतों द्वारा उन्हें मीडिया ट्रॉयल के लिए फटकार भी लगाई गई है।

Medium माध्यम

संचार की प्रक्रिया में 'माध्यम' (Medium) का बहुत महत्त्व होता है। किसी भी संदेश को माध्यम के द्वारा ही भेजा जाता है। कोई संदेश, किस तरह के, कितने श्रोताओं तक, किस गति से तथा किस रूप में पहुँचेगा? ऐसी समस्त चीजें इस बात पर निर्भर करती हैं कि उसका माध्यम क्या है। किसी भी संदेश की सफलता इस बात पर निर्भर करती है कि माध्यम का चुनाव सही किया गया है या नहीं। अलग-अलग जरूरत के लिए अलग-अलग माध्यम का प्रयोग किया जाता है। भिन्न प्रकार की सामाजिक, आर्थिक स्थितियों तथा भिन्न भौगोलिक क्षेत्रों के लिए अलग-अलग किस्म के संचार माध्यमों की आवश्यकता होती है।

संचार माध्यमों को तीन भागों में विभाजित किया जा सकता है—परंपरागत माध्यम (Traditional Medium), मुद्रित माध्यम (Print Medium) एवं इलेक्ट्रॉनिक माध्यम (Electronic Medium) आदि। संचार विद्वान मार्शल मैकलुहान ने माध्यम के महत्त्व को स्वीकार करते हुए इसे 'माध्यम ही संदेश है' (Medium is the Message) माना था।

Medium Shot मीडियम शॉट

'मीडियम शॉट' (Medium Shot) लॉन्ग शॉट (Long Shot) व क्लोज अप

(Close up) के बीच की कड़ी का कार्य करनेवाले शॉट होते हैं, जो प्रायः मध्यम दूरी से लिए गए होते हैं। ये पात्रों को घुटनों से ऊपर तक दर्शाते हैं या इनमें पात्रों के कमर से थोड़ा नीचे के हिस्से नजर आते हैं। जब किसी मानवाकृति के बैठने या खड़ा होने की स्थिति में कोहनी तक के भाग को फ्रेम (Frame) किया जाता है, तो वह मीडियम या मिड शॉट कहलाता है। यह शॉट न तो पात्र, वस्तु या स्थिति को बहुत दूर दिखाता है और न ही बहुत करीब से। मीडियम शॉट को दो भागों में बाँटा जा सकता है—एक मीडियम लॉन्ग शॉट (Medium Long Shot) दूसरा मीडियम क्लोज अप शॉट (Medium Close up Shot)।

Meet the Press — प्रेस से मिलिए/मीट द प्रेस

'संवाददाता सम्मेलन' (Press Conference) और प्रेस ब्रीफिंग' (Press Briefing) से बिल्कुल अलग कार्यक्रम 'प्रेस से मिलिए' (Meet the Press) कार्यक्रम होता है। पत्रकार सम्मेलन और प्रेस ब्रीफिंग प्रायः मंत्रियों, अधिकारियों एवं व्यावसायिक संस्थानों द्वारा आहूत किए जाते हैं। परंतु 'प्रेस से मिलिए' कार्यक्रम न तो पत्रकार सम्मेलन होता और न ही प्रेस ब्रीफिंग। मीट द प्रेस का आयोजन प्रेस क्लबों, प्रेस एसोसिएशनों, संवाददाता/पत्रकार समितियों या समाचार पत्रों की ओर से व्यवस्थित किया जाता है।

'प्रेस से मिलिए' कार्यक्रम के आयोजन में किसी मंत्री, किसी विशेष व्यक्ति, महत्त्वपूर्ण अधिकारी को पत्रकारों, संवाददाताओं के बीच आमंत्रित किया जाता है। इस आयोजन में प्रेस प्रतिनिधियों एवं पत्रकारों की ओर से कोई विषय नहीं निर्धारित किया जाता। मीट द प्रेस कार्यक्रम के आयोजन में निमंत्रण-पत्र, चाय व जलपान आदि की व्यवस्था प्रेस क्लब, संवाददाता एसोसिएशन की ओर से की जाती है।

Message — संदेश

किसी संचारक द्वारा किसी संचार प्रक्रिया (Communication Process) के अंतर्गत किसी भी माध्यम से जिन सूचनाओं, विचारों का संचार किया जाता है, उन्हें 'संदेश' (Message) कहते हैं। इसे संचारक मौखिक (Verbal) या अमौखिक (Non-verbal) तरीके से, शब्दों या चित्रों के जरिए या फिर संकेत द्वारा प्रापक के पास संप्रेषित करता है। जनसंचार की भाषा में इसे अंतर्वस्तु/कंटेंट्स कहा जाता है। कोई भी संदेश अंतरवैयक्तिक संचार (Inter personal Communication) के क्रम में जिस रूप में तैयार किया जाता है, आवश्यक नहीं कि उसी रूप में उसे समूह संचार (Group

Comm.) या जनसंचार के लिए भी संप्रेषित कर दिया जाए।

वस्तुत: एक ही संदेश को अलग-अलग श्रोताओं तक अलग-अलग माध्यमों से संप्रेषित करने में भिन्न रूपों में प्रस्तुत करना पड़ सकता है। यह किसी संदेश की गोपनीयता एवं महत्त्व इत्यादि बनाए रखने के लिए अनिवार्य होता है।

Micro Blogging माइक्रो ब्लॉगिंग

'माइक्रो ब्लॉगिंग' (Micro Blogging) को हिंदी में 'सूक्ष्म चिट्ठाकारी' कहा जाता है। यह पारंपरिक चिट्ठाकारी/ब्लॉगिंग का एक भिन्न रूप है, जिसमें संक्षिप्त पाठ्य संदेश भेजे जा सकते हैं। संदेश (Message) की सीमा प्राय: 140 अक्षरों (ट्विटर/Twitter पर) की होती है, जिसे मोबाइल फोन, इंस्टैंट मैसेंजर, ई-मेल या जाल पृष्ठ द्वारा भेज सकते हैं। सन् 2006 में प्रारंभ, ट्विटर (Twitter) सर्वाधिक प्रसिद्ध माइक्रो ब्लॉगिंग सेवा है।

ज्यों-ज्यों माइक्रो ब्लॉगिंग की लोकप्रियता में बढ़ोतरी हो रही है, इसके अति साधारण रूप में नए अंग एवं विशेषताएँ आदि जोड़े जाने का प्रयास चल रहा है। वर्तमान में माइक्रो ब्लॉगिंग का प्रभाव इतना बढ़ गया है कि फेसबुक (Facebook) से लेकर लिंक्ड-इन (Linked In) तक को स्टेटस अपडेट के नाम पर ही सही माइक्रोब्लॉगिंग की सुविधा उपलब्ध करानी पड़ी है।

माइक्रो ब्लॉगिंग विख्यात हस्तियों को भी लुभा रही है। बी.बी.सी. (BBC) जैसे विख्यात समाचार संस्थानों से लेकर अमेरिकी राष्ट्रपति बराक ओबामा (Obama) तक भी ट्विटर पर मिलते हैं।

Micro Computer माइक्रो कंप्यूटर

'माइक्रो कंप्यूटर' (Micro Computer) छोटे आकारवाले कंप्यूटर होते हैं। इन्हें पर्सनल कंप्यूटर (P.C.) भी कहते हैं। माइक्रो कंप्यूटर ऐसा कंप्यूटर होता है, जो मात्र एक चिप (Chip) माइक्रो प्रोसेसर पर आधारित होता है। इसका आविष्कार अमेरिका के इंटेल कॉर्पोरेशन (Intel Corp.) के 'टेड ऑफ' ने किया था। यह कंप्यूटर हल्का होने के कारण लाने ले-जाने में आसान होता है। इनमें माइक्रो प्रोसेसर का उपयोग होता है। इनका उपयोग सामान्य एवं विशेष दोनों ही प्रकार के उद्देश्यों में होता है। माइक्रो कंप्यूटर के अनेक रूप हैं, जैसे—लैपटॉप (Laptop), पाम कंप्यूटर्स, डेस्कटॉप कंप्यूटर्स एवं नेटवर्क कंप्यूटर्स आदि।

Microphone माइक्रोफोन

'माइक्रोफोन' (Microphone) एक प्रकार का डायाफ्राम (Diaphragm) होता है। ध्वनिग्रहण करने के लिए रेडियो व टी.वी. में इसका प्रयोग किया जाता है। संगीत की तरंगें और कलाकार की आवाज जब डायफ्राम से टकराती है, तो उसमें कंपन होता है। इस कंपन से विद्युत संकेत पैदा होते हैं, जो माइक्रोफोन से जुड़े तार के जरिए रिकॉर्डर (Recorder) तक पहुँचते हैं और दर्ज हो जाते हैं। माइक्रोफोन तभी पूरी गुणवत्ता के साथ विद्युतीय तरंगें उत्पन्न करता है, जब यह बाहर (Source) से आती ध्वनियों को ठीक ढंग से ग्रहण करता है।

माइक्रोफोन एक विद्युतीय संकेत पैदा करनेवाला इलेक्ट्रॉनिक साधन है। माइक्रोफोन को मुख्यत: दो श्रेणियों में बाँटा जा सकता है—आंतरिक बनावट के आधार पर (Internal Structure Microphone) एवं ध्वनि ग्रहण करने के आधार पर (Pick up Pattern Microphone)।

माइक्रोफोन के उत्कृष्ट परिणामों के लिए निम्न बातें ध्यान में रखनी चाहिए—

1. स्टूडियो एकदम शांत होना चाहिए।
2. वी.सी.आर. (V.C.R.) को माइक्रोफोन से जितना दूर संभव हो, उतना दूर रखना चाहिए।
3. माइक्रोफोन को छुएँ नहीं।
4. माइक्रोफोन को उचित दूरी पर रखें।
5. मूलभूत ध्वनियों में किसी तरह की आवृत्ति का मिश्रण न करें।

Modulation मॉड्यूलेशन

किसी भी सूचना को रेडियो तरंगों के माध्यम से एक स्थान से दूसरे स्थान पर भेजा जा सकता है। यह प्रक्रिया 'मॉड्यूलेशन' (Modulation) द्वारा ही संभव होती है। एक रेडियो तरंग को मॉड्यूलेट करने के लिए तरंगों की एक या दोनों ही विशेषताएँ—तरंगदैर्घ्य या आवृत्ति (Frequency) बदलनी होती है। मॉड्यूलेशन के दो प्रकार हैं—एक तरंगदैर्घ्य मॉड्यूलेशन (Amplitude Modulation) दूसरा आवृत्ति मॉड्यूलेशन (Frequency Modulation)।

ए.एम. (AM) में कैरियर सिग्नल के एम्प्लीट्यूड को प्रोग्राम के एंप्लीट्यूड के अनुपात में परिवर्तित किया जाता है। इसका प्रयोग मीडियम वेव एवं शार्टवेव प्रसारण में होता है, जबकि एफ.एम. (FM) में कैरियर के फ्रीक्वेंसी को प्रोग्राम के एंप्लीट्यूड के अनुसार परिवर्तित किया जाता है। इसका प्रयोग एफ.एम. प्रसारण एवं

टी.वी. में ध्वनि के प्रसारण के लिए किया जाता है।

More मोर

'मोर' (More) से तात्पर्य है—आगे भी। पांडुलिपि (Manuscript) के प्रत्येक पृष्ठ के नीचे मोर लिखने का अर्थ होता है कि मैटर (Matter) अभी समाप्त नहीं हुआ है, आगे भी है।

Multimedia बहुमाध्यम/मल्टीमीडिया

'मल्टीमीडिया' (Multimedia) अर्थात् बहुमाध्यम एक आधुनिक नव-इलेक्ट्रॉनिक उपकरण/माध्यम है। बहुमाध्यम मूलतः कंप्यूटर तकनीक का ही एक रूप है। आधुनिक सूचना प्रौद्योगिकी के क्षेत्र में मल्टीमीडिया एक ऐसा बहुचर्चित शब्द बन चुका है, जिसने सारी दुनिया को अपने साथ जोड़ लिया है। यह प्रणाली विभिन्न माध्यमों का संयोजन करके सूचना को प्रभावोत्पादक ढंग से प्रस्तुत करती है।

मल्टीमीडिया में सम्मिलित प्रमुख माध्यम इस प्रकार हैं—

1. पाठशाला (Text)
2. श्रव्य (Audio)
3. दृश्य (Video)
4. आरेखिकी (Graphics)
5. सजीव आरेखिकी चित्रण/एनीमेशन (Animation)

नई पत्रकारिता विशेष रूप से टेलीविजन पत्रकारिता (Television Journalism) तथा टेलीविजन के अन्य शिक्षा एवं मनोरंजनपरक कार्यक्रमों में मल्टीगीडिया का व्यापक स्तर पर उपयोग होता है। इसके अतिरिक्त मल्टीमीडिया डिजाइनिंग एवं एडवरटाइजिंग इंडस्ट्री के साथ प्रिंट तथा इलेक्ट्रॉनिक मीडिया के लिए मल्टीमीडिया वरदान सिद्ध हुआ है। फिल्मों तथा समाचार चैनलों में इसके नए प्रयोग देखने को मिलते हैं। कार्टून फिल्में तथा कंप्यूटर गेम तो पूरी तरह मल्टीमीडिया पर ही आधारित हैं।

मल्टीमीडिया के विभिन्न वर्ग (उपयोगिता के आधार पर) इस प्रकार हैं—

1. मल्टीमीडिया, सी.डी. रोम (CD-Rom) के रूप में
2. मल्टीमीडिया, डेस्क वीडियो के रूप में
3. मल्टीमीडिया, प्रस्तुतीकरण उत्पाद के रूप में
4. मल्टीमीडिया, व्यावसायिक प्रतिष्ठानों में लिपिक औजार के रूप में
5. इंटरेक्टिव (Interactive) मल्टीमीडिया के रूप में।

Multi-step Flow Communication Model — बहुचरणीय संचार प्रवाह का सिद्धांत

शोध अध्ययन द्वारा द्विचरणीय संचार सिद्धांत (Two Step Flow Theory) में परिवर्तन लाकर 'बहुचरणीय संचार प्रवाह सिद्धांत' (Multi-step Flow Model) का विकास कर लिया गया। इस सिद्धांत के अनुसार ओपिनियन लीडरी (Opinion Leader) का प्रभाव केवल नीचे की तरफ अर्थात जन श्रोताओं को प्रभावित करना ही नहीं होता, यह ऊपर की तरफ अर्थात् मीडिया को भी प्रभावित कर सकते हैं कि किस प्रकार कार्य करें।

द्विचरणीय संचार सिद्धांत, जहाँ सूचना प्रवाह के सिर्फ दो चरणों का वर्णन करता है, वहीं बहुचरणीय संचार प्रवाह, सूचना प्रवाह के अनेक चरणों का वर्णन करता है। इस सिद्धांत का निर्माण इवर्ट-रोजर ने किया था। बहुचरणीय संचार प्रवाह का सिद्धांत 'अनेक एवं एन चरणीय मॉडल' (N-step Flow Model) के नाम से भी जाना जाता है।

Must — मस्ट

'मस्ट' (Must) का हिंदी में अर्थ है—अवश्य। समाचार-पत्र संपादक (Editor) द्वारा यह 'मस्ट' निर्देश प्रायः समाचार या किसी लेख की पांडुलिपि पर तब लिखा जाता है, जब उसे उसी दिन समाचार-पत्र में छपना होता है।

□

Name Plate — नेम प्लेट

'नेम प्लेट' (Name Plate) को हिंदी में नाम पट्टिका कहा जाता है। समाचार-पत्र की नाम पट्टिका प्रायः समाचार पत्र के मुख पृष्ठ पर दी जाती है। उदाहरणार्थ—

- हिंदुस्तान
- नवभारत
- दैनिक भास्कर
- दैनिक जागरण

National Dailies — राष्ट्रीय दैनिक

जो समाचार-पत्र, समाचारों का संपादन (Editing) व चयन राष्ट्रीय दृष्टिकोण को ध्यान में रखकर करते हैं और जिनकी प्रसार संख्या (Circulation) भी बहुत विस्तृत होती है, ऐसे समाचार-पत्र 'राष्ट्रीय दैनिक' (National Dailies) कहलाते हैं।

National News — राष्ट्रीय समाचार

देश के सभी प्रांतों/राज्यों से संबंधित व पूरे राष्ट्र के लिए समान मूल्य रखने वाले समाचार 'राष्ट्रीय समाचार' (National News) कहलाते हैं। वर्तमान में राष्ट्रीय समाचारों में राजनीतिक समाचारों को सबसे अधिक स्थान दिया जाता है। राजनीति को अधिक महत्त्व दिए जाने के कारण ही कला, साहित्य, विकास व विज्ञान से संबंधित समाचारों को अधिक महत्त्व नहीं मिल पाता है।

National Union of Journalists (NUJ) — राष्ट्रीय पत्रकार संघ

'राष्ट्रीय पत्रकार संघ' (National Union of Journalists) की स्थापना सत्तर

के दशक के प्रारंभ में नई दिल्ली में हुई थी। राष्ट्रीय पत्रकार संघ मीडिया के व्यावसायिक आदर्शों की रक्षा करते हुए श्रमजीवी पत्रकारों (Working Journalist) के कल्याण तथा उनकी बेहतर सेवा शर्तों हेतु सदा प्रयत्नशील रहा है। पत्रकारों के आर्थिक तथा अन्य हितों के लिए संघर्षरत इस श्रमिक संगठन की शाखाएँ देश के सभी प्रमुख राज्यों में फैली हुई हैं। राष्ट्रीय पत्रकार संघ के प्रथम अध्यक्ष एल. मीनाक्षी सुंदरम् थे। इस संघ का मुख पत्र 'इंक-वर्ड' है, जो एक मासिक पत्र है।

Negative नेगेटिव

'निगेटिव' (Negative) का प्रयोग फोटोग्राफी हेतु अनिवार्य होता है। निगेटिव से प्रिंट बनाने के लिए निगेटिव के अनुसार ही पेपर की जरूरत होती है। प्रिंट बनाने के लिए 'ब्रोमाइड पेपर' का प्रयोग किया जाता है। प्रायः ब्रोमाइड पेपर दो प्रकार से बनता है—प्लास्टिक रेजीन कोटेड पेपर और फाइबर कोटेड पेपर। सघनता के आधार पर निगेटिव तीन प्रकार के होते हैं—सामान्य निगेटिव (Normal Negative), कोमल निगेटिव (Soft Negative) एवं कठोर निगेटिव (Hard Negative)।

सामान्य निगेटिव सबसे अच्छा निगेटिव होता है। इसमें छाया और प्रकाश का अनुपात सही होता है। कोमल निगेटिव बहुत पारदर्शी निगेटिव होता है। यह निगेटिव कम एक्सपोजर और कम डैवलपिंग के कारण बनते हैं। इसमें प्रिंट बनाते समय कठोर पेपर का प्रयोग उपयुक्त रहता है। कठोर निगेटिव में बनाए गए प्रिंटों में वस्तु की गहराई कम दिखाई देती है। यह निगेटिव अधिक एक्सपोजर और अधिक डेवलपिंग के कारण बनता है। हार्ड निगेटिव के प्रिंट सॉफ्ट पेपर पर बनाए जाते हैं। हार्ड निगेटिव में कालापन भी अधिक होता है।

New Media न्यू मीडिया

'न्यू मीडिया' (New Media) तकनीक आधुनिक सूचना प्रौद्योगिकी को प्रतिध्वनित करती है, जिसमें उपग्रहीय संचार की आधुनिक सुविधाओं एवं कंप्यूटर नेटवर्किंग आधारित संचार प्रणालियों को शामिल किया जाता है। इसके अंतर्गत डिजीटल टी.वी. सेल्युलर, मोबाइल, पेजर, ई-मेल आदि को सम्मिलित किया जाता है। इसके अतिरिक्त केबल टेलीफोन, इंटरनेट टेलीफोनी, इंटरैक्टिव वीडियो डेटा सर्विस, वेब टी.वी. एवं वीडियो ऑन डिमांड आदि को भी सम्मिलित किया जाता है—

न्यू/नया मीडिया की प्रमुख विशेषताएँ इस प्रकार हैं—

1. इसमें अधिकाधिक सूचनाएँ व जानकारियाँ प्राप्त की जा सकती हैं।

2. इंटरनेट समाचार–पत्र में सूचनाएँ निरंतर अद्यतन की जाती रहना संभव होता है।
3. विषय सामग्री में फेरबदल, संशोधन, कटौती हर समय संभव हो सकती है।
4. उत्पादन लागत अपेक्षाकृत कम है।
5. यह इंटरेक्टिव मीडिया (Copyright) है।
6. यह द्वि–आयामी मीडिया है, इसमें पाठक, दर्शक, उपभोक्ता किसी भी क्षण अपनी प्रतिक्रिया दूर बैठे वेबसाइट संपादकों/लेखकों तक पहुँचा सकते हैं।

New World Information & Communication Order (NWICO) — नई विश्व सूचना संचार व्यवस्था

अमेरिका और यूरोपीय देशों के आर्थिक साम्राज्यवाद के खिलाफ एक नई विश्व आर्थिक व्यवस्था (New World Economic Order) की माँग की तरह कालांतर में इन देशों में सूचना साम्राज्यवाद (Information Imperialism) के विरुद्ध एक नई विश्व सूचना संचार व्यवस्था (NAM) की माँग उभरने लगी। नई संचार व्यवस्था की माँग सत्तर के दशक से प्रारंभ हुई। गुटनिरपेक्ष आंदोलन के सम्मेलनों में तो यह माँग उठती ही थी, साथ ही संयुक्त राष्ट्र (UNO) और उसके विभिन्न मंचों से भी यह माँग उठने लगी थी। यूनेस्को (UNESCO) नई विश्व सूचना व्यवस्था की दिशा में विकासशील (Developing Countries) देशों के एकजुट प्रयासों का मंच बना।

नई विश्व सूचना संचार व्यवस्था (न्यूको) के लक्षण/रूप

विकासशील देशों या तीसरी दुनिया (Third World) के देशों के द्वारा पश्चिमी विकसित देशों अर्थात् प्रथम दुनिया (First World) के विरुद्ध जो आरोप लगाए जाते हैं, वे बहुत सशक्त हैं। संक्षेप में वे इस प्रकार हैं—

1. सूचना का प्रवाह असमान व असंतुलित है। वह बहुत अधिक पश्चिमी देशों द्वारा प्रवाहित होता है और उसमें विकाशील देशों का पर्याप्त प्रतिनिधित्व नहीं है।
2. पश्चिमी संचार व्यवस्था विकासशील देशों/तीसरी दुनिया की बरबादी में सरकार के भ्रष्टाचारों व नकारात्मक समाचारों पर जोर देती है।
3. विश्व की बहुत अधिक सूचनाएँ चार–पाँच बड़ी समाचार समितियों (News Agencies) के द्वारा ही इकट्ठी की जाती हैं, जिसमें मात्र एक को छोड़कर अन्य सभी समितियाँ/एजेंसियाँ विश्व के पूँजीपति देशों का प्रतिनिधित्व करती हैं।

4. पश्चिमी देशों के द्वारा संचार के क्षेत्र में स्थापित साम्राज्यवाद तीसरी दुनिया के राष्ट्रों के साथ वैमनस्यपूर्ण मूल्यों का प्रदर्शन करता है।
5. संचार व मीडिया से संबंधित जो शिक्षा विश्वविद्यालयों में दी जाती है, वह पश्चिम से बहुत अधिक प्रभावित है।

उपर्युक्त आरोपों के परिप्रेक्ष्य में ही तीसरी दुनिया के देशों के द्वारा 'नई विश्व सूचना संचार व्यवस्था' की माँग की जा रही है जिसमें सूचना का साम्राज्यवाद न होकर, सूचना का समान प्रवाह व संतुलन हो।

News — समाचार

'समाचार' को अंग्रेजी भाषा में न्यूज (News) कहते हैं। यह न्यूज शब्द अंग्रेजी के चार अक्षरों से बना है, जो चार दिशाओं का सूचक है। जैसे—एन (नार्थ या उत्तर दिशा), ई (ईस्ट या पूर्व दिशा), डब्ल्यू (वेस्ट या पश्चिमी दिशा), एस (साउथ या दक्षिण दिशा) अर्थात् चारों दिशाओं में होनेवाली घटनाओं को समाचार/न्यूज कहा जाता है। संस्कृत में समाचार हेतु 'वार्त्ता' शब्द का प्रयोग होता है तथा उर्दू में खबर शब्द का प्रयोग होता है।

न्यूज का एक अर्थ न्यू (New) भी है, जिसका बहुवचन न्यूज (News) है। अंग्रेजी का न्यू लैटिन के नौवा शब्द पर आधारित है तथा नोवा शब्द संस्कृत के नव शब्द पर आधारित है। वस्तुतः न्यू, नोवा व नव तीनों का अर्थ एक ही है, वह है—नवीन या नया।

विभिन्न विद्वानों के अनुसार न्यूज की परिभाषाएँ इस प्रकार हैं—

- टर्नर केटलिज के अनुसार—'समाचार वह है, जिसे कल तक आप नहीं जानते थे।'
- विलियम एल रिवर्स के अनुसार—'घटनाओं, तथ्यों और विचारों की सामयिक रिपोर्ट समाचार है, जिसमें पर्याप्त लोगों की रुचि हो।'
- चलपति राव के अनुसार—'परिवर्तन की जानकारी देनेवाली कोई भी सूचना समाचार है।'
- हापवड के अनुसार—'उन महत्त्वपूर्ण घटनाओं की पहली रिपोर्ट को समाचार कह सकते हैं, जिसमें जनता की दिलचस्पी हो।'

उपर्युक्त परिभाषाओं के अनुसार समाचारों की प्रमुख विशेषताएँ इस प्रकार हैं—

1. समाचार वह है, जिसे पाठक जानना चाहे।
2. समाचार शीघ्रता से लिखा जानेवाला साहित्य।

3. जिस बात को कोई दबाने, छिपाने का प्रयास कर रहा हो, वह न्यूज है।
4. समाचार घटना का विवरण है, घटना स्वयं में समाचार नहीं है।
5. चारों दिशाओं में घटित होनेवाली घटना की प्रथम सूचना ही समाचार है।
6. समाचार कोई बात है, जो सामान्य से परे है।
7. जो नया है, वह समाचार है।

News Agency — समाचार/संवाद समिति

'समाचार समितियाँ' (News Agencies) समाचार-पत्रों का मूलाधार (प्रमुख स्रोत) होती हैं। ये समाचार या संवाद समितियाँ समाचार-पत्रों के अतिरिक्त आकाशवाणी, दूरदर्शन, जनसंपर्क विभागों आदि को भी समाचार उपलब्ध कराती हैं। समाचार समितियाँ स्वयं समाचार प्रकाशित नहीं करतीं, बल्कि समाचारों का संकलन, प्रेषण एवं वितरण कर धनोपार्जन करती हैं। ये समितियाँ चौबीस घंटे समाचार संप्रेषण करती रहती हैं। एनसाइक्लोपीडिया ऑफ ब्रिटानिका के अनुसार समाचार एजेंसी की परिभाषा इस प्रकार है—वह समिति जो समाचार-पत्र, पत्रिकाएँ, क्लब, संगठनों एवं निजी व्यक्तियों को तारों, पांडुलिपियों, प्रूफ और कभी-कभी टेलीफोन द्वारा समाचार प्रेषित करती है, समाचार समिति कहलाती है। यह स्वयं समाचार प्रकाशित नहीं करती बल्कि निजी स्तर पर अपने ग्राहकों को सूचनाएँ प्रदान करती है।

उल्लेखनीय है कि आधुनिक समाचार समितियों के जनक होने का श्रेय फ्रांसीसी युवक चार्ल्स आवास को है। भारत में समाचार समितियों का प्रारंभ बीसवीं शताब्दी के प्रारंभ में हुआ। भारतीय समाचार एजेंसियों का जन्मदाता होने का श्रेय के.सी.राय को है, जिन्होंने (सन् 1905 में) एसोसिएटेड प्रेस ऑफ इंडिया (API) की स्थापना की थी।

भारत की प्रमुख समाचार संवाद समितियाँ हैं—प्रेस ट्रस्ट ऑफ इंडिया, भाषा, यूनाइटेड न्यूज ऑफ इंडिया (UNI), यूनिवार्त्ता, हिंदुस्तान समाचार, समाचार भारती आदि।

विदेशी समितियाँ/एजेंसियाँ—रायटर, एसोसिएटेड प्रेस (AP), एजेंसी फ्रांस प्रेस (AFP), यूनाइटेड प्रेस इंटरनेशनल आदि।

News Anchor — न्यूज एंकर

'न्यूज एंकर' (News Anchor) वह होता है, जो खबर प्रस्तुत करता है एवं समाचार के प्रसारण के दौरान किसी घटना की विस्तृत सूचना देने के लिए वीडियोटेप किए गए समाचार या घटनास्थल पर मौजूद रिपोर्टरों का लाइव ट्रांसमिशन दिखाता है।

सामान्यत: एडिटोरियल, प्रोग्रामिंग या रिपोर्टिंग के ही किसी व्यक्ति को एंकर के रूप में हायर (Hire) किया जाता है। वह सिर्फ एंकरिंग नहीं करता, बल्कि रिपोर्टिंग या प्रोडक्शन का कार्य भी करता है।

एंकर को निम्न बातों का ध्यान अवश्य रखना चाहिए—

1. समाचार एंकर का भाषा पर एकाधिकार होना चाहिए।
2. न्यूज एंकर के लिए यह अनिवार्य है कि वह अपनी वास्तविक शब्दोच्चारण की गति से हटकर वाचन (Reading) का भी प्रयास करे।
3. एंकर को दो समाचारों के बीच विशेष ढंग से विराम लेना चाहिए।
4. उच्चारण स्पष्ट और सरल शब्दों में रखे तथा मानक भाषा का प्रयोग करे, वैसे हर चैनल की अपनी स्टाइल बुक (Style Book) होती है, उसका ध्यान रखे।
5. एंकर को अपनी शारीरिक भाषा और हाव-भाव से वाचन को विश्वसनीय एवं आत्मविश्वासपूर्ण बनाए रखना चाहिए।
6. एंकर को रिकार्डिंग, आवाज के उतार-चढ़ाव को नियंत्रित करनेवाले यंत्र तथा कुछ तकनीकी व समाचार संकलन करने आदि की भी जानकारी होनी चाहिए।

News Editing समाचार संपादन

सामान्यत: 'समाचार संपादन' (News Editing) का अर्थ है समाचार को छोटा करना, शीर्षक लगाना, छोटे-मोटे व्याकरणगत दोष दूर करना, गलतियाँ हटाना, गलत अशुद्ध शब्द, वाक्य एवं तथ्य सही करना, भाषा को प्रवाही एवं पठनीय बनाना, समाचार के अर्थ को समझने लायक बनाना आदि। समाचार संपादन का यह सभी कार्य कुशल उप-संपादक (Sub-editor) ही करते हैं, न कि मात्र समाचार संपादक।

समाचार संपादन करते समय कुछ बातों का ध्यान रखना जरूरी होता है, जो इस प्रकार हैं—

1. समाचार को पढ़े व देखे कि उसमें छह ककार [माने क्या, कौन, कहाँ, कब, क्यों व कैसे (5W-1H)] हैं या नहीं।
2. एक ही समाचार स्रोत से एक समाचार के पृथक-पृथक रूप मिलने पर समाचारों को एक करे, ताकि उनकी पुनरुक्ति न हो।
3. व्याकरण व वर्तनी की दृष्टि से भाषा, वाक्य दोष ठीक करे।
4. समाचार पत्र में वर्तनी तथ्यों की जाँच करे एवं गलत होने पर उन्हें सही करे।

5. समाचार कथा (News Story) को पढ़े व देखे कि उसका महत्त्व कैसा है।
6. समाचार पढ़े व देखे कि भाषा की स्पष्टता है या नहीं।
7. यह भी सुनिश्चित करे कि समाचार के प्रकाशन में कोई विधि बाधा तो नहीं (मानहानि, देशद्रोह आदि कानूनों का उल्लंघन तो नहीं हुआ)

News Editor समाचार संपादक

किसी भी समाचार-पत्र में 'समाचार संपादक' का कार्य अत्यधिक महत्त्व और जिम्मेदारी का होता है। वह समाचारों का संकलन, चयन, महत्त्व के अनुसार स्थान देना, पृष्ठ निर्धारित करना जैसे दिशा-निर्देश अपने सहयोगियों को देता है। समाचार-पत्र के सभी संस्करणों में छपे छोटे-बड़े समाचारों के प्रति वह उत्तरदायी होता है। संपादकीय विभाग के सहयोगियों में समन्वय स्थापित कर कार्य को मूर्त रूप प्रदान करना उसका विशेष कार्य है। पत्र के विभिन्न संवाददाताओं से पत्र-व्यवहार, फोन, फैक्स, ई-मेल, इंटरनेट, तार के द्वारा संदेश देकर निर्देश और परामर्श देने का कार्य भी समाचार संपादक का ही होता है।

समाचार संपादक समाचारों का चयन कर उन्हें उप संपादकों को संपादन के लिए स्वयं देता है अथवा उनके मार्गदर्शन में मुख्य उपसंपादक यह कार्य संपन्न करते हैं। समाचार पत्र के प्रथम एवं अन्य पृष्ठों एवं विशेष परिशिष्टों की डमी (Dummy) बनाने का कार्य भी समाचार संपादक ही करता है। समाचारों को सूत्रबद्धता प्रदान करने का कार्य भी समाचार संपादक को विशेष दक्षता से करना होता है, ताकि जो समाचार जितना महत्त्व पाने योग्य है, उसे स्थान मिले व प्रतिस्पर्धी पत्र को पीछे छोड़ दे। समाचार संपादक को उसकी योग्यता व क्षमता तथा कार्य को जल्दी से निपटाने के कारण ही आनेवाले समाचारों का 'क्लियरिंग हाउस' भी कहा जाता है।

News Elements समाचार के तत्त्व

हमारे आसपास समाज व राष्ट्र में जो कुछ भी होता रहता है, वह सब समाचार नहीं, बल्कि प्रत्येक समाचार में कुछ ऐसे तत्त्वों (Elements) का समावेश होता है, जिसके कारण वह समाचार बनता है। उदाहरणार्थ—पत्रकारिता में एक सिद्धांत प्रचलित है कि 'यदि किसी कुत्ते ने आदमी को काट लिया, तो यह समाचार नहीं, बल्कि किसी आदमी ने कुत्ते को काट लिया, तो समाचार बन जाएगा।'

जो वस्तु या घटना हमारा ध्यान आकर्षित कर लेती है, उसमें समाचार के बुनियादी तत्त्व मौजूद होते हैं। समाचार में आकर्षण के मूल गुण/तत्त्व निम्नलिखित हैं—

1. **नवीनता**—नवीनता समाचार का प्राण तत्त्व है।
2. **सत्यता**—घटना की सत्यता व नवीनता समाचार के महत्वपूर्ण तत्त्व हैं।
3. **सरलता**—समाचार प्राय: सरल होना चाहिए व स्पष्ट होना चाहिए। समाचार में ऐसे शब्दों का प्रयोग नहीं होना चाहिए, जिनका दोहरा अर्थ निकले।
4. **रोचकता**—समाचार अधिक से अधिक रोचकता से ओत-प्रोत होना चाहिए।
5. **निकटता**—निकट में घटी छोटी-से-छोटी घटना भी दूर की बड़ी घटना से महत्त्वपूर्ण होती है।
6. **निष्पक्षता**—समाचार में किसी घटना के एक पक्ष का ही विवरण नहीं होना चाहिए, अपितु दोनों या सभी पक्षों के विचारों का प्रस्तुतीकरण होना चाहिए।
7. **परिवर्तन**—समाचार, परिवर्तन सूचक जानकारीवाला होना चाहिए।

News Flash न्यूज फ्लैश

कभी-कभी समाचार वाचन (News Reader) के मध्य ही एक और सनसनीखेज या महत्त्वपूर्ण खबर को कार्यक्रम रोककर या कार्यक्रम के दौरान स्क्रीन पर ग्राफिक्स की सहायता से सुपर इंपोस (Super Impose) करके दिखाने को 'न्यूज फ्लैश' (News Flash) कहा जाता है। दूसरे शब्दों में अचानक आनेवाली या ताजातरीन महत्त्वपूर्ण खबरें फ्लैश की श्रेणी में आती हैं, जो समाचार-चैनलों की स्क्रीन पर दिखाई जाती हैं।

News Kinds समाचार के प्रकार

समाचारों को समान्यत: तीन भागों में विभाजित किया जाता है—अंतरराष्ट्रीय समाचार (International News), राष्ट्रीय समाचार (National News) एवं प्रांतीय समाचार (Regional News)।

विषय के क्षेत्र के आधार पर समाचारों के अनेक प्रकार हैं, जो इस प्रकार हैं—

1. राजनीतिक समाचार
2. संसदीय समाचार
3. मानवीय रुचिप्रद समाचार
4. ग्रामीण समाचार
5. कृषि समाचार
6. विज्ञान समाचार

7. खेल समाचार
8. साहित्यिक समाचार
9. सांस्कृतिक समाचार
10. फिल्म समाचार
11. आर्थिक समाचार
12. वाणिज्य समाचार
13. विधि समाचार
14. अपराध समाचार
15. दुर्घटनाओं के समाचार
16. विकासात्मक समाचार

Newsletter समाचार पत्रिका

'समाचार पत्रिका' (Newsletter) विशेष रूप से व्यवसाय, सुरक्षा, स्वास्थ्य एवं व्यापार आदि से संबंधित सूचनाएँ प्रदान करनेवाली पत्रिकाओं को कहा जाता है। ये पत्रिकाएँ समान्यतः नियमित रूप से प्रकाशित होती हैं। समाचार पत्रिका आंतरिक व बाह्य दोनों ही रूपों में प्रकाशित होती हैं। इनको पढ़ने में भी प्रायः कम समय लगता है, क्योंकि इनमें चार से आठ तक निश्चित पृष्ठ ही होते हैं।

News Sources समाचार स्त्रोत

वह केंद्र या संस्थान, जहाँ से समाचार (News) प्राप्त होते हैं अथवा हो सकते हैं 'समाचार स्त्रोत' (News Sources) कहलाते हैं। समाचार स्त्रोतों को तीन वर्गों में विभाजित किया जा सकता है—प्रत्याशित (Expected), पूर्वानुमानित (Pre-expected) एवं अप्रत्याशित (Unexpected)।

प्रत्याशित स्त्रोतों के आधार पर समाचारों की पूर्व आयोजना की जाती है, जैसे पुलिस थाना, न्यायपालिका, नगर-निगम, संसद्, विधानसभा, प्रेस सम्मेलन, साक्षात्कार, राजनैतिक दल, प्रेस विज्ञप्तियाँ आदि से तो समाचार निश्चित समय में प्राप्त हो ही जाते हैं। पूर्वानुमानित स्त्रोतों में अस्पताल, विद्यालय, महाविद्यालय, विश्वविद्यालय, कृषि, रोजगार, नगरों व गाँवों की समस्याएँ आदि इस स्त्रोत के अंतर्गत आती हैं। जबकि अप्रत्याशित स्त्रोतों के समाचार अचानक प्राप्त हो जाते हैं, जैसे—किसी प्रश्न पत्र का आउट होना, विभिन्न सांप्रदायिक दंगे, दुर्घटना, अपराध आदि।

Newspaper समाचार-पत्र/अखबार

'समाचार-पत्र' (Newspaper) वह नियतकालिक प्रकाशन होता है, जो घटनाओं, जनजीवन की समस्याओं का नवीनतम लेखा-जोखा एवं विचार जनता के समक्ष प्रस्तुत करता है। समाचार-पत्र को अरबी भाषा में अखबार भी कहा जाता है। भातर के प्रेस एवं पुस्तक पंजीकरण अधिनियम (PRB Act, 1867) के अनुसार समाचार-पत्र वह है, जो समय-समय पर निश्चित अंतर से प्रकाशित होता है तथा जब सार्वजनिक समाचारों में हलचल मच रही हो, नई सूचनाएँ और ताजी घटनाएँ हो रही हों और जो समाज या समाज के किसी वर्ग की जानकारी के लिए जरूरी हों, इन सबका उपयोग समाचार-पत्र करता है।

एनसाइक्लोपीडिया ब्रिटानिका के अनुसार "समाचार-पत्र एक अजिल्द धारावाही प्रकाशन है, जो नियमित समय के अंतर से प्रकाशित होता है तथा जिसमें समाचारों को प्रमुखता दी जाती है।" अधिकांश समाचार-पत्र दैनिक अथवा साप्ताहिक होते हैं। कुछ साप्ताहिक भी होते हैं। समाचार-पत्र व पत्रिका में अंतर विशेष रूप से साप्ताहिक प्रकाशनों के बीच है। यदि प्रकाशन सजिल्द है, तो उसे पत्रिका कहा जाता है। समाचार-पत्रों के लिए पृष्ठ संख्या और आकार का निर्धारण कभी नहीं किया गया।

समाचार-पत्रों का महत्त्व (Importance of Newspaper)—

1. जनता को वैज्ञानिक उन्नति की जानकारी देना।
2. समाचार-पत्र जनसाधारण का प्रहरी है।
3. समाचार वर्तमान युग का दर्पण है।
4. समाचार जनता का शिक्षक एवं जनता का विश्वविद्यालय है।

भारत में आजादी के बाद से समाचार-पत्रों के स्वरूप बदलने के साथ-साथ इसके उद्देश्यों में भी परिवर्तन हुआ है। वर्तमान में समाचार-पत्रों के बारे में कहा जाता है कि आजादी से पहले के समाचार-पत्र Newspaper 21वीं शताब्दी तक के समाचार-पत्र View Paper और 21वीं शताब्दी के समाचार-पत्र Use Paper बन गए हैं, परंतु आज भी समाचार-पत्रों की अपनी महत्ता है, यदि वह आदर्शों पर चलें।

भारत के प्रमुख हिंदी दैनिक समाचार-पत्र हैं—दैनिक जागरण, नवभारत टाइम्स, दैनिक हिंदुस्तान, दैनिक भास्कर, पंजाब केसरी, अमर उजाला, राजस्थान पत्रिका, दैनिक ट्रिब्यून, नई दुनिया, वीर अर्जुन आदि।

Newspaper Departments समाचार-पत्र के विभाग

समाचार-पत्र संस्थान में बहुत सारे लोग कार्य करते हैं, जो विभिन्न विभागों

से संबंधित होते हैं। किसी भी दैनिक समाचार-पत्र में मुख्य रूप से संपादकीय, मुद्रण, उत्पादन, वितरण, विज्ञापन, लेखा तथा प्रशासन विभाग होते हैं। समाचार-पत्र के सफल संचालन हेतु उपरोक्त सभी विभागों में आपसी तालमेल होना आवश्यक है। कर्मचारियों में समन्वय स्थापित करने के लिए प्रबंधक उन्हें प्रेरित करता है तथा उन पर नियंत्रण रखता है। फ्रेंक थापर के अनुसार, 'यदि समाचार-पत्र प्रबंधन का कार्य सही ढंग से नहीं हो रहा है, तो प्रकाशक को सफलता नहीं मिलेगी, चाहे समाचार-पत्र की सामग्री कितनी ही विश्वसनीय क्यों न हो और चाहे वह पाठकों के बीच कितना ही लोकप्रिय क्यों न हो।'

किसी भी समाचार-पत्र में सुचारु रूप से काम करवाने हेतु अलग-अलग विभाग होते हैं। ये विभाग हैं—संपादकीय विभाग (Editorial Dept.), मुद्रण/उत्पादन विभाग (Printing Dept.), बिक्री विभाग (Circulation Dept.), विज्ञापन विभाग (Advt. Dept.), प्रशासनिक व हिसाब-किताब विभाग (Administration & Accounts Dept.) आदि। ये सभी विभाग एक-दूसरे से तालमेल रखकर ही कार्य करते हैं।

Newspaper Design — समाचार-पत्रों की संरचना

'समाचार-पत्र की संरचना' (Newspaper Design) से तात्पर्य है—समाचार-पत्र का प्रारूप तैयार करना या समाचार-पत्र की संरचना। प्रायः समाचार-पत्रों के पृष्ठ निर्धारित होते हैं। संपादक, मुख्य उपसंपादक, समाचार संपादक आदि कोई भी इसमें फेरबदल नहीं कर सकता। डिजाइन में इन सबका वर्णन होता है कि पत्र में कितने पृष्ठ होंगे? पत्र की नाम पट्टिका किस प्रकार की होगी? पत्र में कौन से टाइप का प्रयोग किया जाएगा? किस पृष्ठ पर किस प्रकार के समाचार जाएँगे? विज्ञापन किन-किन पृष्ठों पर दिए जाएँगे आदि सभी डिजाइन के अंतर्गत आते हैं। समाचार-पत्र का निर्माण डिजाइन द्वारा ही संभव है। डिजाइन के बारे में महत्त्वपूर्ण सिद्धांत भी प्रचलित है कि 'डिजाइन में परिवर्तन नहीं किया जाता'। माने डिजाइन एक तरह से स्थायी होता है।

विख्यात पत्रकार ब्रूस वेस्टले के अनुसार डिजाइन से तात्पर्य है—संपूर्ण पृष्ठ का स्वरूप निर्धारण। जिसमें यह भी तय करना पड़ता है कि पृष्ठ का आकार क्या हो, किस तरह की सामग्री कहाँ और किस रूप में दी जाए? यहाँ तक कि यदि समाचारों के बाद कुछ स्थान बच जाता है, तो वहाँ भर्ती के लिए क्या और कैसे दिया जाए?

Newspaper Ownership समाचार-पत्रों का स्वामित्व

समाचार-पत्र का प्रारंभ और उससे जुड़े मुद्दों के क्रम में स्वामित्व (Ownership) का महत्त्व अहम भूमिका रखता है। किसी भी समाचार-पत्र के सफल प्रकाशन हेतु उसके स्वामित्व के स्वरूप की एक कड़ी के रूप में निर्धारण की प्रक्रिया भी महत्त्वपूर्ण है। समाचार-पत्रों के स्वामित्व का स्वरूप लोकहित तथा संपादकीय स्वतंत्रता का निर्धारक होता है। समाचार-पत्रों में स्वामित्व (Newspaper Ownership) को निम्न भागों में विभाजित किया जा सकता है—

1. एकल स्वामित्व (Single/Individual Ownership)
2. साझेदारी (Partnership)
3. मिश्रित पूँजी/संयुक्त साझा कंपनी (Joint Stock Company)
4. ट्रस्ट (Trust)
5. समितियाँ या संस्थाएँ (Societies/Associations)

एकल स्वामित्व पद्धति में समाचार-पत्रों में मालिक, संपादक और प्रबंधक सामान्यत: एक ही व्यक्ति होता है और पत्र संचालन की समस्त गतिविधियों हेतु वही उत्तरदायी भी होता है। भारत में अधिकांश समाचार-पत्रों पर एकल स्वामित्व ही है। दो या दो से अधिक व्यक्तियों के एक साथ मिलकर साझा हित के उद्देश्य से की गई शुरुआत 'साझेदारी' (Partnership) कहलाती है। कंपनी के सामान्य उद्देश्य की पूर्ति के लिए एक सी विचारधारावाले व्यक्तियों का संघ या समुदाय होता है। भारत में प्रमुख समाचार-पत्रों पर मिश्रित पूँजी का ही अधिकार है—जैसे, टाइम्स ऑफ इंडिया, हिंदुस्तान टाइम्स।

आजकल कुछ समाचार-पत्रों का प्रकाशन लाभ के मूल उद्देश्य के बजाए किसी विशेष उद्देश्य के प्रचार की दृष्टि से किया जा रहा है। ट्रस्टी (Trust) इस कार्य को सेवा मानकर करते हैं। इस दृष्टि से दि ट्रिब्यून ट्रस्ट, सौराष्ट्र ट्रस्ट समाचार-पत्रों का प्रकाशन कर रहे हैं। भारत में कुछ समितियाँ (Societies) भी समाचार-पत्रों का प्रकाशन कर रही हैं। इनका उद्देश्य लाभार्जन करना न होकर कुछ विशेष उद्देश्यों को जनता तक पहुँचाना होता है। कुछ प्रमुख समितियाँ हैं—सर्वेंट्स ऑफ इंडिया सोसाइटी, सर्वेंट्स ऑफ दि प्यूपिल सोसाइटी आदि।

Newspaper Types समाचार-पत्रों के प्रकार

समाचार-पत्रों के समय की अवधि, स्वरूप, विषय एवं आकार के अनुसार विभिन्न प्रकार होते हैं। समाचार-पत्रों के प्रकाशन अवधि की दृष्टि से भी कई प्रकार

होते हैं—दैनिक, साप्ताहिक, पाक्षिक, मासिक, त्रैमासिक, अर्द्धवार्षिक व वार्षिक आदि।

भारत सरकार ने समाचार-पत्रों को तीन श्रेणियों में वर्गीकृत किया है, जो इस प्रकार हैं—

1. छोटे समाचार-पत्र, जिनकी दैनिक प्रसार संख्या 25,000 हो।
2. मँझोले समाचार-पत्र, जिनकी दैनिक प्रसार संख्या 25,001 से लेकर 75,000 हो।
3. बड़े समाचार-पत्र, जिनकी दैनिक प्रसार संख्या 75,000 से अधिक हो।

आकार के आधार पर समाचार-पत्र मानक आकार (Standard Size) से पत्रिका (Tabloid Size) तक के आकार के होते हैं। समाचार-पत्र का मानक आकार 57 से.मी. लंबाई ऊपर से नीचे तथा चौड़ाई 8 कॉलम तक होती है। विभिन्न प्रकार के समाचार-पत्रों का आकार, लंबाई 45 से.मी. से 57 से.मी. और चौड़ाई 6 कॉलम से 9 कॉलम तक होती है।

Non-aligned Newspool — गुटनिरपेक्ष राष्ट्रों का समाचार पुंज

गुटनिरपेक्ष न्यूज पूल (Non-aligned Newspool) की स्थापना सन् 1976 में सदस्य राष्ट्रों के बीच समाचारों के आदान-प्रदान हेतु की गई। पूल का प्रमुख उद्देश्य आपस में एक-दूसरे से संबंधित समाचारों, सूचनात्मक रिपोर्टों, फीचरों एवं छायाचित्रों के स्वतंत्र एवं व्यापक आदान-प्रदान को बढ़ाना है, साथ ही इसका उद्देश्य गुटनिरपेक्ष राष्ट्रों के बारे में अधिकाधिक सूचनाओं को शेष विश्व को देना भी है। पूल कोई देशोत्तर सुपर नेशनल समाचार एजेंसी भी नहीं है। पूल को, उपलब्ध समाचारों का समान वितरण करने का भी पूरा अधिकार प्राप्त है। न्यूजपूल में भारत की ओर से प्रेस ट्रस्ट ऑफ इंडिया (PTI) प्रतिनिधित्व करती है।

इस न्यूज पूल के कारण विकासशील देशों को अत्यधिक लाभ हुआ है। सूचना के एकपक्षीय प्रवाह का सिलसिला कम हुआ है तथा पश्चिमी देशों की समाचार समितियों (News Agencies) के प्रभुत्व को कम करने में इसकी विशेष भूमिका रही है।

उल्लेखनीय है कि सन् 2006 से गुटनिरपेक्ष समाचार नेटवर्क (Non-alignment News Network—NNN) की शुरुआत की गई है। इसने (एनएनएन ने) गुटनिरपेक्ष समाचार एजेंसियों के पूल (एनएएनएपी) का स्थान लिया है, जिसने पिछले लगभग 30 वर्ष गुटनिरपेक्ष राष्ट्रों के बीच समाचार आदान-प्रदान व्यवस्था के रूप में काम

किया है। सस्ता एवं विश्वसनीय संचार माध्यम इंटरनेट (Internet) से गुटनिरपेक्ष समाचार नेटवर्क (NNN) गुटनिरपेक्ष विश्व के लगभग 118 सदस्यों को सतत् सूचना प्रवाह जारी रखेगा।

Non Journalist — गैर पत्रकार

किसी समाचार-पत्र-पत्रिका संस्थानों में पत्रकारों के अतिरिक्त अन्य कार्य करनेवाले व्यक्ति जैसे—मुद्रक, प्रबंधक, प्रशासन विभाग के विभिन्न कर्मचारी आदि 'गैर-पत्रकार' (Non Journalis) कहलाते हैं। श्रमजीवी पत्रकार अधिनियम (सन् 1955) में 'गैर पत्रकार' समाचार-पत्र के कर्मचारी की व्याख्या की गई है। अधिनियम के अनुसार ''पत्र में या उसके संबंध में नियुक्त वह व्यक्ति इस श्रेणी में नहीं आता, जो श्रमजीवी पत्रकार है या मुख्य रूप से प्रबंधकीय या प्रशासनिक नियोजन हैसियत में नियोजित है। पर्यवेक्षकीय हैसियत में व्यक्ति मुख्यतः प्रबंधकीय प्रकृति के कार्य करता है, तो इस श्रेणी में नहीं आता।''

Nose for the News — समाचार को सूँघना

समाचार लेखन (News Writing) का प्रथम गुण 'समाचार की गंध' (Nose for the News) प्राप्त करने की शक्ति को माना जाता है। समाचार सूँघने की क्षमता से तात्पर्य है कि संवाददाता द्वारा प्राप्त सूचना की प्रकृति को देखकर ही समझ जाना कि कोई सूचना समाचार बन सकती है या नहीं। यदि बन सकती है, तो इसमें 'न्यूज वैल्यू' (News Value) कितनी है। किस घटना को समाचार कहा जा सकता है, इसकी पहचान संवाददाता को होनी चाहिए। यह उसका आवश्यक गुण भी माना जाता है।

Notebook Computer — नोटबुक कंप्यूटर

'नोटबुक कंप्यूटर' (Notebook Computer) एक छोटा सपोर्टेबल कंप्यूटर होता है, जो किताब के आकार का हलका होने के कारण आसानी से उठाकर एक स्थान से दूसरे स्थान पर ले जाया जा सकता है। यह लेपटॉप (Laptop) से भी हलका होता है। इसकी स्क्रीन व कीबोर्ड (Keyboard) पुस्तक की तरह मोड़कर बंद की जा सकती है। नोटबुक के कुछ मॉडलों में हार्ड डिस्क (Hard Disk) के स्थान पर फ्लैशी मेमोरी का इस्तेमाल किया जाता है। नोटबुक की छोटी सी बैटरी को चार्ज कर लगभग छह घंटे तक काम कर सकते हैं।

Noise शोर/बाधा

'बाधा ' या 'शोर' (Noise) वह है, जो संदेश (Message) को विकृत करे, संदेश के अर्थ को बिगाड़ दे, बदल दे या सही प्रस्तुति न होने दे। जो संदेश भेजा जाए, वह यदि प्राप्तकर्त्ता (Receiver) तक शत-प्रतिशत उसी अनुरूप पहुँच जाए, तो माना जाएगा कि कोई बाधा नहीं थी। परंतु हर तरह के संदेश में कोई न कोई बाधा की संभावना रहती ही है। कोई संचारकर्त्ता जब कोई संदेश भेजता है, तो उसमें कुछ ऐसी चीजें भी जुड़ जाती हैं, जो उसने नहीं भेजी हों, इसके बावजूद सिग्नल से जुड़ गई हों। जैसे रेडियो व टी.वी. के प्रसारण में किसी प्रकार की अतिरिक्त ध्वनि, जो बाधा उत्पन्न करे।

बाधा/नॉइज कई तरह की हो सकती है, जैसे—

1. शारीरिक बाधा, जो बात कही जाए, परंतु वह सुनाई न पड़े।
2. खराब प्रिंट क्वालिटी।
3. उच्चारण के तरीके में गड़बड़ी के कारण गलत अर्थ निकालना।
4. मनोवैज्ञानिक कारण—प्राप्तकर्त्ता का कोई पूर्वाग्रह हो, तो वह संदेश को उसी अनुरूप नहीं लेगा, गलत लेगा।

Non-verbal Communication अशाब्दिक संचार

आमतौर पर लोग यह समझने की गलती करते हैं कि दो लोगों के बीच संचार सिर्फ भाषा या शब्द के जरिए ही होता है, जबकि संचार की पूरी प्रक्रिया में 'अशाब्दिक संचार' (Non-verbal Communication) की एक महत्त्वपूर्ण भूमिका होती है। संचार विशेषज्ञों के अनुसार समाज में होनेवाले कुल संचार का लगभग 50 प्रतिशत से भी ज्यादा भाग अशाब्दिक संचार होता है। यह संचार हर वक्त हो रहा है। कभी शाब्दिक/मौखिक के साथ हो रहा है, तो कभी शाब्दिक के स्थान पर सिर्फ अशाब्दिक संचार।

संचार विशेषज्ञ माइकल आरगाइड के अनुसार अशाब्दिक संचार में प्रयुक्त होनेवाले संकेत (Symbol) इस प्रकार हैं—चेहरे का हाव-भाव (Facial Expressions), दिशा (Direction), आँखों की गति (Eyes' Movement), उठने-बैठने व चलने का तरीका, शारीरिक स्थिति (Posture), सिर हिलाना, निकटता (Proximity) एवं संपर्क (Contact) आदि।

Non-linear Editing नॉन लिनियर संपादन

कंप्यूटर पर आधारित संपादन प्रणाली—इसमें वीडियो कैसेट (Video Cassette) से चित्र और ध्वनि को किसी भी क्रम में रिकार्ड करने के बाद एक ही क्रम में आसानी से जोड़ा जा सकता है। इस पद्धति में शॉट्स (Shots) व ध्वनि (Voice) को ऊपर-नीचे करने, बीच से हटाने तथा जोड़ने की बड़ी क्षमता होती है। नॉन लिनियर (Non-linear) में चित्र ध्वनि क्रम लगातार एक चक्र की तरह जुड़ा रहता है। कहीं टूटता नहीं है, उसका कोई किनारा भी नहीं होता तथा यह गोलाकार जैसा होता है। इस पद्धति में कोई भी ध्वनि, चित्र आसानी से लिया जा सकता है। □

Offset Printing ऑफसेट मुद्रण प्रणाली

ऑफसेट (Offset) मुद्रण के क्षेत्र में एक अनोखी पद्धति है। ऑफसेट पद्धति लिथोग्राफी (Lithography) का ही विकसित रूप है। ऑफसेट में एल्यूमीनियम की चादर पर से अक्षर रबड़ के रोल पर उतर जाते हैं और रबड़ के रोल से कागज पर छपाई होती है। ऑफसेट पद्धति में प्लेट की छाप एक सिलिंडर पर पड़ती है, जिसे ब्लैंकेट सिलिंडर कहते हैं। इसी ब्लैंकेट सिलिंडर से छाप कागज पर उतरती है, इसलिए इस ऑफसेट प्रणाली को अप्रत्यक्ष मुद्रण प्रणाली भी कहा जाता है।

ऑफसेट में तीन सिलेंडर एक साथ काम करते हैं। जिस सिलेंडर पर मुद्रणीय सामग्री की प्लेट चढ़ाई जाती है, उसे प्लेट सिलेंडर कहा जाता है। मुद्रण के क्षेत्र में एक विशेष प्रकार की रबड़ होती है, जिसे ब्लैंकेट कहा जाता है। यह ब्लैंकेट रबड़ दूसरे सिलेंडर पर चढ़ती है। तीसरे सिलेंडर को इंप्रेशन सिलेंडर कहा जाता है। इस इंप्रेशन और ब्लैंकेट सिलेंडर के बीच छपनेवाला कागज गुजरता है। जब ब्लैंकेट सिलेंडर पर सैट हुआ कागज प्लेट सिलेंडर की छाप पाकर इंप्रेशन सिलेंडर से टच होकर बाहर निकलता है, उसे 'ऑफसेट मुद्रण' (Offset Printing) कहा जाता है।

ऑफसेट मशीन के प्रकार (Types of Offset Machines)

ऑफसेट मशीन को कागज लगाने के आधार पर दो भागों में बाँटा जा सकता है, जो इस प्रकार हैं—

1. **शीट-फीड ऑफसेट मशीन**—इसमें एक बार में एक रंग की छपाई की जाती है। इसलिए इसे 'सिंगल कलर मशीन' भी कहा जाता है। इस पर कागज की रील नहीं चलती, बल्कि रिम के रूप में कटे हुए कागज की शीट छापी जाती है। इसलिए इसे शीट-फीड मशीन कहा जाता है।

2. **वेब-फीड ऑफसेट मशीन**—इस प्रकार की मशीन में कागज रोल के रूप में प्रयुक्त किया जाता है। एक वेब फीड मशीन में एक से लेकर छः तक यूनिट (Unit) होते हैं। इन मशीनों की गति काफी अधिक होती है। इनमें पत्र-पत्रिकाओं आदि की छपाई की जाती है। इस प्रकार की मशीनें प्रायः बड़े-बड़े प्रेसों, जैसे—थॉम्पसन प्रेस (Thompson Press), टाइम्स ग्रुप आदि में उपलब्ध हैं।

ऑफसेट मुद्रण की प्रमुख विशेषताएँ—

1. ऑफसेट पद्धति में चार रंग (काला, नीला, लाल व पीला) की छपाई साथ-साथ हो सकती है। प्रत्येक रंग की प्लेट के तीन सिलेंडर होते हैं।
2. ऑफसेट में छपाई सस्ती व आकर्षक होती है।
3. इसमें समय की बचत भी होती है।
4. इसमें ब्लॉक बनाने की आवश्यकता नहीं होती।
5. फर्मा बनाने की भी जरूरत नहीं होती।
6. ऑफसेट की छपाई रफ्तार प्रति घंटा 5 हजार से 50 हजार और इससे भी अधिक तक होती है।

Off the Record — ऑफ दी रिकॉर्ड

किसी व्यक्ति के व्यक्तित्व का वह भाग, जो प्रकाशन के लिए नहीं होता है उसे 'ऑफ दी रिकॉर्ड' (Off the Record) कहा जाता है। इस प्रकार का प्रकाशन किसी निषेध के कारण या वैधानिक आपत्ति के कारण रोक दिया जाता है।

Online Editing — ऑनलाइन संपादन

सूचना प्रौद्योगिकी ने समाचार-पत्रों की दुनिया ही बदल दी है। आज संपादक (Editor) व संवाददाताओं (Reporter) के हाथों में कागज कलम नहीं, बल्कि कंप्यूटर का की बोर्ड (Keyboard) होता है। समाचार लेखन से लेकर प्रस्तुति तक सभी कार्य कंप्यूटर द्वारा ही संपादित (Editing) किया जाता है। इस प्रक्रिया में एक महत्त्वपूर्ण तथ्य यह है कि इसमें किसी भी गलती को कंप्यूटर स्क्रीन पर ही संशोधित किया जा सकता है। शीर्षक, छोटे-बड़े कॉलम, चित्र संयोजन एवं रंग संयोजन आदि जैसे मुद्दे सभी कंप्यूटर के माध्यम से निरंतर प्रक्रिया के रूप में संपादित होते रहते हैं।

उल्लेखनीय है कि कंप्यूटर ऑन लाइन संपादन का सबसे बड़ा लाभ यह है कि इसमें कागजी कार्यवाही, डमी व प्रूफ आदि की कोई समस्या नहीं होती। केवल निर्धारित प्रक्रिया के अनुरूप कार्यवाही करके परिणामों को हाथों-हाथ कंप्यूटर से प्रत्यक्ष रूप में

देखा जा सकता है। वर्तमान में लगभग सभी समाचार-पत्रों व पत्रिकाओं में संपादन का कार्य ऑनलाइन ही होता है।

Online Journalism ऑनलाइन पत्रकारिता

'ऑनलाइन पत्रकारिता' (Online Journalism) से अभिप्राय है समाचारों को इंटरनेट (Internet) के माध्यम से प्रसारित करना। सरल शब्दों में इंटरनेट के जरिए की जानेवाली पत्रकारिता को ही ऑनलाइन पत्रकारिता (Internet Journalism) कहते हैं। इसे इंटरनेट पत्रकारिता या ई-पत्रकारिता (e-Journalism) भी कहते हैं। वर्तमान में नेट या वेब पर सभी संचार माध्यम, चाहे वह रेडियो, टी.वी. या समाचार-पत्र हो, एक साथ उपलब्ध हैं एक ही जगह। नेट पर आकाशवाणी (रेडियो) की खबर सुन सकते हैं तथा किसी समाचार-पत्र को भी पढ़ सकते हैं।

ऑनलाइन पत्रकारिता को 'सांदर्भिक पत्रकारिता' (Contextualized) भी कहते हैं। क्योंकि यह तीन पृथक संचार गुणों को समन्वित करती है। जैसे—ऑनलाइन संचारों के अंत: क्रियात्मक गुण, डिजीटल प्लेटफार्मों की मल्टीमीडिया क्षमताएँ एवं सीमा शुल्क गुण। उल्लेखनीय है कि भारत में अंग्रेजी में ऑनलाइन पत्रकारिता की शुरुआत हिंदी से पहले हुई थी। सर्वप्रथम अंग्रेजी समाचार-पत्रों में चेन्नई से प्रकाशित 'हिंदू' ने (सन् 1995 में) अपना इंटरनेट संस्करण प्रारंभ किया था। फिर बाद में हिंदी दैनिक समाचार-पत्रों में 'नई दुनिया' ने इंदौर से (सन् 1997 में) अपना ऑनलाइन/इंटरनेट संस्करण शुरू किया था।

Oodunta Martand उदंत मार्तंड

'उदंत मार्तंड' (Oodunta Martand) हिंदी का प्रथम समाचार-पत्र था। यह पं. युगल किशोर शुक्ल द्वारा 30 मई, 1826 को कलकत्ता से प्रकाशित किया गया था। यह साप्ताहिक पत्र था। उदंत मार्तंड में 'उदंत' का अर्थ है समाचार तथा 'मार्तंड' का अर्थ सूर्य है। तात्पर्य हुआ समाचार सूर्य या समाचाररूपी सूर्य। इस पत्र का आकार लगभग 12 इंच × 8 इंच था। पत्र का मुख्य शीर्ष 2 इंच का हुआ करता था। यह पत्र सूचनात्मक था, इसमें कोई विज्ञापन नहीं होता था। पत्र के एक अंक का मूल्य आठ आने था अर्थात् महीने के चार अंक का मूल्य दो रुपए। उदंत मार्तंड को आर्थिक कठिनाइयों के कारण शुक्ल जी ने दिसंबर 1827 में बंद कर दिया।

उल्लेखनीय है कि भारत में प्रथम समाचार-पत्र (अंग्रेजी में) जेम्स आगस्टस हिकी (James Hicky) द्वारा 'बंगाल गजट' (Bengal Gazette) या 'दी कलकत्ता जनरल एडवरटाइजर' नाम से कलकत्ता से 29 जनवरी, 1780 को प्रकाशित हुआ। इसे 'हिकी गजट'

भी कहते हैं। भारत में बंगाल गजट से ही पत्रकारिता का शुभारंभ हुआ। भारत में हिंदी का प्रथम 'दैनिक' समाचार-पत्र 'समाचार सुधावर्षण' था, जो श्यामसुंदर सेन के संपादकत्व में सन् 1854 में कलकत्ता से प्रकाशित हुआ था।

Optical Character Reader (OCR) — ऑप्टिकल करेक्टर रीडर

'ऑप्टिकल करेक्टर रीडर' (OCR) मशीन का साधारण नाम स्केनर (Scanner) है। कोई रिपोर्टर या विज्ञापन लेखक एक बिजली से चलनेवाले टाइपराइटर पर टाइप करता है और वह टाइप की हुई प्रति (Copy) सीधी ओ.सी.आर. (OCR) में चली जाती है। ओ.सी.आर. में उसका इलेक्ट्रॉनिक रूप तैयार किया जाता है और चाहे पेपर टेप इस्तेमाल हो या न हो, वह सारी सामग्री कंप्यूटर में चली जाती है। कंप्यूटर में यह जस्टिफाई (Justify) भी होता है कि इसमें कितनी जगह कहाँ छोड़नी चाहिए। इस प्रणाली में यह व्यवस्था भी है कि यदि कोई संपादक चाहे, तो कंप्यूटर से किसी सामग्री को वापस बुलाकर अपने कंप्यूटर के द्वारा संशोधित, संपादित एवं परिवर्द्धित कर सकता है।

Orkut — ऑर्कुट

'ऑर्कुट' (Orkut) इंटरनेट पर एक प्रसिद्ध सामाजिक नेटवर्किंग सेवा (Social Networking Service) है, जो कि गूगल (Google) समूह द्वारा संचालित की जा रही है। इसका प्रारंभ सन् 2004 में हुआ। ऑर्कुट सेवा उपयोगकर्त्ताओं को नए एवं पुराने दोस्तों से मिलने एवं मौजूदा संबंधों को बनाए रखने के लिए बनाई गई है। प्रारंभ में ऑर्कुट में खाता खोलने के लिए किसी पूर्व सदस्य के निमंत्रण की आवश्यकता होती थी परंतु अब बिना निमंत्रण के भी खाता खोलने की सुविधा दे दी गई है।

फेसबुक (Facebook) में एक सदस्य नेटवर्क पर लोगों का केवल प्रोफाइल (Profile) विवरण देख सकता है जबकि ऑर्कुट किसी को किसी की भी प्रोफाइल यात्रा के लिए अनुमति देता है। ऑर्कुट उपयोगकर्त्ताओं को जी-मेल (G-mail) क्रेडेशियल्स के साथ हस्ताक्षर करने के लिए भी अनुमति देता है। ऑर्कुट की एक और अन्य विशेषता समुदाय (Community) है। इसमें कोई भी समुदाय बना सकता है। ये समुदाय देश, शहर, भाषा, खेल, मनोरंजन आदि से संबंधित हो सकते हैं। ऑर्कुट में वर्तमान में लगभग 10 लाख से भी अधिक समुदाय हैं।

उल्लेखनीय है कि ऑर्कुट का नाम गूगल समूह के एक कर्मचारी ऑर्कुट बुयुक्कॉक्टेन (Orkut Buyykkokten) के नाम पर पड़ा है। वर्तमान में ऑर्कुट का सर्वाधिक प्रयोग ब्राजील में होता है, जिसके बाद भारत दूसरे स्थान पर है। हाल ही में अन्य सामाजिक

नेटवर्किंग साइटों के आगमन के कारण ऑर्कुट के प्रयोग में थोड़ी कमी आई है।

Outdoor Advertisement बाह्य विज्ञापन माध्यम

प्राय: घर से बाहर निकलने पर जो विज्ञापन हमें दिखाई देते हैं, वह बाह्य विज्ञापनों की श्रेणी में आते हैं, जैसे—पोस्टर, होर्डिंग, बैनर, बैलून, नियोन साईन, ट्रांजिट विज्ञापन, दीवार लेखन आदि। इन बाह्य विज्ञापन माध्यमों की पहुँच काफी विस्तृत होती है। शहरी, ग्रामीण या किसी क्षेत्र में बाह्य विज्ञापन लगाकर अधिक से अधिक लोगों तक पहुँचा जा सकता है। अन्य माध्यमों की अपेक्षा निरंतरता भी अधिक होती है। अन्य माध्यमों का एक निश्चित समय होता है, लेकिन बाह्य विज्ञापन चौबीस घंटे प्रभावी रहते हैं। एयरटेल (Airtel), रिलायंस (Reliance) जैसे बड़े ब्रांड बाहरी विज्ञापन के जरिए ही बाजार में वर्चस्व की लड़ाई लड़ रहे हैं।

Output Desk आउटपुट डेस्क/विभाग

समाचार चैनल के इनपुट डेस्क (Input Desk) का कार्य जिस नियत स्थान पर खत्म होता है 'आउटपुट डेस्क' (Output Desk) का कार्य वहाँ से शुरू होता है। इनपुट डेस्क समुचित समाचारों का संग्रह कर उन्हें आउटपुट डेस्क को सौंप देते हैं, तत्पश्चात् आउटपुट डेस्क का उत्तरदायित्व है कि उसे किस प्रकार दर्शकों के समक्ष प्रस्तुत करते हैं। आउटपुट डेस्क रिपोर्टर की कॉपी का संपादन करता है। यदि किसी समाचार में घटना संबंधित दृश्य सामग्री न हो, तो उस जगह पर फाइल चित्र को संलग्न कर या फिर ग्राफिक के सहारे उस खबर को आकर्षक बनाया जाता है। आउटपुट डेस्क का प्रमुख/हेड (Head) सीनियर प्रोड्यूसर स्तर का पत्रकार होता है। आउटपुट प्रमुख के नीचे की व्यवस्था में न्यूज डेस्क (News Desk) एवं एंकर (Anchor) होता है।

आउटपुट डेस्क के प्रमुख उत्तरदायित्व हैं—कॉपी का निर्माण करना, रन ऑर्डर (Run Order) का निर्माण करना (समाचारों के महत्त्व को देखते हुए उनके क्रम का निर्धारण करना), टिकर को अपडेट करना (समाचार प्रसारण के दौरान स्क्रीन पर नीचे की ओर एक पट्टी दौड़ती रहती है, उसे 'टिकर' कहते हैं।) एवं टेक्स्ट के अनुसार ग्राफिक्स तैयार करना आदि।

Outside Broadcast Van (OB Van) आउटसाइड ब्रॉडकास्ट वैन

टेलीविजन पर सीधे प्रसारण (Live Telecast) के लिए ओ.बी. वैन (OB Van) का प्रयोग किया जाता है। टेलीविजन के कार्यक्रमों में स्टूडियो से बाहर के प्रोग्रामों का प्रसारण

बहुत महत्त्वपूर्ण होता है। ओ.बी. वैन में कार्यक्रम निर्माण व रिकॉर्डिंग के लिए आवश्यक सभी उपकरण उपलब्ध होते हैं। ओ.बी.वैन एक तरह से चलता-फिरता 'मिनी स्टूडियो' (Mini Studio) होता है। आउट साइड ब्रॉडकास्ट को 'रिमोट टेलीकास्ट' भी कहा जाता है। ओ.बी.वैन प्रसारण प्रक्रिया में घटनास्थल एवं टेलीविजन केंद्र के बीच एक कड़ी का काम करती है। इसके ऊपर एक डिश लगा होता है, जिसका संपर्क टेलीविजन केंद्र के नियंत्रण कक्ष से होता है।

ओ.बी. वैन को दो भागों में बाँटा जा सकता है—पहले भाग को प्रोडक्शन पैनल (Production Panel) कहते हैं, जिसमें कैमरे का आउटपुट मॉनिटर में देखा जा सकता है। ओ.बी.वैन के दूसरे भाग को कंट्रोल सेक्शन (Control Section) कहते हैं। इस भाग में सी.सी.यू. (CCU), वी.टी.आर. (VTR) एवं ऑडियो पैनल जैसी तकनीकी सुविधाएँ उपलब्ध होती हैं।

Outsourcing — बाह्य संसाधन/आउट सोर्सिंग

सूचना प्रौद्योगिकी (IT) के द्वारा बिजनेस प्रोसेसिंग आउटसोर्सिंग (BPO) की जाती है। विदेशों की बड़ी-बड़ी कंपनियाँ अपने ऑफिस का बहुत सा काम दूरदराज देशों में पूरा कराती हैं। इनके द्वारा प्रोसेस किया डेटा या सूचना को संचार माध्यम (Communication Medium) से तुरंत प्राप्त कर लेती हैं। कम विकसित एवं सस्ते देशों में काम करने से कंपनी को बहुत अधिक लाभ होता है। वर्तमान में बड़े नगरों से अब छोटे नगरों में भी आउटसोर्सिंग प्रारंभ हो गई है। कहीं इसे कॉल सेंटर (Call Centre) भी कहा जाता है।

Out of Vision (OOV) — आउट ऑफ विजन

जिस किसी रिपोर्ट में समाचार वाचक (News Reader) अथवा रिपोर्टर (Reporter) की मात्र आवाज ही आए और चित्र दूसरे दिखाई पड़ें, उसे 'आउट ऑफ विजन' (Out Vision OOV) कहते हैं।

Over run — ओवर रन

किसी भी मुद्रणीय सामग्री का निर्धारित की गई संख्या से ज्यादा प्रतियों का मुद्रित हो जाना ही 'ओवर रन' (Over run) कहलाता है।

□

Pager — पेजर

पेजर (Pager) एक छोटा-सा इलेक्ट्रॉनिक उपकरण होता है, जिसके डिस्प्ले (Screen) पर संदेश लिखित प्राप्त किया जा सकता है। पेजर का अपना एक नंबर होता है। इस नंबर पर टेलीफोन (Telephone) से डायल कर संपर्क किया जा सकता है और अपना संदेश उस नंबर तक पहुँच जाता है। पेजर में मेमोरी (Memory) भी होती है, जिसमें संदेश रिकॉर्ड हो सकते हैं, जिसे जरूरत पड़ने पर बटन दबाकर पढ़ा जा सकता है। कैलकुलेटर (Calculator) जैसा छोटा उपकरण होने के कारण इसे आसानी से पॉकेट में रखा जा सकता है। पेजर के द्वारा संदेश को एक निर्धारित क्षेत्र तक ही भेजा जा सकता है।

Paparazzi — पापाराजी

'पापाराजी' (Paparazzi) शब्द पश्चिम की देन है। यह वैसे फोटोग्राफर (Photographer) को कहा जाता है, जो किसी मशहूर हस्ती के पीछे चोरी-छिपे लगे रहते हैं और फिर उनकी अंतरंग व निजी अवस्था की तस्वीरें निकालकर ऊँचे दामों में बेचते हैं।

सेलिब्रिटीज की निजी जिंदगी में झाँकने को बेचैन आँखें, उनके इंतजार में घंटों से लेकर महीने गुजार देनेवाली आँखें, दिमाग के एक इशारे पर कैमरे को क्लिक करने के लिए मुस्तैद उँगलियाँ, किसी बियाबान में हर मुश्किल पार कर उन तक पहुँचने का माद्दा, ऐसी आँखें व उँगलियाँ जिनके पास हैं, उन्हें ही पापाराजी के नाम से जाना जाता है। उल्लेखनीय है कि कुछ ही वर्ष पूर्व केन्या के किसी समुद्र तट पर साथ घूमते बैडपिट और एंजलिना जॉली की एक्सक्लूसिव तस्वीरें लगभग 5,00,000 डॉलर तक में बिकी थीं।

Paper कागज/पेपर

समाचार-पत्रों की छपाई अखबारी कागज (Newsprint) पर होती है। रोटरी या ऑफसेट पर छापने के लिए यह कागज रील्स में गोल लिपटा हुआ मिलता है। इन रील्स को छपाई में वैसे ही मशीन पर चढ़ाकर छपाई की जाती है।

'कागज' (Paper) कई प्रकार के होते हैं, जैसे—सुपर रॉयल, रॉयल डिमाई, क्राउन, फुलस्केप आदि। कागज कई आकारों में भी उपलब्ध हैं—फोलियो (Folio), लॉन्ग फोलियो, क्वार्टो, ऑक्टिवो आदि। जब कागज को लंबाई में एक बार मोड़ा जाता है और इसके दो हिस्से या चार पृष्ठ मिलते हैं। इस हिस्से को 'फोलियो' कहा जाता है। जब कागज पहले लंबाई में और फिर चौड़ाई में एक बार मोड़ा जाता है, तो उसे 'क्वार्टो' कहा जाता है। लंबाई में चार बार और चौड़ाई में दो बार मोड़ने पर आठवाँ हिस्सा प्राप्त होता है।

कागज का दाम उसके वजन के हिसाब से ही तय होता है। एक रीम में लगभग 500 शीट्स होती हैं। कागज का वजन जी.एस.एम. (Gram Per Square Metre—GSM) में तोला जाता है। अंतरराष्ट्रीय मानकों के अनुसार कागज का विभाजन इस प्रकार है—ए (A), ए-1 (A1), ए-2 (A 2), ए-3 (A 3) एवं ए-4 (A 4) आदि।

Parliamentary Journalism संसदीय पत्रकारिता

संसद् तथा विधानमंडल समाचार-पत्रों के लिए समाचारों के प्रमुख स्रोत हैं। इन सदनों की कार्यवाही के दौरान समाचार-पत्रों के पृष्ठ संसदीय समाचारों से भरे रहते हैं। संसद् तथा विधानसभा की कार्यवाही में आम जन की विशेष रुचि रहती है। संसद् के दोनों सदनों में देश तथा राज्य की सामाजिक, आर्थिक, राजनैतिक, सांस्कृतिक आदि गतिविधियों का खुलासा किया जाता है। समाज में क्या कुछ उचित हो रहा है, क्या अनुचित हो रहा है? सरकार किन मुद्दों पर कमजोर है, क्या बदलाव लाना चाहिए? कार्य प्रणालियों में इन सभी बातों पर तर्क-वितर्क होता है। इन समाचारों को समाचार-पत्र जनता तक पहुँचाकर उनका पथ-प्रदर्शन करते हैं।

संसद् की कार्यवाही की रिपोर्टिंग करते समय पत्रकारों को विशेष सावधानी बरतनी पड़ती है। इनसे संबंधित कानून तथा संसदीय विशेषाधिकारों की जानकारी होना प्रत्येक पत्रकार हेतु आवश्यक है।

Parliamentary Reporting संसदीय रिपोर्टिंग

'संसद् की रिपोर्टिंग' (Parliamentary Reporting) करनेवाले रिपोर्टर को

संसदीय कार्यवाही/प्रक्रिया के बारे में, जैसे—प्रश्नोत्तर (प्रश्नकाल व शून्यकाल), ध्यानाकर्षक प्रस्ताव, काम रोको प्रस्ताव, स्थगन प्रस्ताव, बहस, अविश्वास प्रस्ताव, विश्वास प्रस्ताव, राष्ट्रपति अभिभाषण हेतु धन्यवाद प्रस्ताव पर बहस, बजट पर बहस एवं मंत्रियों के बारे में, आदि जानकारी देनी चाहिए। प्राय: संसद् की रिपोर्टिंग हेतु अनुभवी संवाददाताओं को ही भेजा जाता है, जिन्हें विशेष संवाददाता (Special Correspondent) का दर्जा प्राप्त होता है।

पत्रकारों को संसद् की रिपोर्टिंग करते समय संसद् के विशेषाधिकारों का ध्यान अवश्य रखना चाहिए (जिनका उल्लेख संविधान के अनुच्छेद 105 में किया गया है। साथ ही उन्हें 'संसद् की कार्यवाही प्रकाशन संरक्षण अधिनियम, 1956' की भी पूरी जानकारी होनी चाहिए। संसद् की रिपोर्टिंग करने वाले पत्रकारों को संसद् के विशेषाधिकार (Privileges of Parliament) के उल्लंघन के मामले में संसद् की अवमानना का दोषी होना पड़ता है। इसलिए पत्रकारों/रिपोर्टरों को निम्न बातें ध्यान में रखनी चाहिए—

1. ऐसा कोई प्रकाशन नहीं करना चाहिए, जो संसद् या उसकी किसी समिति के सम्मान को ठेस पहुँचाए।
2. किसी सदस्य द्वारा दिया गया भाषण किसी अन्य सदस्य के नाम से प्रकाशित नहीं किया जाना चाहिए।
3. किसी जाली दस्तावेज को संसद् का दस्तावेज मानकर जानबूझकर उसका प्रकाशन नहीं करना चाहिए।
4. सदन या उसकी किसी समिति (कमेटी) की कार्यवाही के संबंध में गलत रिपोर्ट प्रकाशित नहीं करनी चाहिए।
5. किसी विचाराधीन मामले पर टिप्पणी/प्रकाशन नहीं करना चाहिए।
6. संसद् की कार्यवाही से लोप किया शब्द, अंश का प्रकाशन नहीं किया जाना चाहिए।
7. किसी समिति की रिपोर्ट/मामले, उसके पक्ष-विपक्ष में प्रस्तुत राय या टिप्पणी का सदन में प्रस्तुत किए जाने से पूर्व प्रकाशन नहीं किया जाना चाहिए।

Patent पेटेंट/एकस्व

किसी निर्मित पदार्थ अथवा आविष्कृत यंत्र की अभिकल्पना या विस्तृत ब्यौरे के साथ आविष्कार या आविष्कृत पदार्थ के पेटेंटधारी (एकस्वी) को उसके निर्माण, उपयोग या विक्रय करने और उससे आर्थिक लाभ उठाने का अधिकार ही 'पेटेंट' (Patent) कहलाता है। एकस्व/पेटेंट उत्पादों एवं प्रक्रिया के लिए सरकार द्वारा प्रदत्त एक वैध

अधिकार है। इसके द्वारा दूसरों को किसी के मौलिक आविष्कार या रचना के प्रयोग करने, बनाने, उधार लेने या बेचने से रोका जा सकता है।

P.C. Joshi Committee पी.सी. जोशी समिति

दूरदर्शन (Doordarshan) के लिए कार्यक्रम संबंधी योजना तैयार करने की दृष्टि से 6 दिसंबर, 1982 को प्रसिद्ध समाजशास्त्री डॉ. पी.सी. जोशी की अध्यक्षता में 13 सदस्यीय समिति की घोषणा की गई। इस समिति ने अगस्त 1985 को अपनी रिपोर्ट सरकार को प्रस्तुत कर दी।

जोशी समिति की रिपोर्ट तीन खंडों में है। पहला खंड पाँच भागों में—दूरदर्शन किसके लिए और किसलिए? हमारे सपनों के भारत का निर्माण, चैनलों का सवाल, संगठनात्मक ढाँचे और कार्मिक प्रबंध व्यवस्था में सुधार तथा अनुसंधान में विभाजित है। दूसरे खंड में संबंधित सिफारिशों का सारांश दिया गया है। तीसरे खंड में परिशिष्ट व अनुलग्नक दिए गए हैं। पी.सी. जोशी समिति ने अपनी रिपोर्ट का नाम 'दूरदर्शन का भारतीय स्वरूप' दिया।

Personal Computer (PC) पर्सनल कंप्यूटर

व्यक्तिगत संगणक या 'पर्सनल कंप्यूटर' (Personal Computer) एक ऐसा कंप्यूटर तंत्र होता है, जो विशेष रूप से व्यक्तिगत अथवा छोटे समूह के द्वारा प्रयोग में लाया जाता है। इन कंप्यूटरों को बनाने में माइक्रो प्रोसेसर मुख्य रूप से सहायक होते हैं, इसलिए इनको 'माइक्रो कंप्यूटर' (Micro Computer) भी कहते हैं।

पर्सनल कंप्यूटर का निर्माण विशेष क्षेत्र तथा कार्य को ध्यान में रखकर किया जाता है। उदाहरणार्थ घरेलू कंप्यूटर अथवा कार्यालय में उपयोग किए जाने वाले कंप्यूटर। पर्सनल कंप्यूटर से किए जानेवाले कार्यों में खेल-खेलना, इंटरनेट का इस्तेमाल, शब्द संसाधन आदि सम्मिलित हैं।

पर्सनल कंप्यूटर के कुछ व्यावसायिक कार्य निम्नलिखित हैं—

1. प्रोडक्शन कंट्रोल
2. स्पेडशीट कार्य
3. सॉफ्टवेयर निर्माण
4. वेबसाइट निर्माण
5. सांख्यिकी गणना
6. कंप्यूटर द्वारा रूपरेखा निर्माण (CAD/CAM)

Phone-in Programme फोन-इन कार्यक्रम

जनसंचार के आधुनिक माध्यम एकपक्षीय संचार के रहे हैं। इनके द्वारा प्रसारित बात लाखों तक पहुँचती है, परंतु इस संचार का लक्ष्य श्रोता, अपनी बात स्रोत तक नहीं पहुँचा सकता। अभी तक पत्र ही उसके लिए एकमात्र माध्यम थे, जिनके द्वारा वह अपनी बात प्रसारक तक पहुँचा सकता था। तकनीक के विकास तक कार्यक्रम की नई विधाओं की तलाश के प्रयास ने इस कड़ी में 'फोन-इन कार्यक्रम' को जोड़ा है। इसके माध्यम से श्रोता कार्यक्रम के प्रतिभागी बन गए हैं।

पहले संगीत के कार्यक्रमों में इस तरह के प्रयोग किए गए। आज कई तरह के फोन-इन कार्यक्रम किए जाते हैं। इनका उद्देश्य श्रोता को उसकी आवश्यकता के अनुरूप सूचना देना है। फोन-इन कार्यक्रम को कई श्रेणियों में बाँटा जा सकता है—फोन-इन पर आधारित संगीत कार्यक्रम, विषय आधारित कार्यक्रम एवं परामर्श कार्यक्रम आदि।

Photo Division फोटो प्रभाग

'फोटो प्रभाग' (Photo Division) सूचना एवं प्रसारण मंत्रालय का एक अधीनस्थ कार्यालय है। यह फोटोग्राफी के क्षेत्र में देश की सबसे बड़ी उत्पादक इकाई है। फोटो प्रभाग का प्रमुख कार्य देश में उन्नति, विकास तथा राजनैतिक, आर्थिक एवं सामाजिक क्षेत्र में हो रहे परिवर्तनों को चित्रों में सहेजना, सूचना एवं प्रसारण मंत्रालय की विभिन्न इकाइयों तथा केंद्र एवं राज्य सरकार की एजेंसियों, मंत्रालयों, राष्ट्रपति कार्यालय, प्रधानमंत्री कार्यालय, लोकसभा और राज्यसभा सचिवालय और विदेश मंत्रालय जैसे विभागों को चित्र उपलब्ध कराना है।

समाचार-पत्रों में छपनेवाले सरकारी फोटोग्राफ में से अधिकांश इसी प्रभाग के द्वारा तैयार किए जाते हैं। इसके द्वारा तैयार फोटोग्राफ प्रेस सूचना कार्यालय (Press Information Bureau) के माध्यम से समाचार-पत्रों तक पहुँचते हैं। फोटो प्रभाग विज्ञापन एवं दृश्य प्रचार निदेशालय (DAVP) को भी प्रदर्शनी लगाने के उद्देश्य से चित्र उपलब्ध कराता है।

Photo Journalism फोटो पत्रकारिता

समाचारों से संबंधित चित्र 'फोटो पत्रकारिता' (Photo Journalism) कहलाती है। जनसंचार के माध्यमों में नव इलेक्ट्रॉनिक माध्यम या फोटोग्राफी मीडिया का सबसे सशक्त माध्यम है, जिसके कारण वर्तमान पत्रकारिता में क्रांति आ गई है। समाचारों के

साथ फोटो आने से पत्रकारिता का महत्त्व बढ़ गया है, क्योंकि चित्र का प्रभाव शब्दों से अधिक होता है।

किसी भी समाचार के साथ चित्र प्रस्तुत करना आज के युग की माँग है। चित्रों की प्रस्तुति से घटना की विश्वसनीयता बढ़ जाती है। फोटो पत्रकार समाचार से संबंधित फोटो, जैसे—गोष्ठी, वैज्ञानिक उपकरण, राष्ट्रीय, अंतरराष्ट्रीय समझौते, समारोह, बैठक, आविष्कारों, ऐतिहासिक भवनों, प्राकृतिक दृश्यों एवं फैशन शो आदि के चित्र लेकर उसे समाचार के साथ प्रकाशित करते हैं। वर्तमान में समाचार-पत्रों को फोटो उपलब्ध करवाने हेतु कई फोटो एजेंसियाँ (Photo Syndicate) भी काम कर रही हैं। एक चीनी लोकोक्ति के अनुसार—'दस हजार शब्दोंवाले विस्तृत विवरणों की अपेक्षा एक आकर्षक एवं प्रभावशाली चित्र अधिक उपयुक्त होता है।' जो सर्वथा सत्य भी है।

Photo Journalist फोटो पत्रकार

सामान्य पत्रकार एवं 'फोटो पत्रकार' (Photo Journalist) में मौलिक अंतर केवल इतना ही है कि सामान्य पत्रकार कलम से काम करता है, जबकि फोटो पत्रकार अपने कैमरे से। एक फोटो पत्रकार और उसके विषय के बीच सिर्फ उसका कैमरा होता है। इसलिए फोटो पत्रकार के लिए आवश्यक है कि उसे कैमरे से संबंधित संपूर्ण जानकारी हो। फोटो पत्रकार हेतु जहाँ उचित अवसर देखकर फोटो लेने में कुशल होना आवश्यक है, उसी तरह उसे चित्रों की प्रिंटिंग, एनलाइजिंग, फोटो फिनिशिंग एवं रासायनिक क्रिया का ज्ञान होना भी अत्यंत जरूरी है। फोटो पत्रकारिता में चित्रों के साथ प्रभावशाली शीर्षक कुछ शब्दों या एक-दो वाक्यों में ही प्रस्तुत करना पड़ता है, इसका ज्ञान भी फोटो पत्रकार को होना चाहिए।

एक अच्छे फोटो पत्रकार में जो गुण होने चाहिए, वे इस प्रकार हैं—

1. कैमरे के सभी कलपुर्जों की जानकारी हो।
2. वह धैर्यशील व संघर्षशील हो, तभी वह हिंसक-संघर्षों, दंगों व प्राकृतिक आपदाओं को अपने कैमरे में कैद कर सकेगा।
3. उसमें एक संवाददाता (रिपोर्टर) के सभी गुण हों।
4. फोटो पत्रकार हेतु विचारों की मौलिकता, नवीनता एवं प्रभावशीलता आवश्यक है।
5. एक अच्छे फोटो पत्रकार की पहचान किसी भी विचार या घटना को चित्र रूप में सोचना ही है।

Photo Phone फोटो फोन

'फोटो फोन' (Photo Phone) से बात करनेवाले व्यक्ति को दूसरी तरफ के व्यक्ति की आवाज के साथ-साथ उसका चित्र भी दिखाई पड़ता है। इसके लिए एक टी.वी. स्क्रीन का होना जरूरी है, जो टेलीफोन तार से संबद्ध होता है। फोटो फोन में एक कैमरा एक टेलीविजन स्क्रीन सेट होता है। वार्त्ता के दौरान आवाज और चित्र दोनों विद्युत तरंगों से परिवर्तित होकर प्रसारित हो जाते हैं, जिन्हें गंतव्य फोटो फोन द्वारा ग्रहण करके डिकोड कर लिया जाता है, जिससे चित्र और आवाज मूल रूप में दिखाई व सुनाई देती है। फोटो फोन, वीडियो फोन के नाम से ज्यादा प्रचलित है। दूरसंचार क्षेत्र में फोटो फोन एक महत्त्वपूर्ण उपलब्धि है।

Photo Syndicate फोटो सिंडिकेट/संघ

20वीं शताब्दी में फोटो पत्रकारिता का विकास तेजी से होने लगा। समाचार-पत्रों के प्रकाशन सफल न होने की स्थिति में चित्रों का सहारा लिया गया, ताकि उसे चित्रमय समाचार-पत्र का नाम दिया जा सके। पत्रों में चित्रों की महत्ता के उत्साहवर्द्धक परिणाम भी मिलने लगे। अतः फोटो जारी करनेवाले संगठन (News Photo Syndicate) बनने लगे थे। बेन (Ben) और अमेरिकन प्रेस (American Press) ऐसे पहले संघों में से थे। 20वीं शताब्दी के लगभग दूसरे दशक में वाइल्ड वर्ल्ड (Wild World) इंटरनेशनल न्यूज फोटोज (International News Photos), न्यूजपेपर इंटरप्राइज यूनियन (Newspaper Enterprise Union) आदि ने फोटो सिंडिकेट (Photo Syndicate) का श्रीगणेश किया। एसोसिएटेड प्रेस (Associated Press) ने सन् 1926 से फोटो के लिए अपनी सेवाएँ देना प्रारंभ किया और सन् 1935 से तार के माध्यम से चित्र भेजने का कार्य भी प्रारंभ कर दिया।

वर्तमान में तो समाचार-पत्रों को फोटो उपलब्ध करवाने के लिए कई फोटो सिंडिकेट/संघ काम कर रहे हैं, जो समाचार-पत्रों को आवश्यकतानुसार फोटो उपलब्ध करवाते रहते हैं।

Pica पाइका

बारह (12) प्वाइंट (Point) का टाइप 'पाइका-टाइप' कहलाता है।

Piece to Camera (P to C) पीस टू कैमरा

'पीस टू कैमरा' (P to C) टेलीविजन रिपोर्टिंग का एक महत्त्वपूर्ण अंग है।

'पीस टू कैमरा' का अर्थ उस स्थिति से है, जिसमें रिपोर्टर स्वयं कैमरे के समक्ष खड़ा होकर दर्शकों के समक्ष समाचारों को प्रस्तुत करे। दूसरे शब्दों में 'पीस टू कैमरा' का अर्थ होता है—संवाददाता (रिपोर्टर) द्वारा घटना के अवसर पर उसी स्थान से दृश्य और श्रव्य रूप में घटना का विवरण देना या पूर्व टेलीविजन पर पठित समाचार का समापन करना। प्रत्येक समाचार में 'पीस टू कैमरा' जरूरी नहीं है।

रिपोर्टिंग में पीस टू कैमरा को तीन भागों में विभाजित किया जाता है—

1. **ओपनर**—वह शॉट (Shot), जोकि प्रारंभ में कैमरामैन के द्वारा रिपोर्ट प्रारंभ करने के समय लिया जाता है।
2. **ब्रिज/मिड**—वह शॉट, जो रिपोर्ट के बीच (Mid) में कैमरामैन द्वारा रिपोर्टर का लिया जाता है। यह ओपनर तथा क्लोजर के मध्य की स्थिति होता है।
3. **क्लोजर/एंड**—वह शॉट, जो कि कैमरामैन द्वारा रिपोर्टर का रिपोर्ट के अंतिम क्षणों में लिया जाता है। यह रिपोर्ट के समापन का सूचक होता है।

पीस टू कैमरा प्रस्तुत करते समय निम्न बातें अवश्य ध्यान में रखनी चाहिए, जो इस प्रकार हैं—

1. पी.टी.सी. में रिपोर्टर के चेहरे की अपेक्षा घटनास्थल के दृश्यों को प्राथमिकता दी जानी चाहिए।
2. अत्यधिक व्यस्त बैकग्राउंड का रिपोर्ट में प्रस्तुतीकरण से बचना चाहिए।
3. पी.टी.सी. में जहाँ तक संभव हो, स्टोरी में घटनास्थल से संबंधित दृश्यों का समावेश जरूर करना चाहिए।

Plate-Making प्लेट-मेकिंग

समाचार-पत्र में मुद्रण के लिए भिन्न-भिन्न प्रकार की प्लेटें (Plates) बनाई जाती हैं। प्लेट एल्यूमीनियम व जिंक से मिलकर बनती हैं। प्लेट नेगेटिव (Negative) से भी बनाई जा सकती हैं व पॉजीटिव (Positive) से भी। प्लेट पर रोशनी का थोड़ा सा अंश भी नहीं जाना चाहिए। पॉजीटिव से बनी प्लेट में जहाँ लाखों में प्रतियाँ छपती हैं, वहीं नेगेटिव से बनी प्लेट में हजारों में। प्लेट तीन प्रकार की होती हैं—

1. **सरफेस प्लेट (Surface Plate)**—इसे वाईप ऑन प्लेट भी कहते हैं। यह प्लेट नेगेटिव से बनती है। यह ऊपर की तरफ उठी होती है।
2. **डी पेच प्लेट (De Petch Plate)**—यह प्लेट पॉजीटिव से बनती है। यह नीचे की तरफ झुकी हुई होती है।
3. **पी.एस. प्लेट (Pre-Sensitive Plate)**—यह गुणवत्ता की दृष्टि से

उत्तम होती है। यह भी पॉजीटिव से ही बनती है। यह प्लेट बनी बनाई आती है। यह प्लेट दोबारा प्रयोग में नहीं लाई जा सकती।

Point प्वाइंट

मुद्रण कार्य में टाइप (Type) की बनावट या नाप की दृष्टि से कुछ मानक प्वाइंट तय किए गए हैं। हिंदी और अंग्रेजी दोनों ही भाषाओं में टाइप की प्वाइंट प्रणाली को अपनाया गया है। किसी भी टाइप का एक प्वाइंट एक इंच के 72 वें भाग के बराबर होता है। सामान्यत: नाप की दृष्टि से 12 प्वाइंट का एक 'एम' तथा 6 प्वाइंट का 'एन' होता है।

Polaroid Camera पोलाराइड कैमरा

'पोलाराइड कैमरे' (Polaroid Camera) को 'इंस्टैंट कैमरा' भी कहा जाता है, क्योंकि इनके द्वारा खींचे गए फोटो के प्रिंट्स कुछ ही क्षणों में प्राप्त हो जाते हैं। डार्करूम (Darkroom) में जाकर फिल्म डेवलप करना, उनका निगेटिव बनाना और फिल्म प्रिंट बनाने की जरूरत नहीं पड़ती। इन कैमरों से श्याम-श्वेत (Black & White) और रंगीन (Colour) दोनों ही प्रकार के छायाचित्र खींचे जा सकते हैं। फ्लैश (Flash) की जरूरत इन कैमरों में भी पड़ती है। इन कैमरों से खींचे गए फोटो के अतिरिक्त प्रिंट भी नहीं बन सकते और न ही इनलार्जमेंट, क्योंकि नेगेटिव नहीं बन पाता। उल्लेखनीय है कि पोलाराइड कैमरे का आविष्कार सन् 1947 में अमेरिका के डॉ. एडविन लैंड (Dr. Edwin Land) ने किया था।

Political Journalism राजनीतिक पत्रकारिता

भारत में 'राजनीतिक पत्रकारिता' (Political Journalism) का आरंभ स्वाधीनता पूर्व हो चुका था। भारतीयों द्वारा प्रकाशित कोई भी पत्र ऐसा नहीं था, जिसमें अंग्रेजी हुकूमत की ज्यादतियों का चित्रण न हो। सभी भारतीय समाचार-पत्र स्वाधीनता मिशन से प्रेरित थे। स्वाधीनता प्राप्ति के बाद देश में लोकतंत्र (Democracy) की स्थापना हुई। शासन की इस व्यवस्था में पत्रकारिता का राजनीतिक दायित्व बढ़ गया। शासक दल की नीतियों से जनमानस को रू-ब-रू कराना और जन मानस की भावनाओं को शासक दल तक पहुँचाना पत्रकारों का प्रमुख दायित्व हो गया।

वर्तमान में सभी समाचार-पत्र-पत्रिकाएँ व सूचना के अन्य साधन अपने इस उत्तरदायित्व को भली प्रकार निभा रहे हैं। राजनीतिक समाचारों के लिए प्रमुख पत्रिकाएँ हैं—इंडिया टुडे, आउटलुक, द वीक, द टाइम आदि।

Political Parties राजनीतिक दल

दलीय व्यवस्था (Party System) हर प्रकार की राजनीतिक व्यवस्था के लिए अनिवार्य व्यवस्था है। राजनैतिक दल चाहे वह सत्तारूढ़ हो या विरोधी दल हो, दोनों की महत्त्वपूर्ण भूमिका होती है। 'राजनीतिक दल' (Political Parties) संगठित व्यक्तियों का वह समूह होता है, जो एक राजनीतिक इकाई के रूप में कार्य करता है तथा केवल संवैधानिक उपायों को अपनाकर ही शासन पर अपना नियंत्रण स्थापित करने का प्रयत्न करता है। राजनीतिक विचारक एडमंड बर्क के अनुसार राजनीतिक दल ऐसे लोगों का समूह होता है, जो किसी ऐसे सिद्धांत के आधार पर, जिस पर वह एकमत हों, अपने सामूहिक प्रयत्न द्वारा जनता के हित में काम करने के लिए एकता से बँधे होते हैं।

Political Reporting राजनीतिक रिपोर्टिंग

'राजनीतिक रिपोर्टिंग' (Political Reporting) में राजनीतिक दलों, उनकी गतिविधियों, कार्यक्रमों एवं उनके नेताओं से संबंधित खबरें संकलित करनी होती हैं। राजनीतिक रिपोर्टिंग की श्रेणी में लोकसभा, विधानसभा, नगर-निगम, नगरपालिका चुनाव, उम्मीदवारों का चयन, चुनाव अभियान, चुनाव नतीजे एवं परिणामों का राजनीति पर असर आदि आते हैं। राजनीतिक रिपोर्टिंग में राजनीतिक दलों के दूसरे दलों के साथ संबंध, गठबंधन, टकराव, मतभेद, संयुक्त मोर्चा, भीतरी जोड़-तोड़, कार्यसमिति की बैठकें, सम्मेलन, प्रदर्शन आदि के समाचारों को जुटाना होता है।

Postal News डाक समाचार

समाचार-पत्र कार्यालय से दूर स्थित संवाददाता डाक द्वारा समाचारों को कार्यालय में भेजते हैं। हालाँकि डाक समाचार कुछ विलंब से प्राप्त होते हैं, फिर भी संपादक इन्हें छापता है। संपादक यह जानता है कि मनुष्य अपने आसपास के इलाकों में क्या कुछ घटित हो रहा है, जानने के लिए हमेशा उत्सुक रहता है। पाठकों की इसी जिज्ञासा को शांत करने के लिए डाक समाचारों को प्रकाशित किया जाता है। डाक समाचार प्रायः तीन-चार दिन या सप्ताह भर पुराने होते हैं। इससे अधिक अंतराल वाले समाचारों को प्रायः पाठक नजरअंदाज कर देता है।

Poster पोस्टर

'पोस्टर' (Poster) एक महत्त्वपूर्ण विज्ञापन माध्यम रहा है। प्राचीन काल में

जब मुद्रण मशीनों का आविष्कार नहीं हुआ था, तब भी हाथ से लिखे पोस्टरों का विज्ञापन माध्यम (Advt. Medium) के रूप में प्रयोग किया जाता था। वर्तमान के आधुनिक युग में भी पोस्टर विज्ञापन के लिए एक अनिवार्य माध्यम के रूप में दिखाई देता है। पोस्टरों में अधिकतर लिखित संदेश और चित्र होते हैं, जो संदेश के अनुसार विभिन्न प्रकार के होते हैं, जैसे—वित्तीय पोस्टर, व्यापारिक पोस्टर, उपभोक्ता वस्तुओं संबंधी पोस्टर, राजनैतिक पोस्टर एवं शैक्षणिक पोस्टर आदि।

पोस्टर में संदेश प्रायः छोटा व आकर्षक होना चाहिए। तभी वह उपभोक्ता को अपनी ओर आकर्षित करने और अपनी बात कहने में सफल होते हैं। पोस्टरों का आकार भी भिन्न-भिन्न होता है। आजकल अधिकतर 15''×20'', 18''×22'' और 20''×30'' आकार के पोस्टर देखने को मिलते हैं।

Prasar Bharti Act (1990) प्रसार भारती एक्ट

'प्रसार भारती एक्ट' (Prasar Bharti Act) का मूल उद्देश्य सरकारी इलेक्ट्रॉनिक मीडिया अर्थात् आकाशवाणी (रेडियो) एवं दूरदर्शन (टेलीविजन) को स्वायत्तता प्रदान करना है। सन् 1977 में जनता पार्टी की सरकार ने आकाशवाणी एवं दूरदर्शन को स्वायत्तता देने एवं दिशा-निर्देश सुझाने हेतु वर्गीस समिति (Varghese Committee) का गठन किया। इस समिति ने सुझाव दिया कि आकाशवाणी व दूरदर्शन को पूर्ण स्वायत्तता प्रदान की जाए और इसके लिए एक स्वतंत्र प्रसारण निगम 'आकाशभारती' की स्थापना की जाए। समिति की रिपोर्ट के आधार पर लोकसभा में 'प्रसार भारती बिल' प्रस्तुत किया गया, परंतु इसके पूर्व ही लोकसभा भंग (सन् 1979) हो गई।

इसके बाद सन् 1989 में वी.पी. सिंह सरकार ने 'प्रसार भारती बिल' संसद् में प्रस्तुत किया। जिसे संसद् ने सन् 1990 में पारित किया, लेकिन (सरकार का पतन होने के कारण) लागू न हो सका। सन् 1997 में (लगभग 7 साल के बाद) प्रसार भारती एक्ट (Prasar Bharti Act) लागू हुआ। अब दूरदर्शन एवं आकाशवाणी ये दोनों प्रसारण संगठन एक स्वायत्तशासी निगम 'भारतीय प्रसारण निगम' (Broadcasting Corporation of India) 'प्रसार भारती' (Prasar Bharti) के रूप में कार्यरत हैं।

प्रसार भारती अधिनियम में कुल 4 अध्याय और 35 धाराएँ हैं। प्रसार भारती निगम को चलाने के लिए प्रसार भारती बोर्ड की व्यवस्था की गई है। इसके अलावा प्रसारण परिषद् तथा संसदीय समिति प्रसार भारती के दो अन्य अंग हैं।

Press प्रेस

'प्रेस' (Press) से तात्पर्य है—एक मुद्रणालय (Printing Press) तथा दूसरा समाचार-पत्र (Newspaper)। प्रेस को 'चौथी सत्ता' (Fourth Estate) भी कहा जाता है। मुद्रणालय वह यंत्रालय होता है, जहाँ मशीन के द्वारा छपाई या मुद्रण कार्य होता है। समाचार-पत्र से तात्पर्य पत्रकारिता से है। समाचार-पत्र वह है, जो समय-समय पर निश्चित अंतर से प्रकाशित होता है और जिसमें समाचारों को प्रमुखता दी जाती है।

Press & Book Registration Act, 1867 — प्रेस एवं पुस्तक पंजीकरण अधिनियम, 1867

'प्रेस एवं पुस्तक पंजीकरण अधिनियम, 1867' (PBR Act) भारत में मुद्रण एवं प्रकाशन के संबंध में मौजूद प्रेस कानूनों में से सबसे पुराना कानून है। यह समय-समय पर किए गए कुछ संशोधनों के साथ आज भी विद्यमान है। यह अधिनियम अपने वर्तमान रूप में पाँच भागों में विभाजित है। प्रथम भाग में विभिन्न पदनामों की परिभाषाएँ दी गई हैं। द्वितीय भाग छापाखाने एवं समाचार-पत्रों के संबंध में उपबंध है। तृतीय भाग में कानून के उल्लंघन पर दंड का प्रावधान है। चौथा भाग पुस्तकों के और पाँचवा भाग समाचार-पत्रों के पंजीकरण की व्यवस्था से संबद्ध है। यह अधिनियम पूरे भारत में लागू व मान्य है।

प्रेस एवं पुस्तक पंजीकरण अधिनियम के प्रमुख प्रावधान इस प्रकार हैं—

1. समाचार-पत्र के मालिक और संपादक का नाम पत्र के प्रत्येक अंक पर प्रकाशित होना चाहिए।
2. प्रत्येक प्रकाशित समाचार-पत्र पर मुद्रक, प्रकाशक तथा जहाँ से वह छपता है, उसका उल्लेख स्पष्ट होना चाहिए।
3. संपादक वह व्यक्ति है, जो पत्र में प्रकाशित सारी सामग्री के चयन को नियंत्रित करता है।
4. कोई भी नियतकालिक छपनेवाली कृति, जिसमें सार्वजनिक खबरें एवं ऐसी खबरों पर टिप्पणियाँ हों, समाचार की परिभाषा में आता है।
5. जिला मजिस्ट्रेट, प्रेसीडेंसी और डिवीजनल मजिस्ट्रेट की अनुमति के प्राप्त होने पर ही मुद्रक समाचार-पत्र को छाप सकता है।
6. समाचार-पत्र के नाम भाषा, अवधि, प्रकाशक, संपादक, मुद्रण आदि में होनेवाले परिवर्तन की सूचना अधिकारियों को देकर नया आज्ञा पत्र प्राप्त किया जा सकता है।

7. घोषणा पत्र में दी गई कोई जानकारी गलत हो या उसमें तथ्यों को छिपाया गया हो अथवा कानून के प्रावधानों का उल्लंघन करते हुए पत्र प्रकाशित किया जाए, तो मजिस्ट्रेट घोषणा-पत्र निरस्त/रद्द कर सकता है।
8. घोषणा-पत्र की स्वीकृति के बाद यदि कोई साप्ताहिक छः सप्ताह तक तथा अन्य समाचार-पत्र तीन मास तक प्रकाशित नहीं होता, तो आज्ञा पत्र बेकार हो जाएगा।
9. एक वर्ष तक पत्र का प्रकाशन न होने पर भी घोषणा-पत्र रद्द हो जाएगा।
10. प्रेस रजिस्ट्रार (RNI) को समाचार-पत्र का पूरा विवरण प्रत्येक वर्ष भेजना आवश्यक है। प्रेस रजिस्ट्रार को गलत सूचनाएँ भेजने पर दंड का भी प्रावधान है।

उल्लेखनीय है कि भारत के समाचार-पत्र पंजीयक (Registrar of Newspapers of India—RNI) की स्थापना प्रथम प्रेस आयोग की सिफारिश पर तथा प्रेस एवं पुस्तक पंजीकरण अधिनियम में संशोधन करके की गई। भारत के समाचार-पत्र पंजीयक का कार्यालय 1 जुलाई, 1956 को अस्तित्व में आया।

Press Briefing — प्रेस ब्रीफिंग

'पत्रकार सम्मेलन' (Press Conference) तथा 'प्रेस ब्रीफिंग' (Press Briefing) समानधर्मा शब्द हैं। दोनों में विशिष्ट व्यक्ति/अधिकारी द्वारा पत्र प्रतिनिधि या संवाददाता आमंत्रित किए जाते हैं। मान्यता प्राप्त संवाददाताओं को किसी विशेष रुचि के समाचार अथवा घटना की जानकारी देने के लिए बुलाकर जो विवरण दिया जाता है, उसे ही प्रेस ब्रीफिंग कहा जाता है। वास्तव में पत्रकार/संवाददाता अधिक औपचारिक होता है, जबकि 'ब्रीफिंग' कम औपचारिक।

प्रेस ब्रीफिंग में सवाल-जवाब नहीं होते, बल्कि पत्रकार समूह को जानकारी दे दी जाती है। जब कोई विदेशी प्रमुख भारत में आते हैं या हमारे देश के प्रमुख जब विदेश जाते हैं, तो उस दौरान चलनेवाली वार्त्ताओं के बारे में प्रेस ब्रीफिंग करके पत्रकारों को जानकारी दे दी जाती है। 'प्रेस ब्रीफिंग' जनसंपर्क (Public Relation) का एक सर्वोत्तम माध्यम होता है।

Press Club of India — भारतीय प्रेस क्लब

'भारतीय प्रेस क्लब' (Press Club of India) आधी शताब्दी पार कर चुका है। इसकी स्थापना सन् 1958 में राजधानी दिल्ली के कुछ संपादकों की पहल पर की

गई थी। 3,000 से अधिक पत्रकार इसके सदस्य हैं और मीडिया से जुड़े 1,000 लोग इसके सहयोगी सदस्य हैं। इसके परिसर में अनेक सांस्कृतिक कार्यक्रम भी आयोजित किए जाते हैं।

भारतीय प्रेस क्लब के सभी राज्यों की राजधानियों में स्थित प्रेस क्लबों से पारस्परिक संबंध हैं, जिनमें उ.प्र. प्रेस क्लब, लखनऊ, जम्मू प्रेस क्लब, चंड़ीगढ़ प्रेस क्लब, मुंबई प्रेस क्लब, जयपुर का पिंक सिटी प्रेस क्लब, गुवाहाटी प्रेस क्लब, बंगलौर प्रेस क्लब, हैदराबाद प्रेस क्लब, देहरादून का उत्तरांचल प्रेस क्लब, चेन्नई प्रेस क्लब, भोपाल का लेक सिटी प्रेस क्लब, त्रिपुरा का अगरतला प्रेस क्लब, तिरुवनंतपुरम का त्रिवेंद्रम प्रेस क्लब, कोलकाता प्रेस क्लब, प्रेस क्लब शिमला आदि शामिल हैं।

Press Communiques — प्रेस कम्यूनिक्स

शासन के अति महत्त्वपूर्ण निर्णय जैसे मंत्रिमंडल में हेरफेर/बदलाव, विदेशी राज्याध्यक्षों के साथ हुए समझौते और अन्य विशिष्ट मसलों पर 'प्रेस कम्यूनिक्स' (Press Communiques) जारी होते हैं। इस प्रकार के समाचार में औपचारिकता अधिक होती है। प्रेस रिलीज के बाएँ और सबसे नीचे कोने पर संबंधित विभाग का नाम, स्थान और दिनांक लिखा रहता है। विशेष संपादन की इसमें आवश्यकता नहीं होती। शीर्षक और उपशीर्षक भी नहीं दिया जाता। प्रेस कम्यूनिक्स जारी करने हेतु राष्ट्रपति, राज्यपाल, विदेश मंत्रालय, पत्र सूचना कार्यालय (PIB), समाचार सेवा प्रभाग और विदेशी दूतावास प्राधिकृत हैं।

Press Conference — पत्रकार/प्रेस सम्मेलन

साक्षात्कार (Interview) का व्यापक रूप पत्रकार या संवाददाता सम्मेलन है। पत्रकारिता में प्रेस सम्मेलन का स्थान महत्त्वपूर्ण है। पत्रकार सम्मेलन में स्थान विशेष के प्रायः सभी मान्यता प्राप्त संवाददाता सम्मिलित होते हैं और वे किसी महत्त्वपूर्ण व्यक्ति, राजनेता, शासन के प्रवक्ता, अधिकारी आदि से प्रश्न पूछते हैं। उन प्रश्नों के उत्तर उस व्यक्ति द्वारा दिए जाते हैं। पत्रकार सम्मेलन समाचारों के एक महत्त्वपूर्ण स्रोत होते हैं।

प्रेस सम्मेलन में किसी एक पत्रकार/संवाददाता का एकमात्र अधिकार नहीं होता, क्योंकि इसमें सभी समाचार-पत्रों तथा न्यूज एजेंसियों के प्रतिनिधियों को निमंत्रण भेजे जाते हैं। प्रेस-सम्मेलन/कांफ्रेंस (Press Conference) करनेवाला पक्ष सभी को एक साथ अपना बयान बाँट देता है। जो भी सवाल पूछा जाता है, उसका उत्तर भी सबके सामने देता है। कोई भी खबर किसी एक की व्यक्तिगत उपलब्धि नहीं होती।

जबकि साक्षात्कार किसी एक व्यक्ति या कुछ साथियों द्वारा ही लिया जाता है और उस पर उनका ही अधिकार होता है।

पत्रकारों/संवाददाताओं में एक अलिखित आपसी समझौता भी चलता है। इसे 'पूल व्यवस्था' कहते हैं। इसमें शामिल संवाददाता इस बात की शपथ लेते हैं कि पूल का प्रत्येक सदस्य दूसरे को भी उस समाचार की जानकारी दे देगा, जो उसके पास नहीं है।

संवाददाता सम्मेलन में भाग लेनेवाले पत्रकार को निम्न बातें अवश्य ध्यान देनी चाहिए—

1. सम्मेलन में भाग लेने से पूर्व संबंधित विषय या प्राप्त सामग्री का भली-भाँति अध्ययन कर लें।
2. किसी अन्य व्यक्ति द्वारा पूछे गए प्रश्न को पुनः कदापि न पूछा जाए।
3. किसी भी प्रश्न पर अनेक पहलुओं से विचार करके अपने प्रश्न को इस प्रकार तर्क-संगत बनाकर प्रस्तुत करना चाहिए, जिससे कि किसी की बात को ज्यों-का-त्यों मानकर मौन न रहना पड़े।
4. प्रत्येक पत्र प्रतिनिधि के लिए आवश्यक है कि वह निर्धारित समय पर निर्धारित स्थान पर पहुँच जाए।
5. कम-से-कम बोलकर अधिक-से-अधिक सुनना चाहिए।
6. कोरे खंडन-मंडन या विवाद की भावना से बचना चाहिए।

Press Copy प्रेस कॉपी

समाचार संपादन करने के लिए जो पांडुलिपि मिलती है, उसे प्रेस की भाषा में 'कॉपी' (Press Copy) कहा जाता है। इसके तीन स्वरूप होते हैं—एक, मूल समाचार की लिपि देवनागरी एवं भाषा हिंदी। दूसरी, मूल समाचार की लिपि रोमन एवं भाषा हिंदी। तीसरी, मूल समाचार की लिपि रोमन और भाषा अंग्रेजी।

प्रेस कॉपी का संपादन करते समय निम्न बातें अवश्य ध्यान में रखनी चाहिए—

1. लिखावट साफ और अक्षर बड़े होने चाहिए।
2. समाचार कॉपी में प्रथम पृष्ठ के ऊपर की ओर संपादन करनेवाले अपना नाम लिखें।
3. समाचार कॉपी के दोनों ओर हाशिया रहे, बाईं ओर अधिक और दाहिनी ओर कुछ कम।
4. कागज के दोनों ओर पांडुलिपि नहीं लिखी जानी चाहिए।

5. पृष्ठ के नीचे की ओर कुछ अंश खाली रखें। पैरे लंबे न हों।
6. समाचार वाक्य अधिक लंबे न हों।
7. प्रेस कॉपी पर 'स्लग' (संकेत बिंदु) एवं पृष्ठों की संख्या जरूर लगाएँ।
8. शीर्षक प्रेस कॉपी के प्रथम पृष्ठ पर दिया जाए अथवा अलग पृष्ठ पर।
9. प्रेस कॉपी की समाप्ति पर समाप्ति का निशान 'थर्टी' (xxx) अवश्य दें।
10. प्रेस कॉपी में जो भी लिखा जाए अथवा संशोधन किया जाए, वह स्पष्ट अक्षरों में हो।

Press Council of India — भारतीय प्रेस परिषद्

'भारतीय प्रेस परिषद्' (Press Council of India) की स्थापना प्रथम प्रेस आयोग की सिफारिश के बाद हुई। प्रथम प्रेस आयोग ने अपनी रिपोर्ट में एक महत्त्वपूर्ण सिफारिश की थी कि समाचार-पत्रों की स्वतंत्रता की रक्षा करने तथा भारत में समाचार-पत्रों एवं समाचार समितियों के स्तर को बनाए रखने एवं सुधार लाने हेतु प्रेस परिषद् की स्थापना की जाए। सन् 1965 में भारत में प्रेस परिषद् अधिनियम को पारित किया गया। नवंबर 1966 में प्रथम प्रेस परिषद् का गठन किया गया। न्यायमूर्ति श्री जे.आर. मुधोलकर को प्रेस परिषद् का प्रथम अध्यक्ष बनाया गया। आपातकाल के दौरान 1 जनवरी, 1976 में प्रेस परिषद् को भंग कर दिया गया।

सन् 1978 में जनता पार्टी की सरकार ने नया प्रेस परिषद् अधिनियम बनाया, जिसके तहत सन् 1979 में प्रेस परिषद् का पुनर्गठन किया गया। पुनर्गठित प्रेस परिषद् को भी वही सभी कार्य सौंपे गए, जो सन् 1966 में गठित प्रेस परिषद् को सौंपे गए थे। प्रेस परिषद् में अध्यक्ष के अलावा 28 सदस्य होते हैं। परंपरा के अनुसार परिषद् के अध्यक्ष भारत के उच्चतम न्यायालय के सेवानिवृत्त न्यायाधीश होते हैं। 28 सदस्यों में 13 सदस्य श्रमजीवी पत्रकार वर्ग से चुने जाते हैं जिनमें छः समाचार-पत्रों के संपादकों से तथा शेष सात के अतिरिक्त। छह सदस्य समाचार प्रविधि या व्यवसाय में रत व्यक्तियों से (जिनमें छोटे, मध्यम व बड़ी श्रेणी के समाचार-पत्र प्रबंधकों में से प्रत्येक से दो-दो सदस्य)। एक सदस्य समाचार समितियों का प्रतिनिधि होता है। पाँच सदस्य संसद् में से चुने जाते हैं, (जिनमें से तीन का मनोनयन लोकसभा अध्यक्ष द्वारा तथा दो का राज्यसभा द्वारा), तीन सदस्य शिक्षा, विज्ञान, कानून, साहित्य व संस्कृति आदि क्षेत्रों में से (जिनमें एक यू.जी.सी., एक बार कौंसिल तथा एक साहित्य अकादमी में से) होते हैं।

प्रेस परिषद् के प्रमुख उद्देश्य—

1. समाचार-पत्रों, समाचार समितियों तथा पत्रकारों के उच्च स्तर के अनुरूप

आचार संहिता (Code of Conduct) तैयार करना।

2. समाचार-पत्र और समाचार समितियों/एजेंसियों की स्वतंत्रता को बनाए रखना।
3. भारतीय समाचार-पत्रों तथा समाचार समितियों को मिलनेवाली विदेशी सहायता का मूल्यांकन करना।
4. पत्रकारिता व्यवसाय से जुड़े लोगों में उत्तरदायित्व की भावना विकसित करना।
5. समाचार-पत्र या समाचार समिति के उत्पादन व प्रकाशन में संलग्न वर्गों के व्यक्तियों के मध्य समन्वय स्थापित करना।

प्रेस परिषद्, शासन तंत्र तथा प्रेस जगत पर नियंत्रण रखनेवाला समान अर्द्ध, न्यायिक, नियंत्रक स्वायत्तशासी संगठन है। प्रेस परिषद् प्रेस द्वारा पत्रकारिता की आचार संहिता उल्लंघन करने या प्रेस की स्वतंत्रता में हस्तक्षेप करने की शिकायतों के संबंध में अपने दायित्वों का निर्वाह मुख्यत: न्याय निर्णय के जरिए करती है। प्रेस परिषद् को सरकार सहित किसी अधिकारी के विरुद्ध भी प्रेस की स्वतंत्रता में हस्तक्षेप करने के लिए ऐसी टिप्पणी करने का अधिकार है। न्यायालय में विचाराधीन मामलों पर परिषद् को विचार करने का अधिकार नहीं है। प्रेस परिषद् के निर्णय अंतिम होते हैं। उन्हें किसी न्यायालय में चुनौती नहीं दी जा सकती। प्रेस परिषद् को प्रतिवर्ष अपनी रिपोर्ट केंद्र सरकार को प्रस्तुत करनी होती है।

Press Information Bureau (PIB) पत्र सूचना कार्यालय

पत्र सूचना कार्यालय (Press Information Bureau) केंद्र सरकार के अधीन एक संस्था है और सरकार की नीतियों, कार्यक्रम, पहल और उपलब्धियों के बारे में समाचार-पत्रों तथा इलेक्ट्रॉनिक मीडिया को सूचना देनेवाली प्रमुख एजेंसी है। पी.आई.बी. (PIB) सरकार व सूचना माध्यमों के बीच संपर्क स्थापित करता है। यह प्रेस विज्ञप्तियों, प्रेस नोट, विशेष लेखों, फीचर, प्रेस ब्रीफिंग, फोटोग्राफ, साक्षात्कार, संवाददाता सम्मेलन, प्रेस दौरे और कार्यालय की वेबसाइट के माध्यम से सूचना को सर्वत्र पहुँचाता है।

पत्र सूचना कार्यालय के 8 क्षेत्रीय कार्यालय और लगभग 34 शाखा कार्यालय और सूचना केंद्र, सूचना सामग्री के जरिए सीधे लोगों को सेवाएँ उपलब्ध कराते हैं। पत्रसूचना कार्यालय का मुख्यालय नई दिल्ली में है और इसके 'विभागीय प्रचार अधिकारी' (Departmental Publicity Officer) विविध मंत्रालयों एवं विभागों से संबंधित हैं। सरकार और मीडिया के बीच सूत्र का काम करते हुए ये अधिकारी मीडिया से जुड़े मुद्दों पर मंत्रालयों को सलाह भी देते हैं।

विशिष्ट सेवाओं के अंतर्गत पत्र सूचना कार्यालय का 'फीडबैक सॅल' (Feedback Sell) समाचार-पत्र-पत्रिकाओं पर आधारित दैनिक डाइजेस्ट (Daily Digest) तैयार करता है। इसी कार्यालय की एक अन्य सेवा एक फीचर यूनिट (Feature Unit) है, जो माँग (Demand) पर संदर्भ सामग्री, फीचर व ग्राफिक उपलब्ध कराती है। यह कार्यालय (PIB) सरकारी कार्यालयों से संबंधित फोटो कवरेज (Photo) की भी व्यवस्था करता है। पत्र सूचना कार्यालय की वेबसाइट www.pib.nic.in पर हिंदी, अंग्रेजी और उर्दू में होमपेज प्रचार सामग्री उपलब्ध कराई जाती है। पत्र सूचना कार्यालय 'हमारा देश' नामक साप्ताहिक भित्ति पत्र भी निकालता है।

Press Kit — प्रेस किट

प्रेस किट (Press Kit) उस सामग्री को कहते हैं, जो पत्रकार सम्मेलन (Press Conference) के दौरान वहाँ उपस्थित पत्रकारों, मीडिया कर्मियों आदि को दी जाती है। इसमें कई तरह की सामग्री रखी जाती है, जैसे—प्रेस विज्ञप्ति, संस्था या कंपनी की वार्षिक रिपोर्ट, संस्था की पुस्तिका एवं मीडियाकर्मी हेतु कोई छोटा उपहार आदि।

Press Note — प्रेस नोट

प्रेस कम्यूनिक्स (Press Communiques) की अपेक्षा 'प्रेस नोट' (Press Note) कम औपचारिक होता है। प्रेस नोट शासन, अधीनस्थ कर्मचारियों, सरकारी कार्यालयों, अधिकारियों और सामान्य व्यक्तियों तक सूचना पहुँचाने हेतु समाचार-पत्रों या सरकारी गजट में प्रकाशित किया जाता है। इसे रेल भाड़ा अथवा ब्याज दरों में वृद्धि एवं कराधान संबंधी परिवर्तन आदि से संबंधित प्रमुख शासकीय मसलों पर जारी किया जाता है।

प्रेस नोट को जारी करने का अधिकार कुछ विशिष्ट अधिकारियों को ही प्राप्त है, जो सरकारी कार्यों से संबद्ध होते हैं। केंद्र या राज्य का सर्वोच्च अधिकारी ही उसके लिए प्राधिकृत है। प्रेस इंफॉरमेशन ब्यूरो (PIB) की कोई जवाबदेही प्रेस कम्यूनिक्स और प्रेस नोट्स के प्रति नहीं होती। प्रेस नोट को संपादक घटा-बढ़ा सकता है तथा शीर्षक और उपशीर्षक देकर छापा जा सकता है।

प्रेस नोट जारी करते समय कई बातें ध्यान रखनी चाहिए, जैसे—सबसे ऊपर प्रकाशन संबंधी निर्देश हो, इसके बाद रचना रूप का उल्लेख हो एवं उसके नीचे शीर्षक का विषय दिया हो, शीर्षक के नीचे विषयवस्तु दी जाए। इसके बाद प्रकाशन संबंधी निर्देश हो तथा अंत में प्रेस नोट जारी करनेवाले के हस्ताक्षर हों तथा मंत्रालय का नाम, स्थान व तिथि दी जाए।

Press Release — प्रेस रिलीज

'प्रेस रिलीज' (Press Release) सरल तथा सुस्पष्ट लिखित सूचना या समाचार से संबद्ध वह अभिलेख होता है, जिसे समाचार-पत्रों को छापने के लिए दिया जाता है। इस प्रकार के अभिलेखों से अनेक महत्त्वपूर्ण सूचनाओं की जानकारी प्राप्त होती है। प्रेस प्रकाशनी को भी कई बार 'प्रेस विज्ञप्ति' (Press Release) कह दिया जाता है। परंतु प्रेस प्रकाशनी पत्रकारिता की शैली में समाचारयुक्त लिखित सामग्री होती है।

शासकीय समाचारों से संबंधित प्रेस रिलीज कई प्रकार के होते हैं—प्रेस कम्यूनिक्स (Press Communiques), प्रेस नोट (Press Note), हैंड-आउट (Hand-out), अनऑफिशियल हैंड-आउट (Unofficial Hand-out) एवं नॉन न्यूज रिलीज आदि।

Press Tours — प्रेस टूर/यात्रा

पत्रकारों और उनके माध्यम से आम जनता को सूचित, शिक्षित और प्रेरित करने हेतु पत्रकारों की अध्ययन यात्राओं (Press Tours) का आयोजन एक महत्त्वपूर्ण उपक्रम होता है। पत्रकारों की अध्ययन यात्राओं का आयोजन महत्त्वपूर्ण अवसरों, जैसे विकास योजना, कल्याणकारी कार्यक्रम, जनसुविधा, महत्त्वपूर्ण बाँध, कारखाना एवं अन्य निर्माण कार्यों के शिलान्यास, उद्घाटन, समापन आदि के अवसरों पर किया जाता है। इसके अतिरिक्त किसी दुर्घटना, दंगे या अन्य प्रकार की आपातस्थितियों के समय भी अक्सर स्थल निरीक्षण और भ्रमण की माँग की जाती है।

Press Trust of India (PTI) — प्रेस ट्रस्ट ऑफ इंडिया

'प्रेस ट्रस्ट ऑफ इंडिया' (PTI) भारत की ही नहीं, बल्कि एशिया की सबसे बड़ी समाचार समिति (News Agency) है। एसोसिएटेड प्रेस ऑफ इंडिया (API) के स्थान पर अगस्त 1947 में सरदार पटेल के प्रयत्नों से इसकी स्थापना हुई। पी.टी.आई. ने 1 फरवरी, 1949 से अपनी सेवाएँ प्रारंभ कर दीं। संक्षिप्त रूप में इसे 'प्रेट' के नाम से जाना जाता है।

पी.टी.आई. अंग्रेजी और हिंदी में समाचार सेवाएँ दे रही है। 'भाषा' पी.टी.आई. की हिंदी समाचार सेवा है, जो सन् 1986 से शुरू हुई। पी.टी.आई. की अपनी टेलीप्रिंटर लाइनें हैं। इसके ग्राहकों में भारत के 500 समाचार-पत्र और लगभग बीसियों विदेशी समाचार संगठन शामिल हैं। पी.टी.आई. का 'रायटर' (ब्रिटेन), ए.एफ.पी (फ्रांस) तथा ए.पी.(अमेरिका) व.यू.पी. आई.(अमेरिका) से समाचारों के आदान-प्रदान का समझौता है। पी.टी.आई. गुटनिरपेक्ष देशों के समाचार पूल का प्रमुख भागीदार है।

गुटनिरपेक्ष देशों के न्यूज पूल में भारत की ओर से पी.टी.आई. ही प्रतिनिधित्व करता है।

प्रेस ट्रस्ट ऑफ इंडिया राजनैतिक, सामाजिक, सांस्कृतिक, आर्थिक, व्यापारिक, तकनीकी, कृषि, शिक्षा, साहित्य, कला तथा विकास संबंधी समाचारों के लगभग एक लाख शब्द प्रतिदिन समाचार-पत्रों को उपलब्ध कराती है। इन समाचारों में चालीस प्रतिशत समाचार अंतरराष्ट्रीय समाचार होते हैं। पी.टी.आई. में करीब 1,300 कर्मचारी हैं, जिनमें से लगभग 350 पत्रकार हैं। इस एजेंसी के देशभर में 80 कार्यालय हैं तथा विश्व के प्रमुख शहरों में इसके विदेश संवाददाता हैं।

पी.टी.आई. का एक टेलीविजन विंग, पी.टी.आई.-टी.वी. भी है, जो माँग पर निगमों हेतु वृत्तचित्र बनाता है। पी.टी.आई. की समाचार सेवाएँ इसकी वेबसाइट www.ptinews.com पर भी उपलब्ध हैं।

Print Media — प्रिंट मीडिया

'प्रिंट मीडिया' (Print Media) में समाचार-पत्र-पत्रिकाएँ, पुस्तकें, जनरल तथा विज्ञापन आदि आते हैं। प्रिंट मीडिया को 'मुद्रित माध्यम' भी कहा जाता है। यह जनसंचार का काफी पुराना माध्यम है।

Prime Time — प्राइम टाइम

'प्राइम टाइम' (Prime Time) से तात्पर्य उस समय से है, जब दर्शक सबसे ज्यादा टेलीविजन देखते हैं। मोटे तौर पर सुबह आठ बजे से दस बजे और शाम को सात बजे से ग्यारह बजे तक के समय को ही प्राइम टाइम कहा जाता है।

Producer — प्रोड्यूसर/निर्माता

'प्रोड्यूसर/निर्माता' (Producer) वह व्यक्ति होता है, जो किसी कार्यक्रम के निर्माण का दायित्व सँभालता है। निर्माण के लिए विशेषज्ञों का चुनाव करता है, जिनमें निर्देशक भी सम्मिलित हैं। वह कार्यक्रम हेतु नवीन संकल्पनाएँ प्रस्तुत करता है तथा निर्माण एक निश्चित तिथि तक पूरा हो, आदि का ध्यान रखता है। निर्माता व निर्देशक (Director) के आपसी तालमेल और आपसी समझ के अभाव में कोई फिल्म, टी.वी. या रेडियो कार्यक्रम नहीं बन सकता। इसलिए वह तालमेल बनाए रखता है। रिहर्सल, लोकेशन, शूटिंग एवं निर्माण के प्रत्येक चरण में साथ रहता है।

Professional Video Camera — व्यावसायिक वीडियो कैमरा

'व्यावसायिक वीडियो कैमरे' को प्राय: 'टी.वी. कैमरा' भी कहा जाता है। यह वह इलेक्ट्रॉनिक उपकरण होता है, जिसके द्वारा गतिमान दृश्यों को रिकॉर्ड किया जाता है। यह सिनेमा (Cinema) के कैमरे से भिन्न होता है। टी.वी. कैमरे टेलीविजन स्टूडियो के कार्यक्रम को रिकॉर्ड करने हेतु विकसित किए गए हैं। वर्तमान में ये कैमरे कॉरपोरेट तथा शैक्षिक संगीत वीडियो बनाने हेतु भी उपयोग में लाए जाते हैं।

व्यावसायिक कैमरे मुख्यत: दो प्रकार के होते हैं—एक स्टूडियो कैमरा (Studio Camera) एवं दूसरा ई.एन.जी. कैमरा (Electronic News Gathering—ENG)। स्टूडियो कैमरा एक भारी-भरकम कैमरा होता है, जो पैडस्टल स्टैंड पर ही खड़ा होता है। इनका इस्तेमाल स्टूडियो रिकॉर्डिंग में होता है। वहीं ई.एन.जी. कैमरा एक उच्च तकनीकवाला पोर्टेबल कैमरा होता है, जिसे स्टूडियो से बाहर शूटिंग हेतु रखा जाता है।

Profile Feature — प्रोफाइल फीचर

'प्रोफाइल फीचर' (Profile Feature) एक खास तरह की विधा है, जिसमें किसी व्यक्ति, संस्था, समूह या व्यक्ति समूह के विवरण का चित्रण प्रस्तुत किया जाता है। बायोग्राफी (Biography) और प्रोफाइल फीचर एक जैसी विधा हैं, परंतु फिर भी दोनों में कुछ अंतर है। बायोग्राफी जहाँ एक किताब के रूप में होता है, वहीं प्रोफाइल फीचर अधिक से अधिक पाँच हजार शब्दों में समाहित होता है।

प्रोफाइल फीचर कई प्रकार के होते हैं, जैसे—कैप्स्यूल प्रोफाइल फीचर, जो प्राय: संक्षिप्त में छोटे बॉक्स में दिया गया प्रोफाइल होता है। पर्सनैलिटी स्कैच, इसे 'पेन स्कैच' भी कहते हैं। कलेक्टिव प्रोफाइल में सामूहिक प्रोफाइल लिखा जाता है। माइक्रोकास्ट प्रोफाइल में किसी विचित्रतावाले व्यक्ति का विवरण लिखा जाता है। थंबनेल प्रोफाइल में ऐसे किसी व्यक्ति का प्रोफाइल प्रस्तुत किया जाता है, जो प्राय: खबरों में होता है।

Promo — प्रोमो

टी.वी. न्यूज चैनल अपनी खबरों की पहचान बताने तथा दर्शकों को आकर्षित करने हेतु विभिन्न तरह से खुद का ही विज्ञापन करते हैं। वास्तव में चैनल अपने प्रचार हेतु जो छोटे-मोटे प्रचारात्मक संदेश दिखाते हैं, उन्हें ही 'प्रोमो' (Promo) कहा जाता है। इनमें आमतौर पर चैनल की, कार्यक्रम की और उनमें काम करने वालों की विशेषताएँ बताई जाती हैं।

प्रोमो (Promo) कई प्रकार के होते हैं—पहले वे प्रोमो होते हैं, जिनमें चैनल की विशेषताओं व गुणों का बयान किया जाता है—जैसे कुछ चैनल बताते हैं कि वह

सच्चाई ही दिखाते हैं, तो कुछ हकीकत बयान करने का दावा करते हैं। जबकि कुछ टी.वी. न्यूज चैनल बताते हैं कि वे सबसे पहले या तेज खबर देते हैं। दूसरी तरह के प्रोमो वे होते हैं, जिनमें किसी कार्यक्रम की खूबियाँ दिखाई जाती हैं। तीसरी तरह के प्रोमो में चैनल दर्शकों के हितैषी होने का दावा भी करते हैं।

Proof — प्रूफ

शुद्ध मुद्रण कार्य के लिए कंपोज की गई सामग्री का प्रूफ शोधन (Proof Reading) किया जाना आवश्यक होता है। कंपोजित सामग्री की मुद्रण प्रक्रिया प्रारंभ किए जाने से पूर्व कंपोजित सामग्री की अनिवार्य प्रक्रिया प्रूफ पठन की होती है, ताकि सामग्री में किसी प्रकार की त्रुटि, अशुद्धि न रह जाए और वह मुद्रणार्थ सामग्री मूल पांडुलिपि (Mss) के अनुरूप ही हो। अतः प्रूफ तैयार करने से लेकर कंपोज की गई सामग्री के मुद्रित होने तक की स्थिति में प्रूफ शोधक निम्न प्रकार के प्रूफ शोधन करता है। 'प्रूफ' (Proof) के प्रकार इस प्रकार हैं—

1. गैली प्रूफ (Gally Proof)
2. मेकअप प्रूफ (Makeup Proof)
3. प्रथम प्रूफ या पेज प्रूफ (1st Proof)
4. द्वितीय प्रूफ या मशीन प्रूफ (2nd Proof)
5. तृतीय प्रूफ या अंतिम प्रूफ (3rd Proof)
6. प्रिंट ऑर्डर प्रूफ (Print Order Proof/Final Proof)

Proof Correction Symbols/Marks — प्रूफ संशोधन चिह्न

प्रूफ संशोधन से संबंधित संकेतों (Marks) की जानकारी का होना प्रूफ रीडर हेतु अत्यंत आवश्यक है। प्रूफ रीडिंग करते समय प्रूफ रीडर को प्रिंटिड मैटर में प्रयुक्त स्याही से अलग स्याही का प्रयोग करना चाहिए तथा करेक्शंस लगाने हेतु संकेतों का प्रयोग करना चाहिए। प्रूफ रीडिंग के दौरान प्रयोग किए जानेवाले प्रमुख चिह्न इस प्रकार हैं—

प्रूफ संशोधन संकेत व उनका अर्थ—

क्रम	*संकेत चिह्न*	*संकेत का अर्थ*
1.	#	स्पेस बढ़ाएँ/अलग करें
2.	N.P.	नया पैरा शुरू करें
3.	w.f.	टाइप गलत है, बदलें

4.	,	कॉमा लगाएँ
5.	॥	सीध में ठीक करें
6.	n∪	मैटर बाईं ओर लाएँ
7.	∪n	मैटर दाईं ओर लाएँ
8.	q↓	मैटर नीचे लाएँ
9.	↑b	मैटर ऊपर ले जाएँ
10.	○	मैटर मिला दें
11.	/	छूट गया शब्द जोड़ें
12.	?	प्रश्न चिह्न लगाएँ
13.	×	टाइप बदलें
14.	(/	छोटा ब्रैकेट प्रारंभ
15.	)/	छोटा ब्रैकेट बंद
16.	÷	रेखा डालें

Proof Reader — प्रूफ रीडर

शुद्ध मुद्रण के लिए कंपोज की गई सामग्री का प्रूफ संशोधन या रीडिंग करना अत्यंत आवश्यक होता है। कंपोजिंग के उपरांत यह देखना आवश्यक होता है कि जो सामग्री/मैटर कंपोज की गई है, वह शुद्ध है या नहीं, यदि नहीं, तो कहाँ क्या अशुद्धि रह गई है? वह व्यक्ति जो इस संशोधन कार्य को करता है, उसे 'प्रूफ रीडर' या प्रूफ संशोधक कहा जाता है।

प्रूफ रीडर के आवश्यक गुण/कर्त्तव्य—

1. प्रूफ रीडर ऐसा व्यक्ति हो, जिसे संबंधित भाषा एवं व्याकरण की अच्छी जानकारी हो।
2. प्रूफ रीडिंग संबंधी चिह्नों की जानकारी रखता हो।
3. प्रूफ रीडर को कंपोज की गई सामग्री को चौड़ाई के बीच से दो भागों में बाँट देना चाहिए। उसे आधी पंक्ति की अशुद्धि के संकेत बाईं ओर तथा शेष आधी पंक्ति के अशुद्धि के संकेत दाईं ओर संकेतित करने चाहिए।
4. प्रूफ रीडर की दृष्टि अत्यंत पैनी होनी चाहिए। गलतियाँ छूट जाने की संभावना अत्यंत सीमित होनी चाहिए।
5. प्रूफ संशोधन करते समय प्रूफ रीडर को अपनी सोच/ज्ञान का प्रयोग नहीं करना चाहिए, सभी संशोधन मूल प्रति के अनुसार ही करने चाहिए।

6. प्रूफ रीडर को मुद्रण संबंधी तकनीकी जानकारी भी होनी चाहिए।
7. प्रूफ रीडर को शब्दों को इस प्रकार नहीं तोड़ना चाहिए कि उनका स्वरूप हास्यास्पद व बेतुका बन जाए।
8. प्रत्येक प्रूफ पठन व संशोधन के बाद प्रूफ पृष्ठ पर उसे लघु हस्ताक्षर करने चाहिए।

Propaganda प्रोपेगेंडा

'प्रोपेगेंडा' (Propaganda) को नाजी आंदोलन (जर्मनी) के समय हिटलर के प्रचारक/प्रोपेगेंडिस्ट गोबल्स (Goebles) ने स्थापित किया था। उनके अनुसार 'प्रोपेगेंडा राजनीति का वह शास्त्र है, जिसके द्वारा शक्ति प्राप्त कर समाज को नियंत्रित किया जा सकता है। प्रोपेगेंडा का लक्ष्य लोगों के अभिमत का निर्माण या विचारधारा में परिवर्तन करना नहीं, बल्कि उन्हें आकर्षित कर अपने पीछे लगाना है, जिससे कि पिछलग्गुओं की जमात तैयार हो।' उनका मानना था कि झूठ को भी हजार बार दोहराने से लोग उसे सत्य की तरह मान लेते हैं।

उपर्युक्त परिभाषा से स्पष्ट होता है कि प्रोपेगेंडा में सत्य व नैतिकता हेतु कोई स्थान नहीं होता है। प्रोपेगेंडिस्ट का उद्देश्य किसी भी प्रकार अपना लक्ष्य प्राप्त करना होता है, चाहे इसके लिए झूठ का ही सहारा क्यों न लेना पड़े। जनसंपर्क (Public Relations) व प्रोपेगेंडा में प्रमुख अंतर यह है कि जनसंपर्क द्विपक्षीय कार्यपद्धति होती है, वहीं प्रोपेगेंडा में केवल एकपक्षीय प्रचार पर ही जोर दिया जाता है। जनसंपर्क में नैतिकता व सत्य के प्रति अटूट निष्ठा होती है, जबकि प्रोपेगेंडा में तथ्यों को घुमाकर या गलत या झूठी जानकारी देकर भी सफलता प्राप्त की जा सकती है।

Public Interest Litigation जनहित याचिका

'जनहित याचिका' (Public Interest Litigation) से तात्पर्य उस विविध कार्यवाही से होता है, जिसमें वे समस्त कार्यवाहियाँ निहित होती हैं, जो विधि न्यायालय में आचार की प्राप्ति के लिए या किसी अधिकार के अमल हेतु संस्थित की जाती है। जनहित याचिका न्यायपालिका की सक्रियता (Judicial Activism) में वृद्धि का एक महत्त्वपूर्ण कारण है। न्यायिक सक्रियता का आधार जनहित याचिका ही है।

लोकहितवाद को परिभाषित करते हुए सर्वोच्च न्यायालय ने कहा है कि 'समाज के निर्धन व कमजोर वर्ग के लोगों के संवैधानिक और विविध अधिकारों में इसका काफी महत्त्व है।' जनहितवाद का महत्त्व इससे अधिक है कि कमजोर और गरीब

व्यक्ति जो न्यायालय में जाने में असमर्थ है, उसकी क्षति से संबंधित याचिका अनुच्छेद-32 (Article 32) के तहत किसी भी व्यक्ति द्वारा दायर की जा सकती है।

जनहितवाद के लिए कुछ आवश्यक तत्त्व इस प्रकार हैं—

1. पीड़ित पक्ष न्यायालय में जाने में असमर्थ हो।
2. यह याचिका पत्र द्वारा न्यायालय को संबोधित करके लिखी जा सकती है।
3. याचिका किसी भी संस्था/व्यक्ति द्वारा दायर की जा सकती है।
4. याचिका पत्र में कोई फीस या शपथ-पत्र की भी जरूरत नहीं है।
5. याचिका जन/लोकहित से संबंधित ही होनी चाहिए।

Public Opinion — जनमत

संप्रभुता संपूर्ण जनता में निवास करती है और जनता की इच्छा को यह शासन व्यवस्था कार्यान्वित करती है। जनता की इच्छा के संगठित रूप को ही 'जनमत' (Public Opinion) कहते हैं। यदि सरकार जनमत के अनुसार शासन संचालन नहीं करती, तो वह अप्रजातांत्रिक होगी। तात्पर्य है कि प्रजातंत्र (Democracy) जनता की इच्छा या जनमत का दर्पण है। जनमत प्रजातंत्र का आधार व प्रहरी है।

विभिन्न विद्वानों के अनुसार जनमत की परिभाषाएँ इस प्रकार हैं—

1. लॉर्ड ब्राइस के अनुसार, 'जनमत मनुष्यों के उन विभिन्न दृष्टिकोणों का योगदान है, जो सार्वजनिक हितों से संबद्ध विषयों के बारे में रुचि रखते हैं।'
2. लिपमैन के अनुसार, 'जनमत लोगों के मस्तिष्क की वे धारणाएँ हैं, जो वे अपने बारे में तथा अपनी आवश्यकताओं, उद्देश्यों एवं संबंधों के बारे में रखते हैं।'
3. लावेल के अनुसार, 'परस्पर विरोधी विचारधाराओं में से जिस विचारधारा को लोग तर्कसंगत मानते हैं, उसका वे समर्थन करने लगते हैं। उसी विचारधारा को जनमत कहते हैं।'

जनमत के निर्माण तथा अभिव्यक्ति के प्रमुख साधन निम्न हैं—

समाचार-पत्र, रेडियो, सिनेमा, राजनीतिक दल, निर्वाचन, शासन, सार्वजनिक सभाएँ, अफवाहें, शिक्षण संस्थाएँ, धार्मिक संस्थाएँ आदि।

Public Relation — जनसंपर्क

'जनसंपर्क' (Public Relation) का सीधा-सादा अर्थ है जनता से संपर्क। जनसंपर्क 'लोक संपर्क' का पर्याय है। जनसंपर्क से तात्पर्य जनसाधारण से संबंध स्थापित

करना है। जनसंपर्क एक द्विमुखी प्रक्रिया होती है, जिसके अंतर्गत एक ओर तो सुनियोजित ढंग से जनमत को प्रभावित करने और उसे अनुकूल बनाए रखने के लिए कार्य किया जाता है और दूसरी ओर संबंधित संगठन के संबंध में जनमत का निर्धारण करके संगठन की रीति-नीति में आवश्यक बदलाव का सुझाव दिया जाता है।

विद्वानों ने जनसंपर्क को 'द्विपक्षीय संप्रेषण', 'सोशल इंजीनियरिंग', 'जनता से संपर्क स्थापित करने की कला', 'विचारों के संप्रेषण का शिल्प', 'जनमत के निर्माण का सुव्यवस्थित प्रयास' आदि विभिन्न रूपों में परिभाषित किया है। अंतरराष्ट्रीय जनसंपर्क परिषद् के संस्थापक सैम ब्लैक के अनुसार, 'जनसंपर्क विभिन्न सामाजिक विज्ञानों का सम्मिश्रण है, जो व्यक्ति और समूह की प्रतिक्रिया से अवगत कराता है तथा संप्रेषण का वह विज्ञान है, जो तनावरहित संबंधों की स्थापना कर सहमति का निर्माण करता है।'

'अपनी बात' जनता तक और 'जनता की बात' स्वयं तक पहुँचाना जनसंपर्क का एक हिस्सा है। जनसंपर्क के अंग-सूचना (Information), प्रचार (Publicity) तथा विज्ञापन (Advertisement) हैं।

उल्लेखनीय है कि सर्वप्रथम सन् 1923 में अमेरिका में एडवर्ड एल बर्नेज ने पब्लिक रिलेशन काउंसल शब्द का प्रयोग किया था।

Public Relation & Advertisement — जनसंपर्क एव विज्ञापन

'जनसंपर्क एवं विज्ञापन' (Public Relation & Advt.) दोनों ही अपनी द्विपक्षीय संप्रेषण प्रक्रिया के द्वारा जन अभिवृत्ति का निर्माण कार्य करते हैं। दोनों में घनिष्ठ संबंध है, परंतु दोनों में कुछ अंतर भी हैं, जो इस प्रकार हैं—

1. जनसंपर्क को दीर्घकालिक प्रयास तथा विज्ञापन को अल्पकालिक प्रयास माना जाता है।
2. विज्ञापन, जनसंपर्क का एक महत्त्वपूर्ण अंग है।
3. जनसंपर्क का क्षेत्र विज्ञापन की अपेक्षा विस्तृत होता है।
4. जनसंपर्क को विज्ञापन का सरल व सस्ता विकल्प माना जाता है।
5. विज्ञापन में जहाँ प्राप्त लाभ अल्पकालिक होते हैं, वहीं जनसंपर्क एक दूरगामी प्रक्रिया होता है।
6. जनसंपर्क में जनकल्याण की भावना सर्वोपरि होती है, वहीं विज्ञापन मूलतः वस्तु अथवा सेवा की बिक्री से प्रेरित होता है।

Public Relation is a Human Engineering — जनमत की इंजीनियरिंग ही जनसंपर्क है

जनसंपर्क को जनमत के निर्माण का विज्ञान कहा जाता है। लोक संपर्ककर्त्ता का कार्य और एक इंजीनियर के कार्य में बहुत हद तक समानता दिखाई देती है। जिस प्रकार इंजीनियर कार्य करने से पहले नक्शा (Map) बनाता है, फिर उसी के अनुसार सामान इकट्ठा करता है। इसके बाद वह योजनाबद्ध ढंग से कार्य को प्रतिपादित करता है। ठीक उसी प्रकार लोक संपर्ककर्त्ता को भी कार्य शुरू करने से पहले पूरी रूपरेखा तैयार करनी होती है। जिस संदेश को जनता के बीच प्रचारित-प्रसारित करना है, क्या जनता उसे स्वीकार कर लेगी? यदि नहीं, तो जनसंपर्क कर्त्ता को संदेश की कार्य प्रणाली में संशोधन करके, अपने पक्ष में लोकमत (Public Opinion) का निर्माण करना पड़ता है। इसीलिए विद्वानों ने जनसंपर्क को लोकमत की इंजीनियरिंग कहा है।

Public Relation—Types — जनसंपर्क के प्रकार

जनसंपर्क का एक बहु आयामी स्वरूप है। इस आधार पर इसके निम्नलिखित प्रकार हैं—

1. **सांस्थानिक जनसंपर्क (Institutional Public Relation)**—जनसंपर्क अपने सांस्थानिक स्वरूप में संगठन के प्रत्यक्ष एवं अप्रत्यक्ष रूप से संबद्ध सभी आंतरिक एवं बाह्य जनता या समूहों के साथ सहयोगात्मक संबंधों की स्थापना करता है। सांस्थानिक जनसंपर्क का उद्देश्य एवं कार्य किसी संस्था, संगठन या कंपनी के उद्देश्यों पर ही आधारित होता है, चाहे वह संगठन सरकारी हो या निजी।
2. **रूपात्मक जनसंपर्क (Formative PR)**—जनसंपर्क प्रक्रिया का एक प्रकार रूपात्मक भी होता है। यह एक ऐसा प्रारूप होता है, जिसके द्वारा सफल जनसंपर्क संभव हो पाता है। रूपात्मक प्रकार के अंतर्गत जनसंपर्क की कई प्रक्रियाएँ शामिल होती हैं। जैसे—प्रेस रिलीज भेजना, झूठी अफवाहों का खंडन करना, जनमाध्यम एवं मुक्त प्रश्नोत्तरों द्वारा जनसंचार का प्रयास, समाचार विज्ञप्तियों (News Release) को भेजना, विभिन्न समाचार-पत्रों तथा अनेक सूचनात्मक माध्यमों के एक वैकल्पिक प्रारूप का उपयोग कर विशिष्ट हित समूह तक पहुँचने का प्रयास ही रूपात्मक जनसंपर्क की प्रक्रिया है।

3. **छवि-निर्माणमूलक जनसंपर्क (Imaginative PR)**—जनसंपर्क का कार्य संस्था-संगठन या कंपनी हेतु स्वपक्षीय छवि का निर्माण कर जनसमर्थन एवं जनसहमति प्राप्त करना होता है। इस प्रक्रिया में वह अंग्रेजी के शाब्दिक रूप P—Performance (प्रस्तुति) तथा R—Recognition (स्वीकृति) के द्वारा छवि निर्माण प्रक्रिया को सफल बनाता है।
4. **विपणनमूलक जनसंपर्क (Marketing PR)**—इस प्रकार के जनसंपर्क का कार्य मिश्रित-विपणन (Marketing Mix) का होता है। यह एक ऐसी गतिविधि होती है, जिसके द्वारा बाजार उद्देश्यों एवं कार्यक्रमों का प्रबल सहयोग व समर्थन प्रदान किया जाता है।
5. **प्रचारात्मक जनसंपर्क (Publicity PR)**—प्रचार किसी व्यक्ति या संस्था या कंपनी की छवि वृद्धि की एक कला होती है। प्रचार मुख्यतया बाजार हेतु ही सक्रिय होता है।

Publication प्रकाशन

समाचार-पत्र-पत्रिकाएँ एवं पुस्तकें आदि छपवाकर आम लोगों के सामने लाना 'प्रकाशन' (Publication) कहलाता है, जबकि समाचार-पत्र-पत्रिकाओं एवं पुस्तकों आदि को मुद्रित करवाकर उन्हें प्रकाशित करनेवाला प्रकाशक (Publisher) कहलाता है।

Publication & Advertisement प्रकाशन एवं विज्ञापन

प्रकाशन (Publication) एवं विज्ञापन (Advertisement) में मौलिक अंतर होता है, जो इस प्रकार है—

1. प्रकाशन में सूचनाओं को वैज्ञानिक ढंग से प्रस्तुत नहीं किया जाता, जबकि विज्ञापन में प्रस्तुत किया जाता है।
2. विज्ञापन का क्षेत्र केवल व्यापारिक कार्यकलापों की सीमा तक ही होता है, जबकि प्रकाशन हेतु इस प्रकार की कोई सीमा नहीं होती।
3. विज्ञापन का एकमात्र उद्देश्य जनता को प्रभावित करके किसी वस्तु को क्रय करने के लिए प्रेरित करना होता है, जबकि प्रकाशन में इस प्रकार का उद्देश्य नहीं होता।

प्रकाशन जनसंपर्क का ही श्रेष्ठ उपकरण होता है। प्रकाशन एक सुस्थापित संप्रेषण माध्यम है। प्रकाशन के द्वारा जनसंपर्क कर्त्ता (PR) अपने संस्था/संगठन की नीतियों व निर्णयों से संबंधित—पुस्तिकाएँ, पोस्टर, पेंफलेट आदि को मुद्रित करवाकर अपने कार्य संपन्न करता है।

Publication Division प्रकाशन विभाग

'प्रकाशन विभाग' (Publication Division) का प्रारंभ द्वितीय विश्वयुद्ध के दौरान सन् 1941 में हुआ था। कुछ ही वर्षों के बाद इसे सूचना एवं प्रकाशन के अधीन किया गया। सन् 1944 में इसका नाम 'पब्लिकेशंस डिवीजन' रखा गया। यह विभाग भारत के सबसे बड़े प्रकाशनों में से एक तथा सरकारी क्षेत्र का सबसे बड़ा प्रकाशन है। यह विभाग अब तक 8 हजार से अधिक पुस्तकें प्रकाशित कर चुका है। प्रकाशन विभाग प्रतिवर्ष लगभग 200 पुस्तकें प्रकाशित करता है।

प्रकाशन विभाग, राष्ट्रीय महत्त्व तथा भारत की समृद्ध सांस्कृतिक परंपरा को दर्शानेवाली पुस्तकें एवं पत्रिकाएँ प्रकाशित करता है। यह विभाग अंग्रेजी, हिंदी तथा सभी प्रमुख भारतीय भाषाओं में अल्प मूल्य पर पुस्तकों का प्रकाशन करता है। कला, संस्कृति, इतिहास, महत्त्वपूर्ण व्यक्तियों की जीवनियाँ, बाल साहित्य, जीव-जंतु, विज्ञान व प्रौद्योगिकी जैसे विषयों पर पुस्तकें तथा वार्षिक ग्रंथ—'भारत' और इंडिया (अंग्रेजी में) का भी प्रकाशन करता है।

प्रकाशन विभाग पुस्तकों के अतिरिक्त कई पत्रिकाओं का भी प्रकाशन करता है। जैसे—'बाल भारती' (हिंदी में), 'आजकल' (हिंदी व उर्दू में), 'कुरुक्षेत्र' (हिंदी व अंग्रेजी में), 'योजना' (लगभग 13 क्षेत्रीय भाषाओं में), 'रोजगार समाचार' (हिंदी, अंग्रेजी व उर्दू में) आदि। प्रकाशन विभाग का मुख्यालय दिल्ली स्थित सूचना भवन में है। प्रकाशन विभाग द्वारा प्रकाशित पुस्तकों की सूची विभाग की वेबसाइट www.publicationdivision.nic.in.पर उपलब्ध है।

Publicity प्रचार

'प्रचार' (Publicity) का इस्तेमाल जनमत (Public Opinion) बनाने के लिए किया जाता है। प्रचार में विभिन्न संचार माध्यमों का इस्तेमाल होता है। इसके जरिए लोगों के सोचने के तरीके तथा क्रिया दोनों को प्रभावित करने की कोशिश की जाती है। इसमें एक व्यवस्थित प्रयास होता है। प्रचार का उद्देश्य लक्षित समूह की राय बनाना तथा उनकी स्वीकृति प्राप्त करना होता है। प्रसिद्ध राजनीतिक विचारक हेराल्ड डी लासवेल के अनुसार, ''व्यापक अर्थों में प्रचार विभिन्न प्रस्तुतियों के जरिए मानव व्यवहार को प्रभावित करने का तरीका है। ये प्रस्तुतियाँ उच्चारित, लिखित, संगीतमय या चित्रमय भी हो सकती हैं।''

प्रचार के कुछ पहलू

1. किसी भी संचार माध्यम (Mass Comm. Medium) के साथ प्रचार एक अनिवार्य अंग है।
2. प्रचार कभी भी बलपूर्वक नहीं होता।
3. प्रचार तभी सफल होता है, जब श्रोता उसका प्रत्युत्तर दें।
4. जो प्रचार बुद्धिमत्ता के साथ हो, वही सफल होता है।
5. आज प्रचार हेतु आवश्यक है कि नागरिक विभिन्न प्रतिद्वंद्वी प्रचारों के बीच फर्क करे।

प्रचार की प्रमुख विधियाँ

1. **नामकरण (Name Calling)**—यह प्रचार की सर्वाधिक प्रचलित विधि है। इसके तहत जिसके पक्ष में प्रचार करना होता है, उसके साथ सम्मानजनक विशेषण जोड़ दिए जाते हैं। आदर्श व्यक्तियों के समतुल्य दर्जा दिया जाता है। इस विधि में विरोधियों को समाज की दृष्टि से गिराने हेतु विचित्र शब्दों, मुहावरों का भी प्रयोग होता है।
2. **लुभावक शब्द-विधि (Glittering Generalities Device)**—इस विधि में प्रचार जिसके पक्ष में करना हो, उसके साथ प्रेम, स्वतंत्रता, देशभक्ति, एकता, अखंडता, ईमानदारी एवं सच्चाई जैसी भावनात्मक चीजें जोड़ दी जाती हैं। स्वतंत्रता, समानता, न्याय, बंधुत्व, एकता जैसे लुभावने शब्दों को सुनकर मानव मन आकर्षित होता है।
3. **छल विज्ञापन विधि (Card Staking Device)**—इस विधि के द्वारा प्रचारक वास्तविकता को छिपाता है। गलत बातों का प्रचार करता है, ताकि उसके उद्देश्य पूरे हो जाएँ। धोखा देकर, भ्रम में डालकर, गलत बातों के आधार पर यह प्रचार होता है।
4. **बैंड वैगन डिवाइस (Band Wagon Device)**—इस प्रचार विधि में लोगों को बताया जाता है कि सब लोग ऐसा ही कर रहे हैं, इसलिए तुम भी ऐसा ही करो, वरना पिछड़ जाओगे। प्रायः चुनाव के दौरान ऐसा कहा जाता है कि वह कमजोर है, अल्पमत है, उसका समर्थन करना मत बरबाद करना है।
5. **सरल जनसमूह विधि (Plain Folk Device)**—इसके तहत प्रचारकर्त्ता किसी विशिष्ट व्यक्ति के बजाए खुद को जनता के बीच आदमी के रूप में

पेश करता है। वैसी सादगी व वेशभूषा जैसी जीवनशैली प्रदर्शित करता है। नेताओं का हरिजनों, गरीबों के बीच जाना, भाषण करना ये सब क्रियाकलाप हैं, जिससे सरल स्वभाववाली जनता प्रचारक को अपना समझ लेती है।

6. **प्रमाणपत्र विधि (Testimonial Device)**—इस विधि के तहत प्रसिद्ध व्यक्तियों का उपयोग किया जाता है, जैसे पोलियो की खुराक में अमिताभ बच्चन का इस्तेमाल किया जाना।

Publicity & Public Relation — प्रचार एवं जनसंपर्क

प्रचार (Publicity) जनसंपर्क (Public Relation) का ही एक माध्यम/अंग है। जनसंपर्क जिस प्रकार सत्य एवं यथार्थ पर आधारित है, इसी प्रकार प्रचार भी सत्य और तथ्य पर आधारित है। प्रचार जनमत निर्माण में सहयोगी है। जनसंपर्क उसी स्तर तक ऐसे प्रचार के कार्य में द्विपक्षीय प्रक्रिया निहित रहती है, जबकि प्रचार एकपक्षीय प्रक्रिया है। प्रचार 'क्यों' का उत्तर देने में तो समर्थ है, पर शंका का समाधान नहीं करता। जबकि जनसंपर्क क्यों के उत्तर के साथ शंकाओं का भी समाधान करता है तथा प्रतिक्रिया भी आपके संगठन तक पहुँचाता है।

Pyramid — स्तूपी/पिरामिड ढाँचा

वर्तमान में समाचार लेखन हेतु 'स्तूपी पिरामिड' शैली (Pyramid Structure) का उपयोग भी कुछ हद तक होता है। इस पद्धति में सबसे कम महत्त्ववाले विवरण से समाचार का प्रारंभ होता है तथा क्रमशः नीचे की ओर समाचार के महत्त्वपूर्ण अंश आते-जाते हैं। सबसे नीचे इसमें सर्वाधिक महत्त्वपूर्ण अंश को प्रस्तुत किया जाता है।

सबसे कम महत्त्ववाला अंश

महत्त्वपूर्ण अंश

घटना का चरमोत्कर्ष या सर्वाधिक महत्त्वपूर्ण अंश

स्तूपी संरचना

प्रायः लघु कथाओं में इसी पद्धति का प्रयोग किया जाता है। समाचार-पत्र-पत्रिकाओं में निलंबित अभिरुचि या कम रुचिवाले समाचारों को इसी क्रम में लिखा जाता है।

□

Quarterly **त्रैमासिक**

'त्रैमासिक' पत्रिकाएँ (Quarterly Magazines) वे पत्रिकाएँ होती हैं, जो तीन माह के अंतराल से प्रकाशित होती हैं। कला, संस्कृति, भाषा, विज्ञान, प्रौद्योगिकी आदि विषयों से संबंद्ध सामग्री प्रकाशित करनेवाली पत्रिकाएँ प्राय: त्रैमासिक ही होती हैं।

Question Heading **प्रश्नवाचक शीर्षक**

समाचार की सत्यता की पुष्टि न होने पर उसे सनसनीखेज बनाने के लिए शीर्षक (Heading) को कभी-कभार प्रश्नवाचक चिह्न लगाकर पेश किया जाता है, तो उसे 'प्रश्नवाचक शीर्षक' (Question Heading) कहते हैं। जैसे—क्या भाजपा सरकार स्थिर होगी?

Quotation Intro **उद्धरणात्मक आमुख**

जिस आमुख की शुरुआत किसी विशिष्ट व्यक्ति के कथन को उद्धृत करते हुए की गई हो, उसे 'उद्धरणात्मक आमुख' (Quotation Intro) कहा जाता है।

□

Radio रेडियो

'रेडियो' (Radio) सर्वाधिक सुना जानेवाला जनसंचार माध्यम है। रेडियो संचार का सबसे प्रभावशाली माध्यम है। यह एक ऐसा माध्यम है, जो अदृश्य विद्युत चुंबकीय तरंगों के रूप में संदेशों को एक स्थान से दूसरे स्थान पर भेजता है। रेडियो मनोरंजन का भी एक बहुत बड़ा साधन है। संगीत, नाटक, रूपक, कविता, समाचार, खेलकूद, चर्चा-परिचर्चा, साक्षात्कार व वार्त्ता आदि कार्यक्रम रेडियो से सुने जा सकते हैं।

सन् 1895 में इटली के वैज्ञानिक गुग्लीमो मार्कोनी (Marconi) ने सर्वप्रथम तरंगों की सहायता से बेतार के तार (Wireless) का आविष्कार किया। उन्होंने इंग्लैंड से अटलांटिक सागर के आरपार संदेश भेजने में सफलता प्राप्त की। मार्कोनी ने ही रेडियो के युग का श्रीगणेश किया। डॉ. ली.डी. फॉरेस्ट (L.D. Forest) ने सन् 1906 में एक वैक्यूम ट्यूब का आविष्कार किया, जिससे ध्वनि प्रसारण भी संभव हो गया। 20वीं सदी के प्रारंभ के समय रेडियो जनसंचार के माध्यम के रूप में उभरकर आया। धीरे-धीरे पूरे विश्व में इसका विस्तार हो गया।

भारत में सन् 1921 में टाइम्स ऑफ इंडिया तथा डाक तार विभाग के संयुक्त प्रयास से पहले रेडियो कार्यक्रम का प्रसारण किया गया। सन् 1927 में भारत में प्रसारण का कार्य 'इंडियन ब्रॉडकास्टिंग कंपनी' द्वारा बंबई तथा कोलकाता में दो केंद्रों की स्थापना से प्रारंभ हुआ। सन् 1930 में आर्थिक कठिनाइयों के चलते यह कंपनी समाप्त कर दी गई तथा 'इंडियन स्टेट ब्रॉडकास्टिंग सर्विस' के नाम से एक नई प्रसारण सेवा प्रारंभ की गई। सन् 1936 में इस सर्विस का नाम बदलकर 'ऑल इंडिया रेडियो' कर दिया गया।

Radio Commentary रेडियो कॉमेंट्री

'कॉमेंट्री' (Commentary) का शाब्दिक अर्थ होता है—आँखों देखा हाल, विवरण या वर्णन। रेडियो कॉमेंट्री का अर्थ हुआ रेडियो के द्वारा सुनाया गया आँखों देखा हाल। यह कार्यक्रम खेलों के अतिरिक्त गणतंत्र दिवस, स्वतंत्रता दिवस जैसे राष्ट्रीय आयोजनों और किसी विशेष धार्मिक, सामाजिक, सांस्कृतिक आयोजन, अलंकरण समारोह आदि पर प्रसारित किया जाता है। रेडियो कॉमेंट्री को 'उच्चारित शब्दों का कार्यक्रम' भी कहा जाता है।

Radio Discussion रेडियो परिचर्चा

'रेडियो परिचर्चा' (Radio Discussion) को विचार-विनिमय, विचार-विमर्श, विचार-गोष्ठी आदि नामों से भी जाना जाता है। रेडियो के कार्यक्रमों में रेडियो वार्त्ता की भाँति रेडियो परिचर्चा भी उच्चारित शब्दों का प्रसारण कार्यक्रम है। रेडियो पर प्रसारित वार्त्ता में जहाँ माइक्रोफोन (Microphone) के सामने एक ही व्यक्ति अपने विचार व्यक्त कर रहा होता है, वहीं भेंटवार्त्ता में दो व्यक्ति बातचीत कर रहे होते हैं, जबकि परिचर्चा दो से अधिक (प्राय: तीन या चार) व्यक्तियों की क्रमानुसार की गई बातचीत होती है। इनमें कोई सूत्रधार की भूमिका भी निभा सकता है। रेडियो परिचर्चा प्राय: 30 से 45 मिनट के बीच ही रखी जाती है।

रेडियो परिचर्चाएँ किसी भी विषय पर प्रसारित की जा सकती हैं। चाहे वह विषय प्रासंगिक हो या सामयिक या फिर अतीत से जुड़ा कोई भी प्रसंग हो। परिचर्चा के प्रसारण पर कोई भी बंधन नहीं। परिचर्चा का लेखन से अधिक संबंध नहीं होता। यह बिना आलेख के आयोजित की जाती है, परंतु कभी-कभार विषय भी रखा रह जाता है तथा परिचर्चा अलग होती जाती है।

Radio Feature रेडियो रूपक/फीचर

'रेडियो रूपक' (Radio Feature) विशुद्ध रूप से रेडियो की अपनी सृजनात्मक विधा है। रेडियो फीचर/रूपक दो शब्दों के योग से बना है—एक रेडियो, दूसरा फीचर। 'रेडियो' शब्द इलेक्ट्रॉनिक माध्यम के रूप में संचार का प्राविधिक स्वरूप है। फीचर एक ऐसा आलेख होता है, जिसमें विषय, तथ्य व घटना का उद्‌घाटन रोचक ढंग से किया जाता है। रेडियो फीचर समाचार-पत्र व पत्रिकाओं में प्रकाशित होनेवाले फीचर से भी भिन्न विधा है। साहित्य में 'रूपक' और 'नाटक' भले ही एक हों, परंतु रेडियो रूपक और रेडियो नाटक एक नहीं हैं, बल्कि दोनों अलग-अलग विधाएँ होती हैं।

रेडियो फीचर के विभिन्न प्रकार—

1. साहित्यिक फीचर
2. संगीत फीचर
3. सामाजिक फीचर
4. विकासात्मक फीचर
5. काल्पनिक फीचर
6. सूचनात्मक फीचर
7. समस्या प्रधान फीचर
8. वर्णनात्मक फीचर
9. व्यक्तित्व फीचर
10. हास्य प्रधान फीचर

उल्लेखनीय है कि सन् 1926 में सर्वप्रथम जॉन ग्रियसेन ने डॉक्यूमेंट्री (Documentary) शब्द का प्रयोग रूपक/फीचर के साथ किया था, जिसे हिंदी में 'आलेख रूपक' कहा जाता है।

Radio Jockey — रेडियो जॉकी

जॉकी (Jockey) शब्द के कई शाब्दिक अर्थ होते हैं, जैसे—rider, horseman अर्थात् घुड़दौड़ का घुड़सवार, Turn—घूमना, मुड़ना आदि। रेडियो के संदर्भ में कहा जा सकता है कि घुड़दौड़ में ऐसा व्यक्ति, जो घोड़े पर सवारी करता है, वह जॉकी कहलाता है। वहीं रेडियो जॉकी (Radio Jockey) एक ऐसा कार्यक्रम संचालक है, जो अपने चैनल (एफ. चैनल) के किसी कार्यक्रम को इस खूबी से संचालित या प्रस्तुत करता है कि उसका चैनल व कार्यक्रम ही सबसे आगे रहे। वह एक कुशल घुड़सवार की तरह बड़े ही कौशल के साथ मनचाही दिशा की ओर मोड़ता हुआ अपना कार्यक्रम प्रस्तुत करता है।

रेडियो जॉकी का प्रमुख कार्य मनोरंजन करना ही है। वस्तुतः रेडियो जॉकी वह कलाकार होता है, जो किसी रेडियो टॉक शो (Talk Show) को होस्ट (Host) करता है। वह उस संगीत को चुनता है, जो टेलीफोन (या ई-मेल) के जरिए श्रोताओं से बातचीत करके उनकी पसंद पर बजाया जाता है।

रेडियो जॉकी के प्रमुख कार्य इस प्रकार हैं—

1. कार्यक्रम को प्रस्तुत करना।
2. किसी मशहूर हस्ती का परिचय प्रस्तुत करना व उसका इंटरव्यू लेना।

3. गीत–संगीत प्रस्तुत करना
4. श्रोताओं (Audience) से संवाद करना आदि।

Radio Journalism — रेडियो पत्रकारिता

'रेडियो पत्रकारिता' (Radio Journalism) के अंतर्गत रेडियो से समाचार बुलेटिन, सामयिक समीक्षा, समाचार वाचन, समाचार दर्शन, खेलकूद समाचार, युववाणी, प्रसिद्ध हस्तियों से वार्त्तालाप, साक्षात्कार परिचर्चा, प्रतियोगिता, लोक संगीत, नाटक, विज्ञापन सेवा, कृषि, बाल एवं गृह परिवार कल्याण इत्यादि कार्यक्रम प्रसारित किए जाते हैं।

रेडियो (इलेक्ट्रॉनिक) मीडिया का एक ऐसा माध्यम होता है, जिसे अंधा बॉक्स (Blind Box) कहा जाता है। रेडियो एक श्रव्य (Audio) माध्यम है। रेडियो से प्रसारित कार्यक्रम या संदेश देखे नहीं, मात्र सुने जाते हैं। पत्रकारिता रेडियो के माध्यम से शिक्षा, सामाजिक परिवर्तन, जागरूकता एवं मनोरंजन के क्षेत्र में अपनी भूमिका बहुत अच्छी तरह निभा रही है।

Radio News Writing — रेडियो हेतु समाचार लेखन

'रेडियो के लिए समाचार लेखन' समाचार–पत्रों के लिए तथा दूरदर्शन (TV) के लिए समाचार लेखन से भिन्न होता है। रेडियो के लिए किसी भी तरह के लेखन की सफलता भाषा की ध्वनिगत विशेषताओं पर निर्भर करती है। इसलिए ध्वनि पर विशेष ध्यान दिया जाना चाहिए। रेडियो एक दृश्यहीन व मात्र श्रव्य माध्यम है, जिसके संदेश केवल सुने ही जा सकते हैं।

रेडियो समाचार बुलेटिन (Bulletin) को समय के आधार पर तीन भागों में वर्गीकृत किया जा सकता है—5 मिनट का बुलेटिन, 10 मिनट का बुलेटिन एवं 15 मिनट का बुलेटिन। पंद्रह मिनट का बुलेटिन रेडियो का सबसे बड़ा बुलेटिन होता है। समाचार बुलेटिन को तीन हिस्सों में बाँटा जा सकता है—एक शीर्षक (Heading), दूसरा बुलेटिन में जानेवाले समाचार, तीसरा ब्रेक (Break) या विराम। समाचार–पत्रों के लिए समाचार जहाँ 'विलोम स्तूपी' (Inverted Pyramid) प्रकृति के होते हैं, वहीं रेडियो के लिए 'पहलदार हीरे' (Brilliant Diamond) प्रकृति के होते हैं।

रेडियो के लिए समाचार लेखन हेतु मुख्यतः निम्न बातों का ध्यान अवश्य रखना चाहिए—

1. समाचार की भाषा सरल व स्पष्ट हो।

2. समाचार संक्षिप्त हो।
3. समाचार में भारी-भरकम शब्दावली का प्रयोग न हो।
4. एक ही शब्द का समाचार में बार-बार प्रयोग न हो। अंकों व दशमलव के प्रयोग में सावधानी बरती जाए।
5. समाचार का चयन मान्यता प्राप्त समाचार एजेंसियों से ही करना चाहिए।
6. समाचार चाहे किसी भी स्रोत से आया हो, विश्वसनीय और मूल्यवान होने पर ही स्वीकार किया जाना चाहिए।
7. किसी सार्वजनिक सभा में उपस्थित लोगों की संख्या के बारे में अनुमान नहीं लगाना चाहिए। संख्या अंकों में न लिखकर शब्दों में लिखें।
8. रेडियो के लिए समाचार लिखते समय पत्र-पत्रिकाओं में प्रयोग किए जाने वाले शब्द, जैसे—उपयुक्त, निम्नलिखित, पिछले पृष्ठ में, समझा जाता है, ज्ञातव्य हो आदि शब्दों से संवाददाता को बचना चाहिए।
9. जहाँ तक संभव हो, व्यक्ति के पूर्ण अथवा मुख्य नाम की पुनरावृति से बचना चाहिए।
10. समाचारों का प्रारंभ नाम से नहीं किया जाना चाहिए।
11. समाचार लिख लेने के बाद अंत में एक बार फिर से जाँच कर लेनी चाहिए कि समाचार में सभी आवश्यक तत्त्व (छह ककार) आ गए हैं या नहीं।

रेडियो के लिए लिखे जानेवाले समाचारों को कई चरणों (Stages) से गुजरकर प्रसारण के योग्य बनाया जाता है—

- प्रथम चरण : समाचार संकलन
- द्वितीय चरण : समाचार चयन
- तृतीय चरण : समाचार लेखन
- चतुर्थ चरण : प्रसारण हेतु चयन
- पंचम चरण : समाचार बुलेटिन की तैयारी व प्रसारण

Radio Talk — रेडियो वार्त्ता

रेडियो के आविष्कार ने जिन अनेक नए साहित्य रूपों को जन्म दिया है, उन्हीं में से एक रेडियो वार्त्ता है। अंग्रेजी में इसे 'रेडियो टॉक' (Radio Talk) कहते हैं। इसे रेडियो बातचीत भी कहा जाता है। यद्यपि रेडियो पर श्रोताओं से संवाद की स्थिति प्रसारण के समय नहीं होती, परंतु फिर भी अच्छी वार्त्ता वही होती है, जिसमें संवाद

प्रवृत्ति बनी रहे। रेडियो में वार्त्ता एक पक्षीय होती है अर्थात् एक ही व्यक्ति अपने विचार रखता है। दूसरा पक्ष श्रोता होता है, जो उसे मात्र सुनता है। रेडियो में वार्त्ता को 'स्पोकन वर्ड' (Spoken Word) भी कहा जाता है।

सफल रेडियो वार्त्ता हेतु कई बातों का ध्यान रखना चाहिए। जैसे—वार्त्ता के विषय का चयन, वार्त्ताकार का चयन, भाषा, रिकॉर्डिंग की गुणवत्ता, समय नियंत्रण एवं वार्त्ता का आरंभ व अंत आदि।

Reality Show रिएलिटी शो

वर्तमान में निजी चैनल टी.आर.पी. (Television Rating Point—TRP) बढ़ाने के लिए नए-से-नए प्रयोग कर रहे हैं। इन्हीं प्रयोगों का एक परिणाम है, 'रिएलिटी शो' (Reality Show) अर्थात् वास्तविकता पर आधारित कार्यक्रम। अधिकतर धारावाहिक (Serial), फीचर फिल्म (Feature Film) कलात्मक कथावस्तु पर ही आधारित होते हैं, इसमें वास्तविकता तो नहीं होती। इस स्थिति में रिएलिटी शो कुछ हटकर है। भारत में सर्वप्रथम स्टार प्लस ने 'कौन बनेगा करोड़पति' नामक रिएलिटी शो का प्रसारण किया। बाद में स्टार प्लस की तर्ज पर अन्य कई चैनलों ने भी इस प्रकार के कार्यक्रम चलाए।

वर्तमान में छोटे पर्दे पर रिएलिटी शो की भरमार है। धीरे-धीरे रिएलिटी शो के नए रूप विकसित होते चले गए हैं। जैसे—रिएलिटी सेलेब्रिटीज शो तथा रिएलिटी टेलेंट शो। रिएलिटी सेलेब्रिटीज शो की श्रेणी में 'झलक दिखला जा', 'नच बलिए' तथा 'बिग ब्रदर' (Big Brother) को शामिल कर सकते हैं। रिएलिटी हंट शो की श्रेणी में इंडियन आइडिल, लिटिल चैम, सा रे गा मा आदि कार्यक्रम शामिल कर सकते हैं।

कुछ लोगों का मानना है कि रिएलिटी शो नाम ही के रिएलिटी शो होते हैं। रिएलिटी शब्द तो मात्र कार्यक्रम को लोकप्रिय व रोचक बनाने के लिए ही प्रयोग किया जाता है। रिएलिटी शो में रिएलिटी का वास्ता हकीकत से उतना नहीं होता, वह सच्चाई मनगढ़ंत होती है। दृश्यों व साउंड इफेक्ट (Sound effect) के जरिए उसमें नाटकीयता डाली जाती है। खैर आलोचना के बावजूद रिएलिटी शो दर्शकों के बीच खासे लोकप्रिय हो रहे हैं तथा दिनों-दिन इनकी लोकप्रियता बढ़ती जा रही है।

Recording रिकॉर्डिंग

रेडियो के क्षेत्र में कार्यक्रम का ध्वन्यांकन और फिल्म व टी.वी. के क्षेत्र में दृश्यों एवं ध्वनियों का इलेक्ट्रॉनिक यंत्रों, कैमरा (Camera) आदि के माध्यम से अंकन

करना 'रिकॉर्डिंग' (Recording) कहलाता है। स्क्रिप्ट (Script) चयन के बाद पात्रों का चुनाव होता है। कागजी निर्माण प्रक्रिया पूरी की जाती है, रिहर्सल (Rehearsal) आदि पूरा किया जाता है, तब रिकॉर्डिंग का चरण आता है।

निर्देशक (Director) की देखरेख में प्राय: मल्टी कैमरा सैटअप द्वारा रिकॉर्डिंग की जाती है। इसमें प्राय: तीन या चार कैमरे लगते हैं। कभी कैमरा एक से, कभी कैमरा तीन, कभी कैमरा दो या कैमरा चार से। इस प्रकार एक बार में ही अलग-अलग कैमरों की सहायता से अलग-अलग एंगल्स से रिकॉर्डिंग की जाती है। साधन यदि सीमित हों, तो मात्र एक ही कैमरे का प्रयोग किया जाता है।

रिकॉर्डिंग दो तरह की विधि से की जाती है—एक मैगनेटिक टेप (Magnetic Tape) और दूसरा डिस्क (Disk) रिकॉर्डिंग पर। प्राय: दूरदर्शन प्रसारण के लिए मैगनेटिक रिकॉर्डिंग विधि का ही उपयोग होता है।

Reference Journalism संदर्भ पत्रकारिता

आधुनिक पत्रकारिता के अंतर्गत 'संदर्भ पत्रकारिता' (Reference Journalism) या संदर्भ सेवा (Reference Service) का विशिष्ट स्थान है। संदर्भ सेवा का अर्थ होता है—संदर्भ सामग्री उपलब्ध कराना। पत्रकारिता के क्षेत्र में कार्यरत पत्रकार, प्रधान संपादक, समाचार संपादक, उपसंपादकों आदि को लेख लिखते समय कई बार ऐसी सामग्रियों की आवश्यकता पड़ती है, जो पूर्व में किसी पत्र-पत्रिका आदि में प्रकाशित हो चुकी रहती हैं। यह ज्ञान-विज्ञान, कला, साहित्य, इतिहास, राजनीति, व्यक्ति विशेष, समसामयिक घटना आदि किसी से भी संबंधित हो सकती है। इन आवश्यकताओं की पूर्ति हेतु संदर्भ पत्रकारिता की आवश्यकता पड़ती है।

प्राय: सभी समाचार-पत्रों में संदर्भ विभाग होते हैं। जहाँ संपादकीय विभाग (Editorial Dept.)समाचार-पत्र प्रतिष्ठान का मस्तिष्क होता है, वहीं संदर्भ विभाग इस मस्तिष्क का 'स्मृतिकोश' है। संदर्भ विभाग कभी-कभार पत्र-पत्रिकाओं का 'मुर्दाघर' भी कह दिया जाता है। संदर्भ विभाग पत्रकारों की उपर्युक्त आवश्यकताएँ पुरानी कतरनों, लेखों, संदर्भ ग्रंथों व फोटो आदि से पूरी करता है। संदर्भ विभाग के कई कार्यों को कई वर्गों में बाँटा जा सकता है। जैसे—संदर्भ ग्रंथ, कतरन सेवा, लेख सूची, फोटो विभाग, रिपोर्ट विभाग, भंडार विभाग व पृष्ठभूमि विभाग आदि।

Reflex Camera रिफ्लैक्स कैमरा

'रिफ्लैक्स कैमरा' (Reflex Camera) छोटे आकार के होते हैं और बड़ी

आसानी से उपयोग में लाए जा सकते हैं। इन कैमरों की विशिष्टता यह है कि लैंस (Lens) और फोकस (Focus) प्लेन के बीच ऊपर की ओर 45 डिग्री पर एक दर्पण लगाया जाता है जो लैंस से आनेवाली किरणों को ऊँपर की ओर परावर्तित करता है। ताकि एक निश्चित दूरी पर लगे धुँधले काँच (Ground Glass) पर दृश्य का बिंब बन सके। रिफ्लैक्स कैमरों के द्वारा मात्र वर्गाकार नेगेटिव (Negative) ही बन पाते हैं। रिफ्लैक्स कैमरे दो प्रकार के होते हैं—एक सिंगल लैंस रिफ्लेक्स (S.L.R. Camera) और दूसरा ट्विन लैंस रिफ्लेक्स कैमरा (T.L.R. Camera) आदि।

Regional Journalism — भाषाई पत्रकारिता

भारत में 'भाषाई पत्रकारिता' (Regional Journalism) की परंपरा काफी समृद्ध रही है। भाषाई पत्रकारिता से तात्पर्य भारत के विभिन्न प्रदेशों की भाषाओं की पत्रकारिता से है। भारत में जहाँ हिंदी, अंग्रेजी समाचार-पत्र-पत्रिकाओं का वर्चस्व है, तो दूसरी ओर भाषाई या प्रादेशिक पत्रकारिता का भी महत्त्व कम नहीं है।

भाषाई पत्रकारिता के दो पक्ष हैं—सिद्धांत (Theory), और व्यवहार (Practical)। भाषाई पत्रकारिता में सैद्धांतिक पक्ष सभी भाषाओं में प्रायः समान होते हैं, परंतु इनमें भिन्नता व्यावहारिक पक्ष की होती है। इस कारण भाषाई पत्रकारिता सैद्धांतिक धरातल पर एक होते हुए भी व्यावहारिक एवं ऐतिहासिक धरातल पर परस्पर भिन्न है। इसी कारण अंग्रेजी पत्रकारिता, हिंदी पत्रकारिता, उर्दू पत्रकारिता, गुजराती पत्रकारिता, मराठी पत्रकारिता, तमिल पत्रकारिता, तेलुंगू पत्रकारिता, कन्नड़ पत्रकारिता, बंगला पत्रकारिता आदि भाषाओं की पत्रकारिता हेतु इन संबोधनों का प्रचलन विद्यमान है।

Registrar Newspaper of India (RNI) — भारत के समाचार-पत्र पंजीयक

'भारत के समाचार-पत्र पंजीयक' (RNI) की स्थापना प्रथम प्रेस आयोग (सन् 1952) की सिफारिश (सन् 1954) पर तथा प्रेस एवं पुस्तक पंजीकरण अधिनियम (सन् 1867) में संशोधन करके की गई। भारत में समाचार-पत्र के पंजीयक का कार्यालय 1 जुलाई, 1956 को अस्तित्व में आया। समाचार-पत्र पंजीयक को 'प्रेस पंजीयक' भी कहा जाता है। यह प्रत्येक वर्ष 31 दिसंबर से पहले, समाचार-पत्रों की स्थिति के बारे में सरकार को अपनी वार्षिक रिपोर्ट सौंपता है, परंतु जिस अवधि के लिए वार्षिक विवरण दिए जाते थे, उसे सन् 2002 में कैलेंडर वर्ष से बदलकर वित्तीय वर्ष कर दिया

गया था। इसलिए वार्षिक रिपोर्ट वित्तीय वर्ष के अनुसार बनाई जाती है।

समाचार-पत्र के पंजीयक के प्रमुख कार्य—

1. वैध घोषणा (Declaration) के अंतर्गत प्रकाशित समाचार-पत्रों का पंजीकरण प्रमाण-पत्र जारी करना।
2. प्रकाशित समाचार-पत्रों का रजिस्टर तैयार करना एवं उसका रख-रखाव करना।
3. यह सुनिश्चित करना कि समाचार-पत्र पी.आर.बी. एक्ट (PRB Act, 1867) के प्रावधानों के अंतर्गत ही प्रकाशित किए जाते हैं।
4. पी.आर.बी. एक्ट (की धारा 19-एफ) के अंतर्गत प्रकाशकों द्वारा अपने वार्षिक विवरण में दिए गए प्रसार के दावों की जाँच करना।
5. अखबारी कागज आवंटन नीति व दिशा-निर्देशों को लागू करना।

पंजीयक (RNI) द्वारा (सन् 2008 में) दी गई रिपोर्ट के अनुसार 31 मार्च, 2008 तक पंजीयक समाचार-पत्र-पत्रिकाओं की कुल संख्या 69,323 थी। इनमें 7,710 दैनिक थे, 379 त्रि/द्विसाप्ताहिक, 23,414 साप्ताहिक, 9,053 पाक्षिक, 20,940 मासिक, 4,681 त्रैमासिक, 622 वार्षिक तथा 2,510 अन्य कालावधियों के थे। रिपोर्ट के अनुसार सबसे अधिक समाचार-पत्र व पत्रिकाएँ हिंदी में पंजीकृत हुईं, इनकी संख्या लगभग 23,500 थी। अंग्रेजी में पंजीकृत पत्र-पत्रिकाएँ दूसरे स्थान पर रहीं, जिनकी संख्या 10,000 थी। उत्तर प्रदेश में सबसे अधिक (10,800) समाचार-पत्रों का पंजीकरण हुआ।

Rehearsal रिहर्सल

'रिहर्सल' (Rehearsal) से तात्पर्य है—पूर्वाभ्यास या पूर्वाभिनय। अच्छे निर्माण हेतु शूटिंग से पूर्व अभिनेताओं/कलाकारों को कई बार अपनी भूमिका का गंभीरतापूर्वक अभ्यास करना होता है। सभी अभिनेताओं को साथ-साथ रिहर्सल करनी होती है। जैसे—संवाद (Dialogue), चेहरे पर भावों के उतार-चढ़ाव, चाल, एक्शन आदि। इसी प्रकार स्टूडियो में कैमरे के साथ रिहर्सल करनी होती है, ताकि सभी विषयों पर सही स्थान आदि चुना जा सके एवं एक्शन, वीडियो एवं ध्वनि को अंतिम स्वरूप प्रदान किया जा सके।

Release रिलीज

'रिलीज' (Release) के कई अर्थ होते हैं—किसी समाचार को किसी निश्चित

दिन व समय मुद्रित करने का निर्देश देना या किसी संस्था द्वारा पत्र व पत्रिका में प्रकाशनार्थ दी गई विज्ञप्ति व लिखित सूचना। किसी नव प्रकाशित पुस्तक, समाचार-पत्र-पत्रिका आदि को बिक्री या जनप्रसारण हेतु जारी करना भी 'रिलीज' या 'विमोचन' कहलाता है।

Reportage रिपोर्ताज

'रिपोर्ताज' (Reportage) शब्द अंग्रेजी के रिपोर्ट (Report) से बना है। रिपोर्ट का ही कलात्मक रूप रिपोर्ताज है। मूल रूप से रिपोर्ताज फ्रैंच भाषा का शब्द है, जिसमें मीडिया से संबंधित रिपोर्टिंग भाव निहित है। हिंदी में रिपोर्ताज को सूचनिका भी कहा जाता है। रिपोर्ताज में किसी घटना का यथातथ्य वर्णन किया जाता है। घटना का यथातथ्य विवरण कलात्मक तथा संवेदनात्मक रूप में दिया ज़ाता है। रिपोर्ताज न तो समाचार होता है, न डायरी, न फीचर, न संस्मरण और न ही यात्रा वृत्तांत।

रिपोर्ताज मीडिया की एक ऐसी विधा है, जिसमें किसी घटना, युद्ध, अकाल, बाढ़ आदि का तथ्यात्मक मार्मिक विवरण प्रस्तुत किया जाता है। रिपोर्ताज में प्रभावपूर्ण चित्रों के रूप में छोटी-छोटी घटनाओं को प्रस्तुत किया जाता है। सफल रिपोर्ताज के द्वारा प्रस्तुत घटनाएँ पाठक के मानस पटल पर पूरा चित्र प्रस्तुत कर देती हैं।

एक अच्छे रिपोर्ताज में वे सारे गुण होने चाहिए, जो मीडिया के चरित्र के अनुरूप हों, जैसे सहज व सरल होना। एक अच्छे रिपोर्ताज में फोटोग्राफी के सभी गुण होते हैं। इसमें रूपक (Feature) के भी गुण होते हैं। रिपोर्ताज कहानी व रूप की सम्मिलित आत्मा है। इसमें कहानी के भी सभी गुण होते हैं, जैसे—कथा, चरित्र, चढ़ाव-उतार आदि।

Reporter रिपोर्टर

'रिपोर्टर' (Reporter) समाचार जगत् का एक महत्त्वपूर्ण व्यक्ति होता है। उसका प्रमुख कार्य समाचार संकलन (News gathering) करना तथा उन्हें किसी समाचार समूह के लिए लिखना होता है। रिपोर्टर का कार्य उपसंपादक (Sub-editor) से इस रूप में भिन्न होता है कि जहाँ रिपोर्टर समाचार संकलन करने के लिए क्षेत्र में जाता है, वहीं उप-संपादक समाचार डेस्क (News Desk) पर ही बैठकर काम करता है। वही रिपोर्टर द्वारा प्रेषित समाचारों को मुद्रण के लिए उपयुक्त बनाता है।

रिपोर्टर्स की कई श्रेणियाँ होती हैं—मुख्य रिपोर्टर (Chief Reporter) विशेष रिपोर्टर (Special Reporter), विदेश रिपोर्टर (Foreign Reporter), कार्यालय

रिपोर्टर (Official Reporter) आदि। रिपोर्टरों की कितनी ही श्रेणियाँ क्यों न हों, परंतु उनका मूलभूत कार्य समाचार संकलन करना तथा समाचारों को लिखकर 'समाचार डेस्क' के लिए उपलब्ध कराना होता है।

एक सफल रिपोर्टर की योग्यताएँ व गुण—

1. समाचार का बोध (News Sense) रिपोर्टर का आधार गुण है।
2. उसमें समाचार सूँघने की क्षमता (A Nose for News) होनी चाहिए।
3. उसे समसामयिक घटनाओं की जानकारी होनी चाहिए।
4. उसमें व्यक्तिगत, जातिगत, सांप्रदायिक दुराग्रहों से परे हटकर रिपोर्टिंग करने की क्षमता होनी चाहिए।
5. प्रेस कानूनों की जानकारी होनी चाहिए।
6. पुनः लेखन तथा समाचार को पठनीय बनाने की क्षमता होनी चाहिए।
7. सार्वजनिक हित का हमेशा ध्यान रखना चाहिए।
8. जो भी खबर प्रकाशित की जाए, उसकी जिम्मेदारी अपने ऊपर ले।

Reporting रिपोर्टिंग

'रिपोर्टिंग' (Reporting) शब्द अंग्रेजी के रिपोर्ट (Report) से बना है। रिपोर्ट किसी घटना की यथातथ्य सूचना होती है और सूचना देने या संवाद भेजने के कार्य को रिपोर्टिंग कहते हैं। इस प्रकार रिपोर्टिंग का शाब्दिक अर्थ है—संवाद लिखना या भेजना, सूचना देना, विवरण देना आदि। रिपोर्टिंग का कार्य रिपोर्टर (Reporter) ही करता है, जो समाचारों को एकत्रित कर उन्हें महत्त्व के आधार पर समाचार-पत्र को प्रेषित करता है।

रिपोर्टिंग के कई प्रकार/श्रेणियाँ होती हैं, जो इस प्रकार हैं—

1. शैक्षिक रिपोर्टिंग (Educational Reporting)
2. खेल रिपोर्टिंग (Sports Reporting)
3. अपराध रिपोर्टिंग (Criminal Reporting)
4. संसद् व विधानसभा रिपोर्टिंग (Parliamentary Reporting)
5. चुनावी रिपोर्टिंग (Election Reporting)
6. फिल्म रिपोर्टिंग (Film Reporting)
7. खोजी रिपोर्टिंग (Investigative Reporting)
8. राजनीतिक रिपोर्टिंग (Political Reporting) आदि

Research शोध/अनुसंधान

किसी भी ज्ञान की शाखा में नवीन तथ्यों की खोज के लिए सावधानीपूर्वक किए गए अन्वेषण या जाँच-पड़ताल को 'शोध' (Research) की संज्ञा दी जाती है। वेबस्टर शब्दकोश के अनुसार, 'तथ्यों एवं सिद्धांतों या किसी भी घटना को ज्ञात करने के लिए सावधानीपूर्वक एवं विवेचनात्मक खोज या निष्ठापूर्वक किए गए अन्वेषण को शोध कहते हैं।' सरल शब्दों में कहा जा सकता है कि जब नवीन ज्ञान की प्राप्ति तथा विद्यमान ज्ञान में संशोधन, परिवर्द्धन के उद्देश्य से कोई व्यवस्थित प्रयत्न किए जाते हैं, तो उन्हें ही शोध के नाम से जाना जाता है।

Research Types शोध अध्ययन के प्रकार

संचारपरक शोध अध्ययन को-ज्ञान प्राप्ति, परिकल्पना-निर्माण, समाज कल्याण, विकास, समस्याओं के निराकरण, घटनाओं का वर्णन आदि के आधार पर वर्गीकृत किया जाता है। शोधकर्त्ता (Researcher) को इनकी स्पष्ट जानकारी होनी चाहिए, ताकि वह उपयुक्त शोध के प्रकार का चयनकर अपना अध्ययन सरलता से पूर्ण कर सके। सामाजिक शोध निम्न प्रकार के होते हैं—

1. गवेषणात्मक शोध अध्ययन (Exploratory Research)
2. विवरणात्मक शोध अध्ययन (Descriptive Research)
3. मौलिक शोध अध्ययन (Pure Research)
4. क्रियात्मक शोध अध्ययन (Functional Research)
5. व्यावहारिक शोध अध्ययन (Practical Research)
6. परीक्षणात्मक शोध अध्ययन (Experimental Research)

Research Journalism शोध/अनुसंधान पत्रकारिता

'अनुसंधान पत्रकारिता' (Research Journalism), पत्रकारिता की वह विधा है, जिसके द्वारा किसी समसामयिक महत्त्व के विषय, स्थिति या घटना या तथ्यों का वैज्ञानिक ढंग से अध्ययन, सर्वेक्षण (Survey) और अनुसंधान करके वास्तविक निष्कर्ष निकाले जाते हैं। वर्तमान में जनमाध्यम तथा पत्रकारिता का क्षेत्र इतना व्यापक व विस्तृत हो गया है कि इसमें काफी अध्ययन-अनुसंधान की संभावनाएँ बढ़ गई हैं। इस दृष्टि से इस क्षेत्र में पाठक व श्रोता, दर्शक, जनमत, विज्ञापन, जनमाध्यमों के प्रभाव, रेडियो व टी.वी. के कार्यक्रमों का स्तर आदि विविध विषयों पर अध्ययन अनुसंधान किया जा सकता है।

एक व्यापक अर्थ में अन्वेषी पत्रकारिता (Investigative Journalism) को

भी अनुसंधान पत्रकारिता का एक प्रकार कहा जा सकता है। परंतु दोनों में सबसे बड़ा अंतर यह है कि अन्वेषी पत्रकारिता में जहाँ किसी घटना या स्थिति का विधिवत् योजनाबद्ध वैज्ञानिक रूप से अध्ययन/अनुसंधान नहीं किया जाता, वहीं अनुसंधान पत्रकारिता में ऐसा करना अनिवार्य होता है। जासूसी एवं वकालत का सशक्त रूप शोध पत्रकारिता होती है। जिस तथ्य को कोई छिपाना चाहे या जो अनुद्घाटित हो, वैसे समाचार को प्रकाश में लाने का कार्य अन्वेषी (शोध) पत्रकारिता का ही है।

Review समीक्षा

'समीक्षा' अंग्रेजी के 'रिव्यू' (Review) का पर्याय है, जिसका अर्थ है view, again अर्थात् पुनरावलोकन एवं पुनरीक्षण। समीक्षा के लिए अन्य प्रचलित शब्द आलोचना (क्रिटिसिज्म), समालोचना एवं अंग्रेजी में क्रिटिसिज्म, रिव्यू आदि हैं। कई विद्वानों ने समीक्षा और आलोचना को एक ही माना है। सरल शब्दों में 'किसी वस्तु या विषय के सभी अंशों पर अच्छी तरह विचार करने को ही समीक्षा कहते हैं।'

विद्वान् जॉन ई. ड्रेवरी के अनुसार, 'यदि किसी पुस्तक को पढ़कर हम उसकी विषयवस्तु का सारांश लिखते हैं व उसकी पृष्ठभूमि व्यक्त करते हैं, तो इसका तात्पर्य है कि हमने उसकी समीक्षा लिखी है। यदि हम पाठक को यथासंभव पुस्तक क्या है, इस बारे में सूचित करते हैं, तो इस तरह हम रिपोर्टिंग का कार्य करते हैं।'

समीक्षा (Review) के विषयानुसार कई स्तंभ बनाए जा सकते हैं, जो इस प्रकार हैं—

1. पुस्तक समीक्षा (Book Reviewing)
2. कला समीक्षा (Art Reviewing)
3. फिल्म समीक्षा (Film Reviewing) एवं
4. नाट्य समीक्षा (Play Reviewing) आदि

Right to Information Act, 2005 सूचना का अधिकार अधिनियम, 2005

भारतीय संसद् द्वारा केंद्र एवं राज्य सरकारों के कामकाज में पारदर्शिता लाने हेतु 'सूचना के अधिकार का अधिनियम, 2005' (RTI, Act) मई 2005 में पारित किया गया। यह अधिनियम (जम्मू-कश्मीर राज्य को छोड़कर) 12 अक्टूबर, 2005 से भारत में लागू हुआ। इसके द्वारा पूर्व के 'सूचना की स्वतंत्रता अधिनियम, 2002' (Freedom of Information Act, 2002) को निरस्त/खारिज किया गया। सूचना

के अधिकार अधिनियम, 2005 में कुल 6 अध्याय एवं 31 धाराएँ हैं।

सूचना के अधिकार अधिनियम, 2005 के प्रमुख प्रावधान इस प्रकार हैं—

1. इस अधिनियम के तहत आम नागरिकों को सरकारी दस्तावेजों व आँकड़ों के प्रिंट आउट प्राप्त करने का अधिकार प्राप्त होगा।
2. नागरिकों द्वारा माँगी जानेवाली सूचनाएँ आवेदन के 30 दिन के भीतर उपलब्ध कराई जाएँगी।
3. नागरिकों को वांछित सूचनाएँ उपलब्ध कराने के लिए प्रत्येक विभाग में लोक सूचना अधिकारी नामित किए जाएँगे।
4. माँगी जानेवाली सूचनाओं के लिए मामूली आवेदन शुल्क के साथ दस्तावेजों की फोटोकॉपी कराने/सीडी तैयार करने का शुल्क आवेदक को देना होगा।
5. निर्धनता रेखा से नीचे के लोगों (BPL) को आवेदन शुल्क नहीं देना होगा।
6. अधिनियम में सूचना (Information) शब्द की परिभाषा भी दी है।
7. हिंदी, अंग्रेजी या अन्य किसी क्षेत्रीय कामकाज की भाषा में सूचना के लिए आवेदन किया जा सकता है।
8. सूचना के लिए कारण देने/बताने की जरूरत नहीं होगी।
9. केंद्र सरकार, केंद्रीय सूचना आयोग (Central Information Commission—CIC) का गठन करेंगी। केंद्रीय स्तर पर इस प्रकार के आयोग का गठन अक्तूबर 2005 में किया गया। इस आयोग के प्रथम अध्यक्ष वजाहुत हबीबुल्ला बनाए गए।

सूचना के अधिकार अधिनियम, 2005 के तहत ऐसी जानकारी नागरिकों को नहीं दी जाएगी, जिससे देश की एकता-अखंडता प्रभावित हो, अपराध को बढ़ावा मिले, देश या राज्य की सुरक्षा, विज्ञान एवं आर्थिक मामलों से संबंधित गोपनीय जानकारी, जिससे दूसरे राष्ट्रों से संबंध प्रभावित हों। विदेशों से प्राप्त गोपनीय सूचनाएँ, कोई ऐसी सूचना, जिससे न्यायालय की अवमानना या संसद्/विधानसभा के विशेषाधिकारों का हनन हो। कोई ऐसी सूचना, जो किसी व्यक्ति के निजी जीवन से संबंधित हो एवं कैबिनेट से संबंधित दस्तावेज, मंत्रिपरिषद् सचिव एवं अन्य अधिकारियों के उद्‌गारों के रिकॉर्ड आदि।

Run Down रन-डाउन

'रन डाउन' (Run Down) से तात्पर्य टी.वी. समाचार चैनल पर किसी

निर्धारित समय पर प्रसारित होनेवाले समाचारों के ब्लू प्रिंट (Blue Print) से है। ब्लू प्रिंट के द्वारा टी.वी. समाचार कार्यक्रम के प्रत्येक पहलुओं को पहले से ही संयोजित कर लिया जाता है, जैसे—समाचार बुलेटिन की समय सीमा का निर्धारण, संपादक का नाम, रिपोर्टर का नाम, प्रसारण का समय, स्टोरी का प्रकार व टेप नंबर आदि का वर्णन। रन डाउन के बिना समाचार को व्यवस्थित करने की कल्पना भी नहीं की जा सकती।

□

S

Sampling — निदर्शन

'निदर्शन' (Sampling) पद्धति सांख्यिक अनसुंधान की एक प्रमुख पद्धति है। इस पद्धति का प्रयोग वहाँ किया जाता है, जहाँ पर अनुसंधान (Research) की संगणना पद्धति अनुपयोगी सिद्ध होती है। निदर्शन का अर्थ समग्र या संपूर्ण में कुछ इकाइयों का चयन करना होता है। विपणन (Market) में निदर्शन एक चुने गए विशेष खंड या बाजार का प्रतिनिधित्व करता है। इसके द्वारा लिया गया निर्णय केंद्र बिंदु होता है, जो समग्र बाजार के लिए प्रयुक्त किया जाता है।

निदर्शन में शामिल की जानेवाली पद्धतियाँ/इकाइयाँ आवश्यकतानुसार उपभोक्ता, परिवार, विक्रेता फर्म, वितरण आदि हो सकती हैं। निदर्शन में वही इकाई सम्मिलित की जाती है, जिसके पास विपणन संबंधी निर्णय लेने की दृष्टि से इच्छित सूचनाएँ प्राप्त करने के लिए आसानी से पहुँचा जा सकता है।

निदर्शन का चुनाव निम्नलिखित प्रकार से किया जा सकता है—

1. **साधारण देव निदर्शन (Simple Random Sampling)**—यह वह पद्धति होती है, जिसमें सभी इकाइयों को समान अवसर मिलता है। इसमें इकाइयों का चयन संयोग (Random) के आधार पर किया जाता है।
2. **सीमित देव निदर्शन (Restricted Random Sampling)**—इस पद्धति के अंतर्गत संपूर्ण समूह की इकाइयों की क्रम संख्या डालकर एक सूची तैयार की जाती है।
3. **मिश्रित निदर्शन (Stratified Sampling)**—इस पद्धति में सबसे पहले अध्ययन की समग्र इकाइयों को कई वर्गों तथा श्रेणियों में वर्गीकृत किया जाता है। इसके पश्चात् सजातीय वर्ग में से उसके महत्त्व के आधार पर देव निदर्शन की किसी भी विधि से इकाइयों का चुनाव किया जाता है।

4. **क्षेत्रीय निदर्शन (Area Sampling)**—क्षेत्रीय निदर्शन में अनुसंधानकर्त्ता को जिस क्षेत्र में अनुसंधान करना होता है, उस क्षेत्र को वह कई उपक्षेत्रों में विभाजित कर लेता है।
5. **कोटा निदर्शन (Quota Sampling)**—कोटा पद्धति में अनुसंधानकर्त्ता, एक निश्चित कोटा निर्धारित कर लेता है कि उसे किस विशेषता के आधार पर कितनी संख्या चयनित करनी है।

Samachar Sudhavarshan समाचार सुधावर्षण

'समाचार सुधावर्षण' (Samachar Sudhavarshan) हिंदी का सबसे पहला दैनिक पत्र माना जाता है। यह समाचार-पत्र सन् 1854 में कोलकाता से बाबू श्यामसुंदर सेन के संपादकत्व में प्रकाशित हुआ। यह द्विभाषी पत्र था। प्रारंभ में दो पृष्ठ हिंदी के थे और शेष दो बंगला के। यह पत्र रविवार को छोड़कर हर रोज प्रकाशित होता था। हिंदी पत्रकारिता के इतिहास में इस पत्र का एक महत्त्वपूर्ण स्थान है, क्योंकि यह हिंदी का प्रथम दैनिक पत्र था। इस पत्र की एक फाइल 'राष्ट्रीय पुस्तकालय कोलकाता' में उपलब्ध है।

Sarvodaya Journalism सर्वोदय पत्रकारिता

'सर्वोदय पत्रकारिता' (Sarvodaya Journalism) की शुरुआत महात्मा गांधी एवं विनोबा भावे ने की थी। सर्वोदय पत्रकार एक अच्छा समाज सेवक (Social Servant) होता है, जो अपनी लेखनी के माध्यम से निर्भय होकर समाज की सेवा करता है। उसे जाति-पाति, भेद-भाव व द्वेष से परे हटकर पूरे विश्व के बारे में सोचना पड़ता है। गांधी जी द्वारा संपादित 'इंडियन अमोनियम', 'हरिजन', 'नवजीवन' व 'यंग इंडिया' आदि सर्वोदय पत्रकारिता के ही उदाहरण हैं। इन पत्र-पत्रिकाओं ने देश प्रेम, सामाजिक उत्थान की दिशा में महत्त्वपूर्ण योगदान दिया है।

Satellite सैटेलाइट/उपग्रह रेडियो

उपग्रह की सहायता से रेडियो कार्यक्रमों को सुनना ही 'सेटेलाइट रेडियो' (Satellite Radio) कहलाता है। सेटेलाइट रेडियो को 'डिजीटल रेडियो' भी कहते हैं, क्योंकि इसकी आवाज एकदम स्पष्ट बिना रुकावट के सुनाई पड़ती है। सैटेलाइट रेडियो को सब्सक्रिप्शन रेडियो भी कहते हैं, क्योंकि इसको सुनने के लिए वार्षिक फीस देनी होती है।

सैटेलाइट रेडियो, संचार उपग्रह (Communication Satellite) से प्रसारण ग्रहण करता है और बहुत ही बड़े भू-भाग को कवर (Cover) करता है। जबकि भौगोलिक रेडियो सिग्नल स्टेशन सीमित भू-भाग में ही प्रसारण करता है। लंबी यात्रा/दूरी के दौरान कार में बिना बार-बार ट्यून करे लगातार एक ही स्टेशन के प्रसारण को स्पष्ट रूप से सुना जा सकता है। विश्व के किसी भी रेडियो चैनल को जिसका प्रसारण सैटेलाइट की मदद से हो रहा है, उसे इस (सैटेलाइट) रेडियो की मदद से आसानी से यात्रा के दौरान सुना जा सकता है।

Satellite Television — सैटेलाइट/उपग्रह टी.वी.

'सैटेलाइट टेलीविजन' (Satellite TV) ने अपनी अबाध गतिशीलता से विश्व को वास्तव में एक विश्व ग्राम (Global Village) में बदल दिया है। वर्तमान के एक ध्रुवीय विश्व में अब पुराने जमाने का शीत युद्ध (Cold War) सूचना युद्ध (Information War) में रूपांतरित हो चुका है। उपग्रह या सैटेलाइट टी.वी. ने राष्ट्रों की भौगोलिक सीमाओं एवं राष्ट्रीय राज्य (National State) की अवधारणाओं को एक सिरे से नकारकर खारिज कर दिया है। कहा जा सकता है कि यदि टेलीविजन (Television) आधुनिकता (Modernism) का प्रतीक था, तो सैटेलाइट टीवी (Satellite TV) उत्तर-आधुनिकता (Post-modernism) का प्रतीक है।

सैटेलाइट टी.वी. की व्यवस्थित शुरुआत लगभग सन् 1980 के दशक के प्रारंभ में हो चुकी थी। अमेरिका के मीडिया के महाबली टेड टर्नर (Ted Turner) ने सन् 1980 के आसपास ही सी.एन.एन. (CNN) चैनल की स्थापना की थी एवं सन् 1982 में 24 घंटे के समाचारों का प्रसारण शुरू किया। इसी की देखा-देखी मीडिया मुगल रूपर्ट मर्डोक ने भी सन् 1989-90 में अपने 24 घंटे के न्यूज चैनल 'स्काई न्यूज' (Sky News) की शुरुआत की। मर्डोक ने एशिया के कई स्थानीय चैनलों (स्टार) के साथ गठजोड़ (सन् 1993) कर अपने सैटेलाइट टी.वी. का विस्तार भी किया। इनकी प्रतिद्वंद्विता में सन् 1997 में बी.बी.सी. (BBC) ने भी अपना 24 घंटे न्यूज का सैटेलाइट टी.वी. शुरू कर दिया। वर्तमान में पूरी दुनिया में सी.एन.एन. (CNN), बी.बी.सी. (BBC) एवं स्काई न्यूज (Sky News) ही छाए हुए हैं। परंतु इनमें भी मात्र सी.एन.एन. ही सबसे आगे है। सी.एन.एन. (CNN) के आगे सैटेलाइट टी.वी. के प्रसारण में कोई अन्य नहीं टिक पा रहा है। खाड़ी युद्ध (सन् 1990-91) के सीधे प्रसारण के बाद तो सी.एन.एन. की लोकप्रियता पूरी दुनिया में फैल गई।

वर्तमान में इन पश्चिमी समर्थक सैटेलाइट चैनलों के विरोध में व उनके झूठ व

फरेब का पर्दाफाश करते हुए 'अल-जजीरा' (Al-Jazera) के टी.वी. प्रसारण विकासशील देशों (तृतीय विश्व के देशों) खासतौर से एशियाई देशों में लोकप्रिय हो रहे हैं। 'अल-जजीरा' पर 'अल-कायदा' से संबंधित होने का आरोप भी लगता रहता है।

Scanner स्कैनर

'स्कैनर' (Scanner) द्वारा किसी भी चित्र, ग्राफ अथवा लिखे तथ्य को कुछ ही क्षण में स्कैन (Scan) कर कंप्यूटर (Computer) के स्मृति तंत्र में डाला जा सकता है एवं उसका संपादन (Editing) कर सुधारा भी जा सकता है। डी.टी.पी. (Desk Top Publishing—DTP) के माध्यमों से दस्तावेजों को समाचार-पत्र की तरह कॉलमों में तैयार किया जा सकता है, जिसे स्कैनिंग (Scanning) कहते हैं।

जब किसी फोटोग्राफ या चित्र को कंप्यूटर पर डालने की जरूरत होती है, तो उसकी स्कैनिंग की जाती है और स्कैन किया गया चित्र डिजीटल रूप में अर्थात् पिक्सलों में परिवर्तित हो जाता है। माने कंप्यूटर के मॉनीटर पर दिखनेवाला पाठ एवं चित्र पिक्सलों में होता है।

Scheduling शेड्यूलिंग

'शेड्यूलिंग' (Scheduling) का अर्थ होता है, विज्ञापनों (Advertisement) को माध्यमों में जारी करने की अनुसूची बनाना। यह अनुसूची एक वित्तीय वर्ष के लिए शेड्यूलिंग में इसका विस्तृत ब्यौरा होता है कि विज्ञापन किन माध्यमों को भेजे जाएँगे और वे कब तक प्रकाशित होंगे; विज्ञापन किन-किन लोगों से संबंधित होंगे, कितने श्रोताओं को कवर करेंगे आदि। शेड्यूलिंग में जो कुछ सम्मिलित है वह है—आवृत्ति (Frequency), व्याप्ति (Coverage) एवं तीव तत्त्व (Continuity)। कवरेज का संबंध जहाँ माध्यमों के चुनाव से होता है, वहीं निर्माता माध्यमों की मार्फत ही अपने ग्राहकों तक पहुँच सकता है। सही ढंग से शेड्यूलिंग की कार्यवाही की जाए, तो सकारात्मक व जादुई नतीजे प्राप्त किए जा सकते हैं।

Science Journalism विज्ञान पत्रकारिता

प्रसार-प्रचार के माध्यमों (जैसे—समाचार-पत्र-पत्रिकाएँ, रेडियो व टी.वी.) के द्वारा वैज्ञानिक समाचारों, विचारों-सूचनाओं की रिपोर्टिंग, लेखन, संपादन और प्रस्तुतीकरण से संबद्ध विभिन्न कार्य करना ही 'विज्ञान पत्रकारिता' (Science Journalism) है। पाठकों व दर्शकों तक वैज्ञानिक अनुसंधान, आविष्कारों की सूचना

पहुँचाना, विज्ञान संबंधी सलाह देना एवं मार्गदर्शन करना ही विज्ञान पत्रकारिता कहलाती है। विज्ञान एवं प्रौद्योगिकी (IT) के क्षेत्र में प्रचार व प्रसार, प्रकाशन एवं लेखन को सुनियोजित करने में विज्ञान पत्रकारिता का एक विशिष्ट महत्त्व है।

विज्ञान संबंधी अनुसंधान तथा विज्ञान जगत् की हलचल विज्ञान पत्रकारिता के माध्यम से ही आम पाठक तक पहुँच सकती है। विज्ञान पत्रकारिता के अंतर्गत विज्ञान से संबंधित समाचार, फीचर, लेख, समाचारों से संबंधित चित्र, आँकड़े, मानचित्र आदि प्रकाशित किए जाते हैं। वर्तमान समय में विज्ञान संबंधी कई पत्र-पत्रिकाओं ने विज्ञान पत्रकारिता के विकास में भी विशेष योगदान दिया है, जिनमें प्रमुख हैं—'विज्ञान प्रगति', 'विज्ञान दूत', 'विज्ञान भारती', 'विज्ञान कला', 'विज्ञान जगत्' आदि।

Scoop स्कूप

किसी समाचार-पत्र का कोई ऐसा विशेष समाचार, जो किसी भी अन्य समाचार-पत्र में प्रकाशित न हुआ हो, वह 'स्कूप' (Scoop) कहलाता है।

Script स्क्रिप्ट/पटकथा

फिल्म निर्माण के दौरान पटकथा की भूमिका एक समन्वयक के समान होती है। कहानी का दृश्य विभाजन (Shot Division), कैमरा का स्थान तथा कोण, कलाकारों की भूमिका, उनकी वेशभूषा, हाव-भाव तथा संवादों का विस्तृत ब्यौरा 'पटकथा' (Script) कहलाती है। दृश्यों का पूरा विश्लेषण होने से फिल्म निर्माण से जुड़े अनेक व्यक्ति जैसे—कैमरामैन, साउंड रिकॉर्डिस्ट, मेकअप मैन, अभिनेता-अभिनेत्री, सेट-डिजाइनर आदि को पटकथा से अपने-अपने कार्यों की पूर्ण जानकारी मिल जाती है।

फिल्म में पटकथा लेखन की प्रक्रिया कथा के मूलविचार (Basic Story Idea) से शुरू होती है। अगले चरण में मूल कथा को कथात्मक रूपरेखा में (Narrative Synopsis Outline) विकसित किया जाता है। फिर कथा को दृश्यों में विभाजित किया जाता है, इसे दृश्य रूपरेखा (Scene Outline) कहा जाता है। फिर तैयार पटकथा का पहला प्रारूप (First Draft) लिखा जाता है और अंत में अंतिम प्रारूप (Final Draft) तैयार होता है। इसमें कथा के अतिरिक्त कैमरा, ध्वनि, अभिनय आदि के पूर्ण निर्देश होते हैं।

पटकथा में कथा का विकास, साहित्यिक कथा के विकास की तरह ही होता है—द्वंद्व (Conflict)—विकास (Development)—चरम सीमा (Climax)।

Second Press Commission द्वितीय प्रेस आयोग

29 मई, 1978 को एक अधिसूचना जारी कर भारत सरकार ने द्वितीय प्रेस आयोग (Second Press Commission) की स्थापना की। प्रारंभ में आयोग के अध्यक्ष न्यायमूर्ति श्री पी.के. गोस्वामी थे। बाद में केंद्र में 7वें लोकसभा चुनावों में नई सरकार के गठन के बाद जनवरी 1980 में आयोग का पुनर्गठन किया गया। न्यायमूर्ति के.के. मैथ्यू आयोग के नए अध्यक्ष बने। अध्यक्ष के अतिरिक्त आयोग में 10 सदस्य थे। द्वितीय प्रेस आयोग ने 3 अप्रैल, 1982 को अपनी सिफारिशें/रिपोर्ट सरकार को प्रस्तुत की थीं।

द्वितीय प्रेस आयोग की प्रमुख सिफारिशें इस प्रकार थीं—

1. प्रेस अमर्यादित भाषा का प्रयोग न करे।
2. संसद् व विधानसभा के विशेषाधिकार के स्थान पर संसद् तथा विधानसभा एवं उनके सदस्यों के अधिकार तथा सुविधाएँ शब्द का प्रयोग किया जाए।
3. पृष्ठानुसार मूल्य नियम को कार्यान्वित किया जाए।
4. पत्रकार को अपने स्रोत का उल्लेख सामान्य परिस्थितियों में नहीं करना चाहिए।
5. किसी भी विदेश नीति के बदलने पर समाचार-पत्र सरकारी रूप से भिन्न मत रखने को स्वतंत्र हो।
6. आयोग ने भारतीय प्रेस जगत् में गहन विकास रिपोर्टिंग (Indepth Development Reporting) प्रवृत्ति पर भी विचार किया।
7. प्रेस को रचनात्मक आलोचना का कार्य करना चाहिए।
8. समाचार-पत्र विकास आयोग (Newspaper Development Commission) का गठन किया जाए, लघु व मध्यम श्रेणी के समाचार-पत्रों हेतु।
9. पत्र-पत्रिकाओं में प्रकाशित विज्ञापनों में नारी छवि के दुरुपयोग पर रोक लगाई जाए।

See Copy सी कॉपी

'सी कॉपी' (See Copy) एक प्रूफ संशोधन (Proof Reading) से संबंधित शब्द है। जिसका अर्थ होता है, मूल प्रतिलिपि (Original Copy) देखें या उससे मिलाएँ।

Serial धारावाहिक/सीरियल

वर्तमान में सैटेलाइट चैनलों (Sattelite Channels) के आ जाने के कारण 'धारावाहिकों' (Serials) की बाढ़ सी आ गई है। हालाँकि इनमें जीवन का संपूर्ण भाग दिखाया जाता है, फिर भी धारावाहिक पूर्णतः विज्ञापनों (Advt.) पर ही निर्भर है। जिस धारावाहिक को प्रायोजित (Sponsored) करनेवाले सबसे ज्यादा होते हैं, वही धारावाहिक सालों-साल चलते रहते हैं। जैसे—स्टार प्लस पर 'कसौटी जिंदगी की', 'क्योंकि सास भी कभी बहू थी'; सोनी टीवी पर 'जस्सी जैसी कोई नहीं', 'ऐसा देश है मेरा'; जी.टी.वी. पर 'छोटी बहू', 'पवित्र रिश्ता।' इसी प्रकार सब टी.वी. पर 'यस बॉस', ऑफिस ऑफिस' एवं दूरदर्शन पर 'हम लोग', 'रामायण', 'महाभारत' आदि धारावाहिक इसके उदाहरण हैं।

लगभग तीस मिनट के धारावाहिक में 10 मिनट के विज्ञापन आते हैं, जो बिना किसी इच्छा के भी हमें देखने पड़ते हैं। कई बार तो दर्शक टी.वी. रिमोट से अपने चैनल बदलने की कोशिश करता है, परंतु वहाँ भी उसे विज्ञापन ही देखने को मिलते हैं। उल्लेखनीय है कि भारत में दूरदर्शन का पहला धारावाहिक 'हम लोग' (सन् 1982) था, जिससे प्रायोजित सीरियलों धारावाहिकों की शुरुआत हुई।

Seven 'Cs' for PR जनसंपर्क के लिए 7 'Cs'

जनसंपर्क एवं उससे जुड़े पहलुओं को लागू करने के लिए आवश्यक गुणधर्म वाले तथ्यों को इंगित करते अंग्रेजी के 'C' से शुरू होनेवाले '7' शब्द इस प्रकार हैं। यह शब्द अर्थ के अनुरूप गुणधर्म को जनसंपर्क (Public Relation) में समाहित करते हैं। इसी कारण इन्हें जनसंपर्क के 7 'Cs' (Seven 'Cs') for PR की संज्ञा दी जाती है। ये शब्द हैं—Concise, Courteous, Correct, Condign, Complete, Clear, Concerned.

उल्लेखनीय है कि यह जनसंपर्क की विश्व कांग्रेस (PR World Congress) में व्यक्तिगत आचरण के सात सूत्र के रूप में स्वीकृत किए गए थे। इन्हें बेटमैन के आचरण सूत्र के नाम से भी जाना जाता है।

Shannon Communication Model शैनन एवं वीवर संचार मॉडल

'शैनन एवं वीवर संचार मॉडल' (Shannon Communication Model) को इंजीनियरिंग एवं मैथिमेटिकल मॉडल भी कहते हैं। क्लाउड ई. शैनन एक अमेरिकन

इलेक्ट्रिकल इंजीनियर व गणितज्ञ थे। उन्हें 'फॉदर ऑफ इनफॉरमेशन थ्योरी' (Father of Information Theory) भी कहा जाता है। सन् 1948 में उन्होंने वीरेन वीवर (Worren Weaver) के साथ मिलकर 'मैथिमेटिकल थ्योरी ऑफ कम्युनिकेशन' प्रस्तुत की थी। शैनन-वीवर दोनों टेक्नीकल इंजीनियर होने के नाते उनका मॉडल इंजीनियरिंग संचार पर ही आधारित था। टेलीफोन संचार की प्रक्रिया के अनुरूप होने के नाते इसे 'टेलीफोन मॉडल' (Telephone Model) भी कहा जाता है।

शैनन ने टेलीफोन संचार की प्रक्रिया को मॉडल/सिद्धांत के जरिए समझाया, जिसमें निम्न छः तत्त्व थे—स्रोत, ट्रांसमीटर, चैनल, नॉइज, रिसीवर, गंतव्य।

शैनन-वीवर मॉडल के अनुसार संचार की प्रक्रिया (Communication Process) इस प्रकार है—

1. एक इनफॉरमेशन सोर्स (Information Source) है।
2. वह अपना संदेश (Message) एक ट्रांसमीटर के द्वारा भेजता है।
3. ट्रांसमीटर (Transmeter) उस संदेश को एक सिग्नल (Signal) में बदलकर भेजता है।
4. उस सिग्नल को नॉइज/बाधा से होकर गुजरना पड़ता है।
5. रिसीवर (Receiver) उस सिग्नल को रिसीव करता है।
6. रिसीवर सिग्नल को संदेश में बदलकर डेस्टीनेशन तक पहुँचाता है तथा डेस्टिनेशन उसे संदेश के बतौर ग्रहण करता है।

शैनन-वीवर के मॉडल की सबसे खास बात नॉइज (Noise) है। जो संदेश भेजा गया, ठीक वही संदेश डेस्टीनेशन/(गंतव्य स्थल) तक पहुँच जाए, तो उसे सफल संचार समझा जाएगा। नॉइज जितना अधिक होगा, संचार उतना कम सफल होगा। नॉइज जितना कम होगा, संदेश उतना बेहतर पहुँचेगा और सफल होगा।

Shot — शॉट

कैमरे से बिना रुके एक बार में खींची गई फिल्म का टुकड़ा 'शॉट' (Shot) कहलाता है। फिल्म या टी.वी. कार्यक्रम के निर्माण के समय निर्देशक (Director) प्रारंभिक पात्र फ्रेमिंग कर लेता है और तब अपनी स्क्रिप्ट एवं फ्लोर योजना पर जाकर कैमरा शॉट बनाने का कार्य शुरू करता है। यह इसलिए भी किया जाता है, ताकि पूरी स्क्रिप्ट (Script) शॉट में बँट जाए।

आवश्यकतानुसार शॉट कई प्रकार के होते हैं। परंतु मुख्य रूप से कैमरे के तीन ही शॉट होते हैं, जो इस प्रकार हैं—

1. लॉन्ग शॉट (Long Shot)—यह शॉट दूर से लिया जाने के कारण लॉन्ग शॉट कहलाता है। लॉन्ग शॉट में पूरा दृश्य नजर आता है।
2. मीडियम शॉट (Medium Shot)—यह शॉट लॉन्ग व क्लोज-अप शॉट के बीच की कड़ी का कार्य करनेवाला शॉट होता है, जो मध्यम दूरी से लिया जाता है।
3. क्लोज-अप शॉट (Close-up Shot)—इस शॉट में लॉन्ग व मीडियम शॉट के मुकाबले पूरे सेट्स और पृष्ठभूमि की बहुत थोड़ी सी चीजें (मात्र सिर से गर्दन तक) ही दिखाई देती हैं। इसे 'Tight Shot' भी कहते हैं।

Shutter शटर

'शटर' (Shutter) वह यांत्रिक युक्ति होता है, जो फिल्म को अपरचर से गुजरने वाले प्रकाश में एक्सपोज करता है। शटर को खोलने व बंद करने के लिए शटर रिलीजिंग बटन का उपयोग किया जाता है। इसके द्वारा फिल्म पर पड़नेवाले प्रकाश की अवधि को नियंत्रित किया होता है, जो अपरचर और सामने रखी वस्तु की गति पर आधारित रहता है। इसे शटर स्पीड द्वारा नियंत्रित करते हैं।

शटर नियंत्रक सामान्यतः दो प्रकार के होते हैं—

1. **फोकल प्लेन शटर (Focal Plane Shutter)**—फोकल प्लेन शटर भी दो प्रकार का होता है, एक समानांतर शटर (Horizontal Shutter), दूसरा लंबवत् (Vertical Shutter)। समानांतर शटर कपड़े का बना होता है। इस कपड़े की विशेषता है कि यह सौ प्रतिशत प्रकाश अभेद्य (Light Proof) होता है। इस कपड़े से बननेवाला शटर फोकल प्लेन है। ठीक सामने लगाया जाता है, इसलिए इसे 'फोकल प्लेन शटर' कहा जाता है।
2. **लीफ या आइरिस डायफ्राम शटर (Leaf Shutter)**—लीफ शटर की रचना इस प्रकार से होती है कि अधिकतम अपरचर के क्षेत्र के बाहर इस शटर के ब्लेड को फिट किया जाता है, ताकि अधिकतम अपरचर के समय संपूर्ण प्रकाश फोकल प्लेन तक चला जाए।

Silk Screen Printing सिल्क स्क्रीन मुद्रण पद्धति

'सिल्क स्क्रीन मुद्रण पद्धति' (Silk Screen Printing) में मुद्रण सतह को बनाने के लिए नायलॉन (Nylon) के जालीदार कपड़े का इस्तेमाल किया जाता है, जिसके ऊपर प्रकाश संवेदी लेप लगाकर इसे पॉजिटिव (Positive) द्वारा प्रकाशित

किया जाता है। परिणामस्वरूप बिना मुद्रणवाली सतहें प्रकाश के पार हो जाने के कारण कठोर हो जाती हैं तथा मुद्रण सतहें नरम अवस्था में ही बनी रहती हैं, जो पानी के अंदर धुलकर जालीदार कपड़े की सतह से हट जाती हैं। मुद्रण के समय इसके नीचे रखे कागज पर इन खुले मुद्रण क्षेत्रों द्वारा एक रबर के पल्टे द्वारा स्याही को कागज के ऊपर प्रवाहित किया जाता है। उल्लेखनीय है कि इस पद्धति का आविष्कारक सैम्यूल सीमोन (Samuel Simon) को (सन् 1907) माना जाता है।

सिल्क स्क्रीन मुद्रण पद्धति का प्रमुख गुण यह है कि इस विधि में मुद्रण के लिए लागत कम आती है तथा इस विधि के द्वारा कपड़े तथा प्लास्टिक पर भी काफी सरलता से मुद्रण किया जा सकता है एवं बहुत हलके रंगों का रंगीन मुद्रण भी संभव है।

SIM Card — सिम कार्ड

'सिम कार्ड' (SIM Card) Subscriber Identity Module Card का संक्षिप्त रूप है। यह मोबाइल संचार हेतु सार्वभौमिक प्रणाली (Global System for Mobile Comm.—GSM) में प्रयोग के लिए बनाया गया है। इसमें एक चिप (Chip) होता है, जिसमें वैयक्तिक जानकारी, बिल, फोन नं. आदि संक्षिप्त जानकारी होती हैं। वर्तमान में मोबाइल/सेल फोन पर इंटरनेट (Internet) की सुविधा उपलब्ध हो जाने से सिम कार्ड सूचना प्रौद्योगिकी (IT) का हिस्सा बन गया है।

Simset — सिमसेट

'सिमसेट' (Simset) खबरों को जल्द बताने का एक आसान जरिया होता है। टी.वी. चैनलों में सिमसेट का बहुत महत्त्व है। कहीं कभी कोई घटना घटी और उसके दृश्य आने में वक्त हो, तो चैनल अपने संवाददाता (Reporter) को खड़ा कर देते हैं और समाचारों का प्रवाह प्रारंभ हो जाता है। सिमसेट में ब्रेकिंग न्यूज (Breaking News) की तरह एक चौंकानेवाला तत्त्व होता है, जो न्यूज चैनलों की एक विशेषता होती है। सिमसेट चैनलों की खबरों को गति प्रदान करता है।

हालाँकि फोनो (Phono) और सिमसेट (Simset) दोनों ही खबरों को जल्दी से बताने के आसान रास्ते होते हैं, परंतु दोनों में मात्र इतना अंतर होता है कि जहाँ सिमसेट में संवाददाता स्क्रीन पर बोलता हुआ नजर आता है एवं इसकी विश्वसनीयता अधिक होती है, क्योंकि इसमें यह साबित होता है कि संवाददाता घटनास्थल पर मौजूद है; वहीं फोनो के मामले में यह संदिग्ध होता है, क्योंकि दृश्य के अभाव में पता नहीं चलता कि वह सचमुच में कहाँ है, वहीं जहाँ बताया जा रहा है या कहीं और। वर्तमान

में सिमसेट का इस्तेमाल बहुत ही व्यापक स्तर पर होता है। यह किसी भी विषय पर कभी भी किए जाते हैं।

Single Ownership एकल-स्वामित्व

समाचार-पत्रों के स्वामित्व (Newspaper Ownership) के कई प्रकार व प्रणालियाँ हैं, जिनमें 'एकल स्वामित्व' (Single Ownership) प्रमुख है। एकल स्वामित्व पद्धति में समाचार-पत्रों का मालिक, संपादक और प्रकाशक सामान्यतः एक ही व्यक्ति होता है और पत्र संचालन की समस्त गतिविधियों हेतु भी वही उत्तरदायी होता है। भारत में समाचार-पत्रों के स्वामित्व की प्रणालियों में एकल स्वात्वि का प्रथम स्थान है व अधिकांश समाचार-पत्र इसी पद्धति से ही प्रकाशित होते हैं। आर.एन.आई. (RNI) की सन् 2009 की रिपोर्ट के अनुसार भारत में पत्र-पत्रिकाओं का एकल स्वामित्व लगभग साठ प्रतिशत से भी अधिक है।

एकल स्वामित्व प्रणाली का प्रमुख लाभ है कि इसमें निर्णय शीघ्र लिए जा सकते हैं (मालिक एक ही होने के कारण) एवं इसमें व्यावसायिक गोपनीयता भी बनी रहती है।

SITE साइट

भारत में सेटेलाइट (उपग्रह) तकनीक का पहला प्रयोग सन् 1975 में किया गया। इसे 'सेटेलाइट इंस्ट्रक्शन टेलीविजन एक्सपेरीमेंट' (Satellite Instructional Television Experiment) कहा गया। साइट एक शैक्षिक टेलीविजन प्रसारण की महत्त्वाकांक्षी एवं बड़ी परियोजना थी। इस परियोजना में अमेरिका की नासा (NASA) व भारत की इसरो (ISRO) सम्मिलित थे। इस परियोजना के तहत अमेरिकी सेटेलाइट ATS-6 को एक साल के लिए किराए पर लिया गया और देश के छह राज्यों (बिहार, उड़ीसा, आंध्रप्रदेश, राजस्थान, कर्नाटक एवं मध्य प्रदेश) के 2,400 सबसे पिछड़े गाँवों में उपग्रह (Satellite) के जरिए प्रसारण किया गया। यह परियोजना 1 अगस्त, 1975 से 31 जुलाई, 1976 तक चलाई गई।

साइट (SITE) कार्यक्रम के प्रमुख उद्देश्य इस प्रकार हैं—

1. राष्ट्रीय विकास में उपग्रह टेलीविजन की प्रणाली का परीक्षण करना।
2. अधिकतम तकनीकी सुविधाओं की जरूरत का अनुमान लगाना।
3. सीधे संकेत ग्रहण करनेवाले टी.वी. सैटों के निर्माण, संचालन के क्षेत्र में अनुभव।

4. ग्रामीणों के बीच प्रसारित कार्यक्रमों के प्रभाव के बारे में अनुभव प्राप्त करना। चुने हुए विषय थे—परिवार नियोजन, कृषि, राष्ट्रीय एकता, प्रौढ़ शिक्षा, शिक्षक प्रशिक्षण एवं व्यावसायिक प्रशिक्षण एवं स्वास्थ्य रक्षा आदि।

साइट के कार्यक्रमों को दो भागों में बाँटा गया था। एक स्कूल टी.वी. कार्यक्रम, दूसरा शिक्षा पर कार्यक्रम। स्कूल टी.वी. कार्यक्रम 5 से 12 वर्ष तक की आयु के बच्चों के लिए प्रसारित किए जाते थे, जो प्राथमिक विद्यालयों में पढ़ते थे। जबकि शिक्षा पर कार्यक्रम वयस्कों तथा प्रौढ़ों के लिए थे, जो कम पढ़े-लिखे व निरक्षर थे। ये कार्यक्रम प्रतिदिन चार घंटे प्रसारित किए जाते थे। ये कार्यक्रम हिंदी, उड़िया, तेलुगू व कन्नड़ भाषा में दिखाए जाते थे। जुलाई 1976 में शैक्षिक टेलीविजन प्रसारण की यह महत्त्वाकांक्षी परियोजना-साइट पूरी हो गई।

Sitcom — सिटकॉम

'सिटकॉम' (Sitcom) शब्द स्थिति प्रधान (Situational Comedy) से बना है। हास्यप्रधान नाटक धारावाहिक (Serial) रूप में आते हैं और जहाँ हास्य स्थितियों के बढ़ने से बनता है, वह 'सिटकॉम' होता है। इसमें प्रत्येक एपिसोड में किसी एक स्थितिजन्य समस्या का हास्यात्मक उद्घाटन होता है, जिससे पात्र उलझते हुए समस्या को सुलझाने का प्रयास करते हैं। प्रत्येक एपिसोड अपने आप में संपूर्ण होता है। जैसे—'यह जो है जिंदगी', 'ऑफिस ऑफिस' अत्यंत प्रसिद्ध सिटकॉम है।

Sky Line — स्काई लाइन/गगन रेखीय शीर्षक

'स्काई लाइन शीर्षक' (Sky Line) समाचार-पत्र के मुख्य पृष्ठ पर मोटे टाइप में नाम पट्टिका के भी ऊपर दिया जाता है। यह समाचार-पत्र के सबसे ऊपर होता है, इसलिए इसे स्काई लाइन या गगन रेखीय शीर्षक कहते हैं। अत्यंत महत्त्वपूर्ण होता है कि समाचार-पत्र का नाम आदि सब कुछ इसके सामने महत्त्वहीन हो जाता है। उल्लेखनीय है कि पताका (या बैनर) शीर्षक नाम पट्टिका के नीचे ही दिया जाता है।

Skype — स्काइप

'स्काइप' (Skype) उच्चारित एक सॉफ्टवेयर एप्लीकेशन (Software Application) है, जो प्रयोगकर्त्ताओं को इंटरनेट पर वॉइस कॉल (Voice Calls & Chats over the Internet) करने की अनुमति देता है। स्काइप सेवा के अंतर्गत अन्य प्रयोक्ताओं को किए गए कॉल और कुछ-कुछ देशों में निःशुल्क नंबरों पर किए गए

कॉल (Call) भी नि:शुल्क होते हैं, जबकि अन्य लैंडलाइनों (Landlines) एवं मोबाइल फोनों (Mobile Phones) पर एक शुल्क के एवज में कॉल किया जा सकता है। स्काइप की अन्य विशेषताओं या सुविधाओं में फाइल स्थानांतरण एवं वीडियो कॉन्फ्रेंसिंग (Video Conferencing) शामिल हैं।

सन् 2003 में निकलस जेनस्ट्राम (Nicholas Zenstrom) एवं जेनस फ्रीस (Janus Fris) द्वारा स्थापित स्काइप ग्रुप (Skipe Group) का मुख्यालय लग्जेमबर्ग (Luxemberg) में एवं कार्यालय लंदन, प्राग, कैलीफोर्निया एवं स्टॉकहोम में है। प्रारंभ में स्काइप का नाम 'स्काइ पियर टू पियर' था, जिसे उस समय स्काइपर (Skyper) के रूप में संक्षिप्त किया गया। बाद में अंतिम अक्षर 'r' (आर) को हटाकर मौजूदा शीर्षक स्काइप (Skype) किया गया। सितंबर 2005 में ई-बे (e-Bay) ने स्काइप ग्रुप पर अपना अधिग्रहण स्थापित कर लिया।

स्काइप प्रयोक्ताओं को वॉइस एवं अधिक परंपरागत वाचनिक त्वरित संदेशन दोनों के माध्यम से वार्त्तालाप करने की अनुमति प्रदान करता है। वाइस चैट (Voice Chat) एक एकल प्रयोक्ता को कॉल करने एवं क्रॉन्फ्रेंस कॉल करने, दोनों की अनुमति प्रदान करता है। स्काइप एक प्रोप्रिएटरी इंटरनेट टेलीफोनी (VOIP) नेटवर्क का प्रयोग करता है, जिसे स्काइप प्रोटोकॉल (Skype Protocol) कहा जाता है। स्काइप ने इस प्रोटोकॉल को सार्वजनिक रूप से उपलब्ध नहीं कराया है। सितंबर 2011 तक स्काइप के 930 मिलियन पंजीकृत उपयोगकर्त्ता (Registered Users) थे।

Sky Radio — स्काई रेडियो

हवाई वाहन यात्रियों की आवश्यकताओं को पूरा करने के लिए विश्व में 'स्काई रेडियो' नेटवर्क (Sky Radio Network) की शुरुआत हुई है। स्काई रेडियो का प्रमुख उद्देश्य होता है—अपने एग्जिक्यूटिव वर्ग, उच्च व्यवसायी वर्ग यात्रियों की हवाई यात्रा को लाभप्रद जानकारियों से युक्त मधुर अनुभव में बदलना। इसीलिए स्काई रेडियो सर्विस व्यवसाय, प्रौद्योगिकी, स्वास्थ्य, संगीत और मनोरंजन में भरपूर कार्यक्रम पेश करती है। जिसमें उच्च कंपनी के सी ई ओ के साक्षात्कार (Interview) से उद्योगों की खास बातें, बिजनेस में नए-नए चलन तथा विशेष रुचि के मुद्दों पर लगातार 24 घंटे हफ्ते के सातों दिन कार्यक्रम प्रस्तुत किए जाते हैं।

Slogan — नारा/जुमला

'नारा' को अंग्रेजी में स्लोगन (Slogan) कहते हैं। नारा/स्लोगन का उपयोग

विज्ञापन (Advt.) में किया जाता है। स्लोगन समूचे विज्ञापन संदेश को अत्यंत संक्षिप्त और आकर्षक शैली में पुनर्स्थापित करता है, ताकि उपभोक्ता की जुबान पर वह नारा या स्लोगन चढ़ जाए। एक सफल विज्ञापन कॉपी लेखक वही है, जो लुभावने नारों से उपभोक्ता का ध्यान आकृष्ट कर सके। उदारहणार्थ कुछ पवित्र स्लोगन हैं—

'दूध सी सफेदी निरमा से आए, रंगीन कपड़ा भी खिल-खिल जाए।'

'नया पेप्सोडेंट जर्मी चेक, इससे बेहतर सुरक्षा और कहाँ'

'ठंडा मतलब कोका कोला'

Small Newspapers — छोटे समाचार-पत्र

वे समाचार-पत्र जिनकी दैनिक प्रसार संख्या 25,000 तक हो, 'छोटे समाचार-पत्र' (Small Newspapers) कहलाते हैं। लघु पत्रिकाएँ (Small Magazines) से तात्पर्य ऐसी छोटी आकार की सीमित प्रसारवाली पत्रिकाओं से है, जिनका क्षेत्र व विषय सीमित होता है।

उल्लेखनीय है कि जिन समाचार-पत्रों की दैनिक प्रसार संख्या 25,001 से लेकर 75,000 तक होती है, वे मध्यम समाचार-पत्र (Medium Newspapers) कहलाते हैं। जबकि जिन समाचार-पत्रों की दैनिक प्रसार संख्या 75,000 से अधिक हो, वे बड़े समाचार-पत्र कहलाते हैं।

Smart Phone — स्मार्ट फोन

'स्मार्ट फोन' (Smart Phone) एक प्रकार का मोबाइल फोन (Mobile Phone) है, जिसमें उच्चस्तरीय क्षमता, कंप्यूटर जैसी कार्यप्रणाली मौजूद होती है। स्मार्टफोन पूर्णतः ऑपरेटिंग सिस्टम (Operating System) पर चलता है। कुछ लोग इसे ई-मेल, इंटरनेट, ई-बुक रीडर जैसी सुविधाओं वाला फोन मानते हैं, जिसमें उच्चस्तरीय की-बोर्ड (Keyboard) होते हैं। दूसरे शब्दों में स्मार्ट फोन एक ऐसा फोन है, जो छोटे कंप्यूटर जैसे कार्य करता है।

Soap Opera — सोप ऑपेरा

'सोप ओपेरा' (Soap Opera) की शुरुआत मैक्सिको (लैटिन अमेरिकी देश) से मानी जाती है। पश्चिम में इसकी शुरुआत कंपनियों द्वारा अपने प्रोडक्ट्स की बिक्री बढ़ाने के लिए प्रचार के रूप में हुई थी। पहले-पहले प्रयोग चूँकि साबुनों (Soap) के प्रचार के लिए सोप एंड डिटर्जेंट कंपनियों ने किए थे, अतः इन धारावाहिक कहानियों

का नाम 'सोप ओपेरा' पड़ा। फिर चाहे वह किसी भी उत्पाद के प्रचार के लिए क्यों न हो, इसकी शुरुआत सबसे पहले रेडियो प्रसारणों में हुई थी। बाद में टी.वी. (T.V.) में इन सोप ओपेरा या धारावाहिकों (Serials) का प्रचार रेडियो से लिया गया था।

सोप ओपेरा एक ऐसी विधा है, जो पश्चिम से भारत में आई। चूँकि इस नाट्यात्मक विधि का प्रायोजक (Sponsor) साबुन बेचनेवाली कंपनी थी, इसलिए इस प्रकार के नाट्य सोप ओपेरा कहलाने लगे। सोप ओपेरा में संपूर्ण जीवन की कथा निहित होती है। इसके कथानक धारावाहिक रूप में टी.वी. पर चलते हैं। एक नायक या नायिका को केंद्र में रखकर तमाम मुख्य पात्रों की शृंखला गढ़ी जाती है, जिनके माध्यम से परिवार और समाज के अनेक रंग, छवियाँ, आयाम उद्घाटित होते चलते हैं। वर्षों तक ये धारावाहिक प्रसारित होते रहते हैं।

उल्लेखनीय है कि भारत में 'हम लोग' को प्रथम सोप ओपेरा माना जाता है। कुछ समय पूर्व 'सास भी कभी बहू थी' सर्वाधिक अवधि तक चलनेवाला धारावाहिक रहा। एक समस्या खत्म होती नहीं कि दूसरी शुरू हो जाती।

Soft Copy — मृदु प्रति/सॉफ्ट कॉपी

किसी प्रोग्राम या फाइल को जब किसी इलेक्ट्रॉनिक मीडिया (फ्लॉपी, हार्ड डिस्क, कॉम्पैक्ट डिस्क-CD) पर कॉपी कर लेते हैं, तो उस प्रोग्राम अथवा फाइल को 'मृदु प्रति/सॉफ्ट कॉपी' (Soft Copy) कहा जाता है। प्रिंटर द्वारा प्रिंट की गई फाइल को हार्ड कॉपी (Hard Copy) कहते हैं। सॉफ्ट कॉपी को किसी स्थान या कंप्यूटर पर तुरंत संपादित किया जा सकता है।

Soft News — सॉफ्ट न्यूज/समाचार

'सॉफ्ट न्यूज' (Soft News) विश्लेषण प्रधान समाचार होते हैं। वर्तमान में इस तरह के समाचारों की प्रवृत्ति काफी बढ़ रही है। इसका कारण है घटना प्रधान समाचार पाठक को पूरी तरह संतुष्ट नहीं कर पाते। पाठक घटनाओं के पीछे के क्रम को भी जानना चाहते हैं।

'हार्ड न्यूज' (Hard News), को घटना प्रधान समाचार भी कहते हैं। इस प्रकार के समाचार के केंद्र में मूलतः घटना होती है, जिसका विस्तारपूर्वक वर्णन होता है। ये समाचार रूपयार्ड किपलिंग द्वारा वर्णित छः प्रकार (5WIH) पर आधारित होते हैं। दैनिक समाचार-पत्रों में हार्ड न्यूज ही प्रमुख होती हैं।

Song & Drama Division — गीत और नाटक प्रभाग

'गीत और नाटक प्रभाग' (Song & Drama Division) की स्थापना आकाशवाणी (AIR) की एक इकाई के रूप में सन् 1954 में हुई। सन् 1960 में यह सूचना एवं प्रसारण मंत्रालय के स्वतंत्र प्रभाग के रूप में कार्य करने लगा। इसका प्रमुख उद्देश्य परंपरागत माध्यमों, लोक माध्यमों का उपयोग करते हुए सरकारी व लोकहितवादी कार्यक्रमों, नीतियों व राष्ट्र की एकता व अखंडता का प्रचार-प्रसार करता है। कठपुतली, जादूगरी, नाटक, नौटंकी व लोकगीत के माध्यम से देश के ग्रामीण, पिछड़े व सीमावर्ती इलाकों में पहुँचने एवं जनसंपर्क (PR) करने का यह एक सशक्त माध्यम है। इसके अतिरिक्त प्रभाग ध्वनि व प्रकाश के कार्यक्रम भी प्रस्तुत करता है। प्रभाग का मुख्यालय दिल्ली में स्थित है।

Sony T.V. — सोनी टी.वी.

'सोनी टी.वी.' (Sony T.V.) की मालिक जापान की कंपनी सोनी कॉरपोरेशन है। भारत में सन् 1995 में मुंबई से सोनी चैनल की शुरुआत हुई। सोनी इंटरटेनमेंट टेलीविजन यानी सैट मैक्स (Set Max) आज भारत का एक प्रमुख मनोरंजन चैनल है। इसके सफल कार्यक्रम रहे—ऑफिस-ऑफिस, इंडियन आइडल, जस्सी जैसी कोई नहीं, बूगी-बूगी आदि। सोनी चैनल ने अपने हिंदी आधारित कार्यक्रमों के बल पर काफी लोकप्रियता अर्जित की है।

Sound Bite — साउंड बाइट

'साउंड बाइट' (Sound Bite) ऐसी स्क्रिप्ट है, जिसमें किसी समाचार से संबंधित दृश्य सामग्री उपलब्ध नहीं होती। इसके स्थान पर घटना से संबंधित लोगों के साक्षात्कारों से संबंधित दृश्य सामग्री आवश्यक होती है। रिपोर्टर (Reporter) समाचार को शुरू करता है, उसके उपरांत घटना के प्रत्यक्षदर्शियों या उससे संबंधित व्यक्तियों के साक्षात्कार (Interview) प्रसारित किए जाते हैं। साथ ही साथ संबंधित व्यक्तियों के नाम भी स्क्रीन पर मुद्रित/प्रसारित किए जाते हैं, ताकि दर्शक संबंधित व्यक्ति से परिचित होता रहे। स्टोरी (Story) के अंत में रिपोर्टर का चेहरा दरशाकर रिपोर्ट को समाचार समाप्त होने से पूर्व टेग किया जाता है।

Space Journalism — अंतरिक्ष पत्रकारिता

वर्तमान युग विज्ञान का युग है। आज कोई भी क्षेत्र विज्ञान से अछूता नहीं है।

यही कारण है कि आज के वैज्ञानिक युग में विज्ञान को ही शक्ति माना गया है। आज सूचना (Information) ही क्रांति है, आज की सूचना आकाशीय ग्रहों तथा उपग्रहों पर आधारित हो गई है। उपग्रहों के कारण आज संचार (Communication) की दुनिया में काफी विकास हुआ है। आज इन्हीं उपग्रहों (Satellite) के द्वारा प्रेषित संवाद दिन-रात पृथ्वी की परिक्रमा कर रहे हैं, जिसे रेडियो, टी.वी. द्वारा सुना व देखा जा रहा है। आज इन्हीं उपग्रहों के चलते एक ही समाचार-पत्र के कई-कई संस्करण विभिन्न नगरों से एक साथ प्रकाशित हो रहे हैं। इन्हीं उपग्रहों की सहायता से लेख (Article), समाचार (News), फोटो (Photo), विज्ञापन (Advt.) सभी प्रकाशित हो रहे हैं। आज संचार क्रांति के युग में 'अंतरिक्ष पत्रकारिता' (Space Journalism) का महत्त्व दिनों-दिन बढ़ता ही जा रहा है।

Special Correspondent — विशेष संवाददाता

'विशेष संवाददाता' (Special Correspondent) की स्थिति समाचार-पत्र (Newspaper) के सामान्य संवाददाताओं से काफी महत्त्वपूर्ण होती है। विशेष संवाददाता लोकसभा, राज्यसभा तथा विधानसभा आदि के समाचार संकलन के लिए अधिमान्य (एक्रीडिटिड) होता है तथा सरकार के विभिन्न मंत्रालयों, दूतावासों से संपर्क बनाए रखकर मंत्रालयों, दूतावासों की गतिविधियों, कार्यक्रमों और राजनीतिक घटनाक्रमों की पृष्ठभूमि जानकर अथवा सूँघकर अपने समाचार-पत्र के लिए विशिष्ट समाचार जुटाता है, जिसे समाचार जगत् में एक्सक्लूसिव न्यूज (Exclusive News) माना जाता है। इसी कारण उसे 'आधा राजदूत' और 'आधा गुप्तचर' भी माना जाता है।

समाचार-पत्र के प्रतिनिधि के रूप में विशेष संवाददाता का नाम जनसंपर्क विभाग में अंकित रहता है। प्रेस कॉन्फ्रेंसों (Press Conference) में वह अपने समाचार-पत्र का प्रतिनिधिव करता है। राष्ट्रपति, प्रधानमंत्री, विदेश मंत्री या किसी महत्त्वपूर्ण व्यक्ति के विदेश दौरे में वह उनके साथ रहता है। उसे संपादकीय विभाग (Editorial Dept.) की मेज (Table) पर ही जमकर बैठने का दायित्व नहीं ढोना पड़ता।

Special Edition — विशेष संस्करण

विशेष घटनाओं के अवसर पर समाचार-पत्र जो संस्करण प्रकाशित करते हैं, उन्हें 'विशेष संस्करण' (Special Edition) कहा जाता है। जैसे—पं. नेहरू के देहांत, भारत पाक युद्ध के दौरान, प्रधानमंत्री इंदिरा गांधी की हत्या पर, अमेरिका पर आतंकवादी

हमला (9/11), सुनामी प्रकरण के अवसर पर तथा 19वें राष्ट्रमंडलीय खेलों (सन् 2010) के दौरान समाचार-पत्रों ने विशेष संस्करण प्रकाशित किए। पत्र-पत्रिकाओं में कुछ विशेष संस्करण भी होते हैं, जिनकी तैयारी पहले से होती है—26 जनवरी, 15 अगस्त, गांधी जयंती, दीपावली आदि महत्त्वपूर्ण अवसरों पर विशेष संस्करण निकाले जाते हैं।

Specialized Reporting — विशेष रिपोर्टिंग

किन्हीं विशेष विषयों पर या विशेष अवसरों पर जो समाचार लिखे जाते हैं, उसे 'विशेष रिपोर्टिंग' (Specialized Reporting) कहते हैं। इसके तहत प्रमुख व्यक्तियों के वक्तव्य, शुभ अवसर, धर्म-पर्व, किसी प्रतिष्ठित व्यक्ति की आकस्मिक मृत्यु आदि को सम्मिलित किया जाता है। इस प्रकार की रिपोर्टिंग में इंट्रो लेखन व शीर्षक को विशेष महत्त्व दिया जाता है, क्योंकि बहुत बार इन्हें देखकर ही कोई पाठक उस समाचार को पढ़ने या न पढ़ने का निर्णय लेता है।

Speech — भाषण

'भाषण' (Speech) को भी जनसंचार (Mass Comm.) का एक सशक्त माध्यम माना जाता है। मीडिया में भाषण का एक महत्त्वपूर्ण स्थान होता है। भाषण का जो रूप अध्यापन/कक्षा में व्यवहृत होता है, उसे 'व्याख्यान' कहते हैं। जबकि भाषण के उपदेशात्मक स्वरूप को 'प्रवचन' कहते हैं।

Sponsored Advt. — प्रायोजित विज्ञापन

रेडियो व टी.वी. में विज्ञापन (Advt.) के दो तरीके होते हैं—एक 'प्रायोजित विज्ञापन' (Sponsored Advt.) दूसरा 'समय विज्ञापन' (Spot Advt.)। प्रायोजित विज्ञापन (Sponsored Advt.) विज्ञापन का ही एक अंग होता है। प्रायोजित विज्ञापन में कोई वस्तु, सेवा, संस्था विशेष आदि विभिन्न कार्यक्रमों का प्रायोजन (Sponsored) करते हैं। इसके लिए उन्हें रेडियो स्टेशन पर या टी.वी. चैनलों को उस कार्यक्रम के प्रसारण हेतु शुल्क (Broadcasting Fees) देना होता है। इसके बदले रेडियो व टी.वी. चैनल प्रायोजक को निःशुल्क व्यावसायिक टाइम (Free Commercial Time—FCT) उपलब्ध करवाते हैं। इस FCT के दौरान प्रायोजक (Sponsor) अपने विज्ञापन प्रसारित करवाते हैं।

Spot News **स्पॉट न्यूज**

'स्पॉट न्यूज' (Spot News) से तात्पर्य समाचार-पत्र कार्यालय के बाहर बोर्ड पर प्रदर्शित ऐसे समाचार से है, जिसके ऊपर अंग्रेजी में स्पॉट न्यूज और हिंदी में ताजा समाचार लिखा रहता है। स्पॉट न्यूज का एक अन्य अर्थ 'घटनास्थल से प्राप्त समाचार' भी होता है।

Sports Journalism **खेल पत्रकारिता**

खेलकूद व उससे संबंधित विभिन्न प्रतियोगिताओं, जैसे—क्रिकेट, फुटबॉल, हॉकी, बैडमिंटन, ओलंपिक, एशियाड आदि से संबंधित सूचनाएँ संकलित करना, टिप्पणी करना, लेख लिखना, समीक्षा करना ही 'खेल पत्रकारिता' (Sports Journalism) कहलाता है।

राष्ट्रीय-अंतरराष्ट्रीय क्रिकेट, हॉकी, स्पर्धात्मक दौड़ें, गोल्फ, फुटबॉल, ओलंपिक आदि खेलों के प्रति जनता का आकर्षण बढ़ा है। वर्तमान में लगभग सभी समाचार-पत्रों में विविध खेलों के संबंध में अलग से एक पृष्ठ भी प्रकाशित हो रहा है। वर्तमान में खेल जगत् के समाचारों के प्रकाशन हेतु कई साप्ताहिक व मासिक पत्रिकाएँ भी प्रकाशित हो रही हैं, जिनमें 'स्पोर्ट्स स्टार', 'क्रिकेट सम्राट', 'खेल खिलाड़ी', 'क्रिकेट' आदि प्रमुख हैं।

Spot Advertisement **समय विज्ञापन**

'समय विज्ञापन' (Spot Advertisement) विज्ञापन का एक अंग है। इस प्रकार के विज्ञापनों में वस्तु के गुण, मूल्य व आवश्यक जानकारी दी जाती है। इस प्रणाली में विज्ञापक रेडियो व टी.वी. पर अपने विज्ञापन प्रसारण हेतु प्रयुक्त समय के अनुसार शुल्क अदा करता है। विभिन्न रेडियो एवं टी.वी. चैनलों के लिए विज्ञापन प्रसारण शुल्क (Spot Advt. Rates) पूर्व निर्धारित होते हैं। टी.वी. में समय विज्ञापन की अवधि 10-15 सेकेंड की होती है। 'कौन बनेगा करोड़पति' में प्रति 10 सेकेंड के लिए कार्यक्रम के दौरान विज्ञापन प्रसारण शुल्क 2.5 करोड़ होता था।

Spot News **स्पॉट न्यूज**

घटना के महत्त्व की दृष्टि से समाचारों के दो रूप होते हैं। एक 'स्पॉट न्यूज' (Spot News) जिसे विशिष्ट समाचार भी कहते हैं। दूसरा व्यापी समाचार (Spread News)। जब कोई घटना अचानक ही घट जाती है, तो उससे संबद्ध समाचारों का

विशेष महत्त्व होता है, जैसे—कोई बड़ी दुर्घटना, किसी विश्व विख्यात नेता का असामयिक निधन संबंधी समाचार स्पॉट न्यूज की ही श्रेणी में आते हैं। अपनी विशिष्टता के कारण ये समाचार-पत्र के मुखपृष्ठ पर ही आते हैं।

व्यापी समाचारों (Spread News) का विस्तार काफी विस्तृत होता है। अधिक लंबे समय तक अधिकाधिक व्यक्तियों को प्रभावित करनेवाले समाचार 'व्यापी समाचार' कहलाते हैं।

Staffers — स्टाफर्स

'स्टाफर्स' (Staffers) समाचार-पत्र के नियमित कर्मचारी होते हैं। इनका सीधा संपर्क समाचार-पत्र के मुख्य कार्यालय से होता है। प्रांतों की राजधानियों में जो पूर्णकालिक संवाददाता/रिपोर्टर (Reporter) नियुक्त होते हैं, उन्हें 'स्टाफर्स' (Staffers) कहा जाता है।

Standards — मानक

'मानक' (Standards) द्वारा उत्पादकों की विश्वसनीयता सुनिश्चित हो जाती है। वस्तुत: मानक उत्पादन, पदार्थ, प्रक्रिया, गुणवत्ता, निर्माण, आकार आदि से संबंधित नियम होते हैं। आज उत्पादन या औद्योगिक क्षेत्रों के अतिरिक्त सेवा क्षेत्र, शिक्षा क्षेत्र आदि में भी प्रक्रिया, गुणवत्ता व कार्यविधि आदि में एकरूपता लाने के लिए राष्ट्रीय एवं अंतरराष्ट्रीय मानकों को अपनाया जा रहा है। मानक एकरूपता को बढ़ावा देने के साथ-साथ उस पदार्थ, वस्तु, सेवा आदि की गुणवत्ता भी सुनिश्चित करते हैं।

राष्ट्रीय एवं अंतरराष्ट्रीय स्तर पर विभिन्न मानक संगठन हैं, जो मानकीकरण के क्षेत्र में कार्य कर रहे हैं। अंतरराष्ट्रीय स्तर पर मानकीकरण हेतु अंतरराष्ट्रीय संगठन (ISO)। भारत में भारतीय मानक संस्थान (Indian Standard Organisation—ISO) की स्थापना की (सन् 1947) गई है। यह एक स्वायत्तशासी (Autonomous) निकाय है। बाद में इसका नाम 'ब्यूरो ऑफ इंडियन स्टैंडर्ड्स' (Bureau of Indian Standards) हो गया।

Star T.V. — स्टार टी.वी.

भारत के निजी टेलीविजन चैनलों में 'स्टार टी.वी.' (Star T.V.) का स्थान बहुत महत्त्वपूर्ण है। स्टार टी.वी. नेटवर्क को रूपर्ट मर्डोक की विशाल न्यूज कॉरपोरेशन (News Corporation) का संबल प्राप्त है। सन् 1993 में न्यूज कॉरपोरेशन ने एशियाई कंपनी स्टार टी.वी. (Satellite Television Asian Region—STAR) को खरीद

लिया था। स्टार टी.वी. नेटवर्क की श्रृंखला के अंतर्गत स्टार प्लस (Star Plus), स्टार वन (Star One), स्टार उत्सव (Star Utsav), स्टार गोल्ड (Star Gold), स्टार मूवीज (Star Movies), स्टार न्यूज (सन् 1998) (Star News), स्टार वर्ल्ड (Star World) जैसे चैनल आते हैं।

स्टार प्लस भारत का एक लोकप्रिय मनोरंजन टी.वी. चैनल है। इस पर प्रदर्शित किए जानेवाले कार्यक्रमों की मुख्य भाषा हिंदी है, जो भारतीय जनता आसानी से समझ सकती है। स्टार न्यूज अपनी विश्वसनीयता, व्यापकता और भव्यता के लिए काफी चर्चित समाचार चैनल है।

State News — प्रांतीय समाचार

समाचार-पत्र जिस प्रदेश से प्रकाशित होता है, उस राज्य के समाचार 'प्रांतीय समाचार' (State News) कहलाते हैं। प्रांतों के समाचार सामान्यतः दो माध्यमों से प्राप्त होते हैं। एक विशेष संवाददाता द्वारा, दूसरा समाचार समितियों (News Agencies) द्वारा। प्रांतीय समाचारों को समाचार-पत्र के भीतरी पृष्ठों में ही दिया जाता है। यदि कोई विशेष महत्त्व का समाचार हो, तो उसे पत्र के प्रथम पृष्ठ पर भी दिया जा सकता है।

Sting Journalism — स्टिंग पत्रकारिता

'स्टिंग जर्नलिज्म' (Sting Journalism) शब्द स्टिंग और जर्नलिज्म दो शब्दों से मिलकर बना है। जर्नलिज्म शब्द अंग्रेजी का है, जिसकी उत्पत्ति फ्रैंच भाषा के शब्द 'जर्नी' से हुई है, जिसका शाब्दिक अर्थ पत्रकारिता या प्रतिदिन का कार्य व विवरण प्रस्तुत करना होता है। स्टिंग शब्द अंग्रेजी भाषा का है। स्टिंग का अर्थ डंक, दर्द माने डंक मारनेवाली या दर्द पैदा करनेवाली पत्रकारिता। ऐसी पत्रकारिता, जो किसी अनैतिक और बुराई जैसे कार्य को डंक मारकर उसका पर्दाफाश करती है। स्टिंग पत्रकारिता को रहस्योद्घाटन करनेवाली पत्रकारिता भी कहा जाता है। इसे भंडाफोड़ पत्रकारिता भी कहते हैं।

किसी व्यक्ति या संवाददाता (रिपोर्टर) द्वारा स्वयं का सही परिचय दिए बगैर अपने शरीर में छिपाकर रखे गए इलेक्ट्रॉनिक यंत्रों के जरिए किसी सामाजिक बुराई या अनैतिक कार्य की अपनी खोजी वृत्ति व दक्षता के बल पर कवरेज करके उसका जल्द से जल्द प्रसारण कर रहस्योद्घाटन करने का कार्य करना ही स्टिंग जर्नलिज्म कहा जाता है।

उल्लेखनीय है कि इलेक्ट्रॉनिक मीडिया से स्टिंग पत्रकारिता का जन्म आधुनिक

युग में ही हुआ है। इसकी शुरुआत सर्वप्रथम विकसित देशों में हुई। भारतीय मीडिया में यह सन् 2001 में प्रयोग में आया। भारत में स्टिंग पत्रकारिता के जनक प्रसिद्ध खोजी पत्रकार तरुण तेजपाल माने जाते हैं।

Sting Operation — स्टिंग ऑपरेशन

जब गुप्त या खुफिया कैमरों की सहायता से किसी गोपनीय घटना आदि को पर्दे पर लाया जाता है, तो टी.वी. चैनल इसे 'स्टिंग ऑपरेशन' (Sting Operation) का नाम देते हैं। यह एक ऐसी प्रक्रिया है, जिसे अपराध करनेवाले व्यक्ति को धर दबोचने के लिए एक सुनियोजित ढंग से अंजाम दिया जाता है। दूसरे शब्दों में गुप्त कैमरे, टेपरिकॉर्डर, माइक्रोचिप आदि की मदद से सत्य को हस्तगतकर और फिर उसे टी.वी. के पर्दे पर दिखाकर करोड़ों लोगों की आँखों में परोस देना ही स्टिंग पत्रकारिता/ऑपरेशन कहलाता है।

भारत के कुछ प्रमुख स्टिंग ऑपरेशन (Sting Operation)—

1. **रक्षा सौदों में दलाली (तहलका-डॉट कॉम) (मार्च 2001)**—यह भारत का पहला स्टिंग ऑपरेशन था। तरुण तेजपाल के तहलका डॉट कॉम ने रक्षा सौदों में दलाली के प्रचलन का खुलासा करके सन् 2001 में तहलका मचा दिया। तेजपाल के नेतृत्व में अनिरुद्ध बहल व सैम्युअल ने ऑपरेशन वेस्ट एंड नामक इस अभियान को अंजाम दिया।
2. **कास्टिंग काउच का मामला (मार्च 2005)**—इंडिया टी.वी. ने शक्ति कपूर (फिल्मों का विलन बना असली विलन) से जुड़े एक स्टिंग ऑपरेशन का प्रसारण किया, जिसमें इंडिया टी.वी. की एक रिपोर्टर कपूर के पास काम माँगने गई और बदले में शक्ति कपूर ने शारीरिक संबंध बनाने की बात कही। इसी के कुछ दिन बाद टी.वी. स्टार अमन वर्मा के बारे में भी एक टेप इंडिया टी.वी. ने दिखाया। यह भी कास्टिंग काउच से संबंधित ही था।
3. **तिहाड़ जेल में घूसखोरी (मई 2005)**—इस स्टिंग ऑपरेशन के द्वारा 'आजतक' ने कैदियों को विशेष सुविधाएँ देने के नाम पर तिहाड़ जेल में ली जानेवाली घूस का भंडाफोड़ किया।
4. **ऑपरेशन दुर्योधन (दिसंबर 2005)**—टी.वी. चैनल 'आजतक' ने ऑपरेशन दुर्योधन का टेप प्रसारित किया। यह ऑपरेशन कोबरा पोस्ट डॉट कॉम के अनिरुद्ध बहल के द्वारा किया गया। इन पत्रकारों ने नार्थ इंडियन स्माल मेन्युफैक्चरर्स एसोसिएशन-(NISMA, निस्मा) नामक एक काल्पनिक

संस्था बनाई और सांसदों से संपर्क किया। पत्रकारों ने संसद् में सवाल पूछने के बदले सांसदों को रिश्वत की पेशकश की। टेप में खुले तौरपर सांसदों को रिश्वत लेते दिखाया गया। बाद में 11 सांसदों की संसद् सदस्यता समाप्त हो गई।

5. **ऑपरेशन चक्रव्यूह**—कुछ ही दिन बाद स्टार न्यूज द्वारा ऑपरेशन चक्रव्यूह का प्रसारण किया गया, जिसमें संसद् निधि (Fund) की राशि के दुरुपयोग का खुलासा किया गया।

Stop Press स्टॉप प्रेस

समाचार-पत्र का वह भाग, जो जान-बूझकर खाली रखा जाता है, उसे स्टॉप प्रेस (Stop Press) कहते हैं। हिंदी में स्टॉप प्रेस को छपते-छपते कहा जाता है। यह किसी समाचार-पत्र में खाली इसलिए रखा जाता है कि यदि कोई अति महत्त्वपूर्ण समाचार आ जाए, तो उसके लिए पत्र का मैटर निकालना न पड़े तथा वह महत्त्वपूर्ण समाचार उस खाली स्थान पर भर दिया जाए। उल्लेखनीय है कि 'स्टॉप प्रैस' को इंग्लैंड में मैनचेस्टर के मार्क स्मिथ (Mark Smith) ने जन्म दिया था।

Straight News सीधा समाचार

'सीधे समाचार' (Straight News) में विशुद्ध तथ्य सूचित रहते हैं। उन्हें बिना तोड़े-मरोड़े, सीधे-सादे ढंग से दिया जाता है। इसमें न तो किसी प्रकार के आरोप-प्रत्यारोप लगाए जाते हैं, न ही निष्कर्ष निकाला जाता है और न उपसंपादक (Sub-editor) या रिपोर्टर (Reporter) अपना मत, दृष्टिकोण आरोपित करते हैं। सीधे समाचारों/स्ट्रेट न्यूज में घटना के कारणों की विस्तृत व्याख्या नहीं की जा सकती, बल्कि घटना का सीधा व सरल वर्णन किया जाता है।

Stringer स्ट्रिंजर

'स्ट्रिंजर' (Stringer) पूर्णकालिक पत्रकार नहीं होता। इसे कोई निश्चित वेतन नहीं मिलता। स्ट्रिंजर को समाचार-पत्र में प्रकाशित समाचारों के कॉलम (Column) के हिसाब से पारिश्रामिक दिया जाता है। लाइनर (Liner) से थोड़ा अधिक सुविधा प्राप्त संवाददाता/रिपोर्टर ही 'स्ट्रिंजर' कहलाता है। कभी-कभार इसे 'रिटेनर' भी कहा जाता है।

Studio स्टूडियो

रेडियो पर प्रसारित होनेवाले कार्यक्रम का प्राथमिक चरण 'स्टूडियो' (Studio) की चारदीवारी से प्रारंभ होता है। यह ध्वनि का उद्गम स्थल होता है। ध्वनि की उत्पत्ति स्टूडियो के अतिरिक्त किसी कमेंट्री बॉक्स या फिर टेलीफोन द्वारा ली गई आवाज भी हो सकती है। वस्तुत: स्टूडियो प्रसारण केंद्र का वह एक विशिष्ट कक्ष होता है, जहाँ उद्घोषक (Announcer) उद्घोषणाएँ करता है या किसी निश्चित कार्यक्रम की प्रस्तुति करता है। स्टूडियो के निर्माण में विशेष तौर-तरीके अपनाए जाते हैं, जिनमें उसका ध्वनि प्रतिरोधी (Sound Proof) होना अनिवार्य शर्त है। स्टूडियो में अनेक माइक्रोफोन (Microphone) भी लगाए जाते हैं, जिनकी सहायता से उद्घोषक अपनी सूचनाएँ या कार्यक्रम पेश करता है।

किसी भी प्रसारण कक्ष में माइक्रोफोन के अलावा ऑडियो टेप (Audio Tape) पर रिकॉर्ड किए गए कार्यक्रमों को चलानेवाली मशीनें, जैसे ग्रामोफोन रिकॉर्ड को चलानेवाली टर्न टेबल (Turn Table) तथा सी.डी. प्लेयर आदि लगे होते हैं।

Studio Spot स्टूडियो स्पॉट

'स्टूडियो स्पॉट' (Studio Spot) में समाचार सामग्री के वाचन की जिम्मेदारी वाचन प्रक्रिया के समय ही समाचार-वाचक (News-reader) के स्थान पर किसी अन्य को सौंपी जाती है। एक वरिष्ठ संवाददाता (Reporter) इस जिम्मेदारी का निर्वाह करते हुए स्टूडियो में बैठकर ही घटना या स्टोरी के विषय में विवरण प्रस्तुत करता है। उदाहरणार्थ—"खेल से जुड़ी अन्य खबरों की जानकारी के लिए चलते हैं हमारे स्पोर्ट डेक्स पर, जहाँ हमारे वरिष्ठ खेल संवाददाता⋯(क ख ग) आपको बताएँगे कि क्या हुआ आज खेल जगत में" इसके पश्चात् खेल संवाददाता खेल से जुड़ी खबरों का विवरण प्रस्तुत करना शुरू करता है। इसी को 'स्टूडियो स्पॉट' कहते हैं।

जहाँ पी.टी.सी. (Piece to Camera—PTC) का दृश्यांकन घटनास्थल पर होता है, वहीं स्टूडियो स्पॉट में समाचार का वाचन स्टूडियो में समाचार संग्रह करने वाले व्यक्ति के स्थान पर किसी अन्य व्यक्ति द्वारा किया जाता है। पी.टी.सी. की तुलना में स्टूडियो स्पॉट में स्टूडियो में उपलब्ध उपकरणों की सहायता से समाचार का वाचन भी सरल हो जाता है।

Style Book स्टाइल बुक

प्रत्येक समाचार-पत्र संस्थान की अपनी एक 'स्टाइल बुक' (Style Book)

होती है, जो कि पत्रकार को समाचार-विचार लेखन एवं प्रस्तुतीकरण में सहायक होती है। वर्तमान समय में समाचार-पत्र किसी एक व्यक्ति की सोच अथवा शैली पर निर्भर नहीं करते। सैकड़ों लोग समाचार-संकलन, लेखन, संपादन में लगे होते हैं, जिनकी विविध सोच एवं शैली होती है। किंतु समाचार-पत्र एक उत्पाद (Product) है, जिसमें यह सब समाहित होता है। इसलिए प्रत्येक समाचार-पत्र को किसी-न-किसी स्टाइल बुक पर निर्भर करना होता है, ताकि समाचार-विचार एवं उसके प्रस्तुतीकरण में सामंजस्य व एकरूपता बनी रहे।

स्टाइल बुक में कॉपी लेखन एवं संपादन (Editing) संबंधी नियम भी होते हैं। इन निर्देशों की सहायता से लेखक सही शब्द-चयन करते हैं, जिससे समाचार-पत्र में एकरूपता बनी रहती है।

Sub-editor — उप संपादक

'उप संपादक' (Sub-editor) समाचार-पत्र के संपादकीय विभाग का एक महत्त्वपूर्ण व्यक्ति होता है, जिसका कार्य मुख्य उप संपादक के परामर्श के अनुरूप सारी सामग्री या समाचारों से समाचार-पत्र का कलेवर पूरा करना होता है। इसमें समाचारों के विवरण एकत्रकर उनमें काट-छाँट करना, उनकी भाषा ठीक करना, शीर्षक लगाकर प्रकाशन योग्य बनाकर उन्हें कंपोजिंग के लिए भेजना आदि सभी कार्य सम्मिलित होते हैं। उप संपादक टेलीप्रिंटर (Teleprinter) और फैक्स (Fax), ई-मेल (E-mail) से आए समाचारों का चयन, अनुवाद और संपादन कर प्रेस को भेजते समय कई स्रोतों (Sources) से प्राप्त समाचारों का संगीकरण भी करता है। अतः उप संपादक का द्विभाषी होना आवश्यक होता है।

उप संपादक के कार्य के महत्त्व को देखते हुए उसे समाचार-पत्र का क्रियात्मक कलाकार, मशीन की नाड़ी, सरकारी सेंसर, समाचार सर्जन, अज्ञात सैनिक/योद्धा भी कहा जाता है। उप संपादक को समाचार-पत्र का अज्ञात योद्धा (Unknown Hero/Soldier) इसलिए कहा जाता है, क्योंकि समाचार-पत्र की छपाई को छोड़कर उसके पूर्व के सभी क्रियाकलापों में उसकी भूमिका प्रमुख तो होती है, परंतु उसका नाम पत्र में कहीं भी प्रकाशित नहीं होता।

समाचार-पत्र जितना बड़ा होता है, उसमें उतने ही उप संपादकों की संख्या अधिक होती है। उप संपादकों को अनेक वर्गों में बाँटा जा सकता है—साहित्य उप संपादक, फिल्म उप संपादक, व्यापार उप संपादक आदि।

Subscriber Trunk Dialling (STD) — अंतरराज्यीय टेलीफोन सेवा

एस.टी.डी.—सबस्क्राइबर ट्रंक डायलिंग (अंतरराज्यीय टेलीफोन सेवा) का संक्षेप है। एस.टी.डी. के माध्यम से देश के किसी भी कोने में संदेश का आदान-प्रदान कर सकते हैं। इस प्रणाली में प्रत्येक शहर को अलग-अलग कोडों (Codes) के माध्यम से पहचाना जाता है। एस.टी.डी. को क्रियान्वित करने के लिए पहले प्रयोक्ता संकेतक शून्य '0' डायल करता है, तत्पश्चात् वांछित शहर का नंबर तथा इसके पश्चात् परिचित व्यक्ति का टेलीफोन नंबर।

Stand Upper — स्टैंड-अपर

ऐसी रिपोर्ट, जो रिपोर्टर (Reporter) द्वारा पूरी तरह कैमरे के समक्ष प्रस्तुत की जाती है, उसे 'स्टैंड अपर' (Stand Upper) कहते हैं। इसमें दो कार्य एक साथ कैमरे (Camera) के समक्ष किए जाते हैं—एक स्टैंड अपर, दूसरा डिलीवरी अपर। स्टैंड अपर को 3 भागों में विभाजित किया जाता है—

- ओपनंर (Opener),
- ब्रिज (Bridge) एवं
- क्लोजर (Closer)।

Supper — सुपर

घटना या किसी व्यक्ति से संबंधित जानकारी, जो टी.वी. स्क्रीन पर मुद्रित की जाती है, उसे 'सुपर' (Supper) कहते हैं। उसमें सामान्यतः किसी स्थान, व्यक्ति विशेष, तथ्यों आदि का परिचय दिया जाता है। वर्तमान में प्रमुख समाचारों को भी न्यूज बुलेटिन (News Bulletin) के साथ-साथ टी.वी. स्क्रीन पर मुद्रित रूप में दाएँ व बाएँ गति करते दिखाए जाने का चलन भी बढ़ रहा है। इसके अलावा समाचार चैनल किसी चुनाव परिणाम या क्रिकेट मैच की ताजातरीन जानकारी भी उपर्युक्त तरीके से प्रस्तुत करते हैं। इस कार्य को करेक्टर जनरेटर (Character Generator) नामक उपकरण के माध्यम से मुद्रित किया जाता है।

Syndicate — सिंडिकेट

वर्तमान में समाचारों की आवश्यकताएँ पूरी करने के लिए तो कई न्यूज एजेंसियाँ (News Agencies) सक्रिय हैं, परंतु लेख, फीचर व फोटो चित्र विभिन्न समाचार-

पत्रों व पत्रिकाओं को उपलब्ध कराने के कार्य 'सिंडिकेट' (Syndicate) करते हैं। सिंडिकेट वह संस्था है, जो विभिन्न विषयों पर लेख, फीचर लेखकों से लिखवाकर पत्र-पत्रिकाओं को प्रकाशन हेतु बेचती है।

भारत के प्रमुख सिंडिकेट हैं—न्यूज फीचर ऑफ इंडिया, इंडियन पब्लिकेशन सिंडिकेट, इंडियन न्यूज एंड फीचर आदि एवं विदेशी सिंडिकेट में प्रमुख हैं—किंग्स फीचर सिंडिकेट, इंटरनेशनल न्यूज फोटोज आदि।

□

Tablet Computer — टेबलेट कंप्यूटर

'टेबलेट कंप्यूटर' (Tablet Computer) एक ऐसा कंप्यूटर है, जिसमें बहुत सी विशिष्टताएँ अपनी तरह की अनोखी व सर्वप्रथम हैं, जो इसके प्रयोगकर्त्ताओं के ई-बुक पढ़ने, नेट ब्राउज करने, मनोरंजन और कंप्यूटिंग कार्य के तौर-तरीकों को बदलकर रख देती हैं। टेबलेट पी.सी. लगभग सात इंच स्क्रीन युक्त, डेढ़ सेंटीमीटर पतला व 750 ग्राम भारी होता है। आम कंप्यूटिंग कार्यों में इसकी बैटरी लगातार 15 घंटों तक आराम से चल सकती है। सन् 2010 में एप्पल (Apple) के आइपैड (ipad) ने टेबलेट कंप्यूटर जारी कर कंप्यूटर उपयोग की आदतों को पुनर्परिभाषित कर दिया है।

टेबलेट कंप्यूटर की कुछ प्रमुख विशिष्टताएँ इस प्रकार हैं—

1. संपूर्ण मल्टीमीडिया प्लेयर।
2. 3-जी, वाई फाई, ब्लूटुथ, यूएसबी पोर्ट कनेक्टिविटी।
3. टचपैड फाइल, फोल्डर, मीडिया प्लेयर के बटन अथवा ई-बुक के पृष्ठ का बेहतर तरीके से एक हाथ से ही नियंत्रण करने की सुविधा।
4. 180 डिग्री घूमनेवाला 3.1 मेगापिक्सेल कैमरा फोटो खींचने अथवा वीडियो कॉन्फ्रेंसिंग हेतु।
5. एस्सेलरोमीटर हाथ के इशारे व झटके से मल्टीमीडिया प्लेबैक नियंत्रण।

Tabloid — टेब्लॉयड

'टेब्लॉयड' (Tabloid) छोटे आकार का समाचार-पत्र होता है, जो लगभग पाँच कॉलम का ही होता है। टेब्लॉयड लंबाई एवं चौड़ाई में समाचार-पत्र का आधा होता है। यह 11 इंच चौड़ा और 16 इंच तक लंबा होता है। टेब्लॉयड समाचार-पत्र

पाठकों को आकर्षित करने के लिए चौंकानेवाली सुर्खियाँ (Heading) लगाते हैं। इसके विषय भी आमतौर पर सेक्स और अपराध के होते हैं।

Tass — तास

तास 'तेलिग्राफोनी एजत्वो सोवियत स्कवो सयूजा' का संक्षेप है। 'तास' सोवियत संघ (USSR) की केंद्रीय सूचना सेवा है, जो मंत्रिपरिषद् के प्रति उत्तरदायी होती है। इसकी स्थापना रूस की क्रांति (सन् 1917) के बाद रोस्ता के नाम से हुई। सन् 1925 को रोस्ता का स्थान तास (Tass) ने लिया। इस एजेंसी की सहायक समितियाँ सोवियत संघ के हर गणतंत्र में हैं। साम्यवादी देशों (Communist) में प्रायः इस एजेंसी का ही एकाधिकार है। इस समिति/एजेंसी की विश्व के प्रमुख देशों में शाखाएँ हैं। भारत तथा अन्य देशों में इसकी सेवाएँ रूसी दूतावासों के माध्यम से उपलब्ध होती हैं।

उल्लेखनीय है कि पूर्व सोवियत संघ की 'तास' (Tass) के अतिरिक्त चीन की सिनहुआ (Xinhua), पूर्व यूगोस्लाविया की तांजुग (Tanxug) और अन्य कम्युनिस्ट या साम्यवादी देशों की समाचार समितियाँ भी अपने-अपने देश के समाचार-पत्रों के लिए समाचार की एकमात्र सूत्र हैं। साम्यवादी देशों में समाचार समितियाँ स्वतंत्र रूप से कार्य नहीं करतीं। वे अपनी सरकारों के जनसंपर्क या सूचना विभाग का ही अंग होती हैं।

Telecommunication — दूरसंचार

विद्युत अथवा प्रकाशनीय संकेतों का प्रयोग करके किसी भी तरह की जानकारी (चाहे वह डाटा, ग्राफ, ध्वनि, फोटो व फैक्स में हो) को भेजना व प्राप्त करना 'दूरसंचार' (Telecommunication) कहलाता है। यह जानकारी तार, केबल, फाइबर अथवा वायु के माध्यम से भेजी व प्राप्त की जा सकती है। वर्तमान में दूरसंचार के साधनों में हुई अभूतपूर्व क्रांति ने विश्व को एक गाँव (Global Village) में परिवर्तित कर दिया है। दूरस्थ स्थानों तक संदेशों का आदान-प्रदान सुगमता से होने लगा है।

दूरसंचार साधनों की विकास यात्रा, कबूतर से चलकर टेलीग्राफ (Telegraph), टेलीप्रिंटर (Teleprinter), टेलेक्स (Telex), फैक्स (Fax), टेलीफोन (Telephone), रेडियो पेजिंग (Radio Paging) एवं रेडियो टी.वी. (Radio-TV) से आगे बढ़कर कंप्यूटर उपग्रहों (Computer Satellites) तक पहुँच चुकी है। बीसवीं सदी का उत्तरार्द्ध एवं 21वीं शताब्दी कल्पना का नहीं, बल्कि कल्पना को सच कर दिखाने का युग सिद्ध हुआ है।

Teleconference टेलीकॉन्फ्रेंस

'टेलीकॉन्फ्रेंस' (Teleconference) का अर्थ है—दूरसंचार साधनों के माध्यम से दो या दो से अधिक स्थानों पर तीन या इससे अधिक लोगों का आपस में विचार-विनिमय करना। वर्तमान में कंप्यूटर, टेलीफोन व टी.वी. ने राष्ट्रीय एवं अंतरराष्ट्रीय स्तर पर विभिन्न विषयों पर संगोष्ठियों में भाग लेने के लिए नापी जाने वालीदूरियों को बहुत सुगम बना दिया है।

टेली कॉन्फ्रेंस तीन प्रकार की होती है—

1. **कंप्यूटर कॉन्फ्रेंस (Computer Conference)**—कंप्यूटर कॉन्फ्रेंस में अलग-अलग स्थानों पर बैठे व्यक्ति कंप्यूटर को उपयोग में लाकर सूचनाओं का आदान-प्रदान करते हैं। वीडियो कॉन्फ्रेंस में लोग एक-दूसरे को देख भी सकते हैं तथा आपस में विचारों का आदान-प्रदान भी कर सकते हैं।
2. **वीडियो कॉन्फ्रेंस (Video Conference)**—वीडियो कॉन्फ्रेंस में इलेक्ट्रॉनिक ब्लैक बोर्ड प्रयोग में लाते हैं। इस प्रणाली द्वारा विशेषज्ञों की राय क्षणभर में प्राप्त की जा सकती है। वीडियो कॉन्फ्रेंस प्रणाली में यह सुविधा उपलब्ध होती है कि वार्त्ताकार एक-दूसरे को देख भी सकते हैं।
3. **ऑडियो कॉन्फ्रेंस (Audio Conference)**—ऑडियो कॉन्फ्रेंस में भाग लेनेवाले व्यक्ति एक-दूसरे से बात तो कर सकते हैं परंतु एक दूसरे को देख नहीं सकते। इस प्रकार की वार्त्ताएँ सामान्यत: टेलीफोन द्वारा संपन्न होती हैं।

Teletext टेलीटैक्स्ट

'टेलीटैक्स्ट' (Teletext) प्रणाली जनसंचार की आधुनिकतम प्रणाली है। इस प्रणाली की शुरुआत सन् 1977 में बी.बी.सी. (British Broadcasting Corporation-BBC) ने की थी। प्रारंभ में इसका नाम बी.बी.सी. ने सीफेक्स (Ceefax) रखा था। कुछ समय के पश्चात् यह प्रणाली आई.टी.वी. (I.T.V.) ने शुरू की, जिसका नाम ओरेकल (Oracle) रखा। इस प्रणाली के द्वारा किसी भी पाठ्य सामग्री को अपने टेलीविजन पर मनचाहे रूप में प्राप्त किया जा सकता है। यह सेवा अनेक सूचनाएँ देती है, जैसे—शेयरों के भाव, मौसम संबंधी सूचना एवं समाचार आदि।

टेलीटेक्स्ट संचार प्रणाली में टी.वी. प्रसारण केंद्र पर संदेशों को एक कंप्यूटर में एकत्र कर लिया जाता है, जिसे डाटाबेस (Database) कहा जाता है। यहाँ से सूचनाएँ टी.वी. नेटवर्क द्वारा प्रसारित की जाती हैं। समाचार-पत्रों के लिए भी टेलीटेक्स्ट

प्रणाली बहुत ही उपयोगी सिद्ध हुई है। विश्व में घटित घटनाओं के विषय में लिखित सूचना टेलीटेक्स्ट प्रणाली द्वारा समाचार-पत्र कार्यालय द्वारा प्राप्त करके मुद्रणार्थ भेज दी जाती है।

Telegram तार

मीडिया संस्थानों, समाचार-पत्रों, न्यूज एजेंसियों, आकाशवाणी व दूरदर्शन केंद्रों में प्रकाशन व प्रसारण हेतु जो समाचार तार द्वारा भेजे जाते हैं, वे 'प्रेस तार' या 'टेलीग्राम' (Telegram) कहे जाते हैं। वर्तमान में इनका प्रचलन काफी कम है। इनका स्थान सेलफोन, फैक्स आदि ने ले लिया है।

Telegraph टेलीग्राफ

'टेलीग्राफ' (Telegraph) आधुनिक दूरसंचार प्रणाली का एक आधुनिकतम साधन है। टेलीग्राफ का आविष्कार सैम्युअल मोर्स (सं.रा. अमेरिका) ने सन् 1837 में किया। यह संदेश भेजने की ऐसी प्रणाली है, जिसमें तारों का प्रयोग किया जाता है, इसलिए इसे 'तार-यंत्र' भी कहते हैं। विद्युत चुंबकीय प्रभाव से संचालित टेलीग्राफ से एक स्थान से दूसरे स्थान पर 'डेश' (—) और डॉट (...) की भाषा में समाचार प्रेषित किए जा सकते हैं। इसे 'मोर्स कोड' के नाम से भी जाना जाता है। दूसरी ओर प्राप्त डॉट और डैशों को डिकोड करके मूल संदेश को पढ़ा जा सकता है। टेलीग्राफ के तीन भाग होते हैं—प्रेषक, लाइन का तार एवं ग्राहक। उल्लेखनीय है कि भारत में पहली टेलीग्राफ लाइन कोलकाता और डायमंड हार्बर के बीच सन् 1851 में चालू हुई थी।

Telephone टेलीफोन

'टेलीफोन' (Telephone) ग्रीक भाषा का एक शब्द है। टेली का अर्थ है दूर और फोन का अर्थ है ध्वनि। इस प्रकार टेलीफोन का तात्पर्य है—ध्वनि को दूर तक भेजना। टेलीफोन का आविष्कार अमेरिकी वैज्ञानिक अलेक्जेंडर ग्राहम बेल ने (सन् 1875 में) किया था। इसके बाद टेलीफोन का निरंतर विकास होता रहा। टेलीफोन दूर बैठे लोगों के बीच पारस्परिक संवाद का एक महत्त्वपूर्ण माध्यम है।

वर्तमान में टेलीफोन की विभिन्न प्रणालियाँ प्रचलित हैं, जिनमें प्रमुख हैं—एस.टी.डी. (सबस्क्राइबर ट्रंक डायलिंग), आई.एस.डी. (इंटरनेशनल सबस्क्राइबर ट्रंक डायलिंग), कॉर्डलेस टेलीफोन, पेजर, इंटरकॉम, सेल्युलर व मोबाइल फोन आदि।

Teleprinter टेलीप्रिंटर

'टेलीप्रिंटर' (Teleprinter) का आविष्कार फ्रांसीसी वैज्ञानिक एमिल बोडाट ने (सन् 1874 में) किया था। टेलीप्रिंटर टाइप किए गए संदेशों को किसी दूरस्थ स्थान पर तार अथवा रेडियो तरंगों द्वारा भेजने का एक आधुनिक यंत्र है। टेलीप्रिंटर देखने में टाइप मशीन जैसा लगता है। इसमें एक की-बोर्ड (Keyboard) या कुंजीपटल होता है, जिसमें अंग्रेजी के 26 अक्षर, हिंदी के मात्रा सहित लगभग 66 अक्षर तथा 0.9 तक संख्याएँ तथा कौमा, विराम चिह्न आदि होते हैं।

टेलीप्रिंटर में संदेश भेजने के लिए ऑपरेटर पहले ग्राहक मशीन से एक बटन द्वारा संपर्क करता है। उसके पश्चात् भेजी जानेवाली सामग्री को टाइप करता है, जो ग्राहक की मशीन में लगे कागज पर टाइप होती रहती है। टेलीप्रिंटर के आविष्कार ने तो समाचार जगत् में क्रांति ला दी है। मुद्रित सामग्री को अल्प समय में प्राप्त कराने में सहायक यह टेलीप्रिंटर सूचना संप्रेषण के लिए वरदान सिद्ध हुआ है। समाचार समितियाँ/एजेंसियाँ समाचार-पत्रों व मीडिया केंद्रों को टेलीप्रिंटर के माध्यम से ही समाचार भेजती हैं।

Teleprampter टेलीप्राम्पटर

'टेलीप्राम्पटर' (Teleprampter) का उपयोग टेलीविजन समाचारों की प्रस्तुति में किया जाता है। टेलीप्राम्पटर एक ऐसा इलेक्ट्रॉनिक उपकरण होता है, जिसके लैंस (Lens) अथवा प्लास्टिक की बनी पाटी के नीचे एक विशेष प्रकार के कागज में टाइप की हुई कॉपी लगा दी जाती है, जो एक निर्धारित अपेक्षित गति से समाचार प्रस्तोता के सामने घूमती रहती है।

टेलीप्राम्पटर को कैमरे (Camera) के निकट ऐसी स्थिति में व्यवस्थित किया जाता है कि उसको देखकर पढ़ते समय समाचार प्रस्तोता की आँखें कैमरे के लैंस के सामने की स्थिति में ही रहती हैं। टेलीप्राम्पटर से दर्शक पर यह प्रभाव डालने का प्रयास किया जाता है कि समाचार प्रस्तोता समाचार को बिना कॉपी पर देखे केवल अपनी स्मरण शक्ति से सुना रहा है।

संकेत पट्टी (Cue Cards) का प्रयोग भी टेलीविजन समाचारों की प्रस्तुति में किया जाता है। संकेत पट्टी के द्वारा भी समाचार प्रस्तोता संवाद शीर्षकों तथा आवश्यकतानुसार नामों तथा सूचनाओं आदि को उसी प्रकार प्रदर्शित करता है, जिस प्रकार समाचार से संबंधित चित्र, रेखाचित्र व सारिणी आदि को प्रदर्शित किया जाता है। कुछ संकेत पट्ट ऐसे भी होते हैं, जिन्हें कैमरे के द्वारा पर्दे पर नहीं प्रदर्शित किया जाता।

इन पर प्रस्तोताओं के स्मरणार्थ कोई आवश्यक बात लिखकर रख दी जाती है। इन्हें स्टूडियो की बोलचाल की भाषा में 'इडियट कार्ड्स' (Idiot Cards) भी कहते हैं।

Television टेलीविजन/टी.वी.

'टेलीविजन' (Television) मूलत: अंग्रेजी भाषा का शब्द है, जो दो शब्दों टेली (Tele) तथा विजन (Vision) से मिलकर बना है। टेली ग्रीक भाषा का शब्द है, जिसका अर्थ होता है—दूरी, पर विजन लेटिन भाषा का शब्द है, जिसका अर्थ है—देखना। इस प्रकार टेलीविजन का अर्थ हुआ (दूर से देखना), दूर स्थित किसी वस्तु या घटना के साक्षात् दर्शन कराने वाला उपकरण। टेलीविजन को हिंदी में दूर-दर्शन लिखना ही उचित है, दूरदर्शन नहीं।

दूर-दर्शन (Television)—यह शब्द दूरदर्शन (Doordarshan) से भिन्न है। दूरदर्शन (बिना हाइफन लगाए) से अभिप्राय भारतीय जनमानस उपक्रम से है, जबकि दूर-दर्शन (हाइफन युक्त) से अभिप्राय विश्वव्यापी टेलीविजन के पर्याय रूप में है।

टेलीविजन जनसंचार का एक प्रभावशाली माध्यम है। इसमें चलते-फिरते चित्र व ध्वनि दोनों ही दर्शक तक पहुँचते हैं। टेलीविजन से न केवल मनोरंजन (Entertainment) होता है, बल्कि यह शिक्षा के प्रचार-प्रसार का भी एक सशक्त माध्यम है। टेलीविजन को 'इडियट बॉक्स' (Idiot Box) या 'बुद्धू बक्सा' भी कहा जाता है, क्योंकि जो भी टी.वी. के सामने बैठता है, उसे आसानी से छुटकारा नहीं मिलता।

उल्लेखनीय है कि भारत में सर्वप्रथम टेलीविजन का प्रसारण सन् 1959 में प्रारंभ हुआ था। आकाशवाणी (AIR) के ही एक अंग के रूप में 15 सितंबर, 1959 को दिल्ली में प्रयोग के तौर पर एक केंद्र की स्थापना से भारत में दूरदर्शन (Doordarshan) की शुरुआत हुई।

Television Channels टेलीविजन चैनल

नब्बे के दशक के प्रारंभ तक भारत में दूरदर्शन (Doordarshan) ही एकमात्र टेलीविजन चैनल था। धीरे-धीरे सैटेलाइट (Satellite)/उपग्रह एवं केबल टी.वी. चैनलों का प्रवेश हुआ। भारत में उपग्रह के माध्यम से चैनलों की शुरुआत सन् 1990 से मानी जाती है। सन् 1991 में इराक व अमेरिका के बीच हुए खाड़ी युद्ध (Gulf War) का सी.एन.एन. (CNN) नामक अंग्रेजी चैनल ने सीधा प्रसारण किया इससे भारत में सैटेलाइट व केबल चैनलों का शुभारंभ हुआ। सन् 1992 में भारत में पहला हिंदी चैनल 'जी टी.वी.'

(Zee TV) के नाम से शुरू हुआ। वर्तमान में भारत में लगभग 200 टी.वी./उपग्रह चैनल विभिन्न भाषाओं में उपलब्ध हैं। इन चैनलों ने दूरदर्शन का एकाधिकार छीन लिया है।

प्रमुख टेलीविजन (उपग्रह) चैनल : एक दृष्टि में

1. सामान्य मनोरंजन चैनल (Entertainment Channels)—
   (हिंदी में) जी.टी.वी., सोनी टी.वी., स्टार प्लस, सब टी.वी., स्टार टी.वी., सहारा टी.वी.
   (बांग्ला में) अल्फा बांग्ला, ई.टी.वी. बांग्ला, तारा बांग्ला
   (तमिल में) राज टी.वी., सन टी.वी., जय टी.वी.
   (तेलुगू में) इनाडु टी.वी., जेमिनी टी.वी.
   (मराठी में) अल्फा मराठी, प्रभात
   (मलयालम में) सूर्य टी.वी., एशियानेट टी.वी.
2. समाचार-समसामयिक घटना आधारित चैनल (News Channels)—
   (अंग्रेजी में) सी.एन.एन. (Cable News Network—CNN), बी.बी.सी. वर्ल्ड (British Broadcasting Corporation—BBC)
   (हिंदी में) स्टार न्यूज, ज़ी न्यूज, आजतक, एनडीटीवी इंडिया
3. फिल्म चैनल (Film Channels)—
   (हिंदी में) ज़ी सिनेमा, सेट मैक्स
   (अंग्रेजी में) होम बॉक्स ऑफिस (Home Box Office—HBO), स्टार मूवीज, ए एक्स एन (AXN), ज़ी इंगलिश, हॉलमार्क (Hallmark)
4. संगीत चैनल (Music Channels)—ई.टी.सी., एम टी.वी. (MTV), म्यूजिक एशिया
5. खेल चैनल (Sports Channels) — डी.डी. स्पोर्ट्स, स्टार स्पोर्ट्स, ई.एस.पी.एन. (ESPN—Entertainment Sports Programme Network)
6. बच्चों के कार्यक्रम संबंधी चैनल—कार्टून नेटवर्क, केरेमिट
7. धार्मिक चैनल (Spiritual Channels)—आस्था, संस्कार
8. प्रकृति संबंधी चैनल (National Relatex Channel)—डिस्कवरी (Discovery), नेशनल ज्योग्राफिक (National Geographic), एनिमल प्लैनेट (Animal Planet)।

दूरदर्शन चैनल (Doordarshan Channels)

सन् 2010 तक दूरदर्शन के लगभग 27 चैनल हैं, जिनमें प्रमुख हैं—

1. **डी.डी. नेशनल चैनल (DD National)**—इस चैनल पर राष्ट्रीय कार्यक्रमों का प्रसारण किया जाता है।
2. **डी.डी. न्यूज (DD News)**—सन् 2003 में डी.डी. न्यूज चैनल प्रारंभ किया गया। यह चैनल सन् 1984 में शुरू हुए डी.डी. मेट्रो (DD Metro) के स्थान पर शुरू किया गया। मेट्रो चैनल पूरी तरह एक मनोरंजन चैनल रहा था।
3. **डी.डी. स्पोर्ट्स (DD Sports)**—यह चैनल सन् 1999 में खेल प्रेमियों की जरूरतों को ध्यान में रखकर प्रारंभ किया गया। यह भारत का एकमात्र फ्री टू एयर स्पोर्ट्स चैनल है।
4. **डी.डी. भारती (DD Bharti)**—एजुटेनमेंट (Edutainment) यानी शिक्षा व मनोरंजन का दूरदर्शन का यह चैनल जनवरी 2002 में प्रारंभ हुआ।
5. **डी.डी. इंडिया (DD India)**—दूरदर्शन ने 14 मार्च, 1995 को अपना अंतरराष्ट्रीय चैनल प्रारंभ किया। पहले इस चैनल को डी.डी. वर्ल्ड कहा जाता था। मई 2002 में इसे नया नाम डी.डी. इंडिया दिया गया।
6. **डी.डी. ज्ञानदर्शन (Gyan Darshan)**—दूरदर्शन ने गुणवत्ता युक्त शिक्षा तक सबकी पहुँच कायम करने के उद्देश्य से सन् 2002 में इस चैनल का प्रारंभ किया। यह उपग्रह चैनल 'इग्नू' (IGNOU) एवं मानव संसाधन विकास मंत्रालय के सहयोग से संचालित किया जा रहा है।

दूरदर्शन के अन्य क्षेत्रीय चैनल (Regional Channels)—दूरदर्शन के सभी केंद्र संबद्ध क्षेत्रीय भाषाओं में कार्यक्रम बनाते हैं। क्षेत्रीय भाषा उपग्रह सेवा और क्षेत्रीय राज्य नेटवर्क कई कार्यक्रम दिखाते हैं, जिनमें विकास समाचार, धारावाहिक, वृत्तचित्र, समाचार एवं समसामयिक कार्यक्रम प्रमुख हैं। वर्तमान में दूरदर्शन के 11 क्षेत्रीय भाषाओं के उपग्रह चैनल हैं—डी.डी. मलयालम, डी.डी. बांग्ला, डी.डी. इंडिया, डी.डी. गुजराती, डी.डी. पंजाबी, डी.डी. उत्तर-पूर्व, डी.डी. पोयिगई (तमिल), डी.डी. चंदन (कन्नड़), डी.डी. मणिपुर (कश्मीरी), डी.डी. सदयादि (मराठी), डी.डी. सप्तगिरी (गुजराती)।

Television Commentary टी.वी. हेतु आँखों देखा हाल

रेडियो के समान ही टेलीविजन कमेंट्री (TV Commentary) के लिए भी

कमेंटेटर में विशेष योग्यता व क्षमता की आवश्यकता होती है, किंतु इसमें दृश्य प्रधान गुण होने के कारण इस इलेक्ट्रॉनिक जनमाध्यम की कमेंट्री रेडियो की कमेंट्री से व्यवहारतः कुछ भिन्न भी होती है। रेडियो कमेंटेटर अपने श्रोताओं को किसी खेल घटना या अवसर विशेष का वृत्तांत सुनाते हैं, जबकि टेलीविजन कमेंटेटर उस खेल, घटना या अवसर विशेष का सचित्र विवरण भी दर्शकों के समक्ष प्रस्तुत करते हैं। रेडियो कमेंटेटर जहाँ केवल सुनाने का कार्य करता है, वहीं टेलीविजन का कमेंटेटर उसे आँखों से दिखाने का काम भी करता है।

टेलीविजन कमेंट्री को 3 भागों में बाँटा जा सकता है—स्थिर रनिंग कमेंट्री, गतिमान रनिंग कमेंट्री एवं जनसमारोह के लिए कमेंट्री। टी.वी. कमेंटेटर 'हिट बाई हिट' (Hit by Hit) या 'किक बाई किक' (Kick by Kick) की कमेंट्री नहीं करता। रेडियो की तुलना में टी.वी. में कम-से-कम शब्दों से काम चलाया जा सकता है।

Television Feature टेलीविजन फीचर

'टेलीविजन फीचर' (Television Feature) लेखन एक ऐसी विधा है, जिसमें किसी घटना को सूचनापरक, तथ्यपरक, तार्किक, प्रभावी तथा सचित्रता के साथ अपने दर्शकों के सामने प्रस्तुत किया जाता है। टेलीविजन फीचर, रेडियो फीचर, समाचार-पत्र व पत्रिका फीचर से अलग होता है। समाचार-पत्रों के लिए फीचर लेखन करते समय पाठकों की रुचि का तथा रेडियो फीचर निर्माण में श्रोताओं को बाँधे रखने के गुण की जानकारी होना जरूरी होता है। टेलीविजन फीचर की कुछ प्रमुख विशेषताएँ हैं, जो इस प्रकार हैं--

1. टेलीविजन फीचर का निर्माण करते समय निरंतरता (Continuity) का विशेष ध्यान रखा जाता है। चाहे वह फोटो के संदर्भ में हो या वाक्यों के संदर्भ में।
2. अपनी बात को संक्षेप में लेकिन मनोरंजकता एवं रोचकता के साथ प्रस्तुत किया जाना चाहिए।
3. टेलीविजन फीचर में दृश्य सामग्री ज्यादा हो, तो अच्छा है।
4. टेलीविजन फीचर में अपनी बात को समझाने के लिए संकेत, चिह्नों, रेखाचित्रों का उपयोग किया जा सकता है।
5. टी.वी. फीचर ज्ञानवर्द्धक एवं आनंदकर होना चाहिए।
6. टेलीविजन फीचर का प्रारंभ जहाँ आकर्षक व रोचक ढंग से होता है, वहीं समापन भी रोचक तरीके से होना चाहिए।

7. टेलीविजन फीचन में व्याकरण, भाषा-शैली, दृश्यों आदि को विशेष महत्त्व दिया जाता है।
8. टेलीविजन फीचर में हलका-फुलका हास्य होना भी फीचर की लोकप्रियता को बढ़ा देता है।
9. टेलीविजन फीचर का निर्माण नियमों को ध्यान में रखकर किया जाना चाहिए।

Television Journalism टेलीविजन पत्रकारिता

'टेलीविजन पत्रकारिता' (TV Journalism) के अंतर्गत समाचार साक्षात्कार, सीधा-प्रसारण, डॉक्यूमेंट्री, समसामयिक वार्त्ताएँ, फीचर, परिचर्चा, समीक्षा आदि सम्मिलित होते हैं। इलेक्ट्रॉनिक पत्रकारिता एक प्रकार से टेलीविजन पत्रकारिता का ही पर्याय है। टेलीविजन या दूरदर्शन पत्रकारिता में चित्र और ध्वनि के प्राविधिक ज्ञान, लेखन और वाचन की क्षमता तथा इलेक्ट्रॉनिकी की सामान्य जानकारी के द्वारा सफलता प्राप्त होती है। दूरदर्शन ने पत्रकारिता को एक नया आयाम दिया है। इस क्षेत्र से जुड़े पत्रकार जन माध्यम से सूचनाएँ और समाचार व्यापक जन समुदाय तक तीव्र गति से दृश्यों व आवाजों के साथ पहुँचाते हैं।

Television News टेलीविजन समाचार

जिसमें अधिक से अधिक लोगों की रुचि हो वह 'खबर' (News) कहलाती है। सामान्य या रोजमर्रा की घटनाएँ खबर नहीं होतीं, जिनमें कुछ विशिष्टिता होती है, वही खबर कहलाती हैं। 'टेलीविजन समाचार' (Television News) में कम-से-कम टीका-टिप्पणी के साथ अधिकतम चित्रों का रसास्वादन कराया जाता है। संक्षेप में स्पष्ट और वाचन की दृष्टि से प्रभावोत्पादक ढंग से लिखा समाचार ही टेलीविजन हेतु सुगम होता है। दृश्य, ध्वनि व गति के माध्यम से घटना का प्रामाणिक विवरण टेलीविजन समाचार द्वारा ज्ञात होता है। विमान दुर्घटना,, बाढ़, समारोह या घोटाले के समाचार पढ़ने एवं सुनने की अपेक्षा देखना अधिक लाभप्रद होता है।

Television Rating Point (T.R.P.) टी.वी. रेटिंग पॉइंट (टी.आर.पी.)

'टी.वी. रेटिंग पॉइंट' (T.R.P.) का संबंध विज्ञापनों (Advt.) से होता है। जिस टी.वी. चैनल (TV Channel) की टी.आर.पी. जितनी अधिक होती है, उसे उतना ही अधिक विज्ञापन मिलने की संभावना होती है। वह विज्ञापन की दरें भी ऊँची

ही रखते हैं। मार्केटिंग/रेटिंग एजेंसियाँ ही टी.आर.पी. के आँकड़े (Sample) जुटाती हैं और विभिन्न चैनलों व टी.वी. इंडस्ट्री से जुड़े दूसरे पक्षों को ऊँची कीमतों पर बेचती हैं। मार्केट रिसर्च एजेंसियाँ हर सप्ताह (गुरुवार की रात या शुक्रवार) को टी.वी. चैनलों के संबंध में आँकड़े जारी करती हैं। इन आँकड़ों से यह ज्ञात होता है कि कौन सा चैनल किस स्थान (No.) पर है तथा उसके कार्यक्रमों की लोकप्रियता के बारे में भी जानकारी प्राप्त होती है।

वर्तमान में टी.आर.पी. ने समाचारों को इस तरह से परिभाषित कर दिया है कि जो सबसे ज्यादा देखा जाए, वही सबसे बड़ा समाचार भी है और जिसमें दर्शकों की रुचि कम हो, वह समाचार ही नहीं। इसके चलते समाचारों का चयन भी इसी आधार पर करना होता है।

जहाँ कुछ समय पहले तक कहा जाता था कि 'कंटेंट इज दि किंग' (Content is the King) माने संपादकीय सामग्री ही राजा/किंग होती है। फिर बाद में कहा जाने लगा कि 'डिस्ट्रीब्यूशन इज दि किंग, (Distribution is the King) माने चैनल की वितरण व्यवस्था ही उसे आगे ले जाती है। वहीं आज माना जाता है कि टी.आर.पी. इज दि किंग (T.R.P. is the king) माने जिस चैनल की टी.आर.पी. जितनी ज्यादा होगी, वही राजा है।

टैम (TAM)—टैम (TAM) का पूरा नाम—टेलीविजन ऑडिएंस मेजरमेंट है। यह एजेंसी (सन् 1998) भारत में टेलीविजन चैनलों से संबंधित आँकड़े देने वाली प्रमुख एजेंसी है। टैम-इंडिया के अतिरिक्त भी भारत में कई रेटिंग एजेंसियाँ हैं, जैसे—इनटैम (India Television Audience Measurement—ITAM), एम्प (AMAP) आदि। टैम इंडिया जो आँकड़े देती है, उसे सत्य मानकर टी.वी. इंडस्ट्री अपनी विज्ञापन व संपादकीय नीतियाँ तैयार करती है। टैम सप्ताह में एक बार गुरुवार की रात या शुक्रवार को अपने आँकड़े जारी करती है।

टैम इंडिया जिन मशीनों के सहारे सैंपल (Sample) एकत्र करती है, उन्हें 'पीपल्स मीटर' (People's Meters) कहा जाता है। ये बहुत महँगे उपकरण होते हैं। यह मीटर चुनिंदा व्यक्तियों के घरों में ही टी.वी. सेट्स के साथ लगा दिए जाते हैं। ये मीटर 24 घंटे चैनल की फ्रीक्वेंसी के आधार पर दर्ज करते रहते हैं कि उस घर के निवासी क्या देख रहे हैं, कितना देख रहे हैं? इन मीटरों के जरिए ही सैंपल्स एकत्रित किए जाते हैं और फिर इनके आधार पर निष्कर्ष निकाले जाते हैं। परंतु इनकी विश्वसनीयता के बारे में भी कई सवाल उठते रहते हैं। टैम इंडिया आजकल मात्र चौदह राज्यों के लगभग तिहत्तर शहरों से 7,800 पीपल्स मीटरों के जरिए ही नमूने एकत्रित करती है।

विशेषज्ञों के मुताबिक यह बहुत ही कम है।

उल्लेखनीय है कि जब तक निजी चैनलों का आगमन (सन् 1990 तक) नहीं हुआ था, तब तक दूरदर्शन (Doordarshan) का अपना अनुसंधान विभाग डार्ट (DART) ही कार्यक्रमों की लोकप्रियता के बारे में जानकारी देता था। ये आँकड़े दूरदर्शन पर चलनेवाले विभिन्न कार्यक्रमों के ही होते थे। यह रेटिंग बताती थी कि कौन से सीरियल (Serial) और समाचार के कार्यक्रमों की क्या स्थिति है।

Television Programme — टेलीविजन विविध कार्यक्रम

टेलीविजन के कार्यक्रम (TV Programme) मुख्य रूप से चार वर्गों में विभाजित किए जा सकते हैं—

1. समाचार (News), वार्त्ता एवं परिचर्चा (Talk & Discussion), रिपोर्ट (Plan), फीचर (Feature), आँखों देखा हाल (Commentary), वृत्तचित्र (Documentary), साक्षात्कार (Interview) शिक्षण कार्यक्रम आदि।
2. फीचर फिल्म (Feature Film), फिल्मी गीत, लोक संगीत, गायन, वाद्य संगीत, शास्त्रीय संगीत आदि।
3. धारावाहिक (Serial)—ये कार्यक्रम बहुत बड़ी संख्या में दिखाए जाते हैं, जिनमें संगीत एवं मनोरंजन का मिश्रण रहता है।
4. चौथे वर्ग में प्रतियोगितात्मक कार्यक्रम रखे जाते हैं, जो जानकारी, शिक्षा व मनोरंजन के सम्मिश्रण से तैयार किए जाते हैं।

टेलीविजन कार्यक्रम के निर्माण के तीन स्तर/चरण होते हैं—पहला, पूर्व निर्माण का सोपान (Stage of Pre production), दूसरा निर्माण का स्तर/सोपान (Stage of Production), तीसरा निर्माणोत्तर सोपान (Post-production Stage) आदि।

Television Reporter — टेलीविजन रिपोर्टर

'टेलीविजन संवाददाता/रिपोर्टर' (TV Reporter) का मुख्य कार्य समाचार संकलन करना होता है, साथ ही उसे श्रव्य और दृश्य सामग्री भी जुटानी व प्रेषित करनी होती है। टी.वी. रिपोर्टर के लिए समाचारों को विस्तार से देने की जरूरत नहीं होती, जबकि समाचार एजेंसियों एवं समाचार-पत्रों के रिपोर्टरों को विस्तार से समाचार देने होते हैं।

एक सफल टी.वी. रिपोर्टर में निम्न योग्यताएँ होनी चाहिए—

1. समाचार-पत्र एवं रेडियो के रिपोर्टर की तरह टेलीविजन रिपोर्टर को भी

समाचार बोध की क्षमता सबसे अनिवार्य योग्यता है। उसे समाचार के सिद्धांत कौन, क्या, किसने, कब, कहाँ, क्यों, कैसे (छह ककारों) आदि को ध्यान में रखकर समाचार तैयार करना चाहिए।

2. रेडियो एवं समाचार-पत्र के विपरीत टी.वी. रिपोर्टर को अधिकतर स्वयं ही रिपोर्ट स्क्रीन पर पेश करनी होती है या करनी चाहिए।
3. टी.वी. रिपोर्टर को आत्मविश्वास से परिपूर्ण होना चाहिए।
4. रिपोर्टर की आवाज भी ठीक होनी चाहिए एवं उसका चेहरा फोटोजेनिक एवं आकर्षक व्यक्तित्व का होना चाहिए।
5. रिपोर्टर को माध्यम की अच्छी जानकारी होनी चाहिए। उसे ज्ञात होना चाहिए कि टी.वी. एक दृश्य-श्रव्य (Audio Visual) माध्यम है। इसलिए रिपोर्टिंग में जहाँ तक संभव हो, वीडियो-फुटेज प्राप्त करने का प्रयास करना चाहिए।
6. रिपोर्टर में अच्छी लेखन क्षमता भी होनी चाहिए। उसे अपने कर्तव्यों के प्रति ईमानदार भी होना चाहिए।

Television Studio — टेलीविजन स्टूडियो

टेलीविजन समाचार कक्ष को सामान्यतः चार भागों में बाँटा जा सकता है—इनपुट (Input), आउटपुट (Output), प्रोडक्शन (Production) एवं स्टूडियो (Studio)। जहाँ इनपुट एवं आउटपुट का कार्य पत्रकार देखते हैं, वहाँ प्रोडक्शन एवं स्टूडियो का कार्य गैर पत्रकार कर्मचारी करते हैं। स्टूडियो समाचार चैनल का केंद्रबिंदु होता है, क्योंकि यहाँ से ही समाचार का प्रसारण या रिकार्डिंग होती है।

स्टूडियो में समाचार वाचक (News Reader) के अलावा कैमरामैन, फ्लोर मैनेजर, मेकअप मैन, प्रोड्यूसर, इंजीनियर्स, टेक्निशियन, डाली मैन आदि तैयार रहते हैं। स्टूडियो 'साउंड प्रूफ' (Sound-Proof) होता है। बाहर का शोर अंदर नहीं आता और अंदर की आवाज बाहर नहीं जा सकती। स्टूडियो में सैट (Set) बनाए जाते हैं। सेटों पर उचित प्रकाश हेतु लाइटिंग ग्रिड लगते हैं तथा ध्वनि हेतु माइक्रोफोन (Microphone) प्रयोग में लाए जाते हैं। फ्लोर मैनेजर स्टूडियो में होनेवाली सभी गतिविधियों पर नजर रखता है।

स्टूडियो को कार्य के आधार पर कई भागों में बाँटा जा सकता है। ऑडियो स्टूडियो (Audio Studio), वीडियो स्टूडियो (Video Studio) एवं मिक्सिंग स्टूडियो (Mixing Studio) आदि।

Telex टेलेक्स

'टेलेक्स' (Telex) वास्तव में टेलीप्रिंटर (Teleprinter) एक्सचेंज का ही संक्षिप्त रूप है। यह टेलीप्रिंटर, टेलीग्राफ एवं टेलीफोन का मिश्रित रूप है। टेलेक्स द्वारा संदेश टाइप रूप में तार या रेडियो तरंगों के माध्यम से प्रेषित किया जाता है। यह संदेश को दूरस्थ स्थान तक भेजने का एक प्रचलित तरीका है। टेलेक्स प्रणाली में प्रयोक्ता मुँह से बातचीत नहीं करता, बल्कि अपना संदेश टाइप रूप में भेज या प्राप्त कर सकता है। विश्वभर से आनेवाले संदेश, समाचार-पत्र कार्यालयों में टेलेक्स द्वारा ही प्राप्त होते हैं। इसके अतिरिक्त इसका प्रयोग मौसम विभाग को निर्देश देने हेतु व डाक एवं विभिन्न उद्योगों में भी होता है।

Textbooks पाठ्य पुस्तकें

'पाठ्य पुस्तकें' (Textbooks) निर्देशन पुस्तकें होती हैं, जिनका प्रमुख उद्देश्य विषय (Subject) की मूलभूत जानकारी प्रदान करना होता है।

Three-G (3G) 3-जी

अंतरराष्ट्रीय मोबाइल दूरसंचार 2000 (International Mobile Tele communication—IMT-2000) को 3 जी या तीसरी पीढ़ी (Third Generation) के रूप में बेहतर जाना जाता है। इसे अंतरराष्ट्रीय दूरसंचार संघ (ITU) के द्वारा मोबाइल दूरसंचार के लिए मानक वर्ग के रूप में परिभाषित किया गया है।

2-जी सेवाओं की तुलना में 3-जी उच्च डेटा दरों के साथ स्पीच एवं डेटा सेवाओं के उपयोग में मदद करता है। इस प्रकार 3-जी नेटवर्क की मदद से नेटवर्क ऑपरेटर उपयोगकर्त्ता के लिए आधुनिक स्पेक्ट्रल कुशलता (Improved Spectral Efficiency) के माध्यम से अधिक नेटवर्क क्षमता प्राप्त करके आधुनिक सेवाओं की व्यापक रेंज पेश करता है। अंतरराष्ट्रीय दूरसंचार संघ (ITU) ने विकास को बढ़ावा देने, बैंडविड्थ (Bandwidth) को बढ़ाने और अधिक विविध अनुप्रयोगों को समर्थन देने के लिए मोबाइल टेलीफोनी मानकों IMT-2000 की तीसरी पीढ़ी (3G) को परिभाषित किया।

उल्लेखनीय है कि सार्वजनिक क्षेत्र की दूरसंचार कंपनी महानगर टेलीफोन निगम (MTNL) भारत में 3-जी मोबाइल फोन सेवा प्रदान करने वाली (सन् 2008 में) पहली कंपनी बनी है। 3-जी सेवा के माध्यम से मोबाइल उपभोक्ता बेहतर ऑडियो-वीडियो सुविधा के साथ-साथ तेज गति की इंटरनेट सुविधा और मोबाइल पर टेलीविजन चैनलों का भी आनंद ले सकते हैं।

Tictak टिकटैक

जब कोई रिपोर्टर किसी भी व्यक्ति के साथ स्टूडियो के बाहर कोई संक्षिप्त बातचीत करता है, तो उसे 'टिकटैक' (Tictak) कहते हैं। यह बातचीत इंटरव्यू (Interview) के तौर पर इस्तेमाल होती है। इस तरह के इंटरव्यू या टिकटैक तभी इस्तेमाल किए जाते हैं, जब उसमें कोई खास बात हो। यह खास बात या तो किसी खास व्यक्ति की वजह से हो सकती है या फिर उसमें कोई विशेष बात कही गई हो, जो समाचार के लिहाज से अति महत्त्वपूर्ण हो।

Tiker टिकर

टी.वी. समाचार चैनलों पर समाचार प्रसारण के समय स्क्रीन (Screen) पर नीचे की ओर एक पट्टी दौड़ती रहती है, जिस पर सामान्यतः मुख्य खबरें, शेयर बाजार के भाव, क्रिकेट की अपडेट, किसी विशेष व्यक्ति या अभिनेता/अभिनेत्री को जन्मदिन की शुभकामना संदेश प्रसारित करते हैं। इसे 'स्कॉल' या 'टिकर' (Tiker) कहते हैं।

Trademark ट्रेडमार्क/लोगो

'ट्रेडमार्क' (Trademark) वह शब्द, नाम या चिह्न है या उन शब्दों का सम्मिश्रण होता है, जो निर्माता कंपनी अपनी एक अलग पहचान एवं प्रतिष्ठा हेतु विज्ञापनों (Advt.) में प्रयुक्त करती है। ट्रेडमार्क से कंपनी/संस्था का प्रचार-प्रसार होता है। संस्था की साख ही उत्पाद के प्रचार-प्रसार एवं विक्रय में वृद्धि का माध्यम होती है। ट्रेडमार्क रजिस्टर/पंजीकरण कराए जा सकते हैं तथा यह एक कंपनी की निजी संपत्ति होते हैं। लोगो (Logo), ब्रांड नाम (Brand Name) ट्रेड मार्क का ही हिस्सा होते हैं। लोगो एक आकृति है, जिसमें कंपनी/संस्था का नाम या उसके हस्ताक्षर विद्यमान होते हैं।

ट्रेडमार्क, ट्रेड नाम और ब्रांड नाम यह सब एक भी हो सकते हैं जैसे टाटा, बिरला, बाटा, जे.के., अंबुजा, एच.एम.टी. आदि। कई कंपनियाँ अपने उत्पादों के लिए ट्रेड नाम और ट्रेड मार्क से हटकर अलग ब्रांड नाम रखती हैं। यह किसी व्यक्ति, कंपनी या विदेशी नाम पर आधारित हो सकता है। व्यक्तिगत नाम पर आधारित ब्रांड नाम के उदाहरण हैं, जैसे—नवरत्न तेल, अशोक मसाले, खेतान पंखे, टाटा चाय एवं कोलगेट टूथपेस्ट आदि।

Traditional Communication परंपरागत संचार

'परंपरागत संचार' (Traditional Communication) माध्यमों से तात्पर्य उन माध्यमों से है, जो पीढ़ी-दर-पीढ़ी विकसित होते आए हैं एवं समाज में जिनकी

प्रासंगिकता एवं क्रियाशीलता आज भी दिखाई देती है। ये हमारी संस्कृति का हिस्सा हैं। परंपरागत संचार माध्यमों का इतिहास बहुत ही पुराना है। पुराणों में बहुचर्चित देवर्षि नारद घूम-घूमकर संवाद प्रेषण करनेवालों में अग्रणी थे। उन्हें जनसंचार का आदि आचार्य भी कहा जाता है। महाभारत काल में संजय द्वारा नेत्रहीन धृतराष्ट्र के सम्मुख कुरुक्षेत्र युद्ध का आँखों देखा हाल सुनाने के कारण उन्हें संचार जगत् का पुरोधा माना जाता है। सम्राट अशोक के शासन काल में शिलालेखों का उपयोग संचार के लिए किया गया। इसके अतिरिक्त लोकसंगीत, लोकनाट्य, लोककलाओं आदि को हमारे समाज ने (परंपरागत) संचार माध्यमों के रूप में ही अपनाया।

परंपरागत संचार माध्यम की प्रमुख विशेषताएँ इस प्रकार हैं—

1. ये अलिखित होते हैं, ये मौखिक परंपरा द्वारा एक पीढ़ी से दूसरी पीढ़ी तक विकसित होते हैं।
2. ये माध्यम लोक मानस की अभिव्यक्ति होते हैं।
3. इनके प्रस्तुतीकरण पर होनेवाला खर्च अन्य आधुनिक माध्यमों की तुलना में कम होता है।
4. इन माध्यमों का विकास मानव जीवन के साथ हुआ।
5. ये माध्यम गैर व्यावसायिक प्रकृति के होते हैं।
6. इन माध्यमों में सभी धर्मों के प्रति सहिष्णुता विद्यमान रहती है।
7. सामाजिक कुरीतियों के विरुद्ध जनजागृति उत्पन्न करने में इन माध्यमों की महत्त्वपूर्ण भूमिका रही है।

Traditional Media परंपरागत माध्यम

'परंपरागत माध्यम' को अंग्रेजी में ट्रेडिशनल मीडिया (Traditional Media) कहा जाता है। अंग्रेजी में फाक मीडिया शब्द भी प्रचलित है। हिंदी में ग्रामीण माध्यम (Rural Media) भी इसके लिए प्रयुक्त होता है।

प्रमुख परंपरागत संचार माध्यमों का वर्गीकरण इस प्रकार है—

1. **लोक गीत**—लोक गीतों का प्रचलन संपूर्ण भारत में है। लोक गीत त्यौहार, फसलों की कटाई, विवाह व धार्मिक समारोह के अवसर पर गाए जाते हैं।
2. **लोक कथा**—लोक कथाएँ भारत में प्राचीन काल से ही मौखिक व लिखित रूप में एक पीढ़ी से दूसरी पीढ़ी तक निरंतर प्रवाहित होती रही हैं।

3. **लोक गाथा**—ये लगभग विश्व के सभी देशों में पाई जाती हैं।
4. **लोक नाट्य**—जैसे नौटंकी, रामलीला, तमाशा, कठपुतली आदि।
5. **लोक कला**—भारत में ललित कलाओं का इतिहास सदैव रहा है। मिट्टी के बर्तन बनाना, लकड़ी के खिलौने आदि बनाना।
6. **लोक नृत्य**—भारत में लोक नृत्य लगभग चार तरह के होते हैं—कथकली (केरल), भरतनाट्यम, कथक एवं मणिपुरी नृत्य आदि।

उल्लेखनीय है कि संचार माध्यमों का वर्गीकरण दो प्रकार से किया जाता है। एक परंपरागत संचार माध्यम, दूसरा आधुनिक माध्यम। आधुनिक संचार माध्यमों को भी कई भागों में बाँटा जा सकता है।

मुद्रण माध्यम (समाचार-पत्र-पत्रिकाएँ), इलेक्ट्रॉनिक माध्यम रेडियो (श्रव्य), टी.वी. (श्रव्य व दृश्य), नव इलेक्ट्रॉनिक माध्यम (कंप्यूटर व उपग्रह) आदि।

Transit Advertisement — परिवहन विज्ञापन

यह एक बाह्य माध्यम (Outdoor Advt. Medium) है। परिवहन के साधनों जैसे—बसों, टैक्सियों, रेलों आदि के अंदर एवं बाहर तथा बस स्टैंड, रेलवे स्टेशन और हवाई अड्डे के अंदर लगे हुए विज्ञापन इस श्रेणी में आते हैं। इस प्रकार के विज्ञापनों में परिवहन के साधनों का ही इस्तेमाल किया जाता है, इसीलिए इसे 'परिवहन विज्ञापन' (Transit Advertising) भी कहा जाता है।

Translation — अनुवाद

'अनुवाद' शब्द को अंग्रेजी में ट्रांसलेशन (Translation) कहा जाता है। जिसका अर्थ है—एक बिंदु से दूसरे बिंदु तक ले जाना या उस पार ले जाना। चूँकि ले जाने का कार्य भाषा करती है, अतः मूल भाषा के वाक्यों को अन्य भाषाओं में बदलकर प्रस्तुत करना ही अनुवाद या भाषांतरण (Translation) करना कहलाता है। सामान्यतः अनुवाद से तात्पर्य है—पुनः कथन अर्थात् दोबारा कहना। ऑक्सफोर्ड इंग्लिश शब्दकोश के अनुसार "अनुवाद वह प्रक्रिया होती है, जिसके द्वारा एक भाषा में कही हुई बात को दूसरी भाषा में रूपांतरित किया जाता है।"

वर्तमान में अनुवाद का महत्त्व बढ़ता जा रहा है। मात्र किताबों या साहित्य का एक भाषा से दूसरी भाषा में परिवर्तित होना ही अनुवाद नहीं है, बल्कि किसी विज्ञापन, भाषण, संदेशों, विचारों, संगीत व कला आदि को भी अन्य भाषा-भाषियों तक पहुँचाना अनुवाद कार्य का क्षेत्र माना जाता है। अनुवाद कार्य करनेवाले व्यक्ति

को अनुवादक (Translator) कहा जाता है। उसके लिए मात्र दूसरी भाषा का ज्ञान होना ही एकमात्र शैक्षिक योग्यता नहीं है, वरन् उसमें असाधारण प्रतिभा, सूझ-बूझ, वाक्यों और उनके भावों को समझने की शक्ति का होना जरूरी है।

Travel Literature यात्रा वृत्त/यात्रा साहित्य

जब कोई लेखक अपनी यात्रा/भ्रमण के दौरान देखे गए स्थानों का वर्णन करता है, तो उसे 'यात्रावृत्त' या यात्रा साहित्य (Travel Literature) कहते हैं। यात्रा वर्णन में भ्रमणकर्त्ता यात्रा की लब्ध अनुभूतियों को प्रकट करता है। अर्थात् आत्मकथा (Autobiography) में जहाँ जीवन यात्रा की विवरणी होती है, वहाँ यात्रा वर्णन में देशभ्रमण की या स्थानीय यात्रा की विवरणी सामने आती है। किसी देश की यात्रा से वहाँ के रीति-रिवाज, रहन-सहन तथा उस देश की आर्थिक, सामाजिक और पारंपरिक स्थितियों पर प्रकाश डाला जाता है।

यात्रा साहित्य कहानी नहीं है, भ्रमण कहानी है। यह उपन्यास भी नहीं है। यह कविता नहीं, परंतु रोचक वर्णनों से काव्यात्मकता प्रदान कर सकता है। यह समीक्षा (Review) भी नहीं, परंतु देशकाल की कड़ी समीक्षा अपनी दृष्टि से कर सकता है। अत: विवरण प्रधान वर्ण्य साहित्य का अंग होते हुए भी 'यात्रा वर्णन' या 'यात्रा वृत्त' एक रोचक गद्य विधा है, जो लेखक या यात्राकार के व्यक्तित्व को प्रकाशित करते हुए समग्र देशकाल को भी अपने में समेटने की दक्षता रखता है।

Transistor ट्रांजिस्टर

'ट्रांजिस्टर' (Transistor) दो शब्दों Transfer एवं Register का सम्मिलित रूप है। यह ठोस स्थितिवाला परिपथ घटक (Solid State Circit Component) होता है। इसमें आम तौर पर तीन लेंड होते हैं, जिनमें वोल्टेज या विद्युत धारा दूसरी विद्युत धारा को नियंत्रित करती है। ट्रांजिस्टर ऐंप्लीफायर (Amplifier) स्विच जैसे कार्य करता है। आधुनिक इलेक्ट्रॉनिक उपकरणों का यह मूलभूत घटक है।

Twitter ट्विटर

'ट्विटर' (Twitter) एक मुक्ते सामाजिक संजाल (Social Networking) व सूक्ष्म ब्लॉगिंग (Micro Blogging) सेवा है, जो अपने उपयोगकर्त्ताओं को अपनी अद्यतन (Update) जानकारियाँ, जिन्हें ट्वीट्स (Tweets) वाक्य कहते हैं, एक-दूसरे को भेजने एवं पढ़ने की सुविधा देता है। ट्वीट्स में 140 अक्षरों तक के पाठ्य

आधारित पोस्ट (Text based Post) होते हैं और लेखक के रूपरेखा पृष्ठ पर प्रदर्शित किए जाते हैं तथा दूसरे उपयोगकर्त्ता अनुयायी/फॉलोअर को भेजे जाते हैं। उपयोगकर्त्ता ट्विटर वेबसाइट या एस.एम.एस. (S.M.S.) से भी ट्वीट्स भेज सकते हैं और प्राप्त कर सकते हैं। इंटरनेट पर यह सेवा निःशुल्क है।

ट्विटर सेवा इंटरनेट पर सन् 2006 में जैक डोर्सी (Jack Dorsey) द्वारा प्रारंभ की गई। यह अपने प्रारंभ होने के बाद से ही उपभोक्ताओं विशेषकर युवाओं में खासी लोकप्रिय हो चुकी है। ट्विटर कई सामाजिक नेटवर्क जालस्थलों जैसे—माइक्रोस्पेस (Microspace) एवं फेसबुक (Facebook) पर काफी लोकप्रिय हो चुका है।

ट्विटर का मुख्य कार्य होता है यह पता करना कि कोई निश्चित व्यक्ति किसी समय क्या कार्य कर रहा है? यह माइक्रोब्लॉगिंग की तरह होता है, जिस पर उपभोक्ता बिना विस्तार के अपने विचार व्यक्त कर सकता है।

ट्विटर उपयोक्ता विभिन्न तरीकों से अपना खाता (Account) अद्यतन (अपडेट) कर सकते हैं। वह वेब बाऊजर से अपना पाठ संदेश (text message) भेजकर अपना ट्विटर खाता अद्यतित कर सकते हैं और ई-मेल (E-mail) या फेसबुक जैसे विशेष अंतरजाल अनुप्रयोगों (Web Application) का भी उपयोग कर सकते हैं।

ट्विटर सेवा प्रारंभ में अंग्रेजी में ही उपलब्ध थी किंतु अब यह कई अन्य भाषाओं में भी उपलब्ध होने लगी है, जैसे—फ्रेंच, जर्मन, स्पेनिश, जापानी एवं इतालवी आदि। वर्तमान में बी.बी.सी. (BBC) जैसे समाचार संस्थानों से लेकर सं.रा. राष्ट्रपति ओबामा भी ट्विटर पर मिलते हैं। ट्विटर इंक (Twitter Inc.) का मुख्यालय सेन फ्रांसिस्को, कैलीफोर्निया (सं.रा. अमेरिका) में स्थित है।

Twostep Flow Theory of Communication — द्विचरणीय संचार प्रवाह का सिद्धांत

'द्विचरणीय संचार प्रवाह का सिद्धांत' (Twostep Flow Communication Model/Theory) जनसंचार का एक महत्त्वपूर्ण सिद्धांत/मॉडल है। यह सिद्धांत पॉल लेजर फेल्ड (Lazer Feld) और उसके सहयोगियों ने बुलेट सिद्धांत (Bullet Theory) के स्थान पर स्थापित किया। लेजर फेल्ड ने पाया कि मास मीडिया द्वारा चलाए गए अभियान का लोगों के वोट देने पर प्रभाव बहुत कम था। रेडियो एवं प्रिंट माध्यमों से सूचना ओपिनियन लीडर (OL) तक पहुँच जाती है और ओपिनियन लीडर द्वारा

जनसंख्या के शेष भागों तक पहुँचती है।

उपरोक्त चित्र मीडिया से जनश्रोता तक संचार के प्रवाह को दर्शाता है। OL वे व्यक्ति होते हैं, जो दिन-प्रतिदिन निजी संपर्क द्वारा दूसरे के निर्णयों एवं विचार निर्माण प्रक्रिया को प्रभावित करते हैं। समाज के हरेक समूह का एक अपना ओपिनियन लीडर (Opinion Leader—OL) होता है। अधिकतर आम जनता इन ओपिनियन लीडरों के संपर्क में आकर सूचना प्राप्त करती है और ये स्वयं सूचना के लिए मीडिया पर निर्भर भी करते हैं। यही इस सिद्धांत का आधार है, जिसमें संचार प्रवाह (Communication Flow) के दो चरण दिखाए गए हैं।

संक्षेप में द्विचरणीय संचार प्रवाह का सिद्धांत बताता है कि मास मीडिया द्वारा प्रसारित संदेश सब श्रोताओं को एक समान प्रभावित नहीं करते और ओपिनियन लीडर की भूमिका इस प्रभाव को स्थापित करने में महत्त्वपूर्ण है। इस सिद्धांत की प्रमुख कमी यह है कि यह मीडिया के सीधे प्रभावों को बिल्कुल नकारता है।

Type — अक्षर/टाइप

'टाइप' (Type) अंग्रेजी का शब्द है, जो ग्रीक शब्द टाइपोज से निकला है। इसमें हर वर्ण का अलग टाइप होता है, जो लकड़ी या धातु के ऊपर आयताकार रूप में उल्टा खुदा होता है। इस टाइप फेस पर ही स्याही (Ink) लगती है तथा मशीन की दाब से पेपर पर उसकी आकृति/प्रतिकृति सीधी छपती है। यह टाइप पॉइंटों और सीरीज के होते हैं।

टाइप के प्रमुख अंग इस प्रकार हैं—

1. **फुट (Foot)**—टाइप के नीचे का वह भाग, जिस पर टाइप खड़ा होता है।
2. **ग्रूव (Groove)**—टाइप के नीचे का भाग।
3. **निक (Nick)**—टाइप के एक तरफ बना गहरा निशान। जिससे टाइप के सीधा व उल्टा होने की जानकारी मिलती है।
4. **पिन (Pin)**—टाइप के बगल में बना निशान।
5. **शोल्डर (Shoulder)**—बिअर्ड के नीचे, बॉड़ी के ऊपर का भाग।
6. **बिअर्ड (Beard)**—फेस और शोल्डर के मध्य का तिरछा भाग।
7. **फेस (Face)**—टाइप की ऊपरी सतह, जिससे छपाई के दौरान पेपर पर अक्षर उभरता है।
8. **सेरिफ (Serif)**—फेस के दाहिने-बाएँ निकला भाग।

9. **फ्रंट (Front)**—टाइप का सामने का भाग, जिसमें निक रहता है।

10. **बैक (Back)**—टाइप के पीछे का भाग।

टाइप के पॉइंट (Point)—मुद्रण कार्य में टाइप की बनावट की दृष्टि से कुछ मानक पॉइंट तय किए गए हैं। किसी भी टाइप का एक पॉइंट एक इंच के 72वें भाग के बराबर होता है। सामान्यतः नाप की दृष्टि से 12 पॉइंट का एक 'एम' तथा 6 पॉइंट का 'एन' होता है। हिंदी व अंग्रेजी दोनों ही भाषाओं में टाइप की पॉइंट प्रणाली अपनाई जाती है।

□

Unexpected News — अप्रत्याशित समाचार

'अप्रत्याशित समाचार' (Unexpected News) से तात्पर्य ऐसे समाचार से है, जिसकी पूर्व में आशा, संभावना या कल्पना भी न हो, जैसे—आकस्मिक दुर्घटना, राजनैतिक परिवर्तन/क्रांति, किसी विशिष्ट व्यक्ति का निधन, भूकंप, सांप्रदायिक दंगे, किसी प्रश्नपत्र का आउट/लीक होना आदि। मीडिया में इस प्रकार के समाचारों को प्रसारण व प्रकाशन में प्राथमिकता दी जाती है।

United Nations Organisation (UNO) — संयुक्त राष्ट्र संघ

'संयुक्त राष्ट्र संघ' (UNO) की स्थापना 24 अक्तूबर, 1945 में हुई। इसका मुख्यालय न्यूयार्क (सं.रा. अमेरिका) में स्थित है। यू.एन.ओ (UNO) के संविधान को चार्टर (Charter) कहा जाता है, जो सेन फ्रांसिस्को (सं.रा. अमेरिका) में सन् 1945 में स्वीकार किया गया। वर्तमान में यू.एन.ओ. विश्व का सबसे बड़ा अंतरराष्ट्रीय संगठन है। इसकी कुल सदस्य संख्या (सन् 2010 तक) 191 है। यू.एन.ओ. का प्रमुख उद्देश्य अंतरराष्ट्रीय शांति एवं सुरक्षा बनाए रखना है।

संयुक्त राष्ट्र संघ के प्रमुख अंग (Organs) हैं—महासभा, (General Assembly), सुरक्षा परिषद् (Security Council), आर्थिक एवं सामाजिक परिषद् (Economic & Social Council), न्यास परिषद् (Trusteeship Council), अंतरराष्ट्रीय न्यायालय (International Court) एवं सचिवालय (Secretariat)। सन् 2007 में संयुक्त राष्ट्र संघ के महासचिव (Secretary General) बान की मून (दक्षिण कोरिया) थे। इसके नाम में से अब संघ शब्द हटा दिया गया है।

संयुक्त राष्ट्र संघ की प्रमुख एजेंसियाँ (Specialised Agencies)/अभिकरण इस प्रकार हैं—यूनेस्को (UNESCO), यूनिसेफ (UNICEF), अंकटाड (UNCTAD),

यू.एन.डी.पी. (UNDP), यू.एन.ई.पी. (UNEP), विश्व स्वास्थ्य संगठन (WHO), विश्व पर्यटन संगठन (WTO), खाद्य एवं कृषि संगठन (FAO), अंतरराष्ट्रीय दूरसंचार संघ (ITU) एवं विश्व बैंक (World Bank) आदि।

United News of India—UNI यूनाइटेड न्यूज ऑफ इंडिया

'यूनाइटेड न्यूज ऑफ इंडिया' (United News of India) की स्थापना 15 दिसंबर, 1959 को हुई। इसने 21 मार्च, 1961 से कुशलतापूर्वक कार्य करना प्रारंभ किया। यह भारत की जानी-मानी अंग्रेजी समाचार समितियों (News Agencies) में विशेष स्थान रखती है। यू.एन.आई. को संक्षेप में 'यून्यू' लिखा जाता है।

यू.एन.आई. के लगभग 100 से अधिक कार्यालय हैं, जो लगभग 90,000 किलोमीटर लंबी टेलीप्रिंटर (Teleprinter) लाइन से जुड़े हुए हैं। इसकी सेवा का लाभ लगभग 700 समाचार-पत्रों को मिलता है। विश्व की 15 से अधिक समाचार समितियों के साथ इसकी सेवा आदान-प्रदान की जाती है। यू.एन.आई. विश्व की सबसे बड़ी समाचार एजेंसी रॉयटर (Reuter) के माध्यम से विश्व के समाचार वितरित करती है। समाचारों के वितरण के अतिरिक्त इसकी अनेक विशिष्ट सेवाएँ भी हैं, जैसे—कृषि सेवा, संदर्भ सेवा, वाणिज्यिक सेवा, फोकस सेवा आदि। यू.एन.आई. की उर्दू (Urdu) की खबर सेवा भी है। सन् 1982 में यू.एन.आई. ने हिंदी में समाचार देने हेतु यूनीवार्त्ता (Univarta) नाम से समाचार सेवा भी प्रारंभ की। सन् 1986 में इसने अपना टेलीविजन यूनिट भी शुरू किया। यू.एन.आई. का मुख्य कार्यालय नई दिल्ली में स्थित है।

Univarta यूनीवार्त्ता

द्वितीय प्रेस आयोग (Second Press Commission) ने भारत की अंग्रेजी समाचार समितियों से यह अपेक्षा की थी कि वे भारतीय भाषाओं की आधुनिक व उच्चस्तरीय समाचार समितियों के गठन में पहल करें और इसे पूरा किया यू.एन.आई. ने मई 1982 में हिंदी में 'यूनीवार्त्ता' (Univarta) का गठन/प्रारंभ कर। यूनिवार्त्ता की शुरुआत राष्ट्रीय, प्रादेशिक, अंतरराष्ट्रीय, राजनीतिक, सामाजिक, आर्थिक, खेलकूद, व्यापार, मनोरंजन आदि क्षेत्रों में समाचार हिंदी में उपलब्ध कराने के उद्देश्य से की गई थी।

United Press International यू.पी.आई.

यू.पी.आई. 'यूनाइटेड प्रेस इंटरनेशनल' का संक्षिप्त नाम है। यू.पी.आई. (UPI)

विश्व की सबसे बड़ी स्वतंत्र समाचार एजेंसियों में से एक है। अमेरिका में सन् 1958 के आसपास यू.पी.आई. का गठन हुआ। इस समिति ने अपने कार्य के द्वारा यह सिद्ध कर दिया है कि कोई भी समाचार समिति स्वतंत्र रूप से विश्व समाचारों को संकलित कर सकती है और विश्व के प्रमुख समाचार-पत्रों को अपनी सेवाएँ दे सकती है।

United Press of India — यू.पी.आई.

यू.पी.आई. (UPI) की स्थापना सन् 1933 में (कोलकाता में) ए.पी.आई. (API) तथा रायटर (Reuter) के विरोध में श्री वी. सेन गुप्ता द्वारा की गई थी। भारतीय स्वाधीनता आंदोलन में यू.पी.आई. ने प्रामाणिक एवं सत्य समाचार को प्रसारित करने में उल्लेखनीय भूमिका निभाई। हालाँकि एसोसिएटेड प्रेस ऑफ इंडिया (API) की तरह यू.पी.आई. के पास टेलीप्रिंटर न था, फिर भी उसने ए.पी.आई. से टक्कर ली। महात्मा गांधी की हत्या का समाचार सर्वप्रथम यू.पी.आई. ने ही चारों दिशाओं तक पहुँचाया था। परंतु सन् 1958 के आसपास आर्थिक कठिनाइयों के चलते यह समिति बंद करनी पड़ी।

Upright Pyramid — ऊर्ध्व पिरामिड

'ऊर्ध्व पिरामिड' (Upright Pyramid) शैली समाचार लेखन की 'विलोम पिरामिड' शैली (Inverted Pyramid) के ठीक विपरीत या उलटी होती है। इस पद्धति में सबसे महत्त्वपूर्ण अंश को समाचारों के प्रारंभ में न देकर अंत में दिया जाता है, जबकि विलोम पिरामिड शैली में सबसे महत्त्वपूर्ण अंश को सबसे पहले दिया जाता है। ऊर्ध्व पिरामिड का प्रयोग फीचर, मानवीय अभिरुचि के समाचारों में किया जाता है। ऊर्ध्व पिरामिड पद्धति में समाचारों का प्रारंभ सबसे कम महत्त्व के विवरण से किया जाता है, जबकि सर्वाधिक महत्त्वपूर्ण जानकारी (समाचार का चर्मोत्कर्ष) अंत में दी जाती है।

□

Verbal Communication **शाब्दिक संचार**

शब्दों के प्रयोग से किए जानेवाले संचार को ही 'शाब्दिक संचार' (Verbal Communication) कहा जाता है। इस संचार में शब्दों का प्रयोग मौखिक, लिखित एवं मुद्रित रूप में होता है। शाब्दिक संचार को तीन भागों में बाँटा जाता है, जो इस प्रकार हैं—

1. **मौखिक-शाब्दिक संचार (Oral Verbal-Communication)**—इस प्रकार के संचार में शब्दों को बोलकर संप्रेषित किया जाता है। मौखिक संचार निरंतर रूप में होता है, जिसमें शब्द व ध्वनियों का उच्चारण बिना विराम के किया जाता है। व्यक्ति अधिकतर मौखिक संचार में ही हिस्सा लेते हैं। अंतरव्यक्ति संचार, समूह संचार, स्वगत संचार शत-प्रतिशत मौखिक संचार ही होता है।
2. **लिखित-शाब्दिक संचार (Written-Verbal Communication)**—इस प्रकार का संचार लिखित शब्दों में ही होता है। लिखित संचार में शब्द व भाषा का यथार्थ प्रयोग होता है। लिखित संचार में शब्द एक-दूसरे से अलग लिखे जाते हैं। शब्दों का विश्वव्यापी अर्थ होता है।
3. **मुद्रित शाब्दिक संचार (Printed-Verbal Communication)**—इस प्रकार का संचार मुद्रित शब्दों के द्वारा होता है।

Verghese Working Group **वर्गीस कार्यकारी दल**

सन् 1977 में जनता पार्टी ने रेडियो व दूरदर्शन को स्वायत्तता प्रदान करने के लिए बी.जी. वर्गीस की अध्यक्षता में 12 सदस्यीय एक कार्यकारी दल का गठन किया। समिति ने अपनी रिपोर्ट सन् 1978 में प्रस्तुत करते हुए एक स्वतंत्र प्रसारण निगम

'राष्ट्रीय प्रसारण न्यास' (National Broadcast Trust) आकाश भारती के गठन का सुझाव दिया। इस कार्यकारी दल के प्रमुख उद्देश्य थे—विश्व के अन्य लोकतांत्रिक देशों की प्रसारण सेवाओं के स्वायत्तशासी संगठनों के विविध रूपों को ध्यान में रखकर आकाशवाणी (AIR) और दूरदर्शन (Doordarshan) को पूर्ण स्वायत्तता देने संबंधी प्रस्ताव के क्रियात्मक, वित्तीय तथा कानूनी पक्षों की जाँच एवं अध्ययन करना।

सन् 1979 में जनता पार्टी के पतन के साथ ही वर्गीस कार्यदल की रिपोर्ट/प्रस्ताव का कोई महत्त्व न रहा। केंद्र की नई कांग्रेस सरकार ने इसकी सिफारिशों को अस्वीकृत कर दिया।

Vernacular Press Act, 1878 — वर्नाकुलर प्रेस अधिनियम 1878

भारतीय समाचार-पत्रों पर नियंत्रण रखने हेतु लार्ड लिटन के शासनकाल के दौरान सन् 1878 में 'वर्नाकुलर प्रेस एक्ट' (Vernacular Press Act) पारित किया गया। इस अधिनियम के अंतर्गत सरकार को उन भारतीय समाचार-पत्रों पर कठोर नियंत्रण व दंडित करने का अधिकार प्राप्त हो गया, जो ब्रिटिश सरकार के प्रति राजद्रोह एवं भड़कानेवाले समाचार व लेख लिखा करते थे। इस अधिनियम का पत्रकारों व शिक्षित वर्गों ने बहुत विरोध किया। यह अधिनियम मात्र भारतीय भाषाओं के समाचार पत्रों के लिए ही था, अंग्रेजी पत्रों हेतु नहीं। वर्नाकुलर प्रेस अधिनियम को गौनिंग एक्ट के नाम से भी जाना जाता है।

इस अधिनियम के प्रभाव से बचने हेतु बंगला भाषा की 'अमृत बाजार पत्रिका' रातोंरात अंग्रेजी भाषा में परिवर्तित हो गई। बाद में लार्ड रिपन ने सन् 1881 में इस दमनकारी अधिनियम को समाप्त/रद्द कर दिया।

Video Cassette Recorder—VCR — वी.सी.आर.

'वीडियो कैसेट रिकॉर्डर' (VCR) साइज व वजन में काफी हलके होते हैं। इसमें 3/4'' की टेप लगती है। इनके द्वारा रिकॉर्डिंग (Recording) की गुणवत्ता बहुत अच्छी होती है। जब कैसेट समाप्त हो जाती है, तो टेप को पलटकर रिकॉर्डिंग कर सकते हैं।

Video Conference — वीडियो कॉन्फ्रेंस

'वीडियो कॉन्फ्रेंस' (Video Conference) टेली कॉन्फ्रेंस का ही एक प्रकार

है। वीडियो कॉन्फ्रेंस में लोग एक-दूसरे को देख भी सकते हैं तथा आपस में विचारों का आदान-प्रदान भी कर सकते हैं। वीडियो कॉन्फ्रेंस में इलेक्ट्रॉनिक ब्लैक बोर्ड प्रयोग में आता है। इस प्रणाली द्वारा विशेषज्ञों की राय जहाँ क्षणभर में प्राप्त की जा सकती है, वहीं धन, समय व ऊर्जा की बचत भी की जा सकती है।

Video Editing — वीडियो संपादन

दृश्यों का संपादन (Editing) करके उन्हें एक रिपोर्ट या कार्यक्रम का रूप देना 'वीडियो संपादन' (Video Editing) कहलाता है या रिपोर्ट की जरूरत के अनुसार सिलसिलेवार ढंग से दृश्यों को जोड़ना ही वीडियो संपादन है। हालाँकि समाचार चैनलों में कई तरह की रिपोर्टिंग होती है। इनमें प्रोमो (Promo), मोंटाज आदि के निर्माण में भी वीडियो संपादन की महत्त्वपूर्ण भूमिका होती है।

Video Journalism — वीडियो पत्रकारिता

'वीडियो पत्रकारिता' (Video Journalism) इलेक्ट्रॉय माध्यमी पत्रकारिता का तीसरा चरण है। वीडियो पत्रकारिता राजकीय संरक्षण व प्रतिबंधों से मुक्त है तथा सरकार द्वारा अधिकृत चैनल पर अपने समाचार प्रसारण हेतु स्वायत्त सेवा है। इसका सेंसर (Censor) से कोई संबंध नहीं है। वीडियो पत्रकारिता का कमजोर पक्ष है उसकी नकल या पाइरेसी, जिस पर अंकुश लगा पाना न निजी वीडियो पत्रकारिता संस्थान के वश में है और न सरकार के पास। वीडियो पत्रकारिता का प्रारंभ सन् 1988 के आसपास माना जाता है। तब इंडिया टुडे जैसे प्रिंट मीडिया ने 'न्यूज ट्रैक' वीडियो मैगजीन प्रारंभ की थी। इसके पश्चात् तो कई वीडियो पत्रिकाएँ प्रारंभ हुईं।

Video Magazine — वीडियो मैगजीन

'वीडियो मैगजीन' (Video Magazine) दृश्य एवं श्रव्य पत्रकारिता पर आधारित है। आकाशवाणी (AIR) और दूरदर्शन (Doordarshan) पर सरकारी नियंत्रण के कारण शासन विरोधी तथा अन्य सनसनीखेज खबरों का अभाव रहा है। इसी अभाव की पूर्ति के लिए व्यावसायिक हितों ने इलेक्ट्रॉनिकी के विकास को देखते हुए वीडियो मैगजीन का निर्माण शुरू किया। सर्वप्रथम सितंबर 1988 में इंडिया टुडे समूह ने अपनी वीडियो पत्रिका न्यूज ट्रैक प्रारंभ की। इसके पश्चात् आई विटनेस (हिंदुस्तान टाइम्स), आब्जर्वर न्यूज चैनल, कालचक्र वीडियो (विनोद दुआ), स्पोर्ट्स चैनल (नवाब पटौदी), मनोरंजन (शम्मी कपूर) और संगीत से परिपूर्ण झंकार आदि वीडियो मैगजीन प्रारंभ हुईं।

इन वीडियो पत्रिकाओं में समसामयिक घटनाएँ तथा खोजी पत्रकारिता (Investigative Journalism) पर आधारित सनसनीखेज घटनाएँ होती हैं। वर्तमान में केबल व सैटेलाइट टी.वी. के विकास ने इन वीडियो पत्रिकाओं की उपयोगिता कम कर दी है।

Video Phone वीडियो फोन

दूरसंचार जगत में 'वीडियो फोन' (Video Phone) एक महत्त्वपूर्ण उपलब्धि है। इसे फोटोफोन भी कहते हैं। वीडियो फोन में एक कैमरा, एक टी.वी. स्क्रीन सैट होता है। वीडियो फोन के माध्यम से न केवल व्यक्ति की आवाज ही सुनी जाती है, बल्कि चित्र भी दिखाई पड़ता है। इस प्रक्रिया में टेलीफोन से एक कैमरा और वीडियो स्क्रीन जुड़ी रहती है। टेलीफोन नंबर मिलाते ही कैमरा चालू हो जाता है और विद्युत संकेतों के माध्यम से आवाज एवं चित्र लक्षित व्यक्ति तक पहुँचाए जाते हैं।

Video Tape Recorder वीडियो टेप रिकॉर्डर

ऐसे टेप रिकॉर्डर जिनमें टेलीविजन के चित्रों को आकलित करके इच्छानुसार कभी भी देखा जा सकता है, उन्हें 'वीडियो टेप रिकॉर्डर' (Video Tape Recorder) कहते हैं। इन्हें पिक्चर टेप रिकॉर्डर (Picture Tape Recorder) भी कहते हैं। इन रिकॉर्डरों का उपयोग टेलीविजन स्टूडियो में तथा घरों में भी किया जाता है। टेलीविजन के सिद्धांत का उपयोग ऐसे टेलीफोन के लिए भी किया जाने लगा है, जिसमें दोनों छोरों से वार्त्ता करनेवाले व्यक्ति एक-दूसरे को देख भी सकते हैं। इस व्यवस्था में वार्त्ता करनेवाले व्यक्तियों की ओर एक छोटा सा टी.वी. कैमरा और सामने टी.वी. रिसीवर रखा होता है।

Video Text वीडियो टेक्स्ट

'वीडियो टेक्स्ट' (Video Text) प्रणाली टेलीटेक्स्ट (Teletext) से काफी मिलती-जुलती प्रणाली है। अंतर केवल इतना है कि इसमें किसी सूचना को प्राप्त करनेवाला व्यक्ति टेलीफोन द्वारा संपर्क स्थापित करता है। वीडियो टेक्स्ट प्रणाली में सूचनाओं को रंगीन एवं श्याम श्वेत टी.वी. (दोनों) पर प्राप्त किया जा सकता है। वीडियो टेक्स्ट कंप्यूटर (Computer) द्वारा ही संचालित होती है। इसमें टी.वी. प्रसारण केंद्रों में कंप्यूटर की सहायता से संदेश एकत्र किए जाते हैं। जिसे डाटाबेस (Database) भी कहते हैं। इस डाटाबेस में पाठ्य सामग्री को पन्ने के रूप में संचित किया जाता है।

एक पन्ने/पृष्ठ में लगभग 40 पंक्तियाँ होती हैं, जिसके प्रसारण में 14 से 20 सेकेंड्स लगते हैं। टी.वी. की स्क्रीन पर एक बार में लगभग 312 पंक्तियाँ आती हैं, किंतु मात्र 280 पंक्तियाँ ही देखी जा सकती हैं। वीडियो टेक्स्ट के माध्यम से विभिन्न सेवाओं का उपयोग किया जा सकता है। जैसे बैंकिंग, एयरलाइन, आरक्षण (Reservation), होम शॉपिंग, टेलीफोन डायरेक्टरी, पूछताछ और कुछ खास अन्य सेवाएँ जो व्यापारिक समुदाय के लिए निहित हैं। वीडियो टेक्स्ट तंत्र आम नागरिकों के लिए है और संचार की भाषा में इसे 'उपभोक्ता का दोस्त' की संज्ञा भी दी जाती है।

Vividh Bharti — विविध भारती

भारत सरकार ने रेडियो (आकाशवाणी) की लोकप्रियता को चार चाँद लगाने व फिल्म संगीत के विशेष प्रसारण हेतु बंबई से 2 अक्तूबर, 1957 से 'विविध भारती' (Vividh Bharti) यानी All India Variety Programme प्रारंभ किया। यह आकाशवाणी का मनोरंजन कार्यक्रम है। विविध भारती कार्यक्रम को आकाशवाणी की वैकल्पिक सेवा के रूप में शुरू किया गया, जिसमें प्रसारण का आधा से ज्यादा समय सिनेमा संगीत को दिया गया। सन् 1967 से विविध भारती को 'विज्ञापन सेवा' के नाम से जाना जाता है।

विविध भारती पर प्रसारित कार्यक्रम कई तरह के होते हैं। जैसे शास्त्रीय संगीत, लोकसंगीत, भक्ति संगीत, फिल्म संगीत, महापुरुषों के बयान, उद्घोषणाएँ, व्यावसायिक कार्यक्रम, प्रायोजित कार्यक्रम आदि। विविध भारती मूलतः अखिल भारतीय स्तर पर कार्य करता है, परंतु कहीं क्षेत्रीय तथा स्थानीय स्तर के कार्यक्रमों को भी इसमें शामिल किया जाता है। विविध भारती पर सांस्कृतिक प्रस्तुति के साथ-साथ वाणिज्यिक विज्ञापन भी प्रस्तुत किए जाते हैं। इसका मुख्यालय मुंबई में स्थित है। (सन् 2010 तक) विविध भारती के भारत में 36 विज्ञापन केंद्र हैं।

Voice Over (V.O.) — वॉयस ओवर

टेलीविजन प्रसारण की ऐसी प्रक्रिया, जिसमें टेलीविजन पर घटना या स्टोरी से संबंधित दृश्य सामग्री (घटना संबंधित वीडियो, चार्ट, मैप तथा फाइल चित्र आदि) दौड़ती रहती है और संवाददाता (Reporter) की आवाज दृश्य सामग्री की बैकग्राउंड होती है। दूसरे शब्दों में टी.वी. की किसी भी स्टोरी के साथ सुनाई देने वाली आवाज को 'वॉयस ओवर' (Voice Over) या वी.ओ. (V.O.) कहा जाता है।

वर्तमान समय में अधिकांश न्यूज चैनल टेग का प्रयोग करते हैं। इस प्रक्रिया के अंतर्गत रिपोर्टिंग के अंत में रिपोर्टर का चेहरा प्रस्तुत किया जाता है और रिपोर्टर अपनी रिपोर्ट का अंत करता है।

Vox Pops **वॉक्स**

लैटिन भाषा में Vox Populi जनता की आवाज के लिए प्रयोग किया जाने वाला शब्द है। उर्दू में कहा जाता है कि 'जबान खल्क, नक्कारा खुदा' (अर्थात् जनता की आवाज ईश्वर की आवाज होती है।) टी.वी. में किसी विषय पर राह चलते लोगों से लिए गए साक्षात्कार (Interview) के वास्ते इस शब्द का प्रयोग किया जाता है। इसको संक्षेप में 'Vox Pops' कहा जाता है।

□

Wage Board — वेज बोर्ड

भारतीय संसद् द्वारा पारित श्रमजीवी पत्रकार सेवा शर्तें अधिनियम 1955 (Working Journalist Act, 1955) में 'वेज बोर्ड' (Wage Board) के गठन, कार्यविधि व उसके अधिकार एवं बोर्ड की सलाह पर मजदूरी की दरों को लागू करने व निर्धारित किए जाने का विस्तार से प्रावधान किया गया है। प्रारंभ में केवल श्रमजीवी पत्रकारों (Working Journalist) हेतु ही वेज बोर्ड के गठन का प्रावधान था, परंतु बाद में सन् 1974 में गैर पत्रकार (Non-Journalist) कर्मचारियों हेतु भी बोर्ड बनाने के लिए अधिनियम में व्यवस्था की गई।

सरकार जब समझती है कि समाचार-पत्र कर्मचारियों की मजदूरी की दरों पर पुनर्विचार होना चाहिए, तो वेज बोर्ड गठित करती है। वेज बोर्ड की अध्यक्षता के लिए उच्च न्यायालय के कार्यरत या सेवानिवृत्त (Retired) न्यायमूर्ति का चयन किया जाता है। उल्लेखनीय है कि प्रथम वेज बोर्ड का गठन सन् 1956 में न्यायमूर्ति एच.बी. देवरिया की अध्यक्षता में किया गया था। अब तक कई वेज बोर्डों का गठन किया जा चुका है।

Walk Through — वॉक थ्रू

समाचार के इस फॉर्मेट में रिपोर्टर घटनास्थल पर घूमते हुए, कुछ चीजें दिखाते हुए, कुछ लोगों से बातचीत करते हुए घटना का विवरण या ब्यौरा देता है। यह एक तरह से रेडीमेड (Readymade) चीज होती है जिसके संपादन (Editing) की भी जरूरत नहीं पड़ती और चैनल पर तुरंत दिखा दिया जाता है। कोई महत्त्वपूर्ण घटना हो जाती है या कोई आयोजन होने जा रहा होता है, तब इस 'वॉक थ्रू' (Walk Through) का इस्तेमाल किया जाता है।

उदाहरणार्थ कोई ऐसा आयोजन है, जिसमें राष्ट्रपति हिस्सा लेने जा रहे हैं, तब

संवाददाता/रिपोर्टर वॉक थ्रू में घूमते हुए बताता है कि वहाँ उनके स्वागत की कैसी तैयारियाँ की गई हैं या हो रही हैं और सुरक्षा व्यवस्था को किस तरह से चाक-चौबंद बनाया गया है।

Walkie-Talkie वॉकी-टॉकी

'वॉकी टॉकी' (Walkie-Talkie) वायर रिकॉर्डर यंत्र है, जो संवाद संप्रेषण का सुगम माध्यम है। इस यंत्र में एक बार में लगभग एक घंटे से ज्यादा वार्त्ता को रिकॉर्ड किया जा सकता है। वॉकी टॉकी से मीलों दूरी के समाचार प्राप्त किए जा सकते हैं। इस यंत्र के जरिए समाचार बोल दिया जाता है तथा दूसरी तरफ के समाचार को सुनने के साथ रिकार्ड भी किया जा सकता है। वॉकी टॉकी यंत्र बिजली से कोई भी शब्द तार पर रिकॉर्ड कर लेता है और फिर तारों को उलटा घुमाकर ग्रामोफोन की भाँति रिकॉर्ड को सुना जा सकता है। वॉकी टॉकी संवाद संप्रेषण का एक सरल व सुगम माध्यम होता है।

Web Page वेब पेज

'वेब पेज' (Web Page) एक हाइपर मीडिया (Hyper Media) डॉक्यूमेंट है। वेब पेज को बनाने के लिए हाइपर टैक्स्ट मार्कअप लैंग्वेज (Hypertext Mark-up Language—HTML) इस्तेमाल की जाती है। एच.टी.एम.एल. में अनेक कमांड होती हैं, जो आलेख, चित्र, ध्वनि आदि वेब पेज पर अंकित होती हैं।

सभी वेब डॉक्यूमेंट/दस्तावेज एच.टी.एम.एल. रूप में ही लिखे जाते हैं। सभी सूचनाएँ वेब पेज/पृष्ठ के रूप में दी होती हैं। एक वेब पेज सूचनाओं का डिजीटल रूप होता है। वेब पेज विशेष प्रकार के होस्ट कंप्यूटर्स, जिन्हें वेब सर्वर्स (Web Servers) कहते हैं, पर संकलित होता है। वेब ब्राउजर्स (Web Browsers) का इस्तेमाल कर इन्हें ग्रहण किया जा सकता है। वर्तमान में वेबब्राउजर के दो रूप हैं—एक इंटरनेट एक्सप्लोरर (Internet Explorer) दूसरा नेटस्केप नेवीगेटर (Netscape Navigator)

Website वेबसाइट

किसी भी व्यक्ति/संस्था/कंपनी/विषय/मुद्दे के बारे में संबंधित वेब पेज/पृष्ठ का संग्रह ही 'वेबसाइट' (Website) कहलाता है। वेबसाइट कंप्यूटर का एक अध्याय है। यदि इंटरनेट एक किताब (Book) है, तो वेबसाइट उसके अध्याय (Chapter) हैं। यदि किसी विषय के संबंध में जानकारी प्राप्त करनी है, तो उससे संबंधित अध्याय यानी साइट (Site) का नाम टाइप करना पड़ता है और थोड़े से समय में ही वांछित

जानकारी कंप्यूटर पर आ जाती है।

वेबसाइट पते के अंतिम तीन अक्षर महत्त्वपूर्ण होते हैं, जो यह बताते हैं कि आपने जो साइट खोली है, वह किस प्रकार की है। यदि आपके पते के अंतिम तीन अक्षर org. हैं, तो यह किसी गैर पेशेवर संस्थान की साइट है और यदि com. है, तो यह कमर्शियल आर्गेनाइजेशन है। वेबसाइट के महत्त्वपूर्ण संकेत इस प्रकार हैं—gov. (सरकारी विभाग), mil. (सैनिक वेबसाइट), com. (कमर्शियल आर्गेनाइजेशन), int. (अंतरराष्ट्रीय कंपनी), org. (गैर-पेशेवर संस्थान)। जिस वेबसाइट के अंत में दो अक्षर हैं वह किसी विशेष देश की वेबसाइट होना बताती है। जैसे भारत in, आस्ट्रेलिया au, ब्रिटेन uk आदि।

वेबसाइट को दूसरे स्वरूप में वर्ल्ड वाइड वेब www भी कहा जाता है अथवा www जिसे w3 वर्ल्ड वाइड वेब भी कहते हैं। यह वह केंद्र है, जो पूरी दुनिया को नियंत्रित करता है। www का कार्यालय वर्जीनिया (सं.रा. अमेरिका) में स्थित है। किसी भी साइट को खोलने के लिए उस पते की जानकारी कूट भाषा/कोड भाषा में पहुँचाई जाती है। जो उस कूट भाषा http अर्थात् 'हाइपर टेक्स्ट, ट्रांसफर प्रोटोकॉल' (Hypertext Transfer Protocol) के द्वारा www के कार्यालय में पहुँचाई जाती है। उल्लेखनीय है कि वर्ल्ड वाइड वेब www का प्रतिपादन एवं प्रथम www वेबसाइट का निर्माण सर्वप्रथम टिम बर्नर्स ली (Tim Berners Lee) द्वारा (सन् 1990 में) किया गया था।

हर एक वेबसाइट में अनेक सूचनाएँ होती हैं। जिस प्रकार किसी विषय की पुस्तक में अनुक्रमणिका (Index) देखकर आवश्यक अध्याय तक पहुँचते हैं, इसी तरह वेबसाइट्स के पहलुओं से परिचय करानेवाला होम पेज (Home Page) होता है।

सर्च इंजन (Search Engine) एक प्रकार का वेब पृष्ठ होता है। इसमें दिए गए सर्च बॉक्स (Search Box) में इच्छित विषय (Topic) अंकित किया जाता है। तत्पश्चात् सर्च इंजन वेब पेजेस से डाटा स्रोत को प्रस्तुत कर 'टॉपिक' की चाही गई सामग्री को प्रस्तुत कर देता है।

Wide Area Network—WAN व्यापक क्षेत्र नेटवर्क-'वैन'

व्यापक क्षेत्र नेटवर्क अर्थात् 'वैन' (WAN) एक ऐसा नेटवर्क है, जिसके कार्यस्थलों के बीच इतनी दूरी हो कि संकेत भेजने हेतु तार लगाना असंभव कार्य हो। सैटेलाइट, टेलीफोन जैसी व्यवस्था का सहारा लेना जरूरी हो। कई बार दूर स्थित विभिन्न नेटवर्कों (Networks) का भी नेटवर्क होता है। इस तरह के नेटवर्क को

व्यापक क्षेत्र नेटवर्क कहते हैं। वैन नेटवर्क को नोडो के सर्किट, स्विचिंग से संबद्ध करा जा सकता है। वहीं स्थानीय नेटवर्क अर्थात् लैन (LAN—Local Area Network) एक ऐसी परस्पर संबद्ध कंप्यूटर की प्रणाली होती है, जिसमें एक दूसरे के संसाधनों में साझेदारी की जाती है। इसमें प्रोसेसिंग वर्कस्टेशन के पर्सनल कंप्यूटर पर होती है। स्थानीय नेटवर्क में नेटवर्क प्रणाली का होना जरूरी होता है।

Wi-Fi वाई-फाई

'वाई-फाई' (Wi-Fi) एक पारंपरिक ईथरनेट (E-thernet)नेटवर्क है और साझा संसाधन स्थापित करने के लिए फाइल संचारित करने हेतु एवं श्रव्य लिंक स्थापित करने के लिए इसे विन्यास की आवश्यकता है। वाई-फाई (Wi-Fi) शब्द का प्रथम प्रयोग अगस्त 1999 में किया गया। वाई-फाई को कभी-कभार बेतार (Wireless) ईथरनेट कहा जाता है।

उल्लेखनीय है कि ईथरनेट (E-thernet) लोकल एरिया नेटवर्क (LAN) तैयार करने का एक प्रोटोकॉल होता है। यह विश्वसनीय नेटवर्किंग (Networking) उपलब्ध करानेवाली सेवा है। ईथरनेट केबलों के माध्यम से विस्तार किया जाता है। ईथरनेट केबल का प्रयोग उच्च गति (High Speed) वाले कंप्यूटर नेटवर्क के लिए किया जाता है।

वाई-फाई ब्लूटूथ (Bluetooth) की तरह ही समान रेडियो आवृत्तियों का उपयोग करता है, मगर उच्च गति के साथ परिणामस्वरूप एक मजबूत संबंध स्थापित करता है। वाई-फाई को अधिक व्यवस्था की जरूरत है लेकिन यह पूर्ण पैमाने के नेटवर्क संचालन के लिए ज्यादा उपयुक्त है। वह तेज संपर्क स्थापित करना, बेस स्टेशन से बेहतर रेज एवं ब्लूटूथ से बेहतर सुरक्षा देना संभव बनाता है।

वाई-फाई स्थिर उपकरण एवं उसके अनुप्रयोगों के लिए नियत है। वाई फाई कार्य क्षेत्रों में सामान्य स्थानीय क्षेत्र नेटवर्क (LAN) पहुँच के लिए केबल (Cable) के प्रतिस्थापन के रूप में देखा जाता है। वहीं ब्लूटूथ अस्थिर उपकरणों एवं उसके अनुप्रयोगों के लिए होता है।

Wikileaks विकिलीक्स

'विकिलीक्स' (Wikileaks) एक वेबसाइट (Website) है, जो संवेदनशील दस्तावेजों को प्रकाशित करती है। सन् 2006 में जूलियन असांजे नामक व्यक्ति ने विकिलीक्स वेबसाइट की स्थापना की थी। यह एक अंतरराष्ट्रीय गैर लाभकारी मीडिया

संगठन है। इसमें दस्तावेज (Documents) किस सूत्र (Source) से प्राप्त हुए हैं, यह गुप्त रखा जाता है। ये दस्तावेज किसी देश की सरकार, कंपनी, संस्था या किसी धार्मिक संगठन के भी हो सकते हैं। दुनिया भर में लगभग 800 स्वयंसेवक (Volunteers) विकिलीक्स की सूचनाएँ एकत्र करके पहुँचाते हैं।

विकिलीक्स को कोई भी व्यक्ति ऐसी जानकारी इलेक्ट्रॉनिक ड्रॉप बॉक्स के जरिए दे सकता है, जो सेंसर (Censor) हो, प्रतिबंधित हो या पहले कभी प्रकाशित न हुई हो। विकिलीक्स की वेबसाइट विकिलीक्स डॉट.org (wikileaks.org) पर समाचार देने से संबंधित जानकारी जुटाने के लिए ऑनलाइन चैट की भी सुविधा है। अब तक (सन् 2010 तक) विकिलीक्स वेबसाइट में लगभग 12 लाख प्रपत्र/गुप्त दस्तावेज उपलब्ध हैं।

Wikipedia — विकिपीडिया

'विकिपीडिया' (Wikipedia) इंटरनेट आधारित एक निःशुल्क विश्वकोश (Free Encyclopaedia) या ज्ञानकोश परियोजना है। यह विकी (Wiki) के रूप में यानी एक ऐसा जाल पृष्ठ है, जो सभी को इसका संपादन (Editing) करने की छूट देता है। विकिपीडिया शब्द विकी (wiki) और एन्साइक्लोपीडिया (Encyclopaedia) शब्दों को मिलाकर बना है। विकी शब्द का इस्तेमाल हवाई (Hawai, USA) में जल्दी (Quick) के लिए होता है।

विकिपीडिया एक बहुभाषीय प्रकल्प है और स्वयंसेवकों (Volunteers) के सहकार से निर्मित है। जिस किसी की इंटरनेट तक पहुँच है, वह विकिपीडिया पर लिख सकता है और लेखों का संपादन कर सकता है। उल्लेखनीय है कि विकिपीडिया की शुरुआत 15 जनवरी, 2001 को जिमी वेल्स (Jimmy Wales) के द्वारा हुई थी, वही इसके संस्थापक (Founder) भी हैं।

अब तक (मार्च 2011) विकिपीडिया में कुल 18 मिलियन (लगभग 180 लाख) लेख हैं, जो 280 से अधिक भाषाओं में उपलब्ध हैं, जिनमें से करीब 3.5 मिलियन लेख तो मात्र अंग्रेजी भाषा में ही हैं। विकिपीडिया एक विकिमीडिया फाउंडेशन (Wikimedia Foundation) द्वारा संचालित होता है, जो एक गैर लाभकारी (Non-Profit Organisation) संस्था है।

Willbur Schram Comm. Model — विल्बर श्रैम संचार मॉडल

विल्बर श्रैम (Willbur Schramm) ने अपनी पुस्तक 'द प्रोसेस एंड इफेक्ट्स

ऑफ मास कम्यूनिकेशन' में इस मॉडल को प्रस्तुत किया। उन्होंने इसे 'हाउ कम्यूनिकेशन वर्क्स' (How Communication Works) शीर्षक के तहत लिखा। विल्बर श्रैम ने शैनन वीबर के तकनीकी मॉडल को आधार मानकर उसे मानवीय संचार पर लागू किया। उसने शैनन वीबर के ट्रांसमीटर की जगह एनकोडर एवं रिसीवर की जगह डीकोडर का प्रयोग करके इस तरह मॉडल दिया—

स्रोत एनकोडर संकेत डीकोडर गंतव्य

विल्बर श्रैम संचार मॉडल

श्रैम के अनुसार संचार के लिए कम-से-कम निम्न तीन तत्त्व होने चाहिए जो इस प्रकार हैं—

1. स्रोत (Source)—स्रोत पहले अपने संदेश एनकोड करता है।
2. संदेश (Message)—संदेश एक सिग्नल के रूप में दूसरे व्यक्ति के पास पहुँचता है, जो संदेश को डीकोड करता है।
3. प्रापक (Receiver)—स्रोत एवं एनकोडर एक व्यक्ति है, डीकोडर एवं गंतव्य द्वारा व्यक्ति और सिग्नल भाषा है।

Word Press वर्ड प्रैस

'वर्ड प्रैस' (Word Press) एक प्रसिद्ध ब्लॉग सॉफ्टवेयर (Blog Software) है। यह तकनीकी रूप से सर्वश्रेष्ठ ब्लॉगिंग प्लेटफॉर्म है। वर्डप्रैस एक मुफ्त एवं मुक्त स्रोत (Open Source) सॉफ्टवेयर है, जो कि जी.एन.यू. पब्लिक लाइसेंस (GNU Public License) के तहत जारी किया जाता है। इसे वर्डप्रैस की आधिकारिक वेबसाइट (Website) से डाउनलोड किया जाता है। कंप्यूटर पर इसे डाउनलोड करने के उपरांत इसे वेबसर्वर (Webserver) पर स्थापित किया जा सकता है।

वर्ड प्रैस b2/cafelog का अधिकाधिक नवीन संस्करण है, जिसे माइकेल वेल (Michael Valdrigh) ने विकसित किया था, जो कि अब वर्डप्रैस के विकास में योगदान दे रहे हैं। यद्यपि वर्ड प्रैस इसका अधिकाधिक नवीन संस्करण है फिर भी लेकिन इस पर आधारित एक और प्रोजेक्ट b2evolution विकास के चरण में है। वर्ड प्रैस एक इंस्टालेशन (Instalation) में एक वेब लॉग्ग (Weblog) की सुविधा देता है।

उल्लेखनीय है कि वर्ड प्रैस पहली बार सन् 2003 में मैथ मूल (Matt Mullenweg) के प्रयासों से b2 के fork (Free & Open Source Software) के रूप में सामने आया। वर्ड प्रैस का नवीनतम संस्करण 3.2 है, जो जुलाई 2011 में रिलीज हुआ।

Working Journalist — श्रमजीवी पत्रकार

श्रमजीवी पत्रकार अधिनियम 1955 (Working Journalist Act 1955) में सर्वप्रथम 'श्रमजीवी पत्रकार' (Working Journalist) की परिभाषा दी गई। इसके अनुसार श्रमजीवी पत्रकार वह है, जिसका मुख्य व्यवसाय पत्रकारिता (Journalism) है और वह किसी समाचार-पत्र के स्थापन में या उसके संबंध में पत्रकार (Journalist) की हैसियत से नौकरी करता हो। श्रमजीवी पत्रकार के अंतर्गत संपादक, समाचार संपादक, उपसंपादक, फीचर लेखक/अग्रलेख लेखक, रिपोर्टर, संवाददाता, समाचार फोटोग्राफर, कार्टूनिस्ट एवं प्रूफ रीडर आदि आते हैं।

Working Journalists Act, 1955 — श्रमजीवी पत्रकार अधिनियम, 1955

'श्रमजीवी पत्रकार अधिनियम 1955' (Working Journalist Act, 1955) प्रथम प्रेस आयोग (First Press Commission) की सिफारिश एवं देश के पत्रकारों की माँग के फलस्वरूप संसद् द्वारा सन् 1955 में पारित किया गया। इसका प्रमुख उद्‌देश्य समाचार-पत्रों एवं सामचार समितियों/एजेंसियों में काम करनेवाले श्रमजीवी पत्रकारों तथा अन्य व्यक्तियों के लिए सेवा शर्तें निर्धारित एवं विनियमित करना है।

श्रमजीवी पत्रकार अधिनियम 1955 के तहत पत्रकारिता व्यवसाय से संबद्ध संपादक (Editor), समाचार संपादक (News Editor), उप संपादक (Sub-editor), फीचर लेखक (Feature Writer), रिपोर्टर (Reporter), कार्टूनिस्ट (Cartoonist), समाचार फोटोग्राफर (Photographer), प्रूफरीडर (Proof Reader) आदि को श्रमजीवी पत्रकार की श्रेणी में रखा गया है। कई समाचार-पत्रों के लिए अंशकालिक कार्य करनेवाला पत्रकार भी श्रमजीवी पत्रकार है, यदि उसकी आजीविका का मुख्य साधन या मुख्य व्यवसाय पत्रकारिता है। किंतु ऐसा कोई व्यक्ति जो मुख्य रूप से प्रबंध (Management) या प्रशासन (Administration) का कार्य करता है, वह श्रमजीवी पत्रकार की परिभाषा में नहीं आता। इसी तरह एक संपादक श्रमजीवी पत्रकार है, यदि वह मुख्यत: संपादकीय कार्य (Editorial) करता है। पर यदि वह संपादकीय कार्य और मुख्य रूप से प्रबंधकीय/प्रशासनिक कार्य करता है, तो वह श्रमजीवी पत्रकार नहीं रह जाता है।

श्रमजीवी पत्रकार अधिनियम के अन्य प्रमुख प्रावधान—

1. श्रमजीवी पत्रकार को लगातार चार सप्ताह में 140 घंटे से अधिक कार्य करने को बाध्य नहीं किया जा सकता।

2. प्रत्येक सात दिन की अवधि में चौबीस घंटे का लगातार विश्राम दिया जाएगा।
3. श्रमजीवी पत्रकारों को लगातार दूसरे सप्ताह में रात्रि पारी में काम करने को नहीं कहा जाएगा।
4. श्रमजीवी पत्रकार को वर्ष में 10 सामान्य छुट्टियाँ प्राप्त होंगी।
5. प्रत्येक 18 मास में एक मास की छुट्टी चिकित्सा के प्रमाण-पत्र पर दी जाएगी।

श्रमजीवी पत्रकार अधिनियम में श्रमजीवी पत्रकारों हेतु वेज बोर्ड/वेतनमंडल (Wage Board) के गठन, उसकी कार्यविधि, उसके अधिकार और बोर्ड की सलाह पर मजदूरी की दरों को लागू करने का विस्तार से विवेचन किया गया है। इस अधिनियम में सन् 1974 में संशोधन करके गैर पत्रकार (Non-journalist) कर्मचारियों हेतु भी बोर्ड के गठन का प्रावधान किया गया। वेज बोर्ड का अध्यक्ष न्यायालय का न्यायाधीश (चाहे सेवारत या सेवानिवृत्त हो) होता है। अब तक कई वेज बोर्डों का गठन हो चुका है।

Writer लेखक

'लेखक' (Writer) वह व्यक्ति होता है, जो टी.वी. कार्यक्रम के लिए कहानी लिखता है। यह कहानी मौलिक भी हो सकती है और रूपांतरण भी। जब यह कहानी दृश्यांकित करने के दृष्टिकोण से लिखी जाती है, तब वह पटकथा (Script) बन जाती है। किसी कहानी का एक लेखक भी हो सकता है और अनेक लोगों का योगदान भी हो सकता है। किसी भी फिल्म (Film) अथवा टी.वी. कार्यक्रम (TV Programme) की पटकथा ब्लूप्रिंट (Blueprint) की तरह होती है, जिसके आधार पर शूटिंग (Shooting) की जाती है। लेखकों (Writers) में भी अनेक स्तर पर लेखन (Writing) हो सकता है, जैसे—संकल्पना लेखक (Concept Writer) पटकथा लेखक (Script Writer), संवाद लेखक (Dialogue Writer) एवं कथा लेखक (Story Writer) आदि।

□

XXX Retree **दोषपूर्ण**

यह एक प्रूफ रीडिंग (Proof Reading) का संकेत है। प्रूफ (Proof), मुद्रित सामग्री (Printing Material), पांडुलिपि (Manuscript) के स्थान पर अस्पष्ट धब्बेदार आदि होने की स्थिति में उन पर लिखा जाने वाला संकेत (Symbol) 'XXX' कहा जाता है। इस संकेत को देखकर समझ लिया जाता है कि यह पढ़ने योग्य नहीं है।

□

Yahoo — याहू

'याहू' (Yahoo) इंटरनेट सर्च इंजन (Search Engine) के रूप में लोकप्रिय है। याहू कई प्रकार की सेवाएँ, जैसे—वेब पोर्टल, खोज साधन, ई-मेल, खबरें इत्यादि प्रस्तुत करती है।

याहू इंक (Yahoo Inc.) अमेरिका की एक बहुराष्ट्रीय कंपनी व वैश्विक इंटरनेट सेवा कंपनी है। याहू की स्थापना सन् 1994 में जेरी यांग (Jerry Yang) व डेविड फिलो (David Filo) द्वारा हुई। इसने 1 मार्च, 1995 से कार्य करना प्रारंभ किया। प्रारंभ में इसका (याहू का) नाम 'जेरीज गाइड टू वर्ल्ड वाइड वेब' (Jerry's Guide to World Wide Web) था। सन् 1994 से इसका नाम याहू (Yahoo) कर दिया गया। याहू (Yahoo) का आधिकारिक विस्तृत नाम—"Yet Another Hierarchical of Fictitious Oracle" है। याहू का मुख्यालय केलीफोर्निया में स्थित है।

Year Book — वार्षिकी

'वार्षिकी' (Year Book) एक अद्यतन सूचना/संदर्भ स्रोत होता है। इस स्रोत में नवीन तथ्यों, आँकड़ों व सूचनाओं के बारे में जानकारी क्रमबद्ध रूप में मिलती है। वार्षिकी किसी विषय या व्यक्ति पर अद्यतन (Update) सूचना प्राप्ति हेतु पढ़ी जाती हैं। इनमें किसी विषय पर सांख्यिकीय तथ्य दिए जाते हैं। इसका क्षेत्र राष्ट्रीय (National) से लेकर अंतरराष्ट्रीय (International) स्तर तक होता है।

वार्षिकी में विगत वर्ष में हुई प्रमुख घटनाओं व प्रगति को क्रमबद्ध वर्णात्मक रूप में या सांख्यिकीय रूप में प्रस्तुत किया जाता है। कभी-कभी वार्षिकी किसी विशिष्ट संस्था या विशिष्ट विषय तक ही सीमित होती है।

वार्षिकी के विभिन्न प्रकार—

1. **राष्ट्रीय (National)**—इसमें राष्ट्रीय स्तर की सूचनाओं का समावेश रहता है। इसमें विगत् वर्ष में घटित घटनाओं का सारांश भी कालक्रमानुसार दिया जाता है। जैसे—
   प्रतियोगिता दर्पण 'समसामयिक वार्षिकी' सन् 2011
   आगरा : उपकार प्रकाशन (वार्षिकी)
   मनोरमा ईयर बुक सन् 2011 : सामान्य ज्ञान का कोश
   कोट्टयम : मलयाला मनोरमा (वार्षिकी)
2. **अंतरराष्ट्रीय (International)**—अंतरराष्ट्रीय स्वरूप की वार्षिकी में विश्व के सभी राष्ट्रों के बारे में अद्यतन् सूचनाओं का संकलन रहता है। इसमें संबंधित राष्ट्र के बारे में सभी प्रमुख क्षेत्रों के नवीन तथ्यों व आँकड़ों को भी शामिल किया जाता है।
3. **विषय (Subject)**—वर्तमान में कई विषयों पर वार्षिकी भी उपलब्ध है। इनमें संबंधित विषय के बारे में तथ्य, आँकड़े व सूचनाएँ संकलित रहती हैं। यह एक खंडीय वार्षिकी/अब्दकोश है, जिससे संबंधित विषय के बारे में सार रूप में काफी जानकारी प्राप्त की जा सकती है।
4. **संघटनात्मक (Organisation)**—संघटनात्मक वार्षिकी में संस्था (orgo) के बारे में संपूर्ण जानकारी/विवरण रहता है। जैसे संस्था/कंपनी के उद्देश्य, योगदान, क्रियाकलाप एवं प्रकाशन उपलब्धियाँ आदि। जैसे—
   (United Nations : Year Book of United Nations, 2010 New York : UN Office of Public Information (Annual).

Yellow Journalism — पीत पत्रकारिता

कुकृत्यों से संबद्ध उत्तेजनात्मक एवं विस्मयकारी समाचारों को प्रकाशित करने की प्रवृत्ति को 'पीत पत्रकारिता' (Yellow Journalism) कहते हैं। अपराध, हिंसा, कुकृत्य, अनैतिकतापूर्ण यौन विषयों से संबंधित, मादक एवं नशीले समाचार को प्रकाशित कर समाज को गुमराह करने का काम पीत पत्रकारिता का है। इस प्रकार की पीत पत्रकारिता, पत्रकारिता जगत् को कलंकित करती है। पाश्चात्य विद्वान ओखाल्ड गैरीसन विलाड ऐसी पत्रकारिता को 'गटर पत्रकारिता' कहते हैं तथा चार्ल्स ए.डाना ने इसे 'येलो प्रेस' (Yellow Press) कहा है।

उल्लेखनीय है कि जोसेस पुलिट्जर (सन् 1847-1911) ने अमेरिका में उत्तेजना और स्फुरण से परिपूर्ण खबरों को प्रकाशित करने का कार्य सर्वप्रथम किया था। इसलिए

उत्तेजना व स्फुरण से परिपूर्ण पत्रकारिता या पीत पत्रकारिता के जनक के रूप में जोसेफ पुलिट्जर को जाना जाता है। अमेरिकी पत्रकार पुलिट्जर ने अपने समाचार-पत्र 'दी वर्ल्ड' में (सन् 1893 में) येलो किड (Yellow Kid) के माध्यम से पीत पत्रकारिता प्रारंभ की थी।

उल्लेखनीय है कि पीत पत्रकारिता (Yellow Journalism) को 'टेब्लॉयड जर्नलिज्म' (Tabloid Journalism) एवं चेकबुक जर्नलिज्म (Chequebook Journalism) भी कहा जाता है।

Young Persons' Harmful Publications Act, 1956 — युवकों हेतु हानिप्रद प्रकाशन अधिनियम, 1956

भारतीय संसद् ने युवकों के लिए हानिप्रद प्रकाशन अधिनियम सन् 1956 में पारित किया। इस अधिनियम का मुख्य उद्देश्य था बालकों तथा किशोरों को हानिकारक प्रकाशनों से होनेवाले दुष्परिणामों से बचाना। इसके अंतर्गत वे पत्रिकाएँ, पंफ्लेट, समाचार-पत्र आदि आते हैं, जो अपराधों की आज्ञप्ति, हिंसा क्रूरता के कार्य, घृणा एवं भयावह प्रवृत्ति के भाव जगाते हैं।

यदि कोई व्यक्ति इस प्रकार के हानिकारक प्रकाशन की बिक्री करता है, किराए पर देता है, वितरण करता है या अन्य किसी माध्यम से प्रसारित करता है अथवा सार्वजनिक प्रदर्शन या वितरण हेतु इनका मुद्रण या निर्माण करता है या इनका विज्ञापन करता है, तो इस अधिनियम के तहत उसे छः मास की कैद या जुर्माना या दोनों सजाएँ हो सकती हैं।

YouTube — यू-ट्यूब

'यू-ट्यूब' (YouTube) एक साझा वेबसाइट (Video Sharing Website) है, जहाँ उपयोगकर्ता वेबसाइट को देख सकता है, वीडियो अपलोड कर सकता है एवं वीडियो क्लिप साझा कर सकता है। अपंजीकृत उपयोगकर्ता साइट पर अधिकांश वीडियो देख सकता है, जबकि पंजीकृत उपयोगकर्त्ता को असीमित वीडियो अपलोड करने के लिए अनुमति दी गई है। कुछ वीडियो उन्हीं उपयोगकर्त्ताओं के लिए होते हैं, जिनकी उम्र 18 वर्ष या इससे अधिक है। यू ट्यूब पर वीडियो की संख्या के बारे में कुछ आँकड़े सार्वजनिक रूप से भी उपलब्ध हैं।

यू-ट्यूब की स्थापना सन् 2005 में चढ हर्ले (Chad Hurley), स्टील चेन एवं जावेद करीम द्वारा हुई जो पहले पे-पल (Pay Pal) के कर्मचारी थे। वर्तमान में यू-

ट्यूब, गूगल इंक की एक सहायक कंपनी है। यू-टयूब की स्थापना से पहले आम कंप्यूटर उपयोगकर्त्ताओं के लिए ऑनलाइन वीडियो पोस्ट के लिए कुछ सुरक्षा तरीके उपलब्ध थे।

यू-ट्यूब की सेवा शर्तों के अनुसार (terms & conditions) उपयोगकर्त्ता, कॉपीराइट धारक एवं वीडियो में दिखाए गए लोगों की अनुमति से ही वीडियो अपलोड कर सकता है। अश्लीलता, मानहानि, वाणिज्यिक एवं विज्ञापन व आपराधिक आचरण को प्रोत्साहित करनेवाली सामग्री निषेध है। अपलोड करनेवाला यू ट्यूब से अपलोड की हुई सामग्री किसी भी उद्देश्य के लिए वितरित करने या संशोधित करने का अधिकार देता है। उपयोगकर्त्ता साइट पर तभी तक वीडियो देख सकता है जब तक वह सेवा शर्तों पर सहमत है।

यू-ट्यूब की वीडियो प्लेबैक (Playback) तकनीक मैक्रोमीडिया (Macromedia) के फ्लैश प्लेयर (Flash Player) पर आधारित है। यू-ट्यूब वर्तमान में कई भाषाओं (तीस से भी अधिक) में उपलब्ध है। यू टयूब का मुख्यालय सैन ब्रुनो (San Bruno), केलीफोर्निया (सं.रा. अमेरिका) में स्थित है।

□

Zee TV — ज़ी टी.वी.

सन् 1992 में जी टेलीविजन (Zee Television-TV) का प्रसारण प्रारंभ हुआ। यह भारत का पहला हिंदी चैनल भी है। ज़ी टी.वी. के मालिक सुभाषचंद्र की सुदृढ़ आर्थिक स्थिति के कारण ज़ी टी.वी. (Zee TV) को काफी सफलता मिली है। वर्तमान में (सन् 2010 तक) ज़ी ग्रुप (Zee Group) के लगभग 20 चैनल (जैसे—ज़ी टी.वी., ज़ी न्यूज (Zee News), ज़ी म्यूजिक (Zee Music), ज़ी सिनेमा (Zee Cinema) (सन् 1995 से प्रारंभ), ज़ी इंग्लिश (Zee English), ज़ी मूवीज (Zee Movies सन् 2000 से), ज़ी-बिजनेस (Zee Business सन् 2004), ज़ी-जागरण, ज़ी-स्पोर्ट्स आदि प्रसारित हो रहे हैं।

ज़ी टी.वी. को यह श्रेय भी दिया जाता है कि उसने क्षेत्रीय भाषाओं को बढ़ावा देने हेतु कई कार्यक्रम भी तैयार किए हैं तथा कई क्षेत्रीय भाषाओं में चैनल भी शुरू किए हैं, जैसे (सन् 1999 से) अल्फा मराठी, अल्फा बंगला, अल्फा पंजाबी आदि। इसके अलावा ज़ी ग्रुप की सिटी केबल नाम से एक केबल सर्विस भी है। ज़ी ग्रुप ने फिल्म निर्माण में भी कदम रखा है, गदर : एक प्रेमकथा (सन् 2001) ज़ी फिल्म्स की एक लोकप्रिय फिल्म रही है।

ज़ी न्यूज (Zee News) ज़ी ग्रुप का एक महत्त्वपूर्ण चैनल है। चौबीस घंटे समाचार/न्यूज प्रसारित करनेवाला यह ज़ी न्यूज चैनल सन् 1998-99 में लॉन्च किया गया था। ज़ी न्यूज अपनी खोजी पत्रकारिता (Investigative Journalism) के लिए जाना जाता है। Inside Story और Special Correspondent जैसे कार्यक्रमों से इस चैनल को अच्छी लोकप्रियता हासिल हुई। 'हकीकत जैसी खबर वैसी वास्तविकता' के संदर्भ में सत्य, ये शब्द सच्चाई सामने लाने की ज़ी न्यूज की लड़ाई में मील का पत्थर साबित हुए हैं।

Zerography जीरोग्राफी

'जीरोग्राफी' (Zerography) जीरोज और ग्राफोज नामक दो ग्रीक शब्दों का संयोजन है, जिसका अर्थ ड्रांक राइटिंग (शुल्क लेखन) होता है।

जीरोग्राफी मुद्रण (Printing) की बिना स्याही (Ink) की प्रक्रिया है, जिसमें मुद्रण के लिए दबाव के बजाए स्थिर विद्युत का इस्तेमाल करके पूरी प्लेट को धनात्मक आवेशित कर देते हैं। अब चित्र को लैंस के द्वारा प्लेट पर प्रोजेक्ट किया जाता है, जिससे प्लेट पर पड़नेवाली लाइट चित्र के सफेद भाग को न्यूट्रल कर देती है और चित्र का भाग धनात्मक आवेशित (Positive Charge) ही रहता है। इसके पश्चात् एक पाउडर, जो कि ऋणात्मक आवेषित होता हैं, रोलर के द्वारा उस प्लेट पर से गुजारते हैं, जिससे प्लेट के पॉजीटिव झाग पाउडर (Negative) को आकर्षित कर लेते हैं। अब कागज को गर्म रोलर पर से गुजारने से पाउडर गर्म होकर चिपक जाता है और चित्र की प्रतिलिपि प्राप्त हो जाती है।

Zoom जूम

'जूम' (Zoom) कैमरे में प्रयोग किया जानेवाला विभिन्न प्रकार का लैंस (Lens) है। दूर के दृश्य को निकटता से तथा निकट की वस्तु को दूर दिखाने की कला इसमें होती है। इसे Zoom in और Zoom out कहा जाता है।

Zoom Lens जूम लैंस

अनेक फोकल लैंथ के लैंसों से बने लैंस को 'जूम लैंस' (Zoom Lens) कहते हैं। इसमें हवाई चित्र लेनेवाले कैमरे टेली कन्वर्टर्स लैंस, जो लगभग 360 डिग्री के वृत में च्त्रि लेते हैं, आदि जूम लैंस होते हैं। इनमें विभिन्न फोकल लैंथ (Focal Length) का समावेश होता है। एक ही स्थान पर खड़े होकर एक विषय के भिन्न-भिन्न आकार-प्रकार के अनेक फोटो बनाए जा सकते हैं।

जूम लैंस दो प्रकार के होते हैं—शार्ट जूम (Short Zoom), और लॉन्ग जूम (Long Zoom)। शॉर्ट जूम जहाँ वाइड, सामान्य एवं संक्षिप्त टेली के फोकल लैंथ होते हैं; वहीं लॉन्ग जूम टेली के विभिन्न फोकल लैंथों को लेकर बनाए जाते हैं।

□□□